Die sozialen Handlungslehren und ihre Beziehung zur Lehre von der objektiven Zurechnung

Europäische Hochschulschriften
Publications Universitaires Européennes
European University Studies

Reihe II
Rechtswissenschaft

Série II Series II
Droit
Law

Bd./Vol. 3916

PETER LANG
Frankfurt am Main · Berlin · Bern · Bruxelles · New York · Oxford · Wien

Isabel Voßgätter genannt Niermann

Die sozialen Handlungslehren und ihre Beziehung zur Lehre von der objektiven Zurechnung

PETER LANG
Europäischer Verlag der Wissenschaften

Bibliografische Information Der Deutschen Bibliothek
Die Deutsche Bibliothek verzeichnet diese Publikation in der Deutschen Nationalbibliografie; detaillierte bibliografische Daten sind im Internet über <http://dnb.ddb.de> abrufbar.

Zugl.: Bonn, Univ., Diss., 2002

D 5
ISSN 0531-7312
ISBN 3-631-52323-8

www.peterlang.de

Meinen lieben Eltern

Die vorliegende Arbeit hat im Wintersemester 2002/2003 der Rechts– und Staatswissenschaftlichen Fakultät der Rheinischen–Friedrich–Wilhelms Universität Bonn vorgelegen. Sie widmet sich schwerpunktmäßig der Interpretation der sozialen Handlungslehren und räumt der Behandlung der Lehre von der objektiven Zurechnung bewußt nicht das gleiche Gewicht zu. Im Gegensatz zu der Lehre von der objektiven Zurechnung, die in den Einzelheiten in der Strafrechtsdoktrin höchst umstritten ist und deren Darstellung in allen Nuacierungen den Rahmen einer Doktorarbeit sprengen würde, sind die sozialen Handlungslehren bislang eher stiefmütterlich behandelt worden, obwohl sie bei richtigem Verständnis bereits die Lehre vom unerlaubten Verhalten als Teil der Lehre von der objektiven Zurechnung vorwegnehmen. Die dabei alles umwölbende Fragestellung lautet: Inwieweit knüpft das Recht an Vorgesellschaftliches oder doch an Vorrechtliches an und inwieweit deutet es seine eigene Welt autonom.

Die vertiefte Auseinandersetzung mit der vorliegenden Fragestellung hat mein hochverehrter Doktorvater, Prof. Dr. Günther Jakobs, angeregt. Durch den Besuch seiner Seminare habe ich das Interesse an der Strafrechtswissenschaft gewonnen. Ich danke ihm herzlich, daß er das Gelingen der Arbeit gefördert hat und ich während der Dauer meiner Dissertation an seinem Lehrstuhl als wissenschaftliche Hilfskraft arbeiten durfte. Zu danken habe ich außerdem Herrn Prof. Dr. Kurt Seelmann für seine Diskussionsbereitschaft während meines Aufenthaltes an der Rechtsphilosophischen Fakultät in Basel im Sommersemester 2000. Ebenfalls zu Dank verpflichtet bin ich der Ernst– und Anna Landsberg–Erinnerungsstiftung, die meinen sechsmonatigen Aufenthalt in Basel finanziell großzügig unterstützte und der Graduiertenförderung des Landes Nordrhein–Westfalen, die für die Dauer von weiteren eineinhalb Jahren die finanzielle Unterstützung übernahm. Nicht zuletzt danke ich denjenigen Personen, die sich in der Endphase meiner Doktorarbeit zum Lesen der Korrekturen bereit erklärt haben: Frau Maria Homölle, Frau Julia Kleynmans, Frau Julia Marquier, Frau Anja Wirths und meinem Vater, Herrn Wolfgang Voßgätter gen. Niermann.

Bonn im Februar 2004, *Isabel Voßgätter gen. Niermann*

Inhaltsverzeichnis

Abkürzungsverzeichnis:

AcP	Archiv für die civilistische Praxis
AK	Alternativkommentar
ARSP	Archiv für Rechts- und Sozialphilosophie
AT	Allgemeiner Teil
Aufl.	Auflage
bearb.	bearbeitet
BGB	Bürgerliches Gesetzbuch vom 18. 8. 1896, RGBl. S. 339
Bd.	Band
begr.	begründet
Bsp.	Beispiel
BT	Besonderer Teil
BVerfG	Bundesverfassungsgericht
bzw.	beziehungsweise
ders.	derselbe
d. h.	das heißt
Diss.	Dissertation
dt.	deutsch
EheG	Ehegesetz
Fn.	Fußnote
FG	Festgabe
FS	Festschrift
etc.	et cetera
f. (ff.)	folgende Seiten
GA	Archiv für Strafrecht und Strafprozeß, begründet v. Th. Goltdammer, 1 1880- 1933, Goldtammer's Archiv für Strafrecht, 1953 ff.
GedS	Gedächtnisschrift
GS	Der Gerichtssaal, Zeitschrift für Strafrecht, Strafprozeß, Gerichtliche Medizin, Gefängniskunde und die gesamte Strafrechtsliteratur, hrsg. v. M. Stenglein
h. L.	herrschende Lehre
h. M.	herrschende Meinung
hrsg.	herausgegeben
Hrsg.	Herausgeber
JA	Juristische Arbeitsblätter
JR	Juristische Rundschau
JuS	Juristische Schulung
JZ	Juristen Zeitung
Krit.	Kritisch
LK	Leipziger Kommentar
m. a. W	mit anderen Worten

MschrfKrim	Monatsschrift für Kriminalpsychologie und Strafrechtsreform (1904- 1936); Monatsschrift für Kriminalbiologie und Strafrechtsreform (1937- 1944), Monatsschrift für Kriminologie und Strafrechtsreform.
m. w. N.	mit weiteren Nachweisen
NJW	Neue Juristische Wochenschrift
NK	Nomos Kommentar
Rn	Randnummer
resp.	respektive
RG	Reichsgericht in Strafsachen; Entscheidungen des Reichsgerichts in Strafsachen, hrsg. von den Mitgliedern des Gerichtshofes und der Rechtsanwaltschaft
S.	Seite
scil.	scilicet
SchwZStr	Schweizerische Zeitschrift für Strafrecht
SK	Systematischer Kommentar zum Strafgesetzbuch
StGB	Strafgesetzbuch in der Fassung der Bekanntmachung
u.	und
u.a.	unter anderem/ und andere
usw.	und so weiter
v.	von/vom
vgl.	vergleiche
Vorbem.	Vorbemerkung
z. B.	zum Beispiel
zit.	Zitiert
ZphF	Zeitschrift für philosophische Forschung
ZRP	Zeitschrift für Rechtspolitik
ZStW	Zeitschrift für die gesamte Strafrechtswissenschaft
z. T.	zum Teil

§ 1 Einleitung

Zu besonders intensiven Auseinandersetzungen in der Strafrechtsdoktrin führte schon immer die Frage, welche Voraussetzungen vorliegen müssen, um ein Geschehen in der Außenwelt dem einzelnen strafrechtlich zurechnen zu können, wann und warum – mit den Worten HEGELS gesprochen – „ein Ereignis in der Welt dem Täter als das Seine zugehört" und wann es als sogenannter Zufall zu werten ist. Wie müssen die Voraussetzungen aussehen, unter denen die Person mit einem strafrechtlich relevanten Ereignis derart in Verbindung gebracht wird, daß sie der Strafrechtsfolge unterworfen werden kann[1]? Warum wird beispielsweise der Neffe nicht für den Tod seines Erbonkels strafrechtlich verantwortlich gemacht, wenn er diesen ins Gewitter hinausschickt, inständig hoffend, daß dieser bei dem Spaziergang vom Blitz erschlagen wird, und der Tod tatsächlich eintritt[2]? Weshalb wird hingegen derjenige bestraft, der eine Autobombe installiert, die Tage später explodiert, obwohl er in dem Moment der Explosion keinen Gedanken an die Tat verschwendet und am Unglücksort auch gar nicht zugegen ist? Die hier genannten Beispiele deuten schon an: Der Grund strafrechtlicher Zurechnung kann nicht von einem psychischen Faktum und ebensowenig von dem bloßen Ingangsetzen des Kausalverlaufes abhängen (ein solches ist auch im oben genannten Erbonkelfall gegeben). Er ist vielmehr Resultat einer gesellschaftlich vermittelten Zuschreibung.

Trotz alledem ist im Rahmen der strafrechtsdogmatischen Aufarbeitung dieser Problematik nur der Ausgangspunkt unstrittig geblieben: Eine Handlung im strafrechtlichen Sinne soll einen „Willen" und eine „Tat" und eine Beziehung zwischen beiden Komponenten voraussetzten[3]. Wie hingegen diese Beziehung im einzelnen ausgestaltet werden soll, ist Inhalt heftiger Auseinandersetzungen zwischen kausalen, finalen und sozialen Handlungslehren und solchen Auffassungen, die dem Merkmal der Handlung jegliche Bedeutung absprechen. Die besondere Brisanz der Zurechnungsproblematik kommt in folgenden Worten SCHILLERS in „Wallensteins Tod" zum Ausdruck, in dem der Zwiespalt zwischen der inneren Welt der Gedanken und Pläne und der äußeren, wirklichen Handlungswelt thematisiert wird: /„In meiner Brust war meine Tat noch mein:/ Einmal entlassen aus dem sicheren Winkel/ Des Herzens, ihrem mütterlichen Boden,/ Hinausgegeben in des Lebens Fremde,/ gehört sie jenen tück`schen Mächten an, /Die keines Menschen Kunst vertraulich macht"[4]. In vorliegende Auseinandersetzung ist folgende Abhandlung eingebettet, die sich mit der kritischen Gegenüberstellung zweier Lehren – der sozialen Handlungslehre und der Lehre von der objektiven Zurechnung – beschäftigt, die beide mit Hilfe des schon angedeuteten sozialen Deutungsschemas eine Stufe der strafrechtlichen Zurechnungslehre kennzeichnen wollen.

Beide Lehren finden ihren Anfang zu Beginn der 30er Jahre des 20. Jahrhunderts und entstehen vor allem als kritischer Gegenpol zu den naturalistischen Kausalitätstheorien[5], die Ende des 19. Jahrhunderts ihre Blütezeit erlebten. Sie unterscheiden sich aber auch vom finalistischen Verständnis der Handlung, nach dem der rein individuelle Wille des jeweiligen Täters

---

1 So z. B. die Fragestellung von *Hassemer*, Person, Welt und Verantwortlichkeit, S. 350.

2 Dieser in der Literatur inzwischen als Schulbeispiel bekannte Fall wurde erstmals von *Traeger* problematisiert, der ihn ursprünglich genau umgekehrt, daß der Onkel den Neffen ins Gewitter hinausschickt, formuliert hatte. Vgl. *Traeger*, Kausalbegriff, S. 76.

3 Dazu *Radbruch*, Handlungsbegriff, S. 73.

4 *Schiller*, Wallensteins Tod, 1.Vers 186–191. Auf das hier genannte Dilemma weist auch *Kaulbach*, Philosophie des Handelns, S. 85 hin.

5 Dazu im folgenden ausführlicher S. 20 ff.

bestimmen soll, was als „Werk“ des Täters gilt[6], ohne daß die naturalistische Ebene verlassen wird. Der Begriff der Handlung bzw. die Voraussetzungen der objektiven Zurechnung sollen aus genuin sozialer Perspektive entwickelt werden. Die sozialen Handlungslehren und die Lehre von der objektiven Zurechnung wollen jeweils nur den allen Deliktsarten gemeinsamen Teilbereich des strafrechtlichen Unrechtsbegriffes normativierend begreifen: Die Handlung im sozialen Sinne ist die Mindestvoraussetzung, um von einem strafrechtlichen Unrecht sprechen zu können. Die objektive Zurechnungslehre erachtet den Bereich der objektiven Zurechnung als gemeinsames Grundelement aller Arten strafrechtlichen Unrechts[7]. Davon unterschieden wird in beiden Lehren die Ebene der Schuld, auf der die individuellen Besonderheiten des jeweiligen Täters Berücksichtigung finden sollen. Dies sind die offensichtlichen Parallelen der in Rede stehenden Lehren, die durch ihre Ähnlichkeit zu einer näheren, detaillierten Beschäftigung mit beiden Theorien drängen. Dies um so mehr, als sich in der Literatur bislang keine ausführliche Darstellung der sozialen Handlungslehren, die sich nur schwer in eine einheitliche Gruppe zusammenfassen lassen, finden läßt. Die Arbeit stellt sich der Aufgabe, der Frage nachzugehen, ob möglicherweise eine engere als bisher angenommene „verwandtschaftliche“ Beziehung zwischen beiden Ansätzen existiert: Inwieweit kann bei den sozialen Handlungslehren von einer Vorwegnahme der Lehre vom unerlaubten Verhalten als Teil der Lehre von der objektiven Zurechnung sein? Kann also in materieller Hinsicht von einer Identität beider Lehren und somit auch zwischen Handlungs– und Zurechnungslehre ausgegangen werden, wie in der ehemals herrschenden hegelianischen Strafrechtsdoktrin: „In dem Begriff der Handlung ist der Begriff der Zurechnung enthalten. (..) So weit demnach der Begriff der Handlung reicht, so weit reicht auch der Begriff der Zurechnung; und wo der Begriff der Handlung aufhört, da hört auch der Begriff der Zurechnung auf.“[8] Eine Bejahung einer Identität von Handlungs– und Zurechnungslehre stünde allerdings in deutlichem Widerspruch zu einer jahrzehntelangen Tradition in der Strafrechtsdogmatik, die es als Erfolg ausgab, endlich die Vorherrschaft der HEGELIANER im Strafrecht gebrochen zu haben[9].

Daß in der überkommenen Strafrechtsdoktrin so vehement an der Differenzierung von Handlungs– und Zurechnungslehre und der Formulierung eines vorstrafrechtlichen Handlungsbegriffes festgehalten wird, ist die Folge einer fälschlicherweise noch immer anhaltenden Betonung der ontologischen Sichtweise, nach der die Handlung eine vorgegebene Struktur besitzen soll. Richtigerweise ist jedoch weder der Begriff der Handlung noch derjenige der Zurechnung ein der Strafrechtsdoktrin vorgegebener. Die Begriffen werden vielmehr jeweils funktional nach der Aufgabe bestimmt, mit der das Strafrecht diesen Begriff füllen möchte.

Die Beziehung von sozialen Handlungslehren und objektiver Zurechnungslehre kann nur aus der historischen Entwicklung beider Ansätze verstanden werden. Um diesem Anspruch genüge zu tun, beginnt die Arbeit mit einer Skizzierung der naturalistischen Strafrechtsdoktrin und der Versuche, den Naturalismus zu überwinden. Für diese Versuche spielt, rechtsphilosophisch betrachtet, die Epoche des Neukantianismus der südwestdeutschen Schule eine wesentliche Rolle. Außerdem werden sie durch die Rezeption der HEGELschen Zurechnungs-

---

6 Ausführlich dazu S. 147 ff.

7 Vgl. *Jakobs*, Handlungsbegriff, S. 11.

8 *Berner*, Lehrbuch, 12. Aufl., S. 158 f.

9 Symptomatisch dafür die Äußerung *Klugs*, Abschied von Kant und Hegel, S. 36 ff.: Es ist hohe Zeit, die Straftheorien von *Kant* und *Hegel* mit ihren irrationalen gedankenlyrischen Exzessen in all ihrer erkenntnistheoretischen, logischen und moralischen Fragwürdigkeit endgültig zu verabschieden.

lehre – insbesondere von LARENZ – sowie durch frühe Schriften WELZELS geprägt (§ 2). Im Anschluß daran werden die sozialen Handlungslehren dargestellt (§ 3) – einschließlich der Frage, wie die sozialen Handlungslehren den Begriff des „Sozialen“ begreifen – und die Grundsätze der Lehre von der objektiven Zurechnung (§ 4) herausgearbeitet. Diese beiden Ansätze werden in einem fünften Kapitel (§ 5) gegenübergestellt und auf Unterschiede und Gemeinsamkeiten überprüft: ihren Umgang mit dem Kausalitätsprinzip, der begrifflich gemeinsamen Verwendung des Kriteriums der objektiven Bezweckbarkeit, der unterschiedlichen, systematischen Stellung von Handlung und objektiver Zurechnung. Hierbei wird sich letztlich herausstellen, daß die Handlung im strafrechtlichen Sinne nur als objektiv zurechenbare Handlung, d. h. als strafrechtliches Konstrukt begreifbar wird. Einen wesentlichen Gegenstand der Untersuchung wird des weiteren die Frage nach der Bedeutung des Begriffes des Sozialen in Gegenüberstellung zu einer *personalen* Handlungs– und Zurechnungslehre in der Strafrechtswissenschaft bilden (§ 6). Die sozialen Handlungslehren und die Lehre von der objektiven Zurechnung sind infolge ihres standardisierenden Verständnisses des einzelnen als Vernunft– oder Sozialperson im Bereich des Unrechts der Kritik der personalen Zurechnungslehre ausgesetzt. Naturgemäß wird gegen jegliche Normativierung in der Strafrechtswissenschaft der Vorwurf der Vernachlässigung der Bedeutung des einzelnen Individuums erhoben. Auch bei den sozialen Handlungslehren und der Lehre von der objektiven Zurechnung scheint das Individuum – jedenfalls ausgehend vom Verständnis der Normen als verhaltenssteuernde Instrumente und dem einzelnen als vorrechtlichem Individuum – vom Bereich des Sozialen überlagert zu sein. Sind also insoweit die Annahmen der sozialen Handlungslehren bzw. die der objektiven Zurechnungslehre mit den Grundlagen der überkommenen Strafrechtsdogmatik kompatibel? Die Arbeit wird dies verneinen, aus dieser Negation aber nicht den Schluß der Ablehnung einer sozialen Sichtweise ziehen, sondern vielmehr das Fundament des heute überkommenen Strafrechtssystems in Frage stellen und die Notwendigkeit der Weiterentwicklung der sozialen Handlungslehre aufzeigen.

Im letzten Teil der Untersuchung folgt schließlich die Überprüfung der Grenzen einer standardisierenden Betrachtungsweise. Den Ausgangspunkt bildet die Frage, ob ein Verständnis von einer „sozialen“ Handlung bedingt, daß das einzelne Handlungssubjekt ganz und gar standardisierend betrachtet werden muß bzw. die Reichweite von Verantwortungsbereichen in einer Gesellschaft immer nach einem sozialen Standard zu bemessen sind. Diese Fragestellungen sind für das Strafrecht einer modernen Gesellschaft äußerst aktuell. Denn moderne Gesellschaften sind durch komplex verflochtene Handlungsgefüge gekennzeichnet. Sie erscheinen als „multiple Kausalzusammenhänge“, bei denen ein individueller Verantwortungsnachweis für Schäden kaum noch zu erbringen ist[10]. „Bedingt durch die Komplexität von Interaktionsprozessen ist der zu einem Schadenseintritt führende Verlauf oftmals undurchschaubar und der Ursprung der Gefahren bleibt unklar. Für potentiell Betroffene wird es hierdurch zunehmend schwieriger, teils sogar unmöglich, sich sinnvoll auf Gefahren einzustellen oder ihnen konkret vorzubeugen. Daraus entsteht ein Bedürfnis nach einer möglichst umfassenden Verantwortungszuschreibung für Gefahren“[11]. Das Zivilrecht hat die Konsequenz aus solchen Entwicklungen bereits durch die Umkehr der Beweislast, eine standardisierende Betrachtung des einzelnen im Bereich der Schuld gezogen. Muß sich das Strafrecht einer solchen Standardisierung nicht anschließen, um überhaupt noch ernst genommen werden zu können oder unterliegt es bei der Ausgestaltung des Begriffes der Person eigenen Gesetzen?

---

10 Vgl. dazu *Grünewald*, Garantenpflichten, S. 13; *Schünemann*, GA 1995, S. 201, 211 ff.

11 *Grünewald*, Garantenpflichten, S. 14.

§ 2 Das naturalistische Strafrechtsdenken und Versuche seiner Überwindung

Um die Entwicklung der sozialen Handlungslehren und der Lehre von der objektiven Zurechnung in ihrer Beziehung zueinander hinreichend erfassen zu können, ist es notwendig, sich den strafrechtsdogmatischen Hintergrund ihrer Entstehung, d. h. den Stand der Strafrechtsdogmatik zu Beginn ihrer Entwicklung, zu vergegenwärtigen. Beide Lehren nehmen nämlich ihren Ausgangspunkt in der Kritik am naturalistischen Strafrechtsdenken.

A) Handlungs– und Unrechtsverständnis im Naturalismus

I) Die Grundzüge der naturalistischen Handlungsdoktrin

Die sozialen Handlungslehren und die objektive Zurechnungslehre sind mit dem Ziel entstanden, den in der Strafrechtsdoktrin ihrer Epoche vorherrschenden Kausalismus als Ausdruck des naturalistischen Strafrechtsdenkens zu überwinden. Dieser hatte bereits gegen Ende des 19. und zu Beginn des 20. Jahrhunderts in der Strafrechtsdoktrin – orientiert an einem mechanisch–naturalistischen Weltbild – Einzug gehalten: „Wissenschaftliche Erkenntnis (...) ist kausale Erklärung, d. h. die Erkenntnis einer Erscheinung in den sie bestimmenden Ursachen. Die wissenschaftliche Aufgabe der Strafrechtswissenschaft ist daher die kausale Erklärung von Verbrechen und Strafe“[12]. Dem Naturalismus ging es um eine *unmittelbare* Wahrnehmung der gesellschaftlichen Fakten[13] – Gesellschaft allerdings verstanden als Summe kausal determinierter Individuen und kausal laufender Wirkungsprozesse[14] – um das Verstehen der tatsächlichen Gegebenheiten: Der Blick wurde von vorgegebenen Normen oder Gerechtigkeitsvorstellungen abgewendet, die in den idealistischen Theorien KANTS, FICHTES und – für das Strafrecht prägend – vor allem HEGELS waren.

Das Recht als Gesellschaftsphänomen ist nach naturalistischem Verständnis ebenfalls dieser naturwissenschaftlichen Methode zu unterwerfen: Denn als Wirklichkeitserscheinung könne und müsse es kausal erklärt werden: in der doppelten Fassung, daß unter dem Einfluß der physikalischen Kausalitätsvorstellung nach der Ursache, unter dem Einfluß der biologischen Deszendenzlehre nach der Entwicklungsgeschichte des Rechts gefragt werde[15]. Das positive Recht solle sich nicht mehr an einer über dem Recht stehenden Gerechtigkeitstheorie orientieren, sondern als Produkt von Mitteln und Zwecken einer immanenten Wirklichkeit erscheinen[16]. Zur Bestimmung der Voraussetzungen der Zurechnung war demzufolge an ein allgemeines Kausalitätsgesetz anzuknüpfen[17], soweit überhaupt noch von strafrechtlicher Zurechnung die Rede war[18].

---

12 *v. Liszt*, Die Aufgabe und die Methode der Strafrechtswissenschaft: Aufsätze II S. 289.

13 Eingehend zum Einfluß des Naturalismus auf das Recht *Wieacker*, Privatrechtsgeschichte der Neuzeit, S. 558.

14 Siehe dazu *Wieacker*, Privatrechtsgeschichte der Neuzeit, S. 564.

15 Vgl. auch *Wieacker*, Privatrechtsgeschichte der Neuzeit, S. 565.

16 Vgl. dazu *Wieacker*, Privatrechtsgeschichte der Neuzeit, S. 562.

17 Bahnbrechende Wirkung im Strafrecht hatte die Auffassung *Stübels*, Thatbestand, S. 25 ff.

18 Der Begriff der Zurechnung war nämlich nach und nach aus dem strafrechtlichen Sprachgebrauch verschwunden und wurde von dem der Kausalität überlagert, bevor er mit der Lehre von der objektiven Zurechnung wieder eine Renaissance erfuhr. Vor dem naturalistischen Strafrechtsdenken hatte der Begriff der Zurechnung im Vordergrund gestanden, vgl. dazu nur *Abegg*,

Ein solch naturalistisches Denken mußte zwangsläufig dem Begriff der Handlung im strafrechtlichen Sinne einen rein naturwissenschaftlichen Maßstab zugrunde legen. So gilt nach dem *kausalen Handlungsbegriff*[19] Handeln als das Verursachen von Folgen durch einen Willkürakt eines irgendwie gearteten Inhalts: „Für die Feststellung, daß eine bestimmte Handlung vorliegt, genügt die Gewißheit, daß der Täter willentlich thätig geworden bzw. unthätig geblieben ist. Was er gewollt hat, ist hierfür gleichgültig“[20]. Somit gelten auch solche Geschehensverläufe als Handlung, die nur auf ganz unvorhersehbarer, rein zufälliger, unberechenbarer, geradezu abenteuerlicher Weise den tatbestandsmäßigen Erfolg bewirken[21]. Der Begriff der Willkür, dem später im Rahmen der finalen Handlungslehre die maßgebliche Rolle zukommen soll, hat dabei nur die Aufgabe, Anstoß einer Kausalreihe zu sein. Täter ist bereits derjenige, der das Vermögen hat, Willkür auszuüben – ein Verständnis das auch durchaus ins Gesellschaftsbild des Naturalismus paßt. Das Strafrechtssystem des Kausalismus ist durch die strikte Gegenüberstellung von einem subjektiv inneren Bereich (der Schuld) und dem äußeren objektiven Bereich (dem Unrecht), das sich in der sogenannten Rechtsgutsverletzung erschöpft, gekennzeichnet. In der Normentheorie gilt die Formel: „Bei der Feststellung der objektiven Rechtswidrigkeit fungiert das Recht als objektive Bewertungsnorm, bei der Feststellung der Schuld dagegen in seiner Wirkung als Bestimmungsnorm“[22].

II) Zur Kritik am Handlungsverständnis des Naturalismus

Das naturalistische Strafrechtssystem versteht Recht als objektive Wertordnung, wobei sich die Aufgabe des Strafrechts auf einen starren Rechtsgüterschutz zu beziehen hat. Für eine solche am strikten Rechtsgüterschutz orientierte Lehre ist die Norm konsequenterweise darauf gerichtet, daß schlichtweg alle Verursachungen der Rechtsgutsverletzung unterlassen werden, unabhängig davon, ob der Täter sie in der konkreten Situation vermeiden konnte und auch, ob sie sozial unerläßlich waren oder nicht, wie z. B. das Autofahren, der Schienenverkehr oder andere Fallkonstellationen des Sozialüblichen. Das Faktum der Verletzung des Gutes bleibt an das Faktum der Kausalität gebunden[23].

Schon aus naturalistischer Perspektive kann eine derart strikte Beschränkung der Handlungsfreiheit des einzelnen aber nicht überzeugen und führt in eine paradoxe Situation: Soll Rechtsgütern zu ihrer Optimierung verholfen werden, bedarf es der Interaktion der einzelnen Personen in einer Gesellschaft. Das Verbot aller Verhaltensweisen, die eine Rechtsgutsverletzung auslösen könnten, würde zu einer Lähmung des gesellschaftlichen Zusammenlebens führen, so daß die Rechtsgüter des einzelnen nicht optimal ausgeprägt werden könnten. Ein solch striktes Verbot würde den Normunterworfenen sämtliche Handlungsfreiheiten nehmen und damit zu für den Bürger unerträglichen Freiheitsverlusten führen[24]. Soll demzufolge gesellschaftliche Interaktion möglich bleiben, dürfen die Normen nicht schlichtweg alle Verursachungen der Rechtsgutsverletzung verbieten. Und so folgt selbst im naturalistischen Straf-

---

Lehrbuch, S. 124 ff.; *Berner*, Lehrbuch des deutschen Strafrechts, S. 147 ff.; den Begriff der Zurechnung verwendend auch schon *Feuerbach*, Revision, S. 150 ff.

19 *Beling*, Lehre vom Verbrechen, S. 9; *v. Buri* GS 56 (1899), S. 418, 445 ff.; *v. Liszt* Lehrbuch, S. 173; *Radbruch*, Handlungsbegriff, S. 127 ff.

20 *Beling*, Grundzüge, S. 38.

21 Kritisch dazu bereits *Traeger*, Kausalbegriff, S. 73 ff.

22 *v. Liszt–Schmidt*, S. 173 Anm. 1.

23 Dazu kritisch *Jakobs*, ZStW 87 (1975), S. 1, 13.

24 So auch *Schürer–Mohr*, Erlaubte Risiken, S. 165.

rechtssystem nicht auf jede Gutsverletzung Strafe. Es gilt ein weiteres: Selbst wenn strafrechtlich reagiert würde, könnte dadurch das Gut nicht wieder hergestellt werden[25].

Daneben trägt ein naturalistisch verstandener Handlungsbegriff bereits konzeptionell weitere Ungereimtheiten in sich: Die mit diesem Handlungsbegriff verbundene immanente Uferlosigkeit, nach der beispielsweise die Zeugung des späteren Mörders eine Handlung und bezüglich des Todes des späteren Opfers kausal ist, zeigt, daß ein solcher Handlungsbegriff noch nichts über den wirklichen Umfang strafrechtlicher Haftung aussagen kann. Die Bezugnahme auf das zeitliche Kontinuum im Strafrecht ist als Zurechnungskriterium ungeeignet, da es nicht ein bestimmtes Subjekt mit einem gewissen Ereignis verknüpfen kann, sondern letztlich alle Subjekte mit allen Ereignissen verbindet[26]. Problematisch wird die Erklärung der Handlung anhand eines naturwissenschaftlichen Maßstabes insbesondere bei sinngeladenen Begriffen, wie beispielsweise im Fall der Beleidigung. Der naturalistische Handlungsbegriff definiert sie als eine durch gewollte Stimmbänderreizung und Muskelbewegung hervorgerufene Schallwellenerzeugung, die sich nach kausalen Gesetzmäßigkeiten im Raum fortsetzt, auf dem Trommelfell des Beleidigten auftrifft und dort im Gehörgang verarbeitet wird[27]. Der in der sozialen Wirklichkeit maßgebliche Sinngehalt des Beleidigens, nämlich die Herabsetzung der Ehre, wird von einer solchen naturalistischen Definition jedoch nicht erfaßt. Beleidigung, Mißhandlung, Urkundenfälschung und andere wertgeladene Begriffe lassen sich für das Strafrecht nicht sinnvoll als Körperbewegungen im Sinne des naturalistischen Handlungsbegriffes beschreiben. Der ihnen eigentlich zugrunde liegende Unwertgehalt würde bei einer solchen Lesart vernachlässigt. Soll aber nicht das Anliegen aufgegeben werden, alle strafrechtlich relevanten Verhaltensweisen unter einen gemeinsamen Gattungsbegriff zu fassen, so erscheint ein naturalistisch verstandener Handlungsbegriff ungeeignet, den Oberbegriff für ein strafrechtlich relevantes Verhalten abzugeben[28]. Dem Verständnis von einem naturalistischen Handlungsbegriff bereitet auch die dogmatische Erfassung des Phänomens des Unterlassens immense Schwierigkeiten. Da das bloße Unterlassen streng genommen nichts bewirken kann[29], es aber einhellige Meinung ist, den einzelnen strafrechtlich zur Verantwortung zu ziehen, sobald er eine Garantenstellung innehat und den Erfolgseintritt hätte verhindern können, kann ein Handlungsbegriff, der die Willkürfähigkeit des einzelnen zur allerersten Voraussetzung macht, nicht der Oberbegriff aller strafrechtlichen Verhaltensweisen sein. Im Fall des Unterlassens kann nicht der bloße Anstoß einer Kausalreihe als Haftungsgrund in Betracht kommen. Es geht hier vielmehr von vornherein um die rechtliche Zuschreibung einer bestimmten besonderen Verantwortlichkeit. Ist im Strafrecht von einem Unterlassen die Rede, so sind in diese Feststellung also bereits wertende Gesichtspunkte eingeflossen[30]. Die Suche nach einer „realontologischen Gemeinsamkeit“ von Tun und Unterlassen erweist sich damit als aussichtslos.

Sollte dennoch an einem naturalistischen Handlungsbegriff festgehalten werden, so bliebe nur die RADBRUCHsche Lösung, daß sich Handlung und Unterlassen im Strafrecht zueinander

---

25 Siehe auch *Jakobs*, ZStW 87 (1975), S. 1, 13; *Lesch*, Verbrechensbegriff, S. 228 ff.; *Mayer* AT, S. 20.

26 So z. B. *Jakobs* AT, 7/6.

27 *v. Liszt*, Lehrbuch, 4. Aufl., S. 130.

28 Vgl. statt vieler: *Engisch*, Welzel–FS, S. 343, 357; *E. A. Wolff*, Handlungsbegriff, S. 11.

29 Kritisch dazu auch *E. A. Wolff*, Handlungsbegriff, S. 10.

30 *Behrendt*, Unterlassung, S. 102, Fn 86; *Bloy*, ZStW 90 (1978), S. 609, 631.

wie A und non–A verhalten[31] – ein Befund, der allerdings im Widerspruch zu den Gegebenheiten der sozialen Wirklichkeit steht. In der modernen komplexen Gesellschaft sind Tun und Unterlassen häufig nicht recht zu unterscheiden[32] oder erscheinen als ohne weiteres austauschbar: „In der heutigen Zeit wird der Arbeiter durch einen Industrieroboter ersetzt und erhält die Aufgabe zugewiesen, bei Störungen des Ablaufs einzugreifen. Während ein fehlerhaftes Produkt in früheren Zeiten auf schlechter Arbeit, d. h. auf positivem Tun des Arbeiters beruhte, kommt es heutzutage darauf an, daß der Arbeiter nicht in einen automatisierten Prozeß eingreift, also die gebotene Korrektur unterläßt"[33]. Soll der strafrechtliche Handlungsbegriff den Prämissen der gesellschaftlichen Wirklichkeit nicht widersprechen, so kann es auch in strafrechtlicher Hinsicht nicht maßgeblich werden, ob jemand erhebliche, eigene Energie aufbringt, auf latente Kräfte zurückgreift oder lediglich eine Gefahrenquelle nicht beseitigt[34]. Handlung und Unterlassung sind damit axiologisch ohne weiteres gleichwertig[35]. Daneben erwächst aus dem naturalistischen Denken das Dilemma, daß bei einer strikten Trennung von objektiv und subjektiv der objektive Wert und die objektive Wahrheit für den Menschen prinzipiell unerreichbar bleiben[36]. Es läßt sich nicht erklären, warum ein Verhalten dem einzelnen zuzurechnen ist, sobald er einen Geschehensverlauf nicht mehr faktisch beherrscht. Daß die strikte Trennung von Innen und Außen im Strafrecht nicht haltbar ist, ist schon durch die Entdeckung subjektiver Unrechts– und normativer Schuldelemente deutlich geworden[37].

III) Fazit:

Das Kausalprinzip als alleiniges oder auch als das maßgebliche Zurechnungsprinzip in der Strafrechtsdoktrin anzunehmen, hat sich für ein Strafrecht, dessen Zurechnungsprinzipien in der gesellschaftlichen Wirklichkeit verankert sein sollen und das die Bedeutung des Strafrechts für die Gesellschaft klären soll, als gänzlich unzulänglich erwiesen. Der für das Strafrecht maßgebliche Haftungsgrund, der die genuin strafrechtlichen Rechtsfolgen nach sich ziehen soll, kann also nicht in dem naturalistischen Faktum der Auslösung einer Kausalkette oder der schlichten Beherrschung eines Geschehensverlaufes liegen. So war die Strafrechtsdogmatik dazu berufen, die maßgeblichen Kriterien zu benennen, die anstelle des naturalistisch verankerten Merkmals der Kausalität die Bedingungen der strafrechtlichen Zurechnung erklären sollten.

---

31 *Radbruch*, Handlungsbegriff, S. 140 f.

32 Zum Beispiel im sogenannten Ziegenhaarfall, RGSt 63, 211. Hier hatte ein Fabrikant den Tod mehrerer Arbeiterinnen durch die Ausgabe nicht desinfizierter Ziegenhaare verursacht. Ein Paradebeispiel ist auch der Bereich des Abbruches ärztlicher Rettungsbemühungen. Ersetzt in der modernen Gesellschaft die Apparatemedizin meist die manuellen Tätigkeiten des Arztes, wodurch sich der soziale Handlungssinn eines Verhaltens aber nicht geändert hat, kann auch nicht das Abstellen eines Beatmungsgerätes anders behandelt werden als die Beendigung der Mund–zu–Mund–Beatmung.

33 *Sánchez–Vera*, Pflichtdelikt, S. 51 f. Zu der sog. Grenzverwischung zwischen Tun und Unterlassen vgl. auch *Jakobs* AT, 28/14, 6/28 ff.; *Philipps*, Handlungsspielraum, S. 140 ff.; *Seelmann*, GA 1989, S. 250 ff.; ders., Privatrechtlich begründete Garantenstellungen? S. 85, 93.

34 So auch *Jakobs* AT, 7/6.

35 In diesem Sinne auch *Bayertz*, Herkunft der Verantwortung, S. 46. Weiterführend zu dieser Fragestellung siehe nur *Jakobs*, Unterlassen; *Sánchez–Vera*, Pflichtdelikt; *Timpe*, Strafmilderungen, S. 167 ff. (m. w. N.)

36 So z. B. *Köhler*, Hirsch–FS, S. 65, 69; *Welzel*, Naturalismus, S. 21.

37 Dazu *Fischer*, Rechtswidrigkeit, S. 288; *Hegler*, ZStW 36 (1915), S. 19 ff.; *Mezger*, GS 89 (1924), S. 207 ff.; zur Entwicklung der normativen Schuldlehre *Frank*, Aufbau, S. 519 ff.

B) Versuche der Überwindung des Naturalismus in der Strafrechtsdoktrin

Besonders die Uferlosigkeit der naturalistischen Handlungstheorie hat erhebliche Kritik hervorgerufen und provozierte Eingrenzungsversuche auf objektiver Ebene. Denn bei den erfolgsqualifizierten Delikten alter Fassung war auch eine Korrektur über den Schuldbegriff nicht möglich, da selbst ein Fahrlässigkeitsbezug auf den Erfolg gesetzlich nicht vorgesehen war[38].

Bereits in den Jahren vor der Entstehung der sozialen Handlungslehren und der objektiven Zurechnungslehre, noch in der Blütezeit des juristischen Naturalismus, gab es intensive Bemühungen, die Weite der conditio sine qua non Formel einzuschränken. Die wichtigsten Eingrenzungsversuche fanden zum einen im Rahmen der Diskussion um den Kausalitätsbegriff im Strafrecht statt. Zum anderen basierten sie auf einer philosophischen Wurzel, nämlich dem teleologischen Rechtsdenken im Strafrecht. Dieses wollte – ausgehend vom Neukantianismus der südwestdeutschen Schule – den naturalistisch geprägten wertfreien Wirklichkeitsbegriff um die Ebene der Geltung erweitern und damit dem Naturalismus seine Basis entziehen. Diese beiden Lösungsversuche sollen hier in Kürze skizziert werden, da die sozialen Handlungslehren und die Lehre von der objektiven Zurechnung gedanklich auf ihren Überlegungen aufgebaut haben.

I) Zu den Einschränkungsversuchen im Rahmen der Kausalität

In der Literatur wurde schon frühzeitig die Ansicht vertreten, daß die bloße Bedingtheit des Erfolgseintritts durch den Handelnden zur Annahme der Tatbestandsverwirklichung nicht hinreichen könne und die Uferlosigkeit der conditio sine qua non Formel einer Begrenzung bedürfe. Die daraus resultierenden Einschränkungsversuche beziehen sich allerdings nur auf eine sogenannte Uminterpretation des Merkmals der Kausalität. Auf diese Weise sollte erreicht werden, daß in den Sonderfällen, in denen eine Korrektur über den Begriff des Verschuldens ausschied und die allgemeine Kausalitätserwägungen versagten, eine Einschränkung im Bereich der Kausalität eingefügt wurde.

Die sogenannte *Adäquanztheorie*[39] betrachtet nur denjenigen Erfolgseintritt als in strafrechtlicher Hinsicht verursacht, der als Folge des zu beurteilenden Verhaltens der Lebenserfahrung entspricht. Dagegen müßten diejenigen Faktoren als nicht für den Erfolg kausal ausgeschlossen werden, die nur aufgrund inadäquater Geschehensabläufe den Erfolg herbeigeführt hätten. Den Maßstab der Zurechnung soll folglich die Prognose des Verhaltens als generell geeignet

---

38 Erst § 56 StGB a. F. von 1953 „Knüpft das Gesetz an eine besondere Folge der Tat eine höhere Strafe, so trifft diese den Täter nur, wenn er die Folge wenigstens fahrlässig herbeigeführt hat" räumte mit dem Standpunkt auf, daß die Erfolgsqualifikationen nur objektive Straferhöhungsgründe seien, und verlangte im Hinblick auf die Herbeiführung der schweren Folge zumindest Fahrlässigkeit. Weiterführend zur Geschichte der erfolgsqualifizierten Delikte, *Rengier*, Erfolgsqualifizierte Delikte.

39 Als Begründer gilt *v. Kries*, ZStW 9 (1889), S. 528 ff.; *Engisch*, Kausalität, S. 41 ff.; *Tarnowski*, Kausalitätstheorie, S. 330 ff., 333, 338; *Traeger*, Kausalbegriff, S. 159 ff., 187. Aus neuerer Lit. auch *Maurach-Zipf* AT, § 18 Rn 30 ff.; *Wolter*, GA 1977, S. 257 ff. Seit RGZ 50, S. 219, 222 ist die Adäquanztheorie ständige Rspr. im Zivilrecht, wobei sich aber neuerdings die Ansicht durchgesetzt hat, daß die Adäquanztheorie nicht als Kausaltheorie, sondern als zusätzliche Zurechnungseinschränkung neben der Kausalitätsfeststellung heranzuziehen ist.

zur Erfolgsherbeiführung bilden[40]. Allerdings ist überzeugend nachgewiesen worden, daß letztlich die Adäquanz eines bestimmten Verlaufes zu einer bestimmten Folge nicht nachgewiesen werden kann, da bei hinreichend detaillierter Verlaufsanalyse jeder Verlauf als ein vereinzelter erscheint. JAKOBS erklärt dies anhand eines Beispiels: „Wenn ein Autofahrer, der mit abgefahrenen Reifen ins Schleudern gerät, gerade in der konkreten Weise vor die konkret gestaltete Vorderseite eines gerade hier entgegenkommenden Lastwagen schleudert, wobei ein Lungenflügel des Beifahrers zerquetscht wird, was bei der schon bestehenden Insuffizienz des anderen Flügels über weitere Komplikationen letztlich zu dessen Tod führt, so ist das nur eine Verlaufsvariante aus dem Bereich unabsehbar vieler Varianten. Bei Hinzunahme der Konkreta ist speziell der geschehene Verlauf nicht adäquater, als es etwa ein unerkennbarer Reifendefekt wäre“[41]. Daneben leidet die Adäquanztheorie an einem weiteren genuinen Defekt. Sie zieht Kausalverläufe nach den Kriterien der Statistik und der allgemeinen Sinnenfälligkeit als Zurechnungskriterien heran, ohne deren normative Relevanz zu erklären[42]. Zudem vermag sie in dogmatischer Hinsicht nicht zu überzeugen, da sie durch das normative Kriterium der Adäquanz versucht, die naturwissenschaftliche Kategorie der Kausalität zu bestimmen und damit die Fragen von naturwissenschaftlicher Verursachung und rechtlicher Zurechnung nicht voneinander trennen kann[43].

Anhand der Auslegung des jeweils zu beurteilenden Tatbestandes wollte schließlich die *Relevanztheorie*[44] entscheiden, welche vom Handelnden bedingten Erfolge für die Tatbestandserfüllung tauglich sind. Ähnlich wie bei der Adäquanztheorie sollen nur die sogenannten tatbestandsadäquaten Bedingungen innerhalb des Kausalverlaufes als haftungsbegründend gelten, wobei allerdings die Besonderheiten des Straftatbestandes Berücksichtigung finden sollen. Im Gegensatz zur Adäquanztheorie differenziert die Relevanztheorie auch zwischen der sogenannten Erfolgs*verursachung* und *-zurechnung*. Ihr fehlt aber eine Hinleitung zu der Frage, wann bestimmte Fakten als relevant zu gelten haben und wann nicht[45]. Obwohl es methodisch ohne weiteres möglich ist, Gesetzesbegriffe in einem normativen Sinn auszulegen, konnten sich die normativierenden Kausalitätslehren letztlich neben den schon genannten Ungereimtheiten aufgrund des Vorwurfes, daß dadurch der eigentliche Begriff der Kausalität verfälscht werde, nur um aus normativen Gründen wünschenswerte Einschränkungen erzielen zu können, nicht durchsetzen[46]. Diesen Lehren gegenüber wird die Kritik geäußert, daß der Begriff der Kausalität nicht das richtige Medium zur Überwindung sämtlicher Zurechnungsprobleme sein könne. Das Merkmal Kausalität sei von spezifisch juristischen Überlegungen freizuhalten, damit nicht jeglicher Sinn als Abgrenzungskriterium verloren gehe[47]. Der Begriff der Kausalität als abstraktes Phänomen könne nur außerrechtlicher Natur sein und sei als natura-

---

40 *v. Kries*, ZStW 9 (1889), S. 528, 532.

41 *Jakobs* AT, 7/34; ders., Studien, S. 63 f. mit Fn 83.

42 Kritisch auch *Jakobs* AT, 7/34; *Rudolphi*, JuS 69, S. 549 ff., 551; SK–*Rudolphi*, Vor § 1 Rn 55; *Wolter*, GA 1977, S. 257, 261.

43 So auch *Wessels/Beulke* AT, § 6 I 4.

44 *Blei* AT, § 28 IV; *Mezger*, Strafrecht, S. 121 ff.; *Proebsting*, ZStW 42 (1921), S. 740 ff.; *Wessels* AT, § 6 I 5, 6. Eher affirmativ auch *Frisch*, Tatbestandsmäßiges Verhalten, S. 17 der eine starke verwandtschaftliche Beziehung von Relevanztheorie und Lehre von der objektiven Zurechnung annimmt.

45 In diesem Sinne ebenfalls *Roxin* AT, § 11 Rn 33 f.; *Schieffer*, Strukturen der Erfolgszurechnung, S. 251.

46 Zur Entwicklungsgeschichte der modernen Lehre von der objektiven Zurechnungslehre ausführlich *Frisch*, Tatbestandsmäßiges Verhalten, S. 10 ff.

47 *Maiwald*, Kausalität, S. 8.

listischer Begriff einer Normativierung unzugänglich[48], was auch dem Willen des Gesetzgebers entspräche[49]. Unabhängig davon, ob man letztere Kritik teilt oder nicht, haben die normativen Kausalitätstheorien jedenfalls das Bewußtsein dafür geschärft, daß Naturalismen als solche nichts über den Grund strafrechtlicher Haftung aussagen können[50].

II) Zur Relevanz der sozialen Stellung beim Unterlassungsdelikt

Der naturalistischen Handlungstheorie hatte ebenfalls die strafrechtliche Erfassung des sogenannten Unterlassungsdelikts Schwierigkeiten bereitet, so daß es nicht erstaunt, in diesem Umfeld eine Wurzel der Entstehung der sozialen Betrachtungsweise der einzelnen Person im Rahmen der strafrechtlichen Zurechnungslehre zu entdecken. So wird im Rahmen der Begründung der Garantenstellung erstmals ausdrücklich die notwendig sozial vermittelte Position des Garanten hervorgehoben. Ein Unterlassen ist als solches, rein naturalistisch betrachtet, für das Strafrecht niemals von Belang. Ist die Frage, ob es eine Kausalität des Unterlassens gibt, noch umstritten, so besteht jedenfalls Einigkeit, daß ein besonderer Haftungsgrund für die Bestrafung des Unterlassungstäters existieren muß, der inhaltlich wiederum nach naturalistischer oder finalistischer Lesart begriffen wird. Frühzeitig entwickelten sich in diesem Fragenkomplex Ansätze, die die *soziale* Stellung des Unterlassenden, seine real existierende Pflichtenstellung im sozialen Normensystem, in den Vordergrund rückten. Aufgrund der ähnlichen Betonung der Bedeutung des Sozialen in der Epoche vor den eigentlichen sozialen Handlungslehren und der Lehre von der objektiven Zurechnung sollen diese wie folgt dargestellt werden[51].

Nach KOHLER wird kausal, „wer die von der sozialen Ordnung eingefügte Tätigkeit, auf welche die soziale Ordnung behufs Erreichung ihrer Interessen baut, unterläßt (...), wir leben (nämlich) in einer sozialen Ordnung, bei welcher wir uns auf die einwirkende Funktion der verschiedenen Menschen (...) verlassen"[52]. Maßgeblich für KOHLER ist damit, daß der Unterlassende seine ihm von der Gesellschaft auferlegte Pflicht zur Gefahrabwendung nicht erfüllt hat. Über die Strafbarkeit des Unterlassenden entscheidet also nicht mehr eine wertfreie Kausalität, sondern der soziale Sinngehalt des Unterlassens und seine Stellung im sozialen Gefüge der Gesellschaft.

Auch TRAEGER betont die „Notwendigkeit der Pflichterfüllung für den Bestand der gesellschaftlichen Ordnung und Sicherheit"[53]. Seine offensichtlich sozialethisch geprägte Ordnungslehre räumt den realen gesellschaftlichen Pflichtenpositionen eine einflußreiche Funktion ein, denn gerade in sozialen Positionen manifestiert sich die Notwendigkeit der Erfüllung gesellschaftlich relevanter Pflichten[54].

---

48 *Honig*, Frank–FG I, S. 174, 175; *Reyes*, ZStW 105 (1993), S. 108, 115; *Sauer*, Grundlagen des Strafrechts, S. 431; *Schlüchter*, JuS 1976, S. 312, 314.

49 *Kahrs*, Vermeidbarkeitsprinzip, S. 28 ff.

50 In diesem Sinne auch *Roxin*, Armin Kaufmann–GedS, S. 237, 242, der sie als embryonale Vorform der heutigen objektiven Zurechnungslehre bezeichnet.

51 Eingehend zu dieser Thematik *Brammsen*, Garantenpflichten, S. 48 ff.; *Rudolphi*, Gleichstellungsproblematik.

52 *Kohler*, Studien, S. 46.

53 *Traeger*, Kausalbegriff, S. 71.

54 So auch *Brammsen*, Garantenpflichten, S. 49.

In dieselbe Richtung gehen die Ausführungen von SAUER[55] und KISSIN[56], deren Rechtswidrigkeitslehren bereits vom Neukantianismus der südwestdeutschen Schule geprägt sind. Ihrer Ansicht nach basiert die Garantenstellung auf „der rechtlich–sozialen Position des Unterlassenden im gesellschaftlichen Gesamtorganismus“: Der einzelne soll an der ihm zukommenden Sozialposition und den damit verbundenen Pflichten festgehalten werden, damit gesellschaftliches Zusammenleben weiterhin garantiert werden kann. Die Gemeinschaft rechne mit der Wahrnehmung dieser Pflichten und richte ihre eigene Tätigkeit im Vertrauen auf ihre Erfüllung ein. Sie verlasse sich darauf, daß jeder im Rahmen seiner sozialen Stellung an der Erreichung der staatlichen Zwecke mitwirke[57].

Mit diesen Thesen zur Garantenstellungsproblematik hat ein wesentlicher Perspektivenwechsel in der Betrachtungsweise der einzelnen Person begonnen: Er wird strafrechtlich nicht mehr als bloßer Träger von Willkürfähigkeit betrachtet, sondern als Teil der gesellschaftlichen Ordnung, für die er bestimmte Pflichten zu erfüllen hat. Diesen Ansätzen gelingt es, die Relevanz des Sozialen für die strafrechtliche Zurechnungslehre herauszuarbeiten. Es wird erstmals – wenn auch nur ansatzweise – die Wechselbeziehung von Strafrecht und sozialer Wirklichkeit auf den Begriff gebracht. Obwohl die soziale Sichtweise auf den Bereich der Unterlassungsdelikte beschränkt ist, und die Interpretation des Sozialen insbesondere bei KOHLER im Rahmen der Kausalität verankert bleibt, ist mit der Betonung der sozialen Pflicht der Boden für eine soziale Handlungslehre im wesentlichen vorbereitet: Denn sollte der Handlungsbegriff die Funktion eines systematischen Oberbegriffes für alle Verhaltensweisen, also gleichermaßen für Handlungen und Unterlassungen, ausüben, so mußte das Erfordernis der sozialen Stellung zwangsläufig auf alle Formen von Verhalten übertragen werden.

III) Das teleologische Rechtsdenken

Erste Ansätze einer Loslösung vom naturalistischen Denken sind im teleologischen Rechtsdenken zu finden, das erstmals die naturalistische Begriffsbildung für das Strafrechtssystems als unzulänglich offenbarte und einen Ansatz herausgebildet hat, die Zurechnungsprobleme aus normativer Perspektive zu lösen. Das teleologische Rechtsdenken ist philosophisch im Neukantianismus der südwestdeutschen Schule verankert, der seinerseits von WINDELBAND[58] begründet und RICKERT[59] und LASK[60] weiterentwickelt wurde.

1. Der Ansatz des Neukantianismus der südwestdeutschen Schule

Während der Naturalismus den positivistischen Wirklichkeitsbegriff als dogmatische Grundlage hingenommen hatte, zieht der Neukantianismus der südwestdeutschen Schule diesen zwar ebenfalls als Basis seiner Philosophie heran, versucht ihn aber – worin seine wesentliche Neuerung gegenüber dem Naturalismus besteht – durch ein System theoretischer Denkformen, das wertbeziehende Verfahren, für die jeweilige Wissenschaft umzuformen. Dabei

---

55 *Sauer*, Grundlagen des Strafrechts, S. 447 ff.

56 *Kissin*, Die Rechtspflicht.

57 *Kissin*, Die Rechtspflicht, S. 107 f.

58 *Windelband*, Präludien II, S. 136 ff.

59 *Rickert*, Die Grenzen der naturwissenschaftlichen Begriffsbildung; ders., Kulturwissenschaft und Naturwissenschaft.

60 *Lask*, Rechtsphilosophie, S. 279 f., 306 ff.

zeigte insbesondere RICKERT[61], der führende Vertreter des Neukantianismus der südwestdeutschen Schule, die Grenzen der naturwissenschaftlichen Begriffsbildung für die historischen Wissenschaften auf: „Daß die objektive Wirklichkeit inhaltlich irrational ist, sollte für den wissenschaftlichen Menschen lediglich ein Ansporn sein, ihre Unvernünftigkeit durch Begriffsbildung zu überwinden“[62]. Die Prinzipien der Systematik sollen also anders als im Naturalismus nicht mehr in den „Dingen–an–sich“ liegen, sondern in der Vernunft als einem a priori.

a) Zum erkenntnistheoretischen Ausgangspunkt des Neukantianismus der südwestdeutschen Schule

Verständlich wird das Wesen der neukantianischen Philosophie nur bei einem vertieften Blick auf ihre Erkenntnistheorie. In der Tradition KANTS vertritt sie die Meinung, daß sich die Wirklichkeit, die als „heteronomes Kontinuum“ vorgegeben ist, nicht ohne weiteres abbilden lasse. Denn Erkenntnis sei nicht die einfache Beschreibung einer vorgegebenen Wirklichkeit in dem Sinne, daß die Wirklichkeit mit Begriffen reproduziert werden soll. Bei der Erkenntnis gehe es vielmehr um einen Prozeß der Vereinfachung und damit der Umbildung des Vorgegebenen[63]. Jede Wissenschaft greife bei dieser Umbildung auf ein Prinzip, ein logisches a priori zurück, mit dessen Hilfe sie aus der unendlichen Vielfalt des Wirklichen dasjenige auswähle, was für sie wesentlich ist: die formende Verstandestätigkeit[64].

Der Paradigmenwechsel gegenüber der bis dahin überkommenen Erkenntnisphilosophie liegt demzufolge darin, daß Erkennen nicht mehr in einer Abbildung einer gegebenen Realität liegen soll, sondern das Ergebnis einer Deutungs– oder Denkleistung sein soll[65]. So sagt RICKERT: „Nicht um die Realität dreht sich das erkennende Ich–Subjekt, damit es dadurch theoretisch wertvoll werde, sondern um den theoretischen Wert hat es sich zu drehen, wenn es die Realität erkennen will“[66]. Im Ergebnis ist für den Neukantianismus entscheidend, daß die im Wege der Umformungslehre entstandenen wissenschaftlichen Begriffe in Bezug auf die objektive Wirklichkeit eine neuartige und in gewisser Weise *eigene* begriffliche Welt bilden. Sie sind nicht Reproduktionen von ontologischen Strukturen, sondern Produkte methodologischer Auffassungen der empirischen Subjekte von dieser objektiven Wirklichkeit, d. h. Produkte unseres wissenschaftlichen Denkens[67]. Damit liegt dem neukantianischen Denken die

61 *Rickert*, Die Grenzen der naturwissenschaftlichen Begriffsbildung; ders., Kulturwissenschaft und Naturwissenschaft.

62 *Rickert*, Gegenstand der Erkenntnis, S. 374.

63 *Rickert*, Kulturwissenschaft und Naturwissenschaft, S. 31.

64 *Rickert*, Kulturwissenschaft und Naturwissenschaft, S. 35; so auch der Ansatz von *Kelsen*, Reine Rechtslehre, S. 3, der das Recht als Produkt einer jeweils individuell vorzunehmenden Deutung begreifen will. Eine Norm gilt für *Kelsen* als Deutungsschema, das bestimmten faktischen Handlungsverläufen rechtliche Bedeutung verleiht. An der Spitze der Normenpyramide soll die sogenannte Grundnorm stehen, die für *Kelsen* gleichzeitig Erkenntnisvoraussetzung und Geltungsgrund der Rechtsordnung ist. Weiterführend siehe *Pawlik* Rechtstheorie 25 (1994), S. 101, 103 ff.

65 *Rickert*, Gegenstand der Erkenntnis, S. 188.

66 *Rickert*, Gegenstand der Erkenntnis, S. 205.

67 *Rickert*, System der Philosophie, S. 183. Skeptisch zum Neukantianismus *Welzel*, Naturalismus S. 44 ff., der in einer kritischen Auseinandersetzung mit diesem Denkansatz unter Berufung auf *N. Hartmann*, Problem des geistigen Seins, S. 26, seine eigene Position der finalen Handlung entwickelt. *Welzel* geht davon aus, daß nicht die Methode den Erkenntnisgegenstand bestimmt,

Einsicht zugrunde, daß jeder Rechtsbegriff Ausdruck eines jeweils beschränkten Thematisierungsinteresses ist. Dies ist gegenüber dem früheren Begriffsrealismus ein wesentlicher Fortschritt[68], der sich Jahrzehnte später im systemtheoretischen Denken fortsetzen wird.

Das Ausgangsmaterial des wertbeziehenden Verfahrens bleibt – wie schon im Naturalismus – die wertfreie objektive Realität. Demzufolge darf auch die Gliederung des Wirklichkeitsbegriffes durch die Wertbeziehungen nicht etwa dahingehend verstanden werden, daß der Begriff des Wertes den im Naturalismus im Vordergrund stehenden Begriff der Kausalität ersetzen soll. Es geht also nicht um den Ersatz der Kausalität durch die Teleologie, sondern lediglich um ein Prinzip der Auswahl des für die Begriffsbildung Wesentlichen[69]. Die Wertbeziehung spezifiziert aus den objektiv bestehenden Kausalzusammenhängen die wertrelevanten[70], nicht aber darf die Wertbeziehung als Konstituierung des Zurechnungszusammenhanges dahingehend mißverstanden werden, daß ohne sie kein kausaler Zusammenhang besteht. Das Bestehen des kausalen Zusammenhanges bleibt gerade vorausgesetzt[71].

b) Die Bedeutung des wertbeziehenden Verfahrens

Der Neukantianismus unterscheidet bei der Wahl der Methoden zwischen der naturwissenschaftlichen und der kulturwissenschaftlichen Begriffsbildung. Denn die Denkformen, die bei der Begriffs– und Systembildung zur Anwendung kommen sollen, seien grundverschieden, je nachdem welchen Zweck die jeweilige Wissenschaft zu verfolgen beanspruche: Von den Naturwissenschaften unterscheiden sich nach neukantianischer Ansicht die historischen Wissenschaften. Im Gegensatz zur Naturwissenschaft, die das Allgemeine, sich Wiederholende, unter Gesetzmäßigkeiten Darzustellende zu beschreiben bezwecke, gehe es den Geschichtswissenschaften, zu denen auch die Rechtswissenschaft gehöre[72], darum, die Einmaligkeit des konkreten Falles darzustellen[73]. Das wertbeziehende Verfahren soll sich allerdings hier nicht auf die Rekonstruktion einer vorgegebenen geschichtlichen Situation, im Sinne eines factums brutums, beschränken[74]. Historische Gegebenheiten werden, was für den Ausgangspunkt des Neukantianismus symptomatisch ist, nur durch ihren Bezug auf Werte interessant. Gemeint sind hier die in einer Kulturgemeinschaft vorhandenen Werte, z.B. die Religion, Kunst, Staat, Recht und Sitten. Diese Werte sollen das methodologische Auswahlprinzip für den Umbildungsprozeß bilden. Anhand eines Beispiels erklärt: Die Geschichtswissenschaften erforschen nicht die Tischsitten Bismarcks, sondern alles, was aus seinem Leben für die Entwicklung des Deutschen Reiches relevant war[75]. Diesem erkenntnistheoretisch und formal bestimmten Gegensatz soll auch eine Differenzierung der Objekte beider Arten von Wissenschaften entsprechen. Denn dem sogenannten wertbeziehenden Erkenntnisverfahren könnten nur solche Gegenstände unterworfen werden, die sich tatsächlich auf die genannten Werte bezögen, und

---

sondern daß sich umgekehrt die Methode wesensnotwendig nach dem Gegenstand als dem ontischen Seinsstück richten müsse. Zum ontologischen Ansatz *Welzels* ausführlich S. 46 ff.

68 Vgl. insoweit die Problematisierung dieses Gesichtspunktes im Rahmen der Reinen Rechtslehre *Kelsens* bei *Pawlik*, Rechtstheorie 25 (1994), S. 451, 453.

69 *Rickert*, Kulturwissenschaft und Naturwissenschaft, S. 92. Zum Verhältnis von Teleologie und Kausalität im *Rickert'schen* System vgl. auch *Loos*, Wert– und Rechtslehre Max Webers, S. 6.

70 In der Nachfolge *Rickerts* in diesem Sinne auch *Max Weber*, Wissenschaftslehre 1, S. 204.

71 So auch *Max Weber*, Wissenschaftslehre 1, S. 184.

72 *Lask*, Rechtsphilosophie, S. 306 ff.

73 *Rickert*, Kulturwissenschaft und Naturwissenschaft, S. 55.

74 *Rickert*, Kulturwissenschaft und Naturwissenschaft, S. 80, 81.

75 *Rickert*, Kulturwissenschaft und Naturwissenschaft, S. 93.

zwar Personen, soweit sie zu Kulturwerten Stellung nähmen und alle Gegebenheiten, die „wertvoll“ seien. Die wertbeziehende Kulturwissenschaft habe somit die wertbehaftete, die wertblinde Naturwissenschaft dagegen die wert– und sinnfreie Wirklichkeit zum Gegenstand[76].

c) Die Unterscheidung von Wert und Wirklichkeit

Ein wesentlicher Fortschritt des Neukantianismus der südwestdeutschen Schule gegenüber dem Naturalismus liegt darin, daß sich die Erkenntnis nicht nur auf das real Existierende beziehen können soll, sondern auch den *Sinn* der Wirklichkeit, der mit dieser nicht identisch sein muß, erfassen kann[77]. In diesem Sinne definierte RICKERT die sozialen Kulturgüter als Institutionen[78], worunter aber keine Außenweltsveränderungen, sondern Normenkomplexe zu verstehen sind.[79] Mit dieser Bezugnahme auf die Sinn– und Geltungsebene wird erstmals eine Möglichkeit eröffnet, den für den naturalistischen Handlungsbegriff problematischen sinngeladenen Tatbestandsmerkmalen eine dogmatische Grundlage zu verschaffen und das Strafunrecht als Normbruch[80] begreifen zu können. Denn begreift man das Rechtsgut als Institution, dann ist eine Rechtsgutsverletzung zwangsläufig als Normwiderspruch einzuordnen[81].

Die Frage der Einheit von Wert und Wirklichkeit ist für den Kantianer RICKERT allerdings äußerst problematisch zu handhaben. Diese Einheit ist wissenschaftlich nicht zu begreifen, da das Denken die einheitliche Welt sogleich wieder in ihre Einzelbestandteile zerlegt. Er muß zum Verstehen dieser Einheit erst ein sogenanntes vorwissenschaftliches Subjekt konstruieren. In dem ebenfalls vorwissenschaftlich angesiedelten Akterlebnis dieses Subjekts werde die Vereinigung der Bereiche von Wert und Wirklichkeit erlebt[82]. Die Rückführung von Wert und Wirklichkeit auf einen gemeinsamen Ausgangspunkt bleibt damit aber für RICKERT außerhalb seines eigentlichen Modells angelegt – ein Dilemma, mit dem alle Ansätze, die auf einem methodendualistischen Ausgangspunkt beruhen, zu kämpfen haben[83].

2. Die Revision neukantianischer Ideen im Strafrecht

Die Überlegung des Neukantianers LASK, daß die Rechtswissenschaft als Kulturwissenschaft spezifisch rechtlich, d. h. wertbeziehend vorgehen müsse und nicht auf dem Wege wertblinder Abstraktion wie die Naturwissenschaften[84], stieß in einer Epoche, in der die Unzulänglichkeiten des naturalistischen Strafrechtsdenkens bereits offensichtlich geworden waren, aber noch

---

76 *Rickert*, Kulturwissenschaft und Naturwissenschaft, S. 17 ff. Diese Bezugnahme auf die Objekte nimmt *Welzel*, Naturalismus, S. 49 in einer kritischen Würdigung des Neukantianismus der südwestdeutschen Schule zum Anlaß das wesentliche der Begriffsbildung nicht in der methodologischen Auffassung, sondern im Ontischen selbst zu suchen. Die Methode müsse sich wesensnotwendig nach dem Gegenstand als dem ontischen Seinsstück richten. Zum Modell *Welzels* vgl. S. 46 ff.

77 *Rickert*, System der Philosophie, S. 113.

78 *Rickert*, System der Philosophie, S. 330.

79 Vgl. dazu insbesondere *Lesch*, Sukzessive Beihilfe, S. 157; *Luhmann*, Institutionalisierung, S. 28.

80 Dazu weiterführend *Jakobs* AT, 2/11ff.

81 So auch *Amelung*, Rechtsgüterschutz, S. 152.

82 *Rickert*, System der Philosophie, S. 262.

83 Zu den Defiziten des methodendualistischen Denkens ausführlich S. 127 ff.

84 *Lask*, Rechtsphilosophie, S. 307 ff.

kein Modell zu dessen endgültiger Überwindung gefunden war, schnell auf fruchtbaren Boden. Denn man hatte erkannt, daß im Allgemeinen Teil die bei weitem meisten normativen Probleme, die der Gesetzgeber und die Strafrechtswissenschaft des 19. Jahrhunderts nicht gesehen hatten, noch ungelöst waren und mit Hilfe des überkommenen naturalistischen Strafrechtsdenkens einer überzeugenden Lösung auch nicht zugeführt werden konnten. Die Hauptaufgabe der Gesetzesinterpretation sollte fortan in einer teleologischen Wertung bzw. wertenden Sinnerfassung liegen[85]. Dies hatte die Konsequenz, daß der naturalistische Ansatz, das Strafrecht vorwiegend aus empirischen Begriffen aufzubauen, ins Wanken geriet: Ein im Recht verwendeter Begriff sei Resultat eines grundsätzlichen Wandlungsprozesses; die wertfreien Begriffe sollen ihren naturalistischen Charakter verlieren und eine teleologische, spezifisch juristische Umformung zu werterfüllten Begriffen erfahren[86]. In diesem Sinne SAUER: „Wir selbst erzeugen die Dinge, wir sind die Schöpfer der Welt, die Welt ist unser Werk"[87]. Dabei muß der Begriff des Wertes, der im Vordergrund des teleologischen Rechtsdenkens steht, notwendigerweise als erkenntnistheoretisches a priori erscheinen. Es soll hier um Werte gehen, die in einer Kulturgemeinschaft allgemein anerkannt sind.

Hiermit wird im teleologischen Rechtsdenkens, das nachfolgend durch die Ansätze SAUERS, MITTASCHS, THIERFELDERS und WOLFS näher umrissen wird, erstmals die Maßgeblichkeit einer genuin rechtlichen Perspektive, die auch die objektive Zurechnungslehre prägen wird, behauptet.

3. Die Behandlung der Zurechnungsproblematik im teleologischen Rechtsdenken

a) Das Verbrechensmodell SAUERS

Mit der Betonung der Werte war eine Stärkung der Belange der sozialen Gemeinschaft verbunden. Hatte in der naturalistischen Strafrechtsdoktrin der sogenannte Kausalismus an der Spitze des Verbrechenssystems gestanden, wurde jetzt das Prinzip der objektiven Rechtswidrigkeit – verstanden als sogenannte Sozialwidrigkeit/ Kulturwertwidrigkeit – in den Vordergrund gerückt. So ist auch in SAUERS Verbrechenssystem das Merkmal der Rechtswidrigkeit, dem eine rein objektive von den Werten ausgehende Prägung zukommen soll, zentrales Element. Der im Strafrecht wesentliche Begriff der Rechtswidrigkeit impliziere die rechtlichen Maßstäbe und enthalte ein Werturteil. In der Tradition des Neukantianismus der südwestdeutschen Schule legt SAUER diesen wertenden Maßstab, der sich im Rechtswidrigkeitsurteil verkörpern soll, als logisches Prius gegenüber dem zu messenden Gegenstand (dem Verhalten, der Handlung) zugrunde. Welches Verhalten als Objekt der Wertung für das Strafrecht in Betracht kommt, soll demzufolge von der Wertung des Objekts abhängen. Auch das zu bemessende Objekt sei ein „Werten" – nicht anders als der Maßstab[88]. Es könne nämlich

---

85 Die wichtigsten Vertreter des teleologischen Denkens, die auf der Grundlage der wertbeziehenden Methode des „südwestdeutschen Neukantianismus" wurzeln, sind: *Grünhut*, Frank–FG I, S. 1 ff.; *Mittasch*, Die Auswirkungen des wertbeziehenden Denkens, S. 30 ff.; *Radbruch*, Rechtsphilosophie, S. 194, 190 ff., 209 f.; *Sauer*, Grundlagen des Strafrechts, S. 19 ff.; *Schwinge*, Teleologische Begriffsbildung im Strafrecht; *E. Wolf*, Schuldlehre I, S. 73 ff.

86 *Lask*, Rechtsphilosophie, S. 316. Den entgegengesetzten Standpunkt vertritt *Kelsen*, Hauptprobleme, S. 57 ff., wenn er erklärt, daß das Recht lediglich der formal–logischen, nicht aber der teleologischen Begriffsbildung unterliegen soll.

87 *Sauer*, Grundlagen des Strafrechts, S. 19.

88 *Sauer*, Grundlagen des Strafrechts, S. 244.

nicht jedes beliebige Element als Objekt der Wertung gewertet werden, sondern nur ein solches, das dem Maßstab hinreichende Eigenschaften aufweise. Anders als im naturalistischen Denken soll also nicht das wertfreie Verhalten des einzelnen als Objekt der Wertung in Betracht kommen[89].

Mit der Aufstellung dieses Erfordernisses ist in SAUERS Modell jedoch die Gefahr des infiniten Regresses der Wertung begründet, da er an der sogenannten Trennung von Objekt der Wertung und Wertung des Objekts, die auch der herkömmlichen Handlungsdoktrin zugrunde liegt, im Ausgangspunkt festhält. Will SAUER diesem Regreß entkommen, werden allerdings beide Kategorien von der Bedeutung der Wertung des Objekts überlagert[90].

Charakteristisch für sein Verbrechensmodell ist außerdem, daß nicht der jeder Handlung immanente individuelle Zweck des Täters das Wertungsobjekt bildet, sondern vielmehr der *„generelle Zweck“*, der *„reale Zweck“* oder die *„allgemeine Tendenz“* der Handlung herangezogen wird. SAUERS Ansatz zufolge ist die Handlung also objektivierend auszulegen[91]. Anhand eines Beispiels aus dem Bereich der Notwehr verdeutlicht: Wenn jemand die Fensterscheibe des Nachbarn eingeschlagen hat und dadurch dessen Kind gerettet hat, das durch eine Rauchvergiftung bedroht war, soll dieses Handeln unabhängig von der Zwecksetzung des Täters stets straflos sein, da Staat wie Nachbarn sich freuen sollten, daß das Kind gerettet wurde[92]. Der einzelne darf sich also in SAUERS System nicht auf seine eigene Zwecksetzung berufen. Er hat sich der Wertung der Gemeinschaft unterzuordnen. In der Konsequenz dessen kann aber auch ein Mehr an individuellem Wissen eine strafrechtliche Verantwortlichkeit nicht begründen. Das Kriterium der objektiven Bezweckbarkeit konstituiert und begrenzt daher den Verantwortungsbereich des einzelnen. Diese Überlegung begründet SAUER wie folgt: Bei einem Abstellen auf einen psychologischen, individuellen Zweckbegriff würden die Belange der Gemeinschaft untergraben[93]: „Die Rechtsordnung darf nicht vom guten Willen des Handelnden die Fragen nach Recht und Unrecht abhängig machen; sie hat ausschließlich auf den objektiven Wert der Tat für die Gemeinschaft Gewicht zu legen“[94]. Bei einer rein individuellen Sichtweise werde außerdem die Grenze zwischen Moral und Recht verwischt und der Richter zu einer praktisch kaum durchführbaren Untersuchung des Seelenlebens des Täters veranlaßt[95].

Der sozialen Gemeinschaft kommt also bei SAUER die wesentliche Bedeutung zu. Es geht um einen genuin sozialen Begriff, der nicht auf der Willkür des einzelnen aufbaut. Der Standpunkt der sozialen Gemeinschaft beschränkt sich hier ganz deutlich darauf, die Handlung in ihrer Wirkung auf den Verletzten zu beurteilen. Die soziale Gemeinschaft bei SAUER hat den Sinn eines abstrakten Äußeren, von dem das Subjekt im Sinne des Individuums der Handlung getrennt steht, womit Wille und Wirksamkeit unverbunden gegenüberstehen. Dem einzelnen wird die Handlung allein deshalb rechtlich zugerechnet, damit die Belange der sozialen Gemeinschaft nicht verletzt werden, nach seinem Dafür-Können wird insofern nicht gefragt.

89 *Sauer*, Grundlagen des Strafrechts, S. 236.
90 Dazu auch *Amelung*, Rechtsgüterschutz, S. 140, der darauf hinweist, daß eine solche Trennung der südwestdeutschen Güterlehre allgemein nicht leicht gefallen sei.
91 *Sauer*, Grundlagen des Strafrechts, S. 248.
92 *Sauer*, Grundlagen des Strafrechts, S. 349 Fn 1.
93 *Sauer*, Grundlagen des Strafrechts, S. 255.
94 *Sauer*, Grundlagen des Strafrechts, S. 349.
95 *Sauer*, Grundlagen des Strafrechts, S. 347.

Aufgrund der fehlenden Bezugnahme auf die Freiheit des einzelnen Täters hat der Ansatz SAUERS prima facie Schwierigkeiten, den strafrechtlichen Zwang legitimationstheoretisch zu begründen[96]. Mit dieser strikten Gegenüberstellung des einzelnen und der Werte wirkt hier das rein objektive Unrechtsverständnis des Naturalismus fort. Der Bereich des Sozialen beschränkt sich auf einen Bereich ideeller Werte.

b) Die Zurechnungslehre MITTASCHS

Ebenfalls von der neukantianischen Wertphilosophie geprägt ist die Zurechnungslehre von MITTASCH. Für MITTASCH sind die Strafrechtsbegriffe einerseits wertbezogen, insofern sie vom Wert als hypothetische oder generelle Bilder einer wertbezogenen Sozialwelt abgeleitet werden, und andererseits wirklichkeitsbezogen, soweit sie erstens an die Wirklichkeit des Gesetzes und an dessen Wertungen gebunden sind und zweitens die Tatsachen und Gesetzmäßigkeiten der empirischen Sozialwelt zu berücksichtigen haben[97]. Die empirische soziale Wirklichkeit soll für die strafrechtliche Begriffsbildung aber nur sekundär bedeutsam sein, womit sich MITTASCH von einer Prämisse des neukantianischen Denkens loslöst, die ihr Ausgangsmaterial in der positivistischen Wirklichkeit genommen hatte[98]. Die Rechtswissenschaft bilde ihre Begriffe nicht von der Welt der Erscheinungen aus, die zu Werten in Beziehung gesetzt werden, sondern konstruiere vielmehr umgekehrt von geltenden Werten ausgehend, Bilder und Teilausschnitte einer sozialen Welt[99].

Übertragen auf das Verständnis des Verbrechens hat dies folgende Konsequenz: Das Verbrechen erscheint als Ereignis der Außenwelt, das aus der natürlichen Kausalität des sozialen Geschehens herauskristallisiert wird[100]. Bei MITTASCH muß es also eine Instanz geben, die aus der Fülle der Kausalkette eine zu der für das Strafrecht maßgeblichen erklärt. Zwar besitze das Verbrechen auch eine vorwissenschaftliche Existenz als empirische Erscheinung in der Welt des Seins. Im Rahmen der strafrechtlichen Betrachtungsweise müsse diese Kausalkette aber zu Werten und Zwecken in Beziehung gesetzt werden. Die Gegebenheiten in der Welt werden also erst strafrechtlich relevant, nachdem ihnen von einer bestimmten Instanz eine Bedeutung zugeschrieben wurde.

Aus einem solchen wertbezogenen Denken soll gleichzeitig folgen, daß die Handlung anders als nach überkommener Ansicht nicht im Sinne eines obersten Verbrechensbegriffes verstanden werden dürfe. Denn im Rahmen eines teleologischen Systems werde das Verbrechen in erster Linie nach dem materiellen Wert, also nach der sogenannten Sozialschädlichkeit begriffen, so daß der Handlungsbegriff lediglich eine sekundäre Rolle spiele. Er werde jedoch nicht gänzlich überflüssig, da sich das Recht sinnvollerweise nur in Form von Geboten und Verboten an handelnde menschliche Subjekte richten könne[101]. Ihm soll aber nicht mehr eine für das Strafrecht prägende Funktion zukommen, sondern nur noch eine dienende. Der einzelne spielt also aus sich heraus nicht die für die strafrechtliche Zurechnung maßgebliche Rolle. Aus einer endlosen, durch den Willensimpuls eingeleiteten Kette von Kausalgliedern, soll un-

---

96 Zur Bedeutung der personalen Zurechnungskomponente im Strafrecht ausführlich, § 6, S. 141 ff.

97 *Mittasch*, Die Auswirkungen des wertbeziehenden Denkens, S. 2.

98 *Mittasch*, Die Auswirkungen des wertbeziehenden Denkens, S. 36 f.

99 *Mittasch*, Die Auswirkungen des wertbeziehenden Denkens, S. 37.

100 *Mittasch*, Die Auswirkungen des wertbeziehenden Denkens, S. 123.

101 *Mittasch*, Die Auswirkungen des wertbeziehenden Denkens, S. 135.

ter Zuhilfenahme sozialer Wertungen eine bestimmte Anzahl von Elementen zu einer Einheit, eben zu der Handlung, zusammengefaßt werden[102]. Bereits der Handlungsbegriff des täglichen Lebens existiere nur in der Sphäre der Sozialwerte. MITTASCH muß demzufolge einen sogenannten ontologischen Handlungsbegriff ablehnen. Um einen Vorgang der Außenwelt als Handlung einzustufen, hält MITTASCH es für notwendig, bestimmte Wertkategorien und soziale Wertungen an diesen Vorgang heranzutragen. Abzustellen sei dabei aber nicht auf den psychischen Zweck des Subjekts, der die Handlung zu einer Einheit zusammenfasse, sondern auf die Wertung des wahrnehmenden Beobachters[103].

Auch bei MITTASCH steht damit der Bereich des genuin Sozialen im Vordergrund strafrechtlicher Betrachtung. Er erkennt im Ergebnis eine Forderung der Lehre vom sogenannten Risikozusammenhang an, denn der Täter kann für den Eintritt des Erfolges trotz fehlerhaften Verhaltens nicht verantwortlich gemacht werden, wenn er keinen größeren Schaden anrichtet als die Rechtsgemeinschaft bei seinem erlaubten Verhalten hätte in Kauf nehmen müssen (Ausscheiden hypothetischer Kausalverläufe). Eine Parallele zur heutigen Lehre von der objektiven Zurechnung liegt auch im Vorrang des genuin gesellschaftlichen Maßstabes zur Bestimmung der Reichweite des strafrechtlich relevanten. Jedoch steht bei MITTASCH mehr die Bedeutung des Wertens im Vordergrund, als Kriterien zu liefern, wie eine solche Wertung aussehen soll.

c) Das Verständnis der strafrechtlichen Zurechnung bei THIERFELDER

Nach THIERFELDER soll die Bedeutung der strafrechtlichen Zurechnung nicht ohne Rückgriff auf Werte begriffen werden können. Ausgehend von der Rechtsgutsverletzung, die wiederum in Abhängigkeit zur Schädigung für die Gemeinschaft stehen soll, problematisiert er, in welchen Fallkonstellationen diese nicht auf menschliches Verhalten zurückzuführen sei. Im Vordergrund seines Modells steht in der Nachfolge des objektiven Verbrechenssystems und des Neukantianismus der südwestdeutschen Schule der Begriff der Rechtswidrigkeit und nicht derjenige der Handlung.

Soweit dem Begriff der Handlung überhaupt noch eine Rolle zukomme, sei dieser jedenfalls nicht mehr auf Naturalismen zu stützen. Der Begriff der strafrechtlichen Handlung soll auf Werte abgestimmt werden, „insofern er die Darstellung der besonderen ontologischen Struktur beinhaltet, die menschlichem Tätigwerden zukommen muß“[104]. THIERFELDER knüpft dabei an den sogenannten *objektiven Zweckbegriff* BIENENFELDS[105] an. Die Konstituierung des Handlungsbegriffes dürfe weder in Abhängigkeit zur individualpsychologischen Zwecksetzung eines einzelnen noch des Prinzips der Freiheit gestellt werden, da nicht jeder Täter als Person anerkannt werde[106]. THIERFELDERS sieht seinen Zweckbegriff vielmehr als Kriterium, das allein aus normativer Zuschreibung seinen Sinn enthält. Abgestellt werde nämlich nicht auf etwas wirklich Seiendes, sondern auf etwas durch eine kognitive Beurteilung in das Seiende Hineingelegtes. Die Phänomene der sozialen Sphäre seien stärker in der Sinnsphäre verhaftet als die Phänomene des „Einzelich“. Dies habe die Konsequenz, daß ihr materiales Substrat stets zerfließender, weniger konzentriert und deshalb ontologisch schwerer faßbar sei

---

102 *Mittasch*, Die Auswirkungen des wertbeziehenden Denkens, S. 136/137.
103 *Mittasch*, Die Auswirkungen des wertbeziehenden Denkens, S. 138.
104 *Thierfelder*, Normativ und Wert, S. 78.
105 *Bienenfeld*, Die Haftungen ohne Verschulden.
106 *Thierfelder*, Normativ und Wert, S. 79.

als das der einzelmenschlichen Erscheinungen[107]. Bei THIERFELDER wird somit die Sphäre des Sinns, also der sogenannten Geltung des Rechts, in den Vordergrund strafrechtlicher Betrachtung gerückt, wobei allerdings die Vermittlung des Seins zur Sinnebene unklar bleibt – ein Problem, mit dem alle neukantianischen Lehren zu kämpfen haben.

d) Die Lehre von den normativen Tatbestandsmerkmalen von ERIK WOLF

WOLF legt die in der Strafrechtsdoktrin einflußreiche Lehre von den sogenannten normativen Tatbestandsmerkmalen dahingehend aus, daß alle Tatbestandsmerkmale einen normativen Charakter besäßen. Dies hat für ihn die Konsequenz, daß jedenfalls die gesetzlich typisierten Willensbetätigungen keinen rein naturalistischen Charakter aufweisen dürften. Ein naturalistischer Handlungsbegriff bilde in seiner Sinnfremdheit das reale Substrat, das – ähnlich wie der Begriff der Wirklichkeit – durch die philosophische Komplementärtheorie des Positivismus durch die Tatbestandslehre in begrifflicher Hinsicht Ergänzung erfahre[108]; ihm komme aber für das Strafrecht keine Eigenbedeutung mehr zu. Die Begriffe der Willensbetätigung und des Erfolges seien vielmehr etwas genuin Normatives, sie gehörten wesensmäßig der Rechtswelt an.

4. Schlußfolgerungen für den weiteren Gang der Untersuchung:

Im Ergebnis haben der Neukantianismus der südwestdeutschen Schule und die Lehren von der teleologischen Begriffsbildung gezeigt, daß die Welt des Strafrechts nicht wie im Naturalismus nur jenes sinnlose Sein materieller Prozesse oder elementarpsychischer Vorgänge ist, sondern daß das, was von den strafrechtlichen Begriffen und Sätzen gegenständlich gemeint und getroffen ist, eine *sinnhafte* Welt ist[109]. Im Gegensatz zum Naturalismus wird hier, vermittelt über den Begriff des Rechtsgutes als wertbehafteter Wirklichkeit, erstmals der Blick auf die Geltungsseite des Rechts gelenkt: Die Rechtsgutsverletzung sei zwar ein Ereignis in der Außenwelt, aber nicht in der empirischen, wertblinden Natur, sondern im Bereich der *sinnvollen* Kulturwirklichkeit[110]. Gehe es um ein Ereignis in der sogenannten Kulturwirklichkeit, so dürfe der Rechtsgutsverletzungserfolg nicht naturalistisch als substanzmäßige Schädigung eines körperlichen Objekts begriffen werden, sondern vielmehr als normativ sinnhafter Rechtserfolg[111]. Der Begriff des Handelns muß bei Zugrundelegen eines solchen Konzepts konsequenterweise ebenfalls normativ begriffen werden. Dem teleologischen System ist der unausgesprochene Gedanke immanent, daß wirklich real nur disparate Willensimpulse und kausale Veränderungen in der Außenwelt sind und diese Vielfältigkeit der Seinsstücke erst durch das Gesetz zu einer sinnvollen Einheit zusammengeschlossen werden[112]. Erklärlich wird dieser neukantianische Denkansatz mit Blick auf die philosophische Situation nach HEGEL. Ontologie als Philosophie des Seienden wurde, sofern sie überhaupt für möglich gehalten wird, von vornherein auf ein wert- und sinnfreies Dasein bezogen; die nichtseienden, dafür aber geltenden Werte sollen die so entstehende Lücke schließen[113]. Infolge der Überlegung, daß das Reale seine Relevanzstruktur für das Recht erst aus einem Wertbezug erhalte,

107 *Thierfelder*, Normativ und Wert, S. 81.
108 *E. Wolf*, Typen der Tatbestandsmäßigkeit, S. 16.
109 So auch *Welzel*, Naturalismus, S. 71.
110 *E. Wolf*, Typen der Tatbestandsmäßigkeit, S. 16, 35.
111 *E. Wolf*, Typen der Tatbestandsmäßigkeit, S.
112 Dazu auch *Welzel*, Naturalismus, S. 71.
113 Vgl. dazu *Schnädelbach*, S. 202.

wird im wertbezogenen Denken die Ebene der Schaffung der Haftungsgrundlage zunehmend marginalisiert – ein Ansatz, der durchaus mit der modernen Lehre von der objektiven Zurechnung vergleichbar ist.

Aufgrund dieser Vorgehensweise des Neukantianismus der südwestdeutschen Schule liegt die Frage nahe, woher die für die Kulturwissenschaften maßgeblichen Werte gewonnen werden, von denen die objektive Realität ja noch befreit sein soll[114]. Der Neukantianismus versäumt es in seiner Beschränkung auf die Kulturgüter als „eine Welt des intellektuellen Rühr-mich-nicht-an“[115], die gesellschaftliche Wirklichkeit zu untersuchen und dabei die spezifische Sozialwidrigkeit zu ermitteln[116]. Dies hat die mißliche Konsequenz, daß die sozialen Folgen des Verbrechens und das Verbrechen selbst als irrationale Gebilde von kulturellem Wert und objektiver Außenwelt im Sinne einer naturalistisch gefärbten Epoche stehen bleiben. Die Bedeutung der modernen komplexen Gesellschaft bleibt in einem solchen Konzept jedoch unbeachtet[117]. Im Bereich der Normentheorie muß sich ein solcher Ansatz konsequenterweise auf die Norm in ihrer Rolle als Bewertungsfunktion des Rechts beschränken[118]. Im Laufe der Untersuchung wird zu erarbeiten sein, wie der Begriff des Sozialen, d. h. der gesellschaftlichen Wirklichkeit, in einer Theorie der Handlung im strafrechtlichen Sinne formuliert sein muß.

In der Gewißheit der Unzulänglichkeit eines solch physikalischen Wirklichkeitsverständnisses wendete sich die Strafrechtslehre in den 30er Jahren des 20. Jahrhunderts verstärkt einer Beschäftigung mit dem Phänomen der gesellschaftlichen Wirklichkeit zu[119]. Die zu starke Betonung der sogenannten Wertebene resultiere aus einer – wie WELZEL formuliert – „Angst vor dem Ontischen, das sich in der Metaphysik des Positivismus als brutaler sinnloser Mechanismus gezeigt hatte“. WELZEL bringt dies weiter auf den Punkt: „Würde das von der damaligen Naturwissenschaft gebotene Weltbild tatsächlich die alleinige wahre Wirklichkeit sein, dann wäre allerdings ein sinnvolles historisches Geschehen ausgeschlossen. Da aber RICKERT an diesem Weltbild nichts ändern konnte und wollte, insbesondere dessen Grundlage, die Alleinherrschaft der mechanischen Kausalität, ungesehen akzeptierte, konnte er die Geschichte nur retten, indem er beide, die Geschichte wie die Natur, zu bloßen begrifflichen Auffassungsformen degradierte“[120]. Dabei erlebte zum einen der Hegelianismus[121] einen Aufschwung, zum anderen führten Phänomenologie und Ontologie einerseits von der Wertung zu der Behauptung der Deskription zurück, andererseits aber von der Abstraktion zum konkreten Denken weiter[122].

---

114 So z. B. *Welzel*, Naturalismus, S. 47.

115 *Amelung*, Rechtsgüterschutz, S. 332.

116 Eingehend zu dieser Problematik auch *Amelung*, Rechtsgüterschutz, S. 332.

117 In diesem Sinne auch *Amelung*, Rechtsgüterschutz, S. 333.

118 Dazu *Kratzsch*, Verhaltenssteuerung, S. 156.

119 In diesen Zusammenhang gehört auch *Carl Schmitts* Lehre von den konkreten Ordnungen, Über die drei Arten rechtswissenschaftlichen Denkens. Er wirft dem juristischen Positivismus vor, er gehe primär von konkreten Unordnungen aus, die durch Normentscheidungen erst in Ordnung gebracht werden müßten. An Stelle des alten, abstrakten, normativistischen Denkens fordert er das Denken in konkreten Ordnungen.

120 *Welzel*, Naturalismus, S. 49.

121 Wichtige Vertreter sind *Binder*, Einführung in Hegels Rechtsphilosophie, der persönlich einen Wandel vom Neukantianismus zum Neuhegelianismus durchmachte; *Dulckeit*, Rechtsbegriff und Rechtsgestalt und *Larenz*, Hegels Zurechnungslehre.

122 Darauf hinweisend *Tiedemann*, Tatbestandsfunktionen, S. 82.

IV) Die Handlungs- und Zurechnungslehre von LARENZ

Bei einer Kritik am Naturalismus setzt auch die Handlungs- und Zurechnungslehre von LARENZ an, die dieser aus einer Rezeption der HEGELschen Zurechnungslehre gewinnt. LARENZ kritisiert an der naturalistischen Strafrechtsdoktrin, daß diese das Prinzip der objektiven Zurechenbarkeit mit dem naturalistischen Urteil über das Vorliegen eines Kausalzusammenhanges identifiziere[123]. Eine solche Gleichsetzung von Kausalität und Zurechnung gehe in die falsche Richtung, da Kausalität Zufall bedeute. LARENZ verweist dabei auf eine Aussage HEGELS zur Kausalität: „Die Ursache im gemeinen Sinn des Kausalitätsverhältnisses ist endlich, sofern ihr Inhalt endlich ist (wie in der endlichen Substanz), und insofern Ursache und Wirkung als zwei verschiedene selbständige Existenzen vorgestellt werden, – was sie aber nur sind, indem bei ihnen das Kausalitätsverhältnis abstrahiert wird"[124].

Demgegenüber beinhalte der Begriff der Zurechnung den Versuch, die Tat, (das ist für HEGEL der volle Umfang der äußerlich feststellbaren Wirkung des Willens[125]) als eigene vom zufälligen Geschehen abzugrenzen, so daß die Kausalität kein hinreichendes Zurechnungskriterium sein solle. Das Wesen der Zurechnung der Tat soll in einer Verantwortlichkeitsbestimmung für bestimmte Erfolge in der Außenwelt bestehen. Es gehe darum, was einem Subjekt als dessen Handlung zuzuschreiben sei[126]. Wie HEGEL richtig erkannt habe, impliziere die Zurechnung die Anerkennung des Subjekts, seiner Freiheit und Persönlichkeit durch das objektive Recht. In Wirklichkeit gehe es also bei der Frage nach der objektiven Zurechnung um eine teleologische Fragestellung. Der Begriff der Kausalität soll aber im Einklang mit HEGEL zur Feststellung des Zurechnungszusammenhanges nicht gänzlich entbehrlich werden – sie soll eine der Teleologie dienende Funktion erhalten[127].

Bei der Aufstellung der Zurechnungsbedingungen greift LARENZ wiederum auf die HEGELsche Handlungs- und Zurechnungslehre zurück, erachtet es aber aufgrund einer spezifischen Hegelinterpretation für notwendig, diese in normativer Hinsicht zu modifizieren: An die Stelle des Willensbegriffes HEGELS soll der Begriff der „objektiven Bezweckbarkeit" treten. Zudem sieht LARENZ in der sogenannten objektiven Zurechnung eine nur erste Stufe der strafrechtlichen Zurechnungslehre, nämlich eine Zurechnung zur Tat, die er im Gegensatz zu HEGEL und der Hegelianischen Strafrechtslehre, die nur eine Zurechnung der schuldhaften Handlung kennen, von der Zurechnung zur Schuld unterscheiden will. LARENZ geht es also um die Konstituierung von (zivilrechtlichem) Unrecht. Die Frage der strafrechtlichen Schuld soll in seinem Modell auf einer anderen Ebene diskutiert werden.

Diese LARENZsche Zurechnungslehre soll hier in Kürze in ihren Grundzügen rekonstruiert werden:

---

123 *Larenz*, Hegels Zurechnungslehre, S. 61.

124 *Hegel*, Enzyklopädie, § 153 Anm.

125 *Hegel*, Grundlinien der Philosophie des Rechts § 115, § 118 Zusatz. Kritisch zu dieser Interpretation *Hegels* von der Tat wiederum *Jakobs*, Norm, Person, Gesellschaft, S. 84 f. Eine solche Gleichsetzung von Tat und äußerlicher Begebenheit verkürzt die Bedeutung des Unrechts in einer kommunikativen Gesellschaft. Was eine Tat ist, kann nicht anhand naturalistischer Regeln festgelegt werden, sondern bedarf der Deutung durch eine kommunikative Ordnung.

126 *Larenz*, Hegels Zurechnungslehre, S. 51. Aus *Larenz*` Ausführungen geht also nicht eindeutig die von *Hegel* vorgenommene Differenzierung zwischen Tat und Handlung hervor. Allerdings meint Handlung im Sinne von *Larenz* nicht nur die schuldhafte Handlung.

127 *Larenz*, Hegels Zurechnungslehre, S. 43.

1. Das Kriterium der objektiven Bezweckbarkeit als bestimmendes Prinzip der objektiven Zurechnung

Ein umfassendes Bild dieses Ansatzes läßt sich nur dann gewinnen, wenn wir uns LARENZ` Verständnis der Rechtsphilosophie HEGELS vergegenwärtigen. Ausgangs– und Angelpunkt seiner Auslegung der HEGELschen Zurechnungslehre bildet § 117 der Rechtsphilosophie: „Das Recht des Willens aber ist es, in seiner Tat nur dies als seine Handlung anzuerkennen und nur an dem Schuld zu haben, was er von ihren Voraussetzungen in seinem Zwecke weiß, was davon in seinem Vorsatze lag. – Die Tat kann nur als Schuld des Willens zugerechnet werden; – das Recht des Willens“[128].

Zufällig an der Handlung und deshalb nicht zurechenbar ist demnach alles, was dem Willen fremd war. In dem Fall, daß jemand glaubt, ein ungeladenes, in Wirklichkeit aber geladenes Gewehr abzudrücken oder ein Jäger einen Menschen anschießt, den er für ein Wild hält, kann die Handlung nicht mehr zugerechnet werden[129]. Den im Mittelpunkt der Handlungslehre stehenden Begriff des Willens liest LARENZ in Anlehnung an das FEUERBACHsche Verständnis als Ausdruck subjektiver Willkür[130], ein Verständnis, das Parallelen der HEGELschen Handlungslehre zur finalen Handlungslehre (Handlung als zweckvolle Beherrschung des Kausalverlaufes) offenbaren würde[131].

Nach der subjektiv–individuellen Interpretation des Willensbegriffes bei HEGEL würde dessen Handlungslehre das Defizit aufweisen, die Strafbarkeit von Fahrlässigkeitstaten nicht erklären zu können. Denn § 116 der Rechtsphilosophie[132] versteht LARENZ nicht als Regelung der Fahrlässigkeit[133], sondern als zivilrechtliche Gefährdungshaftung. Bei dieser Haftung handele es sich nicht um eine Haftung für eine Tat, sondern um eine solche für Ereignisse, die innerhalb des Herrschaftsbereiches der jeweiligen Person entstünden[134]. Aufgrund dessen kritisiert LARENZ an dem Ansatz HEGELS, daß dieser seine Handlungslehre zu sehr in Abhängigkeit zu individualpsychologischen Fakten stelle und damit verkenne, daß schon das Wissen selbst Tat der Freiheit sei[135]. Das Nicht–Gewußte könne nämlich insofern zugerechnet werden, als das Nicht-Wissen selbst nicht zufällig, sondern Werk der Freiheit des Täters gewesen sei[136]. Nicht schon, wo das aktuelle Wissen selbst aufhöre, sondern erst dort, wo die Möglichkeit des Wissens ende, beginne der Bereich des Zufälligen.

---

128 *Hegel*, Grundlinien der Philosophie des Rechts § 117.

129 *Hegel*, Grundlinien der Philosophie des Rechts § 116 Zusatz.

130 *Feuerbach*, Revision I, S. 40 ff.

131 Diese Hegelinterpretation kommt auch in den Äußerungen *v. Bubnoff*, Entwicklung, S. 43– 50; *Hardwig*, Zurechnung, S. 56; *Hösle*, Hegels System II, S. 511; *Holl*, Fahrlässigkeitsdogmatik, S. 38 ff.; *Küpper*, Grenzen der normativierenden Strafrechtsdogmatik, S. 87 f. zum Ausdruck.

132 § 116 der Rechtsphilosophie *Hegels* lautet: „Meine eigene Tat ist es zwar nicht, wenn Dinge, deren Eigentümer ich bin und die als äußerliche in mannigfaltigem Zusammenhange stehen und wirken (wie es auch mit mir selbst als mechanischem Körper oder als Lebendigem der Fall sein kann), anderen dadurch Schaden verursachen. Dieser fällt mir aber mehr oder weniger zu Last, weil jene Dinge überhaupt die meinigen, jedoch auch nach ihrer eigentümlichen Natur nur mehr oder weniger meiner Herrschaft, Aufmerksamkeit usf. unterworfen sind“.

133 So allerdings *Lesch*, Verbrechensbegriff, S. 131 f.

134 *Larenz*, Hegels Zurechnungslehre, S. 55 f.

135 *Larenz*, Hegels Zurechnungslehre, S. 53.

136 *Larenz*, Hegels Zurechnungslehre, S. 53.

LARENZ, der grundsätzlich an den Ideen der HEGELschen Zurechnungslehre festhalten will, gleichzeitig aber einen Erklärungsansatz für die Fahrlässigkeitsstrafbarkeit zu liefern versucht, will dieses Defizit der HEGELschen Zurechnungslehre durch ein Rekurrieren auf den Begriff der *objektiven Bezweckbarkeit* überwinden, der auch im teleologischen Rechtsdenken eine wesentliche Rolle spielte. Dieses Prinzip der objektiven Bezweckbarkeit versucht LARENZ aus dem Gesamtkonzept der HEGELschen Zurechnungslehre herzuleiten. Er setzt bei HEGELS Überlegung an, daß nur die Folgen zugerechnet werden könnten, die mit der Handlung ein Ganzes bildeten, das durch den Zweck beherrscht werde. Mit den Worten von HEGEL: „Die Folgen, als die Gestalt, die den Zweck der Handlung zur Seele hat, sind das Ihrige (das der Handlung Angehörige)“[137]. Die Zwecksetzung lasse die Tat als teleologisches Ganzes erscheinen – als mannigfaltigen Zusammenhang von Ursachen und Wirkungen, der durch ihre Beziehung auf den Zweck vom Willen umspannt werde, wobei LARENZ den Zweckbegriff objektiv bestimmen will[138]. LARENZ[139] erklärt diesen Gedanken durch Bezugnahme auf ein Beispiel HEGELS zum dolus indirectus: Ein Brandstifter zünde das Haus zwar nur an einem einzigen Punkt an, „die allgemeine Natur dieses Punktes enthält die Ausdehnung“. Im vorliegenden Fall komme als dem Täter zurechenbare Tat somit das Anzünden des Hauses in Betracht und nicht nur eines einzelnen Balkens. Die Handlung schlicht als körperliches Tun beschränke sich nur auf letztere, ihre teleologische Bestimmtheit und *objektive Tendenz* gehe aber dahin, Anzünden eines Hauses als Ganzes zu sein[140].

LARENZ geht es in Nachfolge HEGELS prinzipiell um die Formulierung einer *personalen* Zurechnungslehre, so daß sein Begriff der objektiven Bezweckbarkeit sich mit dem Prinzip der Person in Einklang bringen lassen muß. Dieser Kunstgriff gelingt LARENZ durch Rückgriff auf den der HEGELschen Zurechnungslehre ebenfalls zugrundeliegenden Begriff der Freiheit der Person – Freiheit nicht wie nach überkommener Ansicht verstanden als vorrechtliches absolutes Prinzip[141]. Frei sei der Wille erst als sittlicher Wille, denn erst die Gemeinschaft biete den Boden für die Entfaltung der Freiheit. Das Individuum überwinde nämlich in seiner Hingabe an die Forderungen der Gemeinschaft seine Selbstsucht und Partikularität[142]. Freiheit erfährt der einzelne insoweit nach LARENZ nicht als isolierte Einzelheit, sondern immer nur vermittelt über die soziale Ordnung. In der Zurechnung werde das Subjekt, seine Freiheit und Persönlichkeit durch das objektive Recht anerkannt[143].

Demzufolge könne die Zurechnung nur an einen Willensträger erfolgen, der nicht als Naturwesen, sondern in seiner Gestalt als Vernunftwesen, als Träger der überindividuellen Vernunft, bedeutsam sei[144]. Andernfalls könne nämlich nicht von einer zurechenbaren Tat, sondern nur von einem Naturgeschehen die Rede sein. Daß der einzelne in das Naturgeschehen eingeflochten ist, soll so lange keine Verantwortung begründen können, wie er nicht imstande ist, dieses Naturgeschehen in seine Tat als eigene umzuwandeln[145]. Je weiter die Voraussicht des Menschen reiche, je größer seine Fähigkeit sei, Kausalzusammenhänge zu überblicken und Ursachen auf ihre ferneren Wirkungen zu beurteilen, um so weiter soll die Zwecksetzung

---

137 *Hegel*, Grundlinien der Philosophie des Rechts § 118.
138 *Larenz*, Hegels Zurechnungslehre, S. 68.
139 *Larenz*, Hegels Zurechnungslehre, S. 55.
140 *Hegel*, Grundlinien der Philosophie des Rechts § 119 Zusatz.
141 Zum Freiheitsverständnis näher § 6.
142 *Larenz*, Hegels Zurechnungslehre, S. 49.
143 *Larenz*, Hegels Zurechnungslehre, S. 50.
144 *Larenz*, Hegels Zurechnungslehre, S. 63.
145 *Larenz*, Hegels Zurechnungslehre, S. 66.

des einzelnen reichen. Aus diesem Grund will LARENZ alle Folgen einer Handlung als Tat zurechnen, deren der Handelnde sich bewußt war[146]. LARENZ' Ausführungen klingen in diesem Zusammenhang zunächst so, als ob die aktuelle, psychologisch rein faktische Macht des einzelnen für die Frage der Zurechnung relevant sein solle. Jedenfalls das, was in der Macht des Täters steht, soll ihm zugerechnet werden. Auf die Problematik, warum einige Folgen dem Täter trotz aktueller Vermeidbarkeit im Ergebnis nicht zugerechnet werden sollten, wird hier nicht eingegangen. Es entsteht vielmehr der Eindruck, als ob LARENZ das Problem des Sonderwissens entweder noch nicht gesehen hat oder dieses so gelöst haben will, daß eine Zurechnung gerade aufgrund des Sonderwissens stattfinden soll.

Diese Zurechnung aufgrund rein tatsächlicher Voraussicht läßt LARENZ allerdings nicht als Grund der Zurechnung gelten. Zum eigentlichen Prinzip der Zurechnung müsse vielmehr die *Möglichkeit der Voraussicht* erhoben werden[147]. Hier schlägt LARENZ einen Bogen zur Adäquanztheorie, die seiner Ansicht nach immerhin einen wahren Kern besitze. Bei richtigem Verständnis bringe sie nichts anderes zum Ausdruck, als daß all diejenigen Umstände zu berücksichtigen seien, die dem Täter oder einem einsichtigen Menschen in seiner Lage erkennbar waren. Bei besagter objektiver Möglichkeit handele es sich in Wirklichkeit um eine subjektive[148], da der Begriff der Möglichkeit nicht ohne Blick auf ein Gefahr*urteil* verständlich werde. LARENZ impliziert aber nicht das Urteil eines individuell bestimmten Subjekts, sondern eines gedachten Subjekts; gemeint ist der einsichtige Mensch in der Lage des Täters[149]. So sagt LARENZ: „Das Subjekt des Zurechnungsurteils ist (...) nicht der besondere konkrete Mensch, sondern der abstrakte Begriff eines Menschen von normaler Fähigkeit"[150]. Das Möglichkeitsurteil bleibt also nur insoweit objektiv und die Zurechnung zur Tat nur insoweit eine objektive Zurechnung, als es hierbei auf die individuellen Besonderheiten des konkreten Täters noch nicht ankommen soll. Bei LARENZ bleibt die objektive Zurechnungslehre eine personal vermittelte.

Dem Begriff des Willens kommt in diesem Zusammenhang im Vergleich zum Naturalismus also ein vollkommen geänderter Bedeutungsinhalt zu: Es geht nicht um den Willkürakt und auch nicht um eine Äußerung eines psychophysischen Systems, sondern um die eines Vernunftwesens.

2. Die Kritik an der LARENZschen Interpretation des Willensbegriffes

Dieses Rekurrieren auf das Kriterium der objektiven Bezweckbarkeit in LARENZ' Zurechnungslehre bietet einen Ansatz, die Strafbarkeit von Fahrlässigkeitsdelikten zu erklären. Allerdings wird im Laufe der Arbeit weiter zu problematisieren sein, inwieweit die Bezugnahme auf eine ganz und gar objektive Maßstabsfigur überhaupt als wesentlicher Maßstab für das Strafrecht gerieren kann[151]. Der Rückgriff auf das Prinzip der objektiven Bezweckbarkeit wäre aber bei einer normativen Interpretation des HEGELschen Willensbegriffes nicht erforderlich gewesen[152]. Gerade das Anliegen von LARENZ, seinen Ansatz der Zurechnung in das

146 *Larenz*, Hegels Zurechnungslehre, S. 76.
147 *Larenz*, Hegels Zurechnungslehre, S. 77.
148 *Larenz*, Hegels Zurechnungslehre, S. 83.
149 *Larenz*, Hegels Zurechnungslehre, S. 84.
150 *Larenz*, Hegels Zurechnungslehre, S. 94.
151 Vgl. zu der Frage nach den Grenzen der Normativierung des Begriffes der Person S. 175 ff.
152 *Lesch*, Verbrechensbegriff, S. 100.

Gesamtkonzept der HEGELschen Philosophie einbetten zu wollen sowie seine Ausführungen zum Begriff der Freiheit, hätten ihm vor Augen führen müssen, daß die Handlungslehre HEGELS einer anderen als der bislang überkommenen Auslegung, nämlich einer genuin normativen, zugänglich ist[153]. Denn nur so gerät die Zurechnungslehre nicht in Widerspruch zu HEGELS spekulativem Denken, seiner Straftheorie und Geistphilosophie, was an dieser Stelle nur skizzenhaft erklärt werden kann[154]. So hatte HEGEL an der FEUERBACHschen Strafrechtsdoktrin moniert, daß in dieser anstelle des freien Willens „der moralische Gesichtspunkt, die subjektive Seite des Verbrechens (...) zum wesentlichen wird"[155], so daß nicht anzunehmen ist, daß er seine eigene Zurechnungslehre mit einem solchen Erbe belasten möchte. Zudem wäre eine Definition des Willensbegriffes als subjektiver Willkür nur so lange denkbar, wie wir die Moralität, in der HEGEL sich mit der Problematik der Handlung beschäftigt, losgelöst vom abstrakten Recht und der Sittlichkeit lesen. Wie LARENZ aber selbst in einem anderen Kontext betont hat, sind abstraktes Recht und Moralität bloß Momente einer höheren Einheit, weil sie letzten Endes in der Sphäre der Sittlichkeit aufgehoben werden[156]: „Vielmehr wissen wir sehr wohl, daß die Sittlichkeit die Grundlage des Rechtes und der Moralität ist"[157]. HEGELS Bestimmungen der strafrechtlichen Zurechnungsbegriffe können also nicht im Sinne statischer Begriffsausprägungen verstanden werden. Sie entfalten und verändern sich vielmehr nicht nur von Kapitel zu Kapitel, sondern bereits innerhalb der einzelnen Abschnitte. Die Bestimmungen der in der Moralität als mittlerem Teil der Rechtsphilosophie entwickelten Zurechnungslehre bleiben also für sich genommen ergänzungsbedürftig und finden erst in der Sittlichkeit ihren Abschluß. Die Formulierung des Willensbegriffes in § 117 der Rechtsphilosophie darf dementsprechend nicht ohne Blick auf die umliegenden Paragraphen gelesen werden. Die dort skizzierte Handlungslehre ist also nicht von vornherein mit dem strafrechtlichen Zurechnungsurteil gleichzusetzen[158].

a) Die Fahrlässigkeits– und Unterlassungshaftung bei HEGEL (§ 116)

Eine exakte Interpretation des § 116 der Rechtsphilosophie beweist nämlich, daß HEGEL zunächst das normative Umfeld beschreiben wollte, auf dem Verantwortlichkeit gegründet werden kann. Dies hat die Folge, daß § 116 der Rechtsphilosophie nicht als zivilrechtliche Gefährdungshaftung[159], sondern als Normierung der Fahrlässigkeit und anderer Formen zurechenbarer Organisationszuständigkeit zu lesen ist.

Zwar ist die Behauptung von LARENZ richtig, daß § 116 der Rechtsphilosophie nicht die Zurechnung einer Handlung und ihres Subjekts behandelt, aber das gilt für das Unterlassungsdelikt ebenso, ohne daß hier die Organisationszuständigkeit in Abrede gestellt würde. Außerdem will LARENZ im Anschluß an HEGEL die Haftung aus § 116 der Rechtsphilosophie an die Verletzung einer Aufmerksamkeitspflicht, und damit an ein Vermeidbarkeitskriterium knüp-

---

153 Ausführlich zu dieser Problematik *Lesch*, Verbrechensbegriff, S. 75 ff., S. 101 ff.

154 Vgl. wiederum die Ausführungen von *Lesch*, Verbrechensbegriff, S. 75 ff.

155 *Hegel*, Grundlinien der Philosophie des Rechts, § 99.

156 *Larenz*, Binder–FG, S. 243, 250.

157 *Hegel*, Enzyklopädie III, § 408.

158 So auch *Lesch*, Verbrechensbegriff, S. 135; a. A. *Küpper*, Grenzen der normativierenden Strafrechtsdogmatik, S. 90; *Roxin* AT, § 8 Rn 7.

159 Der Interpretation von *Larenz* folgend: *Hösle*, Hegels System II, S. 513; *Jermann*, Moralität, S. 101, 105. Die Möglichkeit einer Deduzierung der Fahrlässigkeitshaftung aus § 116 Rechtsphilosophie sieht auch *Hardwig*, Zurechnung, S. 55 f., ohne daß dieser Gedanke allerdings von ihm weiter ausgeführt würde.

fen – ein Gedanke, der der heutigen Gefährdungshaftung fremd ist. Diese ist nämlich dadurch gekennzeichnet, daß der Rechtswidrigkeits– oder Verschuldenszusammenhang vollständig durch das Liquidationsprinzip ersetzt worden ist. LARENZ beschreibt das später in seinem Allgemeinen Teil des Schuldrechts anschaulich: „Erst allmählich hat (der Gesetzgeber) erkannt, daß in den Fällen der Gefährdungshaftung die Ersatzpflicht lediglich darauf beruht, daß der Ersatzpflichtige eine bestimmte Sach– oder Betriebsgefahr, ohne daß ihn ein Vorwurf zu treffen brauchte, zu verantworten hat"[160].

Richtigerweise ist also auch die Zurechnungslehre des § 116 der Rechtsphilosophie eine Form der Verschuldenshaftung[161].Verstanden werden kann § 116 der Rechtsphilosophie mit seinem Verweis auf den Herrschaftsbereich des einzelnen im Zusammenhang mit dem in § 36 der Rechtsphilosophie zum Ausdruck kommenden Prinzip des „neminem–laedere" zum einen als Ausgestaltung des Unterlassensdelikts und zum anderen als Fahrlässigkeitsdelikt in der Form des Unterlassens. Letzteres war auch zur damaligen Zeit eine durchaus geläufige Interpretation[162]. Gilt nun § 116 der Rechtsphilosophie als Teil der strafrechtlichen Zurechnungslehre, so wird das Prinzip der Organisationszuständigkeit zum prägenden Teil des Zurechnungsansatzes und HEGELS These ist geradezu modern: Es geht um eine Haftung für alle Emanationen aus der Organisationssphäre, die die „meinige" ist. Eine Zurechnung ist auch dann möglich, wenn der Täter zwar nicht mehr handelnd kausal, wohl aber sein Organisationskreis Außenwirkungen besitzt[163]. Diese Interpretation läßt wiederum Schlüsse auf die Problematik des Sonderwissens zu: Wird die Zuständigkeit kraft Organisation zum maßgeblichen Zurechnungsmodus, so ist ein spezielles Wissen, solange es nicht zum Organisationsbereich des einzelnen gehört, für die Frage der Zurechnung unwesentlich und kann strafrechtliche Verantwortlichkeit nicht begründen.

b) Die Lehre vom dolus indirectus (§§ 118–120)

LARENZ' Auslegung der HEGELschen Zurechnungslehre läßt außerdem keinen Raum für eine Einbeziehung der zur Zeit HEGELS ebenfalls vertretenen Lehre des *dolus indirectus*, die eine normative Interpretation der Vorsatzzurechnung zuließ[164]. So war es auf der Grundlage der vor allem von CARPZOW[165] und BOEHMER[166] verfochtenen gemeinrechtlichen Doktrin

---

160 *Larenz*, Schuldrecht AT, S. 541 f.

161 In diesem Sinne *Lesch*, Verbrechensbegriff, S. 133.

162 *Klein*, Grundsätze § 120, S. 91; *Michelet*, System, S. 61 f; 75. Ebenso die Lösung von *Fichte* in den Grundlagen des Naturrechts, § 14 S. 141: „Alle Unachtsamkeit reduziert sich darauf, daß der Mensch überhaupt gar keinen Willen hat, in Fällen, wo er notwendig einen haben sollte, und wo, so gewiß er für ein vernünftiges und freies Wesen genommen ist, darauf gerechnet worden, daß er einen haben werde (...) Der Mensch soll, damit Sicherheit neben ihm möglich sei, die Äußerungen seiner physischen Kraft, durch einen freien Willen, auf einen bedachten Zweck hinleiten: und in Beziehung auf die Freiheit des anderen läßt sich folgende Regel für denselben festsetzen: Er muß gerade soviel Sorge tragen, daß er die Rechte des anderen nicht verletze, als er Sorge trägt, daß die seinigen nicht verletzt werden"

163 Vgl. dazu *Jakobs* AT, 7/56.

164 Ausführlich zur Lehre vom dolus indirectus *Lesch*, Verbrechensbegriff, S. 140 ff.; ders., JA 1997, S. 802 ff.; NK–*Puppe* § 15 Rn 17–21; *Puppe*, ZStW 103 (1991), S. 1, 25 f.

165 *Carpzow*, Practicae novae.

166 *Boehmer*, Observationes selectae: „Denn ein jeder wird als konsequent nach rechter Vernunft handelnd angesehen, die nicht den besonderen Willen bezüglich irgendeinen Sachverhaltes gelten läßt, ohne den besonderen oder gleichzeitigen Willen im Hinblick darauf, was nach

vom *dolus indirectus* unter gewissen Umständen möglich, Kenntnis und Unkenntnis einander gleichzustellen. Die Lehre vom *dolus indirectus* wollte das strafrechtliche Zurechnungsurteil gerade nicht an das individuell–psychische Faktum des Willens knüpfen, sondern – durch das praktische Bedürfnis der Beweisbarkeit motiviert – vielmehr auch die Nebenfolgen, die für jedermann offensichtlich erkennbar und per se in der Handlung enthalten waren, zurechnen. Derjenige, der im Bereich des Unerlaubten handelt, mußte sich also nach einer Formulierung von CARPZOW, „an allem festhalten lassen, was über seine Absicht und seinen Willen hinaus folgt, wenn zweifellos die Ursache eine gewöhnliche ist und zum unmittelbar nachfolgenden Delikt tendiert, so daß der Täter wahrscheinlich bedachte oder bedenken mußte, was daraus leicht folgen werde“[167].

Diese Idee des *dolus indirectus* läßt sich auch aus den § 118– 120 der HEGELschen Rechtsphilosophie herleiten, in denen es um die Zurechnung von Folgen zur vorsätzlichen Handlung geht. Zwar kann dem Täter (mir) zunächst einmal nur dasjenige, „was ich von den Umständen wußte, (...) zugerechnet werden. Aber es gibt notwendige Folgen, die sich an jede Handlung knüpfen, wenn ich auch nur ein Einzelnes, Unmittelbares hervorbringe, und die insofern das Allgemeine sind, das es in sich hat. (...) Der Übergang vom Vorsatz zur Absicht ist nun, daß ich nicht bloß meine Handlung, sondern das Allgemeine, das mit ihr zusammenhängt, wissen soll. So gesehen ist das Allgemeine das von mir gewollte, meine Absicht“[168]. HEGEL führt weiter aus: „Das Recht der Absicht ist, daß die allgemeine Qualität der Handlung nicht nur an sich sei, sondern von dem Handelnden gewußt werde, somit schon in seinem subjektiven Willen gelegen habe; so wie umgekehrt das Recht der Objektivität der Handlung, wie es genannt werden kann, ist, sich vom Subjekt als Denkendem als gewußt und gewollt zu behaupten“[169]. Wenn also gemäß § 118 der Rechtsphilosophie die äußerlich notwendigen, aus der unmittelbaren Wirkung der angewendeten Kraft allein entspringenden Folgen, objektiv zur Handlung gehören, so bleiben sie doch subjektiv, d. h. aus der Binnenperspektive des endlichen Bewußtseins betrachtet, stets zufällig und damit irrtumsbehaftet. Damit ist der Handlungsbegriff über die in § 117 der Rechtsphilosophie nur vorläufig gesetzte Identität zwischen endlichem Bewußtsein und äußerlichem Dasein hinausgegangen. HEGEL geht es also in Wirklichkeit um die Formulierung einer Verantwortungsethik: „Das Recht der Objektivität hat (...) die Gestalt, daß, da die Handlung eine Veränderung ist, die in einer wirklichen Welt existieren soll, also in dieser anerkannt sein will, sie dem, was darin gilt, überhaupt gemäß sein muß. Wer in dieser Wirklichkeit handeln will, hat sich eben damit ihren Gesetzen unterworfen und das Recht der Objektivität anerkannt“[170]. Verdeutlicht wird dieser Gedanke der Verantwortlichkeitsethik im Gegensatz zu einer Subjektsphilosophie in folgendem Zusatz: „Es ist allerdings der Fall, daß bei einer Handlung mehr oder weniger Umstände zuschlagen können: es kann bei einer Brandstiftung das Feuer nicht auskommen oder auf der anderen Seite dasselbe weiter greifen, als der Täter es wollte. Trotzdem ist hier keine Unterscheidung von Glück und Unglück zu machen, denn der Mensch muß sich handelnd mit der Äußerlichkeit abgeben. Ein altes Sprichwort sagt mit Recht: der Stein, der aus der Hand geworfen wird,

---

seiner Natur mit jenem Sachverhalt verknüpft zu sein pflegt und vorhersehbar werden konnte“ (zit. nach der Übersetzung von *Puppe*, ZStW 103 (1991, S. 1, 25 Fn 66).

167 Die Übersetzung stammt von *Puppe*, ZStW 103 (1991), S. 1, 25 Fn 64.

168 *Hegel*, Grundlinien der Philosophie des Rechts § 118/Zusatz.

169 *Hegel*, Grundlinien der Philosophie des Rechts § 120.

170 *Hegel*, Grundlinien der Philosophie des Rechts, § 132.

ist des Teufels. Indem ich handele, setze ich mich selbst dem Unglück aus; dieses hat also ein Recht an mich und ist das Dasein meines eigenen Wollens“[171].

Damit hat auch HEGEL eine Lehre vom *dolus indirectus* konstituiert. Dem Täter werden nämlich auch die nicht von ihm subjektiv bezweckten und in seiner Handlungsmacht stehenden Folgen zugerechnet, sofern sie nur äußerlich notwendig sind, also als immanente Gestaltungen zur allgemeinen Natur der Handlung gehören.

Zusammenfassend: Wird der Willensbegriff HEGELS als subjektive Willkür verstanden, so wird das Wesentliche der HEGELschen Zurechnungslehre verfehlt. § 117 der Rechtsphilosophie, der die Handlungslehre normiert, kann nicht aus dem Zusammenhang der Fahrlässigkeits– und Unterlassungshaftung gemäß § 116 und der Lehre vom dolus indirectus herausgerissen interpretiert werden. Wird HEGELS Willensbegriff in der Konsequenz dessen in sein Gesamtkonzept eingebettet, so erscheint das Synallagma von Freiheit versus Folgenverantwortung als das für die Zurechnung bestimmende Prinzip. Interpretiert man dementsprechend den Willensbegriff in § 117 Rechtsphilosophie nicht losgelöst von der dialektischen Methode, HEGELS Straftheorie und seiner Geistphilosophie, begreift man ihn also bereits als durch und durch normativen Begriff, erweist sich LARENZ` Normativierung über den Begriff der objektiven Bezweckbarkeit als Umweg.

3. LARENZ` Aufspaltung der Zurechnungslehre in die Zurechnung zur Tat und eine solche zur Schuld

Die zweite Abweichung der LARENZschen Zurechnungslehre von derjenigen HEGELS liegt in der – der Tradition v. JHERINGS folgend[172] – Aufspaltung der strafrechtlichen Zurechnungslehre in eine Zurechnung zur Tat und eine solche zur Schuld. LARENZ geht es also darum, zunächst den (zivilrechtlichen) Unrechtsbegriff zu formulieren. Die HEGELIANER hätten zwar darin recht gehabt, die Handlung im strafrechtlichen Sinne als ein Ganzes zu betrachten, die durch ihre Beziehung auf den Willen als ihr bestimmendes Prinzip eine Einheit bilde[173]. Die Frage der Zurechnung zur Tat beinhalte allerdings lediglich einen objektiven Zusammenhang und solle außerdem unabhängig vom rechtlichen oder moralischen Wert der Handlung sein. Die Beantwortung der objektiven Zurechnung erfolgt also ohne Blick auf die individuellen Tätereigenschaften[174] und bedeutet insofern eine Vorstufe der objektiven Rechtswidrigkeit und der Schuldzurechnung[175]. Indem LARENZ davon ausgeht, daß die objektive Rechtswidrigkeit die sogenannte objektive Zurechnung voraussetzt, behält er – wie bereits die Vertreter des teleologischen Rechtsdenkens – die Trennung vom Objekt der Wertung und Wertung des Objekts bei.

Warum LARENZ nach der objektiven Zurechnung auf eine sogenannte subjektive Zurechnung zurückgreifen muß, die die individuellen Tätereigenschaften berücksichtigt, erklärt er

---

171 *Hegel*, Grundlinien der Philosophie des Rechts, § 119 Zusatz.

172 Die Trennung von Unrechts– und Schuldbegriff im Strafrecht wurde durch die Überlegungen *v. Jherings*, Schuldmoment, S. 4 ff. verstärkt, der als erster die Existenz schuldlosen Unrechts im Zivilrecht erkannt hatte.

173 *Larenz*, Hegels Zurechnungslehre, S. 69.

174 *Larenz*, Hegels Zurechnungslehre, S. 51.

175 *Larenz*, Hegels Zurechnungslehre, S. 96.

aus dem dialektischen Charakter des Begriffes der Person[176]: Das Wesen des Rechts leite sich in erster Linie aus seiner Eigenschaft als abstraktes Recht ab, innerhalb dessen der abstrakte Begriff der Person fruchtbar zu machen sei. „Auch der Unzurechnungsfähige ist an sich Person, weil er seiner Anlage und Bestimmung nach Subjekt, Träger eines Willens und Bewußtseins ist, und als solcher vom Recht auch anerkannt werde“[177]. Der Unzurechnungsfähige sei nicht seines Charakters als Subjekt beraubt; er stehe nicht dem Tier oder einer Sache gleich. LARENZ will den Charakter des einzelnen als Vernunftwesen nicht davon abhängig machen, ob dieser sich gerade denkend betätigt. Die Persönlichkeit des Unzurechnungsfähigen sei sozusagen „aufgehoben“, sie könne sich also prinzipiell immer wieder neu entfalten. Für die rechtliche Bewertung mache es nämlich einen gravierenden Unterschied, ob beispielsweise die Vase vom Wind umgestoßen werde oder von einem Menschen[178]. So kann nach LARENZ die Tat eines Unzurechnungsfähigen diesem objektiv zugerechnet und als rechtswidrig bezeichnet werden, obgleich er vielleicht gar nicht in der Lage war, einen vernünftigen Willen zu betätigen[179].

Die hier auf der Hand liegende Fragestellung, ob eine solche Aufspaltung der strafrechtlichen Zurechnungslehre in einen objektiv und subjektiv geprägten Teil der Aufgabe des Strafrechts angemessen ist, kann an dieser Stelle noch nicht beantwortet werden, sondern soll erst in dem späteren Kontext des Widerstreites von Objektivem und Subjektivem in der Zurechnungslehre gelöst werden[180].

4. Fazit:

In LARENZ' Zurechnungslehre wird die Verhaltensbestimmung zu einem eigenständigen Zurechnungsschritt ausgeformt, die jeder Zurechnungsfrage in einer eigenen Zurechnungsebene vorgelagert ist und nicht als Problem der einzelnen Tatbestände behandelt werden soll. LARENZ' objektive Zurechnungslehre bleibt insofern außerrechtlich, als sie nicht spezifisch juristische Abgrenzungskriterien heranzieht, sondern einen allgemeingültigen Zuordnungsgedanken aus dem Wesen der Zurechnung postuliert[181]. Nochmals: Bei der Frage der Zurechnung geht es hier allein darum, diejenigen Erfolge einer menschlichen Handlung nicht mehr zuzurechnen, die sich lediglich als zufällig und damit nicht als „Werk“ der Person darstellen[182]. Inwieweit ist aber tatsächlich die Frage der Zurechnung, die Interpretation von „Zufall“ bzw. „Werk“ des Täters ohne Bezugnahme auf spezifisch juristische oder sogar strafrechtliche Kriterien möglich oder zumindest sinnvoll[183]? Läßt sich eine Aufspaltung der strafrechtlichen Zurechnungslehre in eine solche der Tat und Schuld halten[184]? Wesentlich für das Modell von LARENZ ist außerdem, daß seine objektive Zurechnungslehre gedanklich an den Begriff der Person gebunden bleibt. Anders als im teleologischen Rechtsdenken wird nicht der Ausgangspunkt beim Schaden für die Kulturgüterwelt der Gesellschaft genommen, sondern bei der vernünftigen Person, die – das ist das genuin gesellschaftliche dieser Betrachtungs-

---

176 *Larenz*, Hegels Zurechnungslehre, S. 93 ff.
177 *Larenz*, Hegels Zurechnungslehre, S. 93.
178 *Larenz*, Hegels Zurechnungslehre, S. 93.
179 *Larenz*, Hegels Zurechnungslehre, S. 92/93.
180 Dazu S. 141 ff., 163 ff.
181 In diesem Sinne ebenfalls *Maiwald*, Miyazawa–FS, S. 465, 473; *Schieffer*, Strukturen der Erfolgszurechnung, S. 245.
182 *Larenz*, Hegels Zurechnungslehre, S. 61.
183 Ausführlich zur Tauglichkeit eines sozial*ontologischen* Kriteriums, S. 122 ff., S. 125 ff.
184 Ausführlich zu dieser Thematik S. 163 ff.

weise – nur als Teil der Sittlichkeit Wirklichkeit erlangen kann. Insoweit kann LARENZ' objektive Zurechnungslehre als eine Begrenzung einer personalen Zurechnungslehre aus gesellschaftlichen Gründen interpretiert werden. Das bestimmende Prinzip der Zurechnung zur Tat ist bei LARENZ der Begriff der „objektiven Bezweckbarkeit", dessen komplizierte Ableitung aus dem Gesamtsystem der HEGELschen Philosophie sich als Umweg herausgestellt hat. Der Begriff des Willens in der Rechtsphilosophie HEGELS kann entgegen LARENZ von vornherein normativ begriffen werden.

V) Die Lehre von der objektiven Zurechnung bei WELZEL

Als richtungsweisende Vorläufer der modernen Lehre von der objektiven Zurechnung sind auch die frühen Schriften WELZELS[185] einzuordnen[186].

1. WELZELS Verständnis von der Wirklichkeit

WELZELS Modell beruht im wesentlichen auf seinen Bemühungen, die Bedeutung des Handlungsbegriff wieder in den Vordergrund der strafrechtlichen Betrachtung zu rücken. Im Naturalismus sei die Handlung als die ursprüngliche Einheit, als reale, sinnvolle Ganzheit innerhalb des wirklichen sozialen Lebens in Vergessenheit geraten[187]. Der Verweis des Strafrechts auf die Naturwissenschaften sei verfehlt, da diese die Strukturen der Handlung auf rein quantitative Funktionen reduziere. Anders als der Neukantianismus, der die Lösung in einer der Wirklichkeit enthobenen Sinnebene gesucht hatte, wendet sich WELZEL – gestützt auf die Philosophie NICOLAI HARTMANNS[188] – einem phänomenologischen Denken zu. Demzufolge soll das Strafrecht einen eigenständigen Seinsansatz entwickeln[189]. Gegenüber der naturalistisch geprägten Wirklichkeitsauffassung schlägt WELZEL folgenden Ansatz als Neuerung vor: „Für das Recht kommt gewiß auch nicht das ganze Sein in Betracht, sondern nur derjenige Wirklichkeitsausschnitt, der durch das praktische Dasein und Wirken des Menschen bestimmt wird, d. h. der menschliche Lebens– und Tätigkeitsraum in der Gemeinschaft. Dieser erschöpft sich nicht in physikalischen, biologischen, physiologischen, assoziations–psychologischen Fakten – zu ihm gehört vielmehr in erster Linie das ganze höhere geistige Leben mit seinen konkreten Wertbeziehungen–; aber ebensowenig sind jene natürlichen Fakten für die kulturelle Rechtssphäre irrelevant, weil sie angeblich nicht in die Rechtssphäre hineinreichten. Vielmehr können der Mensch und der ihn umgebende Lebensraum mit ihrem ganzen natürlichen und geistigen Sein, soweit es für die Lebensbeziehungen in der Gemeinschaft bedeutungsvoll ist, für das Recht in Betracht kommen"[190]. Im Gegensatz zum neukantianischen Denken sieht WELZEL im Sein also kein chaotisches Material, das erst einer begrifflichen Umordnung bedarf und durch diese seinen Sinn erhält, es soll vielmehr per se Ursprung und Ordnung in sich tragen[191].

---

185 *Welzel*, ZStW 51 (1931), S. 703 ff; ders., Naturalismus; ders., ZStW 58 (1938), S. 491 ff.

186 Die Bedeutung der frühen *Welzel*schriften erkennen auch *Cancio Meliá*, GA 1995, S. 179 ff.; *Schünemann*, GA 1999, S. 207, 211an. Vgl. zur Zurechnungslehre *Welzels* ebenfalls *Schieffer*, Strukturen der Erfolgszurechnung, S. 215 ff.

187 *Welzel*, ZStW 58 (1938), S. 491.

188 *Hartmann*, Problem des geistigen Seins, S. 26; ders., Zur Grundlegung der Ontologie. Zu der Verankerung der Lehre *Welzels* in derjenigen von *Hartmann* eingehend *Sticht*, Sachlogik als Naturrecht?, S. 77 ff.

189 *Welzel*, ZStW 58 (1938), S. 491, 495.

190 *Welzel*, Naturalismus, S. 74.

191 *Welzel*, Naturalismus, S. 74.

In Einklang mit dieser Aufwertung des ontologischen Denkens rückt WELZEL ein für ihn anthropologisches Phänomen, nämlich den Begriff der Handlung, an die Spitze des Verbrechenssystems. Charakteristisch für den Begriff des Handelns soll nach WELZEL die menschliche Zwecktätigkeit sein. Die Macht und Stärke des Willens über das Geschehen beruhe nicht auf einer kausal größeren Stärke, sondern auf seiner Fähigkeit, aufgrund objektiver Voraussicht sich als kausaler Faktor so in das Gesamtgetriebe einzuschalten, daß er die Resultante des an sich blinden Geschehens sinnhaft umlenke. Seine Macht reiche so weit, wie er sich den realen Faktoren und deren Gesetzlichkeiten anzupassen und sie dadurch in seinen Dienst zu nehmen vermöge[192]. Der Wille komme nur so weit, wie die Fähigkeit zu sinnhafter Regulierung des Kausalwerdens reiche, für das von ihm ausgehende Geschehen in seiner spezifischen Bedeutung in Betracht. Bezüglich all dessen, was jenseits seiner ihm möglichen objektiven Voraussicht liege, stehe er prinzipiell nicht anders da als jeder andere sonstige Kausalfaktor[193]. Der Begriff der Sinnhaftigkeit steht hier also nicht in Abhängigkeit zu einer gesellschaftlichen Interpretation, sondern ist an die Fähigkeiten des konkret handelnden Täters, also an das faktische Handlungsvermögen gebunden.

Während das kausale Geschehen dadurch gekennzeichnet sei, daß jede Ursache infolge eines durch frühere Ursachen allseitig angelegten Prozesses ein bloßes Durchgangsglied zur Wirkung sei, bestimme im sinn–intentionalen (teleologischen) Geschehen ein Früheres und zwar ein *personales Subjekt* sein Ursächlichwerden selbst nach dem Sinngehalt der möglichen intendierten Gegenstände[194]. In diesem Zusammenhang verwendet WELZEL den auch bei LARENZ im Vordergrund seiner Überlegungen stehenden Begriff der objektiven Zurechnung. Soweit diese personale Abhängigkeit reiche, soll das Geschehen dem Subjekt als eigene Tat zugehörig oder objektiv zurechenbar sein: „Als eigene Tat oder Handlung einem Subjekt zugehörig und in diesem Sinne objektiv zurechenbar ist jeder tatbestandlich festgelegte Erfolg, der vom Täter sinnhaft gesetzt oder dessen Abwendung vorhersehbar und sinnhaft setzbar war“[195]. Diese objektive Zurechnung bedeute nicht Zurechnung zur Schuld, sie beinhalte auch überhaupt nichts über die Werthaftigkeit des zuzurechnenden Geschehens. Ihre Aufgabe bestehe lediglich darin, die zur Handlungseinheit verbundenen einzelnen Geschehensfakten auf den sie beherrschenden personalen Zentralpunkt zurückzuführen[196]. Mit Hilfe der sogenannten objektiven Zurechnung will WELZEL die ontologische Grundlage bzw. den Träger für die mögliche strafrechtliche Wertung aufdecken[197]. Der auf der Gesetzlichkeit der Intentionalität beruhende teleologische Zusammenhang zwischen Erfolg und Subjekt soll die gegenständliche Seinsgrundlage möglicher strafrechtlicher Wertungen ausmachen[198]. Damit

---

192 *Welzel*, Naturalismus, S. 79.

193 *Welzel*, Naturalismus, S. 79.

194 *Welzel*, ZStW 51 (1931), S. 703, 718.

195 *Welzel*, ZStW 51 (1931), S. 703.

196 *Welzel*, ZStW 51 (1931), S. 703, 718.

197 *Welzel*, ZStW 51 (1931), S. 703, 719.

198 Bereits in seinen frühen Aufsätzen geht *Welzel* (ZStW 51, 1931, S. 703, 706, 707), davon aus, daß Wertungen in Seinsurteilen fundiert seien. Werte sollen also ein ontologisch allseitig bestimmtes Objekt voraussetzen, das sie in einer bestimmten neuartigen Richtung hin charakterisieren. Die Überlegung, ob ein existierender Geschehenszusammenhang Bedeutung für die Rechtsordnung entfalte, enthalte noch keine Wertung, sondern wolle lediglich feststellen, ob der vorhandene Tatbestand so beschaffen sei, daß die Rechtsordnung an ihn ihre Wertprädikate knüpfen könne. Dabei wendet sich *Welzel* von der sogenannten teleologischen Betrachtungs-

weist das Konzept WELZELS erhebliche Ähnlichkeiten mit demjenigen von LARENZ auf, der der objektiven Zurechnung ebenfalls nur einen Teilbereich der strafrechtlichen Zurechnungslehre einräumte und sie im außerrechtlichen Bereich verankerte, wie der Autor selbst anmerkt[199].

2. Das Kriterium der Sozialadäquanz

In einer kritischen Auseinandersetzung mit dem naturalistischen Rechtsgutsbegriff zieht WELZEL aus dem Umstand, daß das Recht von einer der geschichtlichen Ordnung entsprechenden Normalsituation des sozialen Lebens ausgeht, in welcher alle Rechtsgüter in lebendiger und damit zugleich in einander einschränkender und beeinträchtigender Funktion stehen, den Schluß, daß erst Handlungen, die diese überschritten, strafrechtlichen Tatbeständen unterfielen[200]. Alle Handlungen hingegen, „die sich funktional innerhalb der geschichtlichen Ordnung des Gemeinschaftslebens eines Volkes“ bewegten, erfasse der Unrechtsbegriff nicht[201]. WELZEL beschreibt das soziale Gemeinschaftsdasein als eine funktionale Welt, welche nicht ohne den Einsatz und den Verbrauch von Rechtsgütern denkbar sei. Die soziale Wirklichkeit gewöhne sich an die Ausübung risikogeladener Tätigkeiten, so daß sie schließlich als alltägliche Bestandteile des sozialen Lebens sozialadäquat und damit für das Strafrecht unbeachtlich würden[202]. Dementsprechend gehe die Aufgabenstellung des Rechts nicht so weit, den Schutz aller unverletzt gedachten Rechtsgüter vor verletzenden Einwirkungen (Schutz einer „Museumswelt“) zu garantieren. Das Recht müsse nur die für ein sittlich geordnetes Gemeinschaftsleben Unverträglichen auswählen und verbieten[203].

WELZEL sieht sein Kriterium der Sozialadäquanz als werthaften Ordnungsbegriff. Es gehe bei den das funktionale, soziale Leben prägenden Formen nicht um faktische Übungen, sondern um „geschichtliche Ordnungen“, die sich in dem Bedingungszusammenhang zwischen dem sachlichen Lebensbestand und den Werthaltungen in einer sozialen Gemeinschaft aus– und fortbildeten[204]. WELZELS Kriterium der sozialen Adäquanz ist also nicht als bloßer Rückgriff auf die Sozialethik im Sinne einer faktisch–sozialen Bewertung zu interpretieren. Betrachten wir nämlich WELZELS Anspruch als auf Entnaturalisierung des objektiven Tatbestandes gerichtet, kann dieser Anspruch nicht mit einem Verweis auf ein nur faktisches Verständnis der sozialen Bedeutung erfüllt werden. Dieser Übergang von der gesellschaftlichen Wirklichkeit im Sinne der sozialen Normalität zu der Erkenntnis, daß das von strafrechtlichen Normen bezeichnete Geschehen nicht naturwissenschaftlich kausal, sondern als gesellschaftliche Sinnhaftigkeit, also als kommunikativer Vorgang innerhalb einer konkreten Gesellschaft, verstanden werden muß, ist die maßgebliche Leistung von WELZELS Kriterium der sozialen Adäquanz[205].

---

weise ab, nach der letztlich jede beliebige Wirkung herausgegriffen werden könne und damit dem Vorwurf der Beliebigkeit zum Opfer falle.

199 *Welzel*, ZStW 51 (1931), S. 703, 719 Fn 30.

200 *Welzel*, ZStW 58 (1938), S. 491, 527.

201 *Welzel*, ZStW 58 (1938), S. 491, 516.

202 *Welzel*, ZStW 58 (1938), S. 491, 515.

203 *Welzel*, ZStW 58 (1938), S. 491, 516.

204 *Welzel*, ZStW 58 (1938), S. 491, 518.

205 So auch *Cancio Meliá*, GA 1995, S. 179, 184. Kritisch *Gallas*, ZStW 67 (1955), S. 1, 22; *Lorenz*, Der Maßstab des einsichtigen Menschen, S. 65; *Mayer*, Strafrecht, S. 108, die darauf hinweisen, daß mit dieser Abhängigkeit des Begriffes der Sozialadäquanz vom Wandel der Gesellschaft die Gefahr einer Auflösung der Grenzen der gesetzlichen Tatbestände verbunden sei. Daß

Insoweit findet mit dieser Betonung der „geschichtlichen Ordnung" auch die strafbefreiende Wirkung der Rechtfertigungsgründe eine Legitimation – eine Konsequenz, die in der Literatur aufgrund der damit verbundenen schwierigen Abgrenzbarkeit von tatbestandsmäßigem Unrecht und Rechtfertigungsebene als zwei substantiell verschiedene Stufen auf Kritik gestoßen ist[206]. Denn auch wer einen Einbrecher auf frischer Tat festnimmt (§ 127 StPO) oder ein fremdes Auto zur Rettung eines Menschen benutzt (§ 904 BGB), handelt „innerhalb des Rahmens der sozialen Ordnung", obwohl bei diesen Verhaltensweisen nach überkommener Ansicht erst die Rechtswidrigkeit ausgeschlossen sein soll[207]. WELZEL betont aber in diesem Zusammenhang, daß erst jenseits der sozialen Adäquanz jenes Spiel von Regel und Ausnahme, in dem man das ganze Problem der Tatbestandsmäßigkeit als rein technische Frage abtun zu können glaubte, in der Rechtswidrigkeitslehre seinen Platz habe[208]. Die soziale Adäquanz ist für WELZEL also ein immanentes Prinzip der Tatbestandsbildung. Den von den Kritikern befürchteten Schluß der Gleichsetzung von Unrecht und Rechtswidrigkeit will WELZEL also gerade nicht ziehen.

WELZEL will das Prinzip der Sozialadäquanz für vorsätzliche und fahrlässige Delikte gleichermaßen anwenden, so daß es die gleiche Funktion ausübt wie die moderne objektive Zurechnungslehre, bei WELZEL allerdings nicht der Beschränkung der Zurechenbarkeit, sondern bereits der Normativierung des Verhaltens dienen soll[209]. WELZEL hatte den Erbonkelfall mit der Begründung für straflos gehalten, daß das Verhalten des Neffen, der seinen Onkel mit Tötungsabsicht zu einem Spaziergang bei Gewitter (bzw. einer Eisenbahnfahrt) überredet, sozialadäquat sei und deshalb bereits den objektiven Tatbestand eines Tötungs– oder Verletzungsdelikts nicht berühre.

3. Zum Verhältnis von Sozialadäquanz und Sinnäußerung bei WELZEL

Mit der Hinzuziehung des Kriteriums der Sozialadäquanz in den Begriff der Tatbestandsmäßigkeit kommt dem Begriff des „Ontologischen" notwendigerweise eine andere Bedeutung zu als in der späteren Lesart der finalen Handlungslehre[210], in der WELZEL die soziale mit der individuellen Sinnsetzung gleichsetzt[211]. WELZEL betont nämlich, daß die Handlung als bloße Abstraktion erscheine, solange sie nicht als sozial bedeutsames Phänomen, d. h. als

---

die Autoren dieses Phänomen als Gefahr einschätzen, basiert auf der überkommenen und von ihnen geteilten Fehleinschätzung, die den Begriff der Norm mit dem Normtext gleichsetzt, bei der Normkonkretisierung aber nicht die in einer Gesellschaft überkommene Zurechnungspraxis einbezieht. (Zu diesem Argument wiederum ausführlich *Müller*, Juristische Methodik, S. 78 ff.)

206 Kritisch dazu *Lorenz*, Der Maßstab des einsichtigen Menschen, S. 65; *Roxin*, Klug–FS, S. 303, 305. Daß eine Differenzierung zwischen dem Bereich der objektiven Zurechnung und der Rechtfertigungsebene nicht ohne weiteres möglich ist, in einem funktionalen Strafrechtssystem dafür aber auch keinerlei Bedürfnisse bestehen, betonen *Lesch*, Verbrechensbegriff, S. 264 ff.; *Müssig*, Manuskript, S. 153 ff.; neuerdings auch *Rinck*, Zweistufiger Deliktsaufbau, der eine Rückkehr zur Lehre von den negativen Tatbestandsmerkmalen vorschlägt.

207 So z.B. *Roxin*, Klug–FS, S. 303, 305.

208 *Welzel*, ZStW 58 (1938), S. 491, 528.

209 Im Zivilrecht ist der Gedanke der Normativierung des Verhaltens durch das Kriterium der Sozialadäquanz von *Nipperdey*, NJW 1957, S. 1777 aufgenommen worden. Zustimmend auch *Herzberg*, JR 1986, S. 6 ff. (Umbenennung in erlaubtes Risiko); *Wieacker*, JZ 1957, S. 535.

210 *Cancio Meliá*, GA 1995, S. 179, 180 betont hingegen, daß keine Fixierung auf das Ontologische feststellbar sei, was insofern aber zweifelhaft erscheint, als *Welzel* den Handlungsbegriff als ontologische Grundlage für eine spätere strafrechtliche Wertung versteht.

211 *Welzel*, Deutsches Strafrecht, § 8 I.

Handlung im sozialen Raum begriffen werde[212]. Damit rückt WELZEL den sozialen Bedeutungsgehalt der Handlung, die Betonung des Verbrechens als soziales Phänomen, in den Vordergrund[213]. Mit den Worten von WELZEL: „Nicht als rein tatsächliche Feststellungen sind töten, verletzen, beschädigen usw. Tatbestandselemente, sondern als soziale Bedeutungsmomente, die ihren Sinn durch eine Beziehung auf eine von ihnen vorausgesetzte geschichtlich–soziale Ordnungswelt empfangen“[214].

Schwierig einzuordnen ist in WELZELS Modell die Beziehung von subjektivem Sinn der Handlung und ihrer sozialen Bedeutung durch den Begriff der Sozialadäquanz. Wie bereits dargelegt, versteht WELZEL die Handlung als eine vom zwecksetzenden Willen beherrschte bzw. beherrschbare reale Sinneinheit. Dieser Sinnausdruck der intentionalen Handlung kann so verstanden werden, daß er noch keine Bewertungen aus der Perspektive der sozialen Umwelt beinhaltet, der Begriff des Sinns daher die individualpsychologische Sinngebung meint, es also lediglich um die Zugehörigkeit einer Handlung zu einem Subjekt geht[215].

Steht gleichzeitig fest, daß WELZEL zumindest den Begriff des Tatbestandes als durch den der Sozialadäquanz geprägt begreifen will, so liegt nahe, daß sich der Inhalt des Tatbestandes als Wertung von außen auf die Handlung bezieht. Die Sozialadäquanz stellte dann eine Sinnauslegung des Tatbestandes, nicht aber der Handlung dar. Damit würde WELZEL die soziale Sinnwelt auf einer anderen systematischen Stufe ansiedeln als die Handlung. Die finale Handlung bliebe als reine Verhaltenssteuerung ein bloßes Abstraktum, dem keine für das Strafrecht wesentliche Bedeutung zukommen könnte[216]. Widerspräche WELZEL aber mit einer solchen Aufspaltung in abstrakte Handlung und sozial sinnhafte Tatbestandsmäßigkeit nicht seinem zu Anfang geäußerten Anspruch, die Handlung als „soziales Phänomen“ begreifen zu wollen? In der Tat liegt ein solcher Einwand gegen die oben genannten Überlegungen nahe, die von CANCIO MELIÁ[217] geäußert werden, insbesondere wenn wir uns WELZELS Überlegungen zum Begriff der Wirklichkeit und seine Kritik am neukantianischen Rechtsdenken in Erinnerung rufen[218]. WELZEL verfolgte nämlich das Ziel, einen genuin strafrechtlichen Wirklichkeitsbegriff und einen dieser Wirklichkeit entsprechenden Handlungsbegriff zu entwickeln, der seinen Sinn aber in sich selbst trägt und nicht – wie im neukantianischen Wirklichkeitsverständnis – erst durch eine gesetzliche Wertung enthält. Sollte dem Kriterium der Sozialadäquanz aber noch nicht auf der Ebene der Handlung als „gegenständliche Seinsgrundlage“ Bedeutung zukommen, sondern vielmehr erst als äußere Wertung, die sich dann auf die Handlung als Abstraktum bezieht, so verfiele WELZEL letztlich doch in das gerade von ihm

---

212 *Welzel*, ZStW 58 (1938), S. 491, 516.

213 So auch *Lesch*, Sukzessive Beihilfe, S. 151.

214 *Welzel*, ZStW 58 (1938), S. 491, 529.

215 Eine solche Auslegung legt *Cancio Meliá*, GA 1995, S. 179, 186 nahe.

216 In diesem Sinne *Cancio Meliá*, GA 1995, S. 179, 187.

217 *Cancio Meliá*, GA 1995, S. 179, 186, 187 sieht die Schwierigkeit des Konzepts *Welzels* vor allem darin, daß dieser die Handlungslehre als „gegenständliche Seinsgrundlage möglicher strafrechtlicher Wertungen (...)“ begreift, was nicht ohne weiteres mit einem Verständnis der Handlung als sozialem Phänomen vereinbar sein soll. Diese beiden Aussagen will *Cancio Meliá* derart auf einen gemeinsamen Nenner bringen, daß er die Handlungslehre als die Verbrechenslehre selbst versteht, womit der ursprüngliche Ansatz *Welzel* umgesetzt sei, die strafrechtliche Handlung nur unter Hinzuziehung der gesellschaftlichen Wirklichkeit zu denken.

218 Daß *Welzel* seine Position als Synthese von Naturalismus und Neukantianismus begreift, hat schon *Roxin*, ZStW 74 (1962), S. 72, 88, 99, 100 ff., 122 betont, woraus er aber intrasystematische Unstimmigkeiten ableitet. Vgl. auch *Schünemann*, Roxin–FS, S. 1, 22.

abgelehnte neukantianische Denken. WELZEL würde damit seinem Anspruch, einen dem Strafrecht entsprechenden Wirklichkeitsbegriff zu konstituieren, nicht genügen. Dementsprechend ist davon auszugehen, daß sein Begriff der Wirklichkeit und damit auch der Handlung im strafrechtlichen Sinne bereits durch das Kriterium der Sozialadäquanz angereichert ist[219]. Eine solche Lesart wird auch durch seine Definition des Begriffes der objektiven Zurechnung nahegelegt, bei der er nicht zwischen einer Handlung und einer solchen im Sinne des strafrechtlichen Tatbestandes differenziert.

Allerdings fehlt es in den frühen Schriften WELZELS an einer präzisen Herausarbeitung der Problematik, inwieweit der Bereich der „geschichtlich gewordenen Ordnungen" mit der auf der Person des Handelnden beruhenden Sinnsetzung kompatibel sein soll, wenn der Begriff Sinn bei WELZEL weiterhin als aus der Perspektive des individuell Handelnden verstanden werden soll.

Auflösbar wäre WELZELS Dilemma nur dann, wenn bereits der Begriff der personalen Sinnsetzung gesellschaftlich vermittelt verstanden würde, in dem Sinne, daß das handelnden Subjekt als Sozialperson herangezogen würde[220]. Diesen Schluß zieht WELZEL aber nicht, er formuliert im Rahmen seiner Beschäftigung mit dem Begriff des Sinns nur den quasi–anthropologischen Teil des Problems. Möglich wäre es auch, den Bereich der „geschichtlich gewordenen Ordnung" im Sinne der Kommunikationstheorien HABERMASscher Couleur[221] als Leistung miteinander interagierender Subjekte zu begreifen. Gegen eine solche Interpretation WELZELS spricht aber, daß in dem Modell WELZELS der in den geschichtlichen Ordnungen verkörperte überindividuelle Sinn nicht auf die Willkür des einzelnen rückführbar sein soll, was spätere Überlegungen WELZELS zur Frage des Sollensinhalts nahelegen. Hier lehnt er die Idee, daß der einzelne durch Rekurs auf seine eigene Vernunft den Sollensinhalt im Wege einer Selbstgesetzgebung ableiten könne, ausdrücklich ab: „Der Mensch kann nie absolut gewiß sein, daß der Sinnentwurf, den er aus sich herausstellt oder zu dem er sich bekennt, in einer geschichtlichen Situation der alleinrichtige ist. Des Transzendenten kann der Mensch immer nur in der Immanenz seines Gewissens und seiner Vernunft innewerden. Denn keiner von uns Menschen hat im Rate der Götter gesessen, wo über die Tafeln des Rechten und Gerechten beschlossen wurde"[222].

Da WELZEL weiterhin an der Maßgeblichkeit der Sinnsetzung des individuell Handelnden festhalten will, ist sein Begriff der Straftat durch zwei nicht miteinander vermittelbare Sinnbegriffe geprägt, die individuelle Sinnsetzung des Handelnden und die soziale Sinnsetzung der geschichtlich gewordenen Ordnungen. In WELZELS Zurechnungsmodell wird damit die Diskrepanz zwischen der nur individuellen Sinnsetzung und der Notwendigkeit, bei der strafrechtlichen Zurechnung auf ein gesellschaftliches Deutungsschema zurückzugreifen, deutlich – ein Dilemma, das WELZEL allerdings nicht hinreichend ausgewertet hat[223]. Es betrifft, wie

---

219 So auch *Kienapfel*, Erlaubtes Risiko, S. 35 Fn 86.

220 So aber erst *Jakobs*, Handlungsbegriff, S. 27 f.

221 *Habermas*, KJ 1987, S. 1 ff.; ders., Kommunikatives Handeln.

222 *Welzel*, Naturrecht und materiale Gerechtigkeit, S. 242. Daß sich die hier stattfindende Diskussion lediglich auf *Welzels*' Verständnis der Tatbestandsmäßigkeit und Handlung bezieht, nicht aber die Problematik der Schuld umfaßt, gründet in der Aufgabenstellung vorliegender Arbeit. Sie läßt daher keinen Schluß zu, daß *Welzel* nicht erkannt hat, daß der soziale Sinn auch im Schuldurteil steckt.

223 Vgl. dazu die Kritik *Jakobs*, Handlungsbegriff, S. 27 Fn 27 an *Welzels* Handlungslehre; in dieselbe Richtung *Kindhäuser*, Intentionale Handlung, S. 189: „Der Vorwurf, der gegen die finale

sich im Laufe der Arbeit zeigen wird, alle Theorien, die an einem vorrechtlichen Handlungssubjekt festhalten wollen[224].

4. Fazit:

WELZEL geht es zuallererst um die Neuformulierung eines Wirklichkeitsansatzes, also um die Stärkung einer ontologischen im Gegensatz zu einer genuin wertenden Betrachtungsweise. WELZEL verbleibt damit, wie schon LARENZ, bei der Frage der Konstituierung des Zurechnungszusammenhanges auf der Grundlage der sogenannten Lehre von der Natur der Sache im Bereich des Außerrechtlichen, so daß sein Ansatz nicht als genuin strafrechtlicher eingeordnet werden kann. Obwohl es WELZEL mit seinem Kriterium der Sozialadäquanz gelungen ist, normative Gründe der strafrechtlichen Zurechnung zu formulieren und diese in ein Modell der gesellschaftlichen Wirklichkeit einzuordnen, so daß WELZELS Ansatz als Frühform der objektiven Zurechnungslehre gewürdigt werden kann, vermag er noch keinen legitimationstheoretisch hinreichenden Ansatz zu liefern, warum für das einzelne Handlungssubjekt eine strafrechtliche Verbindlichkeit besteht. Diese in der Zurechnungslehre WELZELS zutage tretende Spannung zwischen dem Normativem und dem Subjektiven verdeutlicht bereits das auch die nachfolgenden Theorien betreffende Problem der Vermittelbarkeit von gesellschaftlicher Zuschreibung und Personbegriff, dem sich erst § 6 ausführlich widmen kann.

Handlungslehre zu erheben ist, ist nicht der, daß sie den Stellenwert des Sinns einer Handlung verkennt. Sie sieht nur diesen Sinn als von dem Handelnden allein bestimmbar an und vermag so nicht, die sich in Handlungszuschreibungen ausdrückende intersubjektive Bedeutung adäquat zu erfassen"; in diesem Sinne auch *Reyes*, ZStW 105 (1993), S. 108, 125.

224 Zu dieser Fragestellung weiterführend § 6, S. 147 ff.

§ 3 Die sozialen Handlungslehren

Die sozialen Handlungslehren trafen, wie der kurze Überblick über die historische Entwicklung der Überwindung des naturalistischen Denkens in der Strafrechtswissenschaft zeigt, nicht auf ein naturalistisches Denken in Reinform. Entwickelt hatten sich eine Fülle von Gegenentwürfen zum naturalistischen Handlungsbegriff, die allerdings ihre Abkehr vom naturalistischen Denken teilweise nicht konsequent vollzogen. Die sozialen Handlungslehren[225] dagegen schienen jedenfalls auf den ersten Blick die Problematik an der Wurzel zu packen, nämlich beim strafrechtlichen Handlungsbegriff[226], als der Säule der strafrechtlichen Zurechnungslehre.

Eine Neubesinnung auf die Interpretation gerade des Verhaltensbegriffes legte auch BINDINGS Normentheorie nahe[227]. Nach dieser kann die Bewertung eines Erfolges als rechtlich unerwünscht nicht ohne Blick auf die Person bestimmt werden. Nach dem Primat der Bestimmungsnorm sollen zum Inhalt der Normen nur menschliche Verhaltensweisen gemacht werden, nicht aber bestimmte Erfolge. Auch in der Anthropologie war die Bedeutung der Handlung in der Gesellschaft verstärkt in den Vordergrund gerückt worden, wie die Aussage GEHLENS zeigt: „Der Mensch ist das handelnde Wesen. Er ist (...) nicht festgestellt, d. h. er ist sich selbst noch Aufgabe – er ist, kann man auch sagen: das stellungnehmende Wesen. Die Akte seines Stellungnehmens nach außen nennen wir Handlungen, und gerade insofern er sich selbst noch Aufgabe ist, nimmt er auch zu sich selbst Stellung und macht sich zu etwas. (...) Der Mensch ist (...) vorhersehend. Er ist (...) angewiesen auf das Entfernte, auf das Nichtgegenwärtige in Raum und Zeit, er lebt im Gegensatz zum Tier – für die Zukunft und nicht in der Gegenwart. Es gehört diese Bestimmung zu den Umständen einer handelnden Existenz, und was am Menschen im eigentlichen Sinn menschliches Bewußtsein ist, muß von hier aus verstanden werden“[228].

---

225 *Bockelmann*, Über das Verhältnis von Täterschaft und Teilnahme, S. 25; *Engisch*, Kohlrausch–FS, S. 141 ff.; ders., Vom Weltbild des Juristen; Jescheck, AT, S. 199 f.; ders., Schmidt–FS, S. 139 ff.; *Kienapfel*, Das erlaubte Risiko, S. 22 ff.; *Lange*, JZ 1953, S. 9 ff.; *Maihofer*, Handlungsbegriff; ders., Schmidt–FS, S. 156 ff.; *Mayer*, Strafrecht, S. 42 f.; ders., v. Weber–FS, S. 137, 144, 160; *Oehler*, Das objektive Zweckmoment; *Schmidt*, Der Arzt im Strafrecht; ders., Engisch–FS, S. 339 ff.; *Spendel*, ARSP 38 (1951), S. 622, 625; *Würtenberger*, Die geistige Situation der deutschen Strafrechtswissenschaft, S. 53 ff. Einordnen läßt sich hier wohl auch die Lehre von *Reyes*, ZStW 105 (1993), S. 108, 128. Eine weitere Variante der sozialen Handlungslehre wird auch von *E. A. Wolff*, Handlungsbegriff; ders., Radbruch–GedS, S. 291 ff., vorgeschlagen, der unter dem Oberbegriff des Verbrechens einen sozialen mit einem individuellen Handlungsbegriff vereinen will: „Diese soziale Betrachtung ist also der eigentliche Kernbereich der rechtlichen Betrachtung, jener im Gemeinschaftsleben unabdingbaren verobjektivierenden, sachlichen Beurteilung, die es u. a. ermöglicht, die Gesinnung des einzelnen und die höchstpersönliche Sollensverletzung zunächst auszuklammern und ausgeklammert zu lassen, solange er sich richtig verhält.

226 Eine Präzisierung des *Verhaltens*begriffes wurde hier erstmals ausdrücklich versucht. In eine ähnliche Richtung jedoch schon *Müller*, Kausalzusammenhang, S. 22 ff., 29 ff., der betont hatte, daß die von der sogenannten Adäquanztheorie herangezogenen Kriterien in Wirklichkeit solche der objektiven Rechtsnormwidrigkeit des *Verhaltens* seien; sowie aus der nordischen Literatur *Torp*, ZStW 23 (1903), S. 84 ff.

227 *Binding*, Normen I, S. 243 ff.

228 *Gehlen*, Der Mensch, S. 32, auf den auch *Jakobs*, Handlungsbegriff, S. 23 verweist.

Die sozialen Handlungslehren wollen die Handlung jedoch nicht in Nachfolge GEHLENS und WELZELS als subjektiven Sinnausdruck des konkret handelnden Täters begreifen. Ihre Entstehung ist beeinflußt von der Ausgangsüberlegung des teleologischen Rechtsdenkens, daß in einem Sozialgebiet wie dem Recht ein wertfreier Handlungsbegriff, der sich ausschließlich nach den Naturgesetzen bestimmt, nicht maßgeblich sein dürfe, da er sich in ein wertbezogenes Strafrechtssystem nicht einordnen lasse. Strafrechtliche Wertung könne nicht an natürliche Ereignisse anknüpfen[229]. Es soll statt dessen auf die soziale Sinn– und Werthaftigkeit eines bestimmten Verhaltens abgestellt werden. Diese Überlegung war auch naheliegend, wenn wir bedenken, daß im Rahmen der Unterlassungsdelikte bereits die Relevanz der sozialen Stellung des Unterlassungstäters in den Vordergrund gerückt worden war und der Handlungsbegriff weiterhin als Oberbegriff allen strafrechtlich relevanten Verhaltens dienen sollte. Daher mußte er, wie die Kritik am naturalistischen Strafrechtssystem gezeigt hatte, notwendigerweise sozial geprägt sein[230]. Die Gemeinsamkeit der sozialen Handlungslehren besteht in ihrer Forderung, bereits die Handlung, das sogenannte „blutleere Gespenst" BELINGS, durch normative Kriterien einzuschränken. Was eine Handlung, was im Strafrecht also Töten, Verletzen, Sachbeschädigen usw. ist, soll nicht ohne ein soziales Deutungsschema bestimmt werden können.

A) Die Darstellung der sozialen Handlungslehren[231]

I) SCHMIDT

Als Begründer der sozialen Handlungslehren gilt SCHMIDT[232], der als erster die Bedeutung des Sozialen für die Erfassung des Handlungsbegriffes herausstellte: „Handlung ist das willkürliche Verhalten zur sozialen Außenwelt"[233]. Seine Beibehaltung des für die kausalen Handlungslehren charakteristischen Merkmals der Willkürlichkeit zeigt, daß er zwar seinen Ausgang beim Kausalitätsmonismus nimmt, mit seiner Betonung, daß das Verhalten eine Beziehung zur *sozialen* Außenwelt haben muß, ist die Ablösung von diesem Ansatz aber immerhin eingeleitet.

---

229 Auf diesen dogmatischen Hintergrund weist auch *v. Bubnoff*, Entwicklung, S. 135 hin.

230 Anderer Ansicht ist allerdings *Radbruch*, Handlungsbegriff, S. 140 f., der davon ausgeht, daß sich Handlung und Unterlassung zueinander wie a und non–a verhielten – eine These, die mit Blick auf die Austauschbarkeit von Tun und Unterlassen in einer modernen komplexen Gesellschaft kaum durchzuhalten ist. Es hängt meist vom Zufall ab, ob phänotypisch betrachtet ein Tun oder Unterlassen vorliegt. Zu dieser Thematik eingehend *Jakobs*, Unterlassen; *Sánchez-Vera*, Pflichtdelikt, S. 51 ff. m. w. N.

231 Im Rahmen dieser Arbeit kann nicht auf alle sozialen Handlungslehren detailliert eingegangen werden. Die nachfolgende Darstellung soll sich auf die wichtigsten Ausgestaltungen dieses Ansatzes beschränken.

232 Das genaue Geburtsdatum der sozialen Handlungslehre innerhalb der Lehre *Schmidts* wird unterschiedlich datiert. Während *Bloy*, ZStW 90 (1978), S. 609, 611 den Beginn der Entwicklung der sozialen Handlungslehre in *Schmidts* Schrift, Der Arzt im Strafrecht, S. 75 Anm. 29 sieht, sind wohl die ersten Ansätze seiner sozialen Handlungslehre 1922 schon in seinem Lehrbuch angelegt. So auch *Hohmann*, Personalität und strafrechtliche Zurechnung, S. 271; *Maihofer*, Schmidt–FS, S. 156, 158. Vereinzelt werden auch die zeitlich früheren Ansätze des teleologischen Rechtsdenkens zu den sozialen Handlungslehren gezählt, so z. B. von *Otter*, Funktionen des Handlungsbegriffes. Allerdings steht im teleologischen Rechtsdenken die Rechtswidrigkeit im Vordergrund und nicht so sehr die Formulierung eines strafrechtlichen Handlungsbegriffes. Zum teleologischen Rechtsdenken vgl. schon S. 27 ff.

233 v. Liszt/Schmidt, S. 154.

Die Notwendigkeit einer Neuformulierung des Handlungsbegriffes erwächst für SCHMIDT aus der natürlich vorgegebenen Tatsache, daß der einzelne durch seine Betätigungen in die Lebensräume seiner Mitmenschen eingreift, der Mensch also in einem wesentlichen Aspekt als soziales Wesen auftritt. In der Begründung seiner Handlungslehre nimmt er ausdrücklich Bezug auf G. HUSSERL, der die Bedeutung sozialen Verhaltens folgendermaßen deutet: „Nicht alles menschliche Verhalten hat den Sinn eines sozialen Verhaltens. Von einem solchen kann nur gesprochen werden, wenn das in Frage stehende Verhalten, weil von diesem Menschen in seiner Eigenschaft als Glied der sozialen Gemeinschaft beobachtet, eine Wirkungsrichtung auf die soziale Wirklichkeit hin hat und diese Wirklichkeit auch wirklich erreicht (bewirkt)[234]. (...) Der entscheidende Schritt von vor– sozialem zu sozialem Verhalten eines Menschen, der sich verhalten will, wird im Augenblick der sinnlichen Bekundung (Verleiblichung) des Willens bezogen. Die soziale Gemeinschaft ist eine solche zwischen Subjekten, die einen Leib haben, die nur durch das Medium leibhafter Sinnlichkeit zueinander kommen und eine Welt der Intersubjektivität – die soziale Welt aufbauen können“[235]. SCHMIDTS Ausgangsüberlegung läßt sich dahingehend deuten, daß die Realität nicht auf eine Summierung einzelner Menschen und deren je individuelle Betrachtungsweise verkürzt werden dürfe. Die einzelnen Menschen sollen vielmehr durch ihre wechselseitigen Beziehungen untereinander Teil der Gesellschaft sein, von der sie wiederum insofern abhängen, als sie deren kollektiven Regeln, nach denen ihre sozialen Beziehungen funktionieren, unterworfen sind[236].

In Abgrenzung zur finalistischen Lehre will SCHMIDT den im Handlungsbegriff enthaltenen Willen objektiv–sozial verstehen[237]. Denn jede die soziale Umwelt berührende Verhaltensweise erhalte durch diesen sozialen Kontakt eine spezifische Bedeutung, die nicht mehr von der Sinngebung ihres Urhebers abhängen dürfe. Der sozialen Sinngebung dürfe sich niemand entziehen, wenn er sich nicht von der Gesellschaft excludieren wolle[238]. Dieser soziale Sinngehalt soll sich nach SCHMIDT aus den kollektiven Maßstäben, den Anschauungen, Erfahrungen und Gewohnheiten der „sozialen Gemeinschaft“ ergeben. Sein Handlungsbegriff kann daher nicht ohne eine von außen an die Handlung herangetragene Wertung bestimmt werden. Als Maßstab der in dieser Wertung enthaltenen sozialen Sinnhaftigkeit zieht SCHMIDT die Denkform der „Natur der Sache“ heran[239]. Anhand eines Beispiels veranschaulicht: „Die Böllerschüsse, die in manchen Odenwalddörfern herkömmlicherweise das in die Kirche ziehende und aus der Kirche kommende Brautpaar ehren sollen, werden von allen jungen Leuten, die da mitmachen, so und nicht anders gewollt und verstanden“[240]. Übertragen auf die Problematik der Tatbestandsmäßigkeit der mißlungenen, aber nach der lex artis vollzogenen Heilbehandlung des Arztes heißt das für SCHMIDT, daß sich der soziale Sinngehalt ärztlichen Tuns nicht auf eine Körpersubstanzverletzung bezieht, vielmehr eine Heiltendenz sozial intendiert ist[241]. Der operative Eingriff unterliege nämlich zunächst einmal den tradierten und erprobten Regeln der ärztlichen Berufskunst, nach deren Maßgabe eine sachgerechte Heilbehandlung die Sinnbedeutung des Nicht–Tatbestandsmäßigen in sich trage[242]. Die

---

234 *Husserl*, Negatives Sollen, S. 8.
235 *Husserl*, Negatives Sollen, S. 9.
236 Eine solche Interpretation der sozialen Handlungslehre *Schmidts* ebenfalls nahelegend *Bloy*, ZStW 90 (1978), S. 609, 627.
237 *Schmidt*, Der Arzt im Strafrecht, S. 75 Anm. 29; ders., Engisch–FS, S. 339, 340.
238 *Schmidt*, Engisch–FS, S. 339, 340/341.
239 *Schmidt*, Engisch–FS, S. 339, 351 ff.
240 *Schmidt*, Engisch–FS, S. 339, 345.
241 *Schmidt*, Der Arzt im Strafrecht, S. 75.
242 *Schmidt*, Der Arzt im Strafrecht, S. 75 f.

entgegenstehenden Sinnbedeutungen (sachgerechter Eingriff versus Selbstbestimmungsrecht bei fehlender Einwilligung des Patienten) sollen anderweitig gelöst werden[243]. Auch die Problematik der Gleichstellung von Tun und Unterlassen soll im sozialen Handlungsbegriff eine dogmatische Grundlage finden. Der sozialen Handlungslehre gelinge es im Gegensatz zu den anderen Handlungslehren im Merkmal der sozialen Sinnhaftigkeit einen einheitlichen Handlungsbegriff als obersten Begriff im Sinne RADBRUCHS zur Verfügung zu stellen[244], der gleichermaßen Handlungen und Unterlassungen umfasse.

Damit bezieht SCHMIDT einen streng objektiven Standpunkt, d. h. er stellt das Sollen vom persönlichen Können unabhängig. Der Arzt im obigen Beispiel hat einen sozialen Posten inne, der sicherstellt, daß von ihm der Aufwand an Einsicht und Können erwartet wird, den die medizinische Wissenschaft bei einem solche Operationen übernehmenden Arzt erwarten darf[245]. Die Reichweite seines Verantwortungsbereiches wird also aus der sozialen Perspektive bestimmt. Es geht SCHMIDT darum, den Willen der handelnden Personen aus einem objektiven Kontext heraus erfassen zu können. Mit dieser Bezugnahme auf eine solch standardisierte Größe kann SCHMIDTS Ansatz prinzipiell dahingehend interpretiert werden, daß er auch die Fälle des Sonderwissens aus dem Begriff der Handlung auszuscheiden vermag. Es kommt dann nicht darauf an, was der Täter als solcher wußte und konnte, sondern nur darauf, was die soziale Gemeinschaft von ihm erwarten durfte.

Jedoch hält SCHMIDT diese objektive, von der sozialen Gemeinschaft ausgehende, Sichtweise nicht stringent durch. Er geht nämlich davon aus, daß die rein soziale Sichtweise in bestimmten Fallkonstellationen nicht zu eindeutigen Ergebnissen führt. Der Sinngehalt einer Handlung lasse sich nicht immer ohne Blick auf den Willen des Täters erfassen. Ein Schuß in die Luft könne beispielsweise in sozialer Hinsicht mehrdeutig sein: Lärm, Jagdhandlung, Tötungshandlung, Warnung usw.[246]. Zwar sind SCHMIDTS Bedenken zutreffend, daß abstrakt betrachtet – ohne Hinzuziehung des sozialen Kontextes – bestimmte Verhaltensweisen mehrdeutig sein können, die Spezifizierung des Sinngehaltes der Handlung mit Hilfe des individuellen Willen des einzelnen Täters läßt jedoch im Ergebnis SCHMIDTS Ansatz einer objektiv–sozialen Betrachtungsweise leerlaufen. In seinem Modell letztlich inkonsequent erscheint also seine Forderung, teilweise auf die rein subjektive Sichtweise des Täters abstellen zu müssen. Will man das Modell SCHMIDTS so verstehen, daß aufgrund der Maßgeblichkeit der Gemeinschaft die Sichtweise des einzelnen prinzipiell nicht relevant sein dürfe, so hätte es einer besonderen Rechtfertigung bedurft, warum in Ausnahmefällen ein rein individuelles Verständnis den Ausschlag für die soziale Relevanz geben darf. Sein Rückgriff auf Individuelles erscheint wie ein Sprung in seinem System.

SCHMIDT verspricht sich von dem Rekurs auf die Rechtsfigur der „Natur der Sache" als Maßstab der sozialen Sinnhaftigkeit lediglich eine Orientierung, die einen Spielraum für eigenständige Wertungsvorgänge offenlasse. Demnach ist die Sozialbezüglichkeit sozusagen vorrechtlich dem Begriff der Handlung immanent, unter bestimmten Bedingungen können

---

243 *Schmidt*, Engisch–FS, S. 339, 346.

244 *Schmidt*, Engisch–FS, S. 339, 350. Kritisch dazu allerdings *Welp*, Handlungsäquivalenz, S. 104, der *Schmidt* vorwirft, ein taugliches Unterscheidungskriterium zwischen Handlung und Unterlassung nicht liefern zu können – ein Kritikpunkt, der aber aufgrund der axiologischen Gleichwertigkeit von Tun und Unterlassen nicht überzeugen kann.

245 *Engisch*, MSchKrStr 1939, S. 414, 421 Fn 18.

246 *Schmidt*, Der Arzt im Strafrecht, S. 75 Anm. 29; ders., Engisch–FS, S. 339, 344 f.

sich aber zusätzlich rechtliche Erwägungen an sie knüpfen. Soziale und rechtliche Ebene sollen also bei SCHMIDT auseinanderfallen: Jedes Verhalten läßt sich zwar auf eine soziale Sinnhaftigkeit zurückführen, umgekehrt verlängert sich aber nicht jedes sinnhafte soziale Tun oder Unterlassen in den rechtlichen Bereich[247]. Für die Frage der Abgrenzbarkeit von Handlung und objektiver Zurechnung ergibt sich die folgende Konsequenz: Bei SCHMIDT gehört zwar der spezifische Sozialsinn zur Handlung, der sogenannte sozialindizierte rechtliche Unwert der Handlung wird jedoch erst in der rechtlichen Subsumtion der Handlung unter den fraglichen Tatbestand an das Geschehen herangetragen[248]. Es stellt sich aber die Frage, ob SCHMIDT diese Abgrenzung zwischen sozialer und rechtlicher Ebene durchhalten kann. Denn durch sein Abstellen auf die soziale Komponente scheidet er einige in den Bereich der sogenannten Lehre von der objektiven Zurechnung fallende Problemkreise, zum Beispiel die Fallgruppe des Schutzzweckes der Norm, bereits im Bereich der sozialen Handlung aus. Deutlich wird dies anhand eines von ihm herangezogenen Beispiels: An einer Straßenbahnhaltestelle springt ein Fahrgast noch verspätet und unerwartet aus dem Wagen vor einen Pkw, dessen Fahrer sich völlig korrekt verhält. Dennoch kann dieser Autofahrer nicht verhindern, daß der Fahrgast von seinem Wagen erfaßt wird und zu Tode kommt. SCHMIDT geht hier davon aus, daß sich diese Verhaltensweise ausgehend vom sozialen Sinngehalt nicht als ein Töten im Sinne der §§ 211 ff. StGB deuten lasse. Denn die Straßenverkehrsregeln dienten dazu, die Verkehrsteilnehmer vor den Schädigungen an Leben, Leib und Sachwerten zu bewahren, die ein regelloser, dem Leichtsinn der einzelnen Verkehrsteilnehmer ausgesetzter Straßenverkehr notwendigerweise mit sich bringe. Jedoch gehöre es zu den alltäglichen Vorkommnissen des Straßenverkehrs, daß Verkehrsteilnehmer selbst bei genauester Beachtung der Verkehrsregeln andere zu Schaden brächten[249]. Verhält sich der einzelne also im Rahmen der formellen und informellen Regeln des gesellschaftlichen Zusammenlebens, ist sein Verhalten nach der sozialen Handlungslehre nicht als strafrechtlich relevantes einzuordnen.

Nicht eindeutig herausgearbeitet ist in SCHMIDTS Modell der sozialen Handlung die Beziehung des einzelnen zur sozialen Außenwelt, der die Kompetenz zugestanden wird, den Sinngehalt der Handlung zu bestimmen. SCHMIDTS Definition der Handlung als eines „willkürlichen Verhaltens *zur* sozialen Außenwelt" legt nahe, daß er den einzelnen prinzipiell als ein von der sozialen Außenwelt getrenntes Wesen begreift. Allerdings legt sein Verweis auf HUSSERL nahe, daß er den einzelnen als Glied der sozialen Gemeinschaft verstehen will, jedoch in dem Sinne, daß nicht die Gesellschaft ihre Berechtigung durch den einzelnen empfängt, sondern vielmehr dieser den kollektiven Beziehungen, nach denen die sozialen Beziehungen funktionieren, unterworfen ist. Inwieweit ein auf derartigen Trennungen beruhender Ansatz eine strafrechtliche Handlungslehre begründen kann, bleibt im Laufe der Arbeit zu problematisieren. Ebenfalls stellt sich die Frage, ob die Annahme, den sozialen Sinn eines Verhaltens gänzlich ohne Rückgriff auf die individuellen Besonderheiten des einzelnen bestimmen zu können[250], für die in der sozialen Wirklichkeit eingebettete strafrechtliche Zurechnungslehre konsequent durchgehalten werden kann[251].

247 Zur sozialen Handlungslehre *Schmidts* in diesem Sinne auch *Hohmann*, Personalität und strafrechtliche Zurechnung, S. 275.
248 Vgl. auch *Hohmann*, Personalität und strafrechtliche Zurechnung, S. 275.
249 *Schmidt*, Engisch–FS, S. 339, 347, 348.
250 Dazu *Schmidt*, Engisch–FS, S. 339, 342.
251 Ausführlich zu der Frage nach den Grenzen der Normativierung, S. 175 ff.

II) ENGISCH

ENGISCH[252] legt im Rahmen der Konstituierung seines sozialen Handlungsbegriffes das überkommene klassifikatorische Denken – Handlungsbegriff als Träger von Tatbestandsmäßigkeit, Rechtswidrigkeit und Schuld – zugrunde und fordert, daß sich aus dem Handlungsbegriff die einzelnen Verbrechenstypen als sinnvolle Besonderungen herleiten lassen müßten[253]. Der Begriff der Handlung müsse den Kern darstellen, an den sich die übrigen Verbrechensmerkmale nur noch anlagern müßten[254]. Die Handlung muß sich nach ENGISCH also als etwas allen Verbrechensmerkmalen Gemeinsames darstellen lassen können.

Der überkommene naturalistische Handlungsbegriff erweise sich bei den Delikten als problematisch, bei denen „Sinn" und „Bedeutung" eine Rolle spielten – wie beispielsweise im Fall der Beleidigung[255]. Überdies beziehe sich das Recht nicht auf physikalische Phänomene. Es gehe vielmehr um sinnvolle soziale Ereignisse[256], was bereits WELZEL richtig erkannt habe: Die Menschen würden untereinander nicht durch Handlungen und Erklärungen kommunizieren, die rein naturalistisch als Veränderungen in der Außenwelt, als Kraftverwandlungen, Kehlkopfbewegungen oder Schallwellenbewegungen zu deuten seien. „Stoff des Rechts ist die mittels sozialer Begriffe vorgeformte Gegebenheit"[257]. Gewohnheit, Herkommen, Brauch und Sitte formten die Rechtsverhältnisse und damit jene „berühmte Natur der Sache" vor, an der sich das Recht auszurichten habe[258]. Mit diesem Rückgriff auf die sogenannte „Natur der Sache" versucht ENGISCH seine Position vom naturalistischen, aber auch vom normativistischen Ansatz KELSENscher Herkunft abzugrenzen[259]. Der Naturalismus könne schon aus rechtstheoretischen Erwägungen nicht überzeugen. Denn Rechtsanwendung in der Rechtswissenschaft bedeute Subsumtion von Rechtsfällen unter Rechtssätze. Subsumieren könne man nur eine begrifflich vorgeformte Gegebenheit, mit der Konsequenz, daß die Rechtswissenschaft eine begriffliche Vorformung ihres Stoffes voraussetze[260]. ENGISCH greift damit auf die These des naturalistischen Fehlschlusses zurück, nach der von einem Sein nicht auf ein Sollen geschlossen werden darf. Der zwischen den Alltagsbegriffen des natürlichen Weltbildes und der Welt der Werte bestehende innere Zusammenhang lege es nahe, die Begriffe der Rechtswissenschaft als solche einer Wertwissenschaft zu begreifen, was bereits Vertreter des teleologischen Rechtsdenkens erkannt hätten[261]. Der Ansatz ENGISCHS geht davon aus, daß Recht und natürliche Welt nicht einfach als Gegenpole gegenüberstehen, sondern innig miteinander verschlungen sind: Die natürliche Welt sei nämlich nicht im Sinne einer „Robinson gegebenen von Menschen unberührten Natur" zu verstehen, sondern sei eine Welt, die der in vielfachen Gemeinschaften lebende Mensch mit seinesgleichen zusammen erlebe und umgestalte. In Rede soll also eine natürlich–soziale Welt stehen, beides in einem, beides in wechselseitiger Durchdringung[262].

---

252 *Engisch*, Kohlrausch–FS, S. 141, 148 ff.; ders., Vom Weltbild des Juristen, S. 37f.
253 *Engisch*, Kohlrausch–FS, S. 141, 146.
254 *Engisch*, Kohlrausch–FS, S. 141, 160.
255 *Engisch*, Kohlrausch–FS, S. 141, 146.
256 *Engisch*, Kohlrausch–FS, S. 141, 148.
257 *Engisch*, Vom Weltbild des Juristen, S. 9.
258 *Engisch*, Vom Weltbild des Juristen, S. 10.
259 *Engisch*, Vom Weltbild des Juristen, S. 13.
260 *Engisch*, Vom Weltbild des Juristen, S. 10.
261 *Engisch*, Vom Weltbild des Juristen, S. 21.
262 *Engisch*, Vom Weltbild des Juristen, S. 24.

ENGISCH steht vor der Aufgabe, einen Handlungsbegriff zu konstruieren, der diese Bedeutung des Rechts zu erfassen vermag. Das Dilemma des sogenannten „subjektiv“ finalen Handlungsbegriffs sieht er darin, daß sich eine objektive Rechtswidrigkeit[263] nicht an einen subjektivistisch verstandenen Handlungsbegriff anlehnen könne. Die finale Handlungslehre WELZELscher Prägung sei also nicht imstande, den für das Strafrecht maßgeblichen Handlungsbegriff herzuleiten. Zwar will ENGISCH den Ausgangspunkt WELZELS, daß der einzelne Mensch in der Lage sein müsse, den kausalen Nexus final überzudeterminieren, beibehalten. Sein Handlungsbegriff erfährt aber insofern eine Weiterentwicklung, als es nicht auf die vom Täter bezweckten bzw. für ihn vermeidbaren, sondern auf die *objektiven, für einen Einsichtigen zu erwartenden Folgen* ankommen soll[264]. Für ENGISCH ist demnach „Handeln das Bewirken bezweckbarer Folgen durch einen willkürlich vollzogenen Akt“[265].

Losgelöst von den subjektiven Begrenztheiten der individuellen Täterpersönlichkeit könne ein solcher Handlungsbegriff den geeigneten Anknüpfungspunkt für eine objektive Beurteilung des tatbestandlichen Unrechts bilden. Offen bleibt allerdings bei ENGISCH die Frage nach dem Verhältnis dieses Einsichtigen zu dem konkret Handelnden, insbesondere, warum dem Einsichtigen die Kompetenz eingeräumt werden kann, darüber zu entscheiden, wann eine Folge zu erwarten war und wann nicht. Dieser Gesichtspunkt der objektiven Bezweckbarkeit, der bereits von den Neukantianern MITTASCH und THIERFELDER herangezogen worden sei, beinhalte ersichtlich eine von außen an einen Vorgang herangetragene Wertung, die nach ENGISCH den Vorteil aufweist, die Lehre von der adäquaten Kausalität, in anderer Terminologie die Fallgruppe des sogenannten erlaubten Risikos, in den Handlungsbegriff zu integrieren. Inadäquate Folgen sollen also bereits aus dem Begriff der Handlung ausgeschieden werden[266]. Grundsätzlich könne bei jeder Handlung zwischen adäquaten und zufälligen Folgen differenziert werden[267]. Der strafrechtliche Handlungsbegriff solle aber nur alle erfahrungsmäßig realisierten und in diesem Sinne objektiv bezweckbaren Folgen umfassen, selbst wenn sie vom Handelnden selbst nicht bezweckt und für ihn nach seinen persönlichen Fähigkeiten nicht vorhersehbar gewesen seien[268]. Auf Handlungsebene werden also alle inadäquaten Folgen als für das Strafrecht unbeachtlich ausgeschieden. Damit will ENGISCH auch einen geeigneten Anknüpfungspunkt für die WELZELsche Lehre von der Sozialadäquanz geschaffen haben[269].

---

263 Dieser objektive Rechtswidrigkeitsbegriff war bereits „ins Wanken geraten“. Er entsprach dem *Belingschen* System der Vereinfachung von Innen und Außen, das sich aber als unhaltbar erwiesen hatte. Dieser Kritikpunkt *Engischs* ist also gegen die subjektiv–finalistische Lehre nicht unbedingt einschlägig. Zur Kritik am Naturalismus S. 21 f.

264 *Engisch*, Kohlrausch–FS, S. 141, 160.

265 *Engisch*, Kohlrausch–FS, S. 141, 161. Bereits bei *Liepmann*, Einleitung in das Strafrecht, ist ein ähnlicher Ansatz vorhanden. Er definiert die Handlung im allgemeinen Sinne als Betätigung des menschlichen Willens (S. 24/25). Sein juristischer Handlungsbegriff ist durch die bewußte Setzung von Bedingungen gekennzeichnet, die in berechenbarem Zusammenhang zu einem kriminellen Erfolg stehen (S. 84). Durch diese Einbeziehung des Kriteriums der Adäquanz versucht er, die Uferlosigkeit des kausalen Handlungsbegriffes einzugrenzen.

266 In *Engischs* älterer Lehre *Engisch*, Kausalität, S. 41 ff., wurden diese erst auf Tatbestandsebene ausgeschieden.

267 *Engisch*, Kohlrausch–FS, S. 141, 162. Jede Handlung bewirke nämlich Folgen, jedenfalls wenn man die leibliche Verfassung des Handelnden und seine psychische Verfassung berücksichtige, die von dem jeweiligen Akt getrennt betrachtet werden könnten, was auch diejenigen Fallgruppen bewiesen, bei denen der Willensakt ohne jegliche Folge bleibe.

268 *Engisch*, Kohlrausch–FS, S. 141, 162; ders., Vom Weltbild des Juristen, S. 38.

269 *Engisch*, Kohlrausch–FS, S. 141, 161.

Das in seinem Handlungsbegriff noch enthaltene Merkmal der Willkür soll einer objektivistischen Sichtweise nicht entgegenstehen. Das Merkmal der Willkür enthalte lediglich die Aussage, „daß der Täter psycho–physisch in der Lage war, sich anders zu verhalten, daß er Handlungsfreiheit besaß", wobei ENGISCH den Begriff der Freiheit in diesem Zusammenhang nur als relative Freiheit definiert, d. h. als Freiheit von Lähmungen, Zwang usw.[270]. Mit dem Bereich der Handlungsfreiheit verbleibt also letztlich in einem durch Standards geprägten Handlungsbegriff ein Reservoir an Individuellem.

Für im einzelnen problematisch erachtet ENGISCH die Feststellung, ob bestimmte Verhaltensweisen „frei" ausgeübt wurden, es also um strafrechtlich relevantes Verhalten geht und ob bei einem bestimmten Verhalten bereits die Handlung oder erst das Unrecht zu verneinen ist. Für besonders problematisch hält ENGISCH in diesem Zusammenhang den Bereich des Unterlassens: Beispielsweise könne ein gefesselter Weichenwärter sicherlich nicht mehr die Weiche stellen, möglicherweise gehöre es aber zu seinem Aufgabenbereich, um Hilfe zu rufen[271]. In ENGISCHS Beispielfall offenbart sich die Schwierigkeit der Abgrenzung von Handlung und tatbestandlichem Unrecht. Würde der Unterschied von Handlung und Unrecht verwischt, hätte sich ENGISCHS Modell eines sozialen Handlungsbegriffes, der der Handlung die Funktion eines Systemoberbegriffes beimißt, als unerfüllbar erwiesen. Der Handlungsbegriff soll nach ENGISCH nämlich geeignet sein, ein Objekt rechtlicher Wertungen zu bilden[272], darf also in seiner Funktion als Oberbegriff nicht schon spezifische Merkmale einzelner unter ihm stehender Arten in sich aufnehmen[273]. Allerdings gesteht ENGISCH selbst ein, daß sein Handlungsbegriff immanent auf die strafrechtliche Bewertung hindeutet[274]. Er räumt also Abgrenzungsschwierigkeiten der sozialen Handlung vom Bereich des Unrechts ein. Die Schwierigkeit der von ihm intendierten Unterscheidbarkeit von Handlungs– und Unrechtsbereich verdeutlicht sich insbesondere im Rahmen der Fallgruppe der Adäquanz, die ENGISCH differenzierend betrachten möchte: Bei einem Teil der eingetretenen Schädigungen handele es sich um zufällige, erfahrungsmäßig inadäquate Folgen, bei denen schon das Vorliegen einer Handlung zu negieren sei, wie beispielsweise in dem immer wieder herangezogenen Erbonkelfall. Der Tod des Onkels ist für ENGISCH keine objektiv bezweckbare Folge des Überredens, so daß er das Vorliegen einer Tötungshandlung verneint[275]. Daneben seien typische, der Erfahrung noch adäquate Folgen denkbar, die aufgrund ihrer Sozialadäquanz zwar als Handlung, aber nicht mehr als tatbestandsmäßig einzustufen seien[276]. ENGISCHS Ausführungen lassen offen, wie die Abgrenzungskriterien gewonnen werden können, ob es sich um zufällige, erfahrungsmäßig inadäquate Folgen handelt oder um solche typischen, der Erfahrung noch adäquate, d. h. sogenannte sozialadäquate Folgen. Ebenso fehlt es an einer Darlegung, woraus sich der für das Strafrecht maßgebliche Unterschied ergeben soll. Der Grund mag in folgendem liegen: War in ENGISCHS älterer Lehre das Merkmal der Adäquanz Rechtswidrigkeits– und Tatbestandsmerkmal, so kommt ihm jetzt die Aufgabe des den Handlungsbegriff konstituierenden Elements zu. Infolge dieser Verlagerung in den vortatbestandlichen Bereich muß das Merkmal der Adäquanz einen gewissen Inhaltswandel durchmachen: Bestimmt ENGISCH die Adäquanz in seinen älteren Ausführungen materiell als

270 *Engisch*, Kohlrausch–FS, S. 141, 164.
271 *Engisch*, Kohlrausch–FS, S. 141, 165.
272 *Engisch*, Kohlrausch–FS, S. 141, 165.
273 *Engisch*, Kohlrausch–FS, S. 141, 165.
274 *Engisch*, Kohlrausch–FS, S. 141, 165.
275 *Engisch*, Kohlrausch–FS, S. 141, 169 Fn 93.
276 *Engisch*, Kohlrausch–FS, S. 141, 169.

Gefährlichkeit, Sorgfaltspflichtverletzung und Rechtswidrigkeitszusammenhang, so ist sie jetzt nur noch Bezweckbarkeit und damit sozusagen normativ entladen. Erst die tatbestandsmäßige Handlung umfaßt in vollem Umfang den ehemalig engeren Begriff der Adäquanz[277].

III) MAIHOFER

1. MAIHOFERS ursprünglicher Handlungsbegriff

MAIHOFERS sozialer Handlungsbegriff gründet auf seiner Überlegung, daß ein Handlungsbegriff nur unter Erfüllung der klassischen Funktionen im strafrechtlichen System sinnvoll sein könne[278]. Die Handlung sei nur als Zusammenhang denkbar, als sogenanntes funktionales Band verbinde sie den Handelnden mit dem Geschehen der Handlung. Die Existenz besagter Funktionen ist im Modell MAIHOFERS vorgegeben, es geht um Grundelement, Verbindungselement und Grenzelement des Verbrechenssystems[279]. Mit dieser Bindung an die Funktionen bleibt sein Handlungsbegriff an das bestehende Verbrechenssystem gebunden und in ihm beschränkt, er löst sich nicht vom überkommenen klassifikatorischen Denken.

Gleichzeitig versucht MAIHOFER den Handlungsbegriff vom „Kausaldogma" sowie den sonstigen Resten naturalistischen Denkens zu befreien. Die Merkmale der „Körperlichkeit", der „Willkürlichkeit"[280] oder der „Willentlichkeit", auf denen die bisherigen Handlungslehren basiert hätten – auch die Modelle von SCHMIDT und ENGISCH haben das Kriterium der

---

277 In diesem Sinne auch *Spriestersbach*, Neue Kritik der Lehre vom Tatbestand, S. 85.

278 *Maihofer*, Handlungsbegriff, S. 8.

279 Dazu eingehend *Maihofer*, Handlungsbegriff, S. 6 ff. Die Bedeutung des sogenannten *Grundbegriffes* soll sich daraus ergeben, daß sich alle Prädikate und Attribute, die im Rahmen der strafrechtlichen Beurteilung relevant werden, auf einen gemeinsamen Grundbegriff zurückbeziehen lassen müssen, den Begriff der Handlung. Handlung wird hier verstanden als *genus proximum*, von dem sich alle *differentia specifica* ableiten lassen müssen. Der Handlung als *Verbindungselement* kommt die Aufgabe zu, in dem funktionalen Ablauf der Wertungsstufen, Tatbestandsmäßigkeit, Rechtswidrigkeit, Schuld, jeweils den einen mit dem jeweils anderen Wertungsstandpunkt in Verbindung zu setzen, mit der Folge, daß er selbst gegenüber den erst für den Unrechts- oder Schuldtatbestand konstitutiven Feststellungen oder Wertungen neutral zu sein hat. Seine Funktion als *Grenzelement* beinhaltet, die absolute untere Grenze strafrechtlicher Betrachtung abzustecken, mit deren Überschreitung ein Verhalten für das Strafrecht relevant wird.

280 *Maihofer*, Schmidt–FS, S. 156, 163 ff. merkt an, daß das Merkmal der Willkürlichkeit in bislang allen Handlungsbegriffen eine sozusagen konstitutive Funktion erhalten habe. Eklatante Schwierigkeiten tauchten zum einen bei den sogenannten Nachlässigkeitsdelikten auf. Von einem wirklichen Willen, bei dem sich psychisches und physisches Faktum entsprächen, könne hier keine Rede sein. Jemandem ein unwillkürliches Verhalten auch der Form nach als gewollt zuzuschreiben, bedeute, das psychische Wollen mit dem physischen Bewirken zu verwechseln. *Maihofers* Argumentation legt nahe, daß in diesen Fällen in Wirklichkeit mit Hilfe einer normativen Sichtweise die Korrektur vorgenommen wurde. *Maihofer* geht sogar so weit, anzunehmen, daß der Wirklichkeitsstruktur bestimmter Typen von Handlungen schon ontologisch (sachlogisch) das Moment der physischen Körperlichkeit oder psychischen Willkürlichkeit fehle und damit die Begriffsstruktur der Handlung niemals auf diesem Merkmal als Kriterium aufgebaut werden könne. Dabei ist allerdings zu bezweifeln, ob *Maihofers* Argument tatsächlich ein ontologisches ist. Er betrachtet von vornherein nur die Handlung als solche, wie sie für das Strafrecht relevant ist. Daß jeder Täter auch bei Nachlässigkeits- oder Vergeßlichkeitsdelikten von seiner Warte aus einen bestimmten Zweck verfolgt, der sich allerdings nicht externalisiert, hat er von vornherein unbeachtet gelassen. Zur Bedeutung des Prinzips der Ontologie ausführlicher S. 120 ff.

Willkürlichkeit beibehalten –, sollten ihre Relevanz verlieren. Das Element der Willkürlichkeit versage nämlich im Rahmen der Vergeßlichkeits– und Nachlässigkeitsdelikte, der Begriff der Körperlichkeit im Rahmen der Unterlassungsdelikte, wobei in diesen Deliktsgruppen im Ergebnis vom Vorliegen einer Handlung ausgegangen werden müsse. Das Fehlen der aktuellen Handlungsfähigkeit zum Zeitpunkt der Ausführungshandlung soll also im Modell MAIHOFERS nicht die Konstituierung einer Handlung hindern[281].

Neben diesen praktisch–kriminalpolitischen Erwägungen liegt der Grund für MAIHOFERS Abkehr vom Naturalismus in seinem existenzphilosophischen Verständnis: Der einzelne soll als „Für–Sich–Sein" (Individualperson) und „Als–Sein" (Sozialperson) existieren. Um den einzelnen im Recht zu begreifen, gehe es nicht nur darum, was er „für sich" als Einzelwesen in seiner individuellen Eigenart sei, sondern ebenso, was er „an sich" als Sozialwesen sei[282]. Das Handeln und die Tätigkeit des Menschen spielten sich in zwei Welten ab: der Welt als Individualwelt, in der der Mensch als Individualperson tätig sei und der Welt als Sozialwelt, in der er als Sozialperson handele: Bei der Individualwelt gehe es um den Bereich des menschlichen Seins, bei dem das erkennende Individuum sich in vorgefundene Zusammenhänge einordne, in seiner Beziehung zu dinglichen Gegenständen, aber auch in Bezug auf seine Mitmenschen[283]. Diese Welt erscheine „als Entfaltungs– und Gestaltungsraum individuellen Daseins"[284] und unterliege ausschließlich der Willkür des einzelnen Individuums, welches absolut autonom sei[285]. Wirksamkeit soll das handelnde Individuum nach MAIHOFER jedoch erst bei seinem Eintritt in die der Individualwelt gegenüberstehende Sozialwelt erlangen, die ihm als ein vor–gegebenes und vor–bestimmtes Gefüge, eine „von Vorfahren und Zeitgenossen" geschaffene Kultur entgegentrete[286]. Der einzelne finde sein Sein nicht in sich selbst, sondern erst, indem er sich in der Umwelt entfalte. Diese Individualentfaltung der Person vollziehe sich seinsnotwendig in bestimmter, von der Welt vorgezeichneter Sozialgestalt, so daß der einzelne mit dem Eintreten in die „äußere Daseinsgestalt" zugleich eine vom Sozialstandpunkt der anderen her bestimmte, mit anderen vergleichbare Sozialgestalt erhalte[287]. Infolgedessen müsse auch das Verhalten des einzelnen nicht nach dem autonomen Gesetz der Eigenwelt, sondern nach dem heteronomen der Gemeinwelt interpretiert werden[288]. Der Sinn des Verhaltens ergibt sich für MAIHOFER aus der objektiven Zweckhaftigkeit und Sinnhaftigkeit im Zusammenhang der sozialen Welt: ausgehend vom Empfängerhorizont der

---

281 Kritisch dazu *Kindhäuser*, Intentionale Handlung, S. 192 f., der *Maihofer* vorwirft, den Begriff der potentiellen Finalität mißzuverstehen. Man könne potentiell nur etwas wollen, was man auch aktuell durchführen könne. Es sei ein nicht durchführbares Unterfangen, aus nicht entscheidbaren Tätigkeiten Handlungen kreieren zu wollen. Die Konstituierung der Handlung setze per se Handlungsfähigkeit voraus. Entgegen *Maihofer* soll nach *Kindhäuser* nicht das Verhalten im Zeitpunkt der Handlungsfähigkeit Gegenstand einer Basis–Handlung sein, sondern vielmehr das sogenannte Vorverhalten. In diesem Zeitpunkt habe der Täter nämlich noch die Entscheidekompetenz. Anders als *Kindhäuser* wohl unterstellt, ist aber für die Konstituierung der Handlung nicht maßgeblich, daß der einzelne individualpsychologisch eine Entscheidekompetenz besitzt, sondern daß ihm diese kraft Gesetz zugeschrieben wird. Zu dieser Fragestellung ausführlich § 6, S. 180 ff., 187 ff.

282 *Maihofer*, Handlungsbegriff, S. 53.

283 *Maihofer*, Recht und Sein, S. 83.

284 *Maihofer*, Recht und Sein, S. 94.

285 *Maihofer*, Recht und Sein, S. 94 ff.

286 *Maihofer*, Recht und Sein, S. 102.

287 *Maihofer*, Recht und Sein, S. 101.

288 *Maihofer*, Recht und Sein, S. 103.

anderen[289]. Relevant ist also der Standpunkt des anderen, jener „vernünftigen Person", des personifizierten anderen[290].

Bei der Entwicklung seines sozialen Handlungsbegriffes knüpft MAIHOFER zunächst an den existentiellen Handlungsbegriff MEZGERS an, der seinen Handlungsbegriff auf die Formel: „Handeln ist menschliches Verhalten"[291] reduziert. Die in diesem Begriff enthaltene Wirklichkeitsbezogenheit auf die Existenz des Menschen in seinem „Sich–Verhalten zur Welt" hält MAIHOFER jedoch als Grundlage eines strafrechtlichen Handlungsbegriffes für zu einseitig[292], da sich das Strafrecht nicht für den Menschen generell, sondern nur für bestimmte Erscheinungszeichen seiner Existenz interessiere[293].

MAIHOFER steht vor der Aufgabe, einen Handlungsbegriff zu konstituieren, der den traditionellen Funktionen eines Handlungsbegriffes gerecht wird und gleichzeitig die Bedeutung der Sozialwelt für das Verständnis des einzelnen hinreichend beachtet. Er sieht sich in der Schwierigkeit, einen Maßstab zu finden, der aus der Betrachtung der Handlung *selbst* eine solche Unterscheidung möglich macht, ohne auf die funktional erst im Unrechts– und Schuldtatbestand liegenden Feststellungen und Wertungen vorzugreifen[294].

Als maßgebliches Kriterium soll der „Zweck, als der zukünftige, in der objektiven Richtung (Finalität) eines Geschehens liegende Wert oder Unwert, der Handlung von Nichthandlung unterscheidet, der ein Verhalten schon als bloßes Handeln noch vor seiner Zielerreichung zum sozial relevanten Geschehen färbt"[295], in Betracht kommen. Die Leistungsfähigkeit des Begriffes der Handlung hängt für MAIHOFER davon ab, ob die mit der Handlung verbundenen Handlungsmittel zur Erreichung eines bestimmten Zweckes objektiv brauchbar sind: Alles, was wir Tauglichkeit oder Eignung eines Verhaltens zur Herbeiführung bestimmter Verhaltensfolgen nennen, hänge mit diesem bestimmten Mittel–Zweck–Verhältnis zusammen[296]. MAIHOFER versucht die Bedeutung der objektiven Bezweckbarkeit beispielhaft zu erklären: Indem eine Krankenschwester eine Überdosis Morphium injiziere, setze sie ein Mittel ein, das in sich selbst eine bestimmte immanente Wirkungsrichtung gegen das Rechtsgut Leben trage, das diesem Geschehen vom Augenblick der Injektion im Vergleich zu einer sonstigen Injektion einen anderen sozialen Sinn, nämlich den der lebensgefährlichen Handlung, gebe. Nicht das Vorliegen einer finalen Injektion mache den sozialen Sinngehalt eines Geschehens aus, sondern die Einsetzung eines Mittels, das in sich eine jeweils ganz andere sozial–typische Wirkungsrichtung (Zweckläufigkeit) hat – auf die bloße Minderung des Bewußtseins oder auf

289 *Maihofer*, Recht und Sein, S. 113.
290 *Maihofer*, Recht und Sein, S. 114.
291 *Mezger*, Strafrechtsdogmatik, S. 12.
292 *Maihofer*, Handlungsbegriff, S. 68.
293 *Maihofer*, Handlungsbegriff, S. 68 Fn 22.
294 *Maihofer*, Handlungsbegriff, S. 71. Das Merkmal „sozial" bezieht sich nach *Maihofer* in seiner Doppeldeutigkeit sowohl auf positiv wie auch auf negativ soziales Verhalten. Für das Strafrecht sei aber nur letzteres relevant und könne daher als Handlung gelten. Der Begriff der „sozialen Relevanz", der sich in den bisherigen sozialen Handlungslehren finde, besitze nicht die notwendige Bestimmtheit. *Engischs* Kriterium der „objektiven Bezweckbarkeit" versuche zwar immerhin die Handlungsrichtung als Unterscheidungskriterium verwendbar zu machen. Unklar blieben aber die Maßstäbe, aus denen sich die strafrechtliche Bedeutung eines bestimmten Geschehens als Handlung ableiten lasse.
295 *Maihofer*, Handlungsbegriff, S. 72.
296 *Maihofer*, ZStW 70 (1958), S. 159, 169.

die Vernichtung des Lebens gerichtet, je nachdem, worauf die Anwendung dieses Mittels jeweils hinauslaufe[297].

Klingt die Bezugnahme auf das Merkmal der objektiven Bezweckbarkeit zwar wie eine Anlehnung an die Adäquanztheorie, so distanziert sich MAIHOFER vehement von einem naturalistischen Fehlverständnis des Kriteriums. Diese Zweckläufigkeit sei nicht bloße Ursächlichkeit, „sie ist die in dem Mittel als seine sozial–typische Wirkungsrichtung steckende Sinn– und Werthaftigkeit, auf die dieses Mittel als Mittel um zu: als Mittel zu diesem Zweck angelegt sei". Das Geschehen habe nicht erst nachträglich, sondern von Anfang an eine bestimmte soziale Zweckläufigkeit, beispielsweise die soziale Werthaftigkeit als Tötungshandlung inne[298].

Hier zeigt sich das gegenüber den anderen sozialen Handlungslehren vollkommen neuartige Verständnis der Handlung als eines Prozesses, d. h. des Zusammenhanges zwischen Handlung und Objekt, auf das diese einwirkt[299]. Der Begriff der Handlung verbindet also das auf einen sozialen Erfolg hinweisende Ereignis mit einem Rechtssubjekt. Der Begriff des Wirkens impliziert zwar einen Zusammenhang zwischen Ereignis und Handelndem, ohne aber diesen Zusammenhang näher zu klären. Damit ist auch MAIHOFER dem Verdacht ausgeliefert, daß die beiden Dimensionen der menschlichen Handlung, nämlich Handlungssubjekt und Erfolg in der Außenwelt, unvermittelt nebeneinander stehen bleiben. Der Begriff der Sozialwelt stellt allein auf die soziale Wirksamkeit der Handlung ab, ohne die Dimension zu berücksichtigen, aus der diese Wirksamkeit stammt, nämlich die Person des konkret Handelnden[300]. Das Recht scheint sich vielmehr allein auf den Teil der Person zu beziehen, der heteronom bestimmt wird[301]. Dieser Ansatz MAIHOFERS gewinnt nur dann Plausibilität, wenn sich das Personsein des einzelnen so aufspalten läßt, daß sich das Alssein neben das Selbstsein stellt und beide Seinsweisen einen Sachverhalt derart scharf abgrenzen, daß sie zur Grundlage zweier voneinander unabhängiger Werturteile herangezogen werden können. Allerdings erscheint es keineswegs von vornherein einleuchtend, daß sich jedes Geschehen im Augenblick der Objektivation vom Täter löst[302]. MAIHOFER will – wie das Zivilrecht – grundsätzlich vom objektiven Erklärungs– und Handlungssinn des Verhaltens ausgehen, maßgeblich soll also der Empfängerhorizont sein[303]. Damit hält er seinen Handlungsbegriff von jeglichen individuell geprägten Momenten frei. Der von ihm herangezogene Maßstab soll außerhalb des konkret Handelnden liegen, der Handelnde bleibt bei ihm nur noch als Bezugspunkt der Zurechnung übrig. Wenn MAIHOFER also das „objektiv Menschenmögliche" als das eigentliche personale Element seines Handlungsbegriffes kennzeichnet, versteht er diese Art von Personalität als den kleinsten gemeinsamen Nenner im Rahmen der Fragestellung, wie zu einem bestimmten Zeitpunkt und in einer bestimmten Situation das Zurechnungssubjekt zu bestimmen ist[304]. Damit handelt er sich den Vorwurf des Wirklichkeitsverlustes ein[305]. Damit stellt sich

297 *Maihofer*, ZStW 70 (1958), S. 159, 170.
298 *Maihofer*, ZStW 70 (1958), S. 159, 170.
299 Vgl. dazu auch *Bloy*, ZStW 90 (1978), S. 609, 635.
300 So die Kritik von *Fischer*, Wille und Wirksamkeit, S. 174; *Kahlo*, Unterlassung, S. 234.
301 So insbesondere *Zaczyk*, Unrecht der versuchten Tat, S. 110.
302 *Krauß*, Die Zurechnung, S. 21; ders., ZStW 76 (1964), S. 19, 37; zu dieser Kritik eingehend *Zaczyk*, Unrecht der versuchten Tat, S. 108 ff.
303 *Maihofer*, ZStW 70 (1958), S. 159, 172.
304 Vgl. dazu *Hohmann*, Personalität und strafrechtliche Zurechnung, S. 285.
305 Dazu *Behrendt*, Unterlassung, S. 154; *Bloy*, ZStW 90 (1978), S. 609, 638; *Grünwald*, Unechtes Unterlassungsdelikt, S. 18 Fn 4: „Indem *Maihofer* die äußeren Folgen der Handlung ebenso wie

hinsichtlich seines Handlungsbegriffes die Frage, ob ein derart „anämischer" Handlungsbegriff noch wissenschaftliche Lebensfähigkeit aufweist. Diesen Bedenken liegt die Überlegung zugrunde, daß die Begriffe von einem gewissen Grad an Generalisierung ihren Wert verlieren und in einen Nominalismus münden[306]. Zudem ist fraglich, ob eine Interpretation der Handlung nach dem sozialen Sinnverständnis ohne Berücksichtigung der Handlungsfähigkeit des einzelnen Täters möglich ist. Denn wird die Konstitution der Handlung in die der Gesellschaft zugrunde liegenden Kommunikationsstrukturen eingebettet, so muß sie von den Bedingungen der Aufrechterhaltung der Kommunikation abhängig gemacht werden. Diese setzen aber – entgegen MAIHOFER – die rechtliche Zuschreibung von Bewußtsein und Physis in der konkreten Situation und damit Handlungsfähigkeit voraus[307].

Das strafrechtliche Verhalten richtet sich bei MAIHOFER auf die sozialen Güter, deren Schutz die Strafrechtsordnung dient und deren Verletzung bei bestimmten typischen Begehungsweisen mit Strafe bedroht sind[308]. Der Handlungsbegriff soll nach dem eigenen Urteil MAIHOFERS „auf die Verletzung von Sozialgütern gerichtet" eine wertbezogene objektiv-finale Begriffsgrundlage aufweisen. Mit Hilfe der in der Handlung liegenden sozialen Wirkungsrichtung will er eine erste Stufe der Zurechnung gewonnen haben. Es stellt sich die Frage, ob MAIHOFER seinen Anspruch, einen bezüglich des Unrechtstatbestandes neutralen Handlungsbegriff zu konstituieren, wirklich erfüllt. Dies gelingt ihm nur dann, wenn sich die Zurechnungsmaßstäbe der Handlung und diejenigen der objektiven Zurechnung tatsächlich unterscheiden, was im Laufe der Arbeit vertiefend zu erörtern sein wird[309]. Mit seinem Ansatz, die Wirkungsrichtung der Handlung auf die Verletzung strafrechtlich geschützter Rechtsgüter in seinen Handlungsbegriff zu integrieren, läuft er jedenfalls Gefahr, in den Bereich des Unrechts vorzugreifen[310].

2. Die Modifizierung des sozialen Handlungsbegriffes MAIHOFERS

In der Folgezeit wandelt MAIHOFER seinen sozialen Handlungsbegriff ab: „Handlung ist jedes objektiv beherrschbare Verhalten mit Richtung auf einen objektiv vorhersehbaren sozialen Erfolg"[311]. Er sieht in diesem Neuansatz davon ab, die negative Tendenz der Handlung in

---

die inneren Ursachen aus dem Handlungsbegriff ausschaltet, beseitigt er auch das Ursachen und Folgen verbindende Glied – die Willensbetätigung – und damit alle Merkmale, die überhaupt nur eine Handlung konstituieren können."; *Hohmann*, Personalität und strafrechtliche Zurechnung, S. 285; *Armin Kaufmann*, Unterlassungsdelikte, S.24: *Kaufmann* wirft *Maihofer* vor, daß eine positive Bestimmung fehle, es nur negativ hervorgehoben werde, daß weder Körperlichkeit, Willkürlichkeit noch die Willensrichtung Kriterien der Handlung seien. Insbesondere mit der Preisgabe der Willkürlichkeit entbehre aber dieser angeblich anthropologische Handlungsbegriff jeglicher Anknüpfung an spezifisch menschliche Momente; *Koriath*, S. 350; *Otter*, Funktionen des Handlungsbegriffes, S. 134: Durch das Streichen des Merkmals der Willkürlichkeit fehle das menschliche Element, so daß der Handlungsbegriff damit auch tierisches und unwillkürliches Verhalten umfasse. Reflexbewegungen seien von willentlich getragenen Bewegungen, menschliches von tierischem Verhalten nicht mehr zu unterscheiden, so daß *Maihofer* letztlich an seinem eigenen System scheitere. Kritisch auch *Welzel*, Deutsches Strafrecht, 8. Aufl. § 8; ders. Deutsches Strafrecht, § 18 Einleitung 4.

306 Dazu insbesondere *Lang–Hinrichsen*, JR 1954, S. 88.

307 Vgl. dazu S. 175 ff., 180 ff.

308 *Maihofer*, Handlungsbegriff, S. 72.

309 Dazu die Ausführungen S. 109 ff.; 114 ff.

310 Siehe z. B. *Arthur Kaufmann*, Mayer–FS, S. 79, 89.

311 *Maihofer*, Schmidt–FS, 156, 178.

Richtung auf die Verletzung strafrechtlich geschützter Rechtsgüter in den Handlungsbegriff einzubeziehen, um auf diese Weise dem Vorwurf zu entgehen, sein Handlungsbegriff sei vom Begriff des Unrechts nicht abgrenzbar[312].

Dem Begriff der Handlung will MAIHOFER den geistigen Maßstab zugrunde legen, mit dessen Hilfe menschliches Handlungsgeschehen von außermenschlichem Naturgeschehen unterschieden werden könne. Es soll nicht genügen, die Handlung als sinnhaftes, soziales Phänomen zu verstehen. Der Begriff der Handlung als Synonym für menschliches Verhalten müsse zudem vom Subjektiv–Persönlichen ins Objektiv–Personale weiterentwickelt werden. MAIHOFER setzt sich den Anspruch, mit dem Begriff der Handlung die Verknüpfung des Täters und der Tat herzustellen. Es soll also ein personales Element in den Handlungsbegriff aufgenommen werden. Dieses will er von den Begrenztheiten der Täterpersönlichkeit lösen und zum Unterscheidungskriterium all derjenigen Geschehensweisen machen, die innerhalb oder außerhalb des Menschlichen überhaupt liegen[313]. Im Zentrum seiner Überlegungen steht sein ontologisch fundierter Ansatz, daß der Mensch sich vor allem durch seine geistigen Fähigkeiten, nämlich den Geschehensablauf intellektuell und voluntativ zu antizipieren, auszeichne. Das Verhalten des einzelnen im Zusammenhang mit anderen sei auch das Produkt der sozialen Auswirkungen seines Verhaltens, deren sozialen Sinn er sich zu vergegenwärtigen vermöge, wenn er sich in den Sozialstandpunkt der von den Folgen seines Handelns betroffenen anderen versetze[314]. Der Mensch sei also nicht nur in der Lage, den sozialen Sinn seines Verhaltens zu erkennen, sondern auch sein Verhalten in Bezug auf andere sozial sinnvoll zu berechnen und zweckvoll zu beherrschen[315]. Im Rahmen dieser sozialen Sichtweise bestimmt MAIHOFER die Merkmale der Voraussehbarkeit (Berechenbarkeit) und seine voluntative Beherrschbarkeit (Steuerbarkeit) nicht nach den Fähigkeiten des individuellen Täters, sondern nach der Kategorie des objektiv Menschenmöglichen[316].

Auf diese Weise will MAIHOFER jeglichen Vorgriff auf reale und personale Zurechnungskriterien des Unrechts und der Schuld vermeiden[317]. Der auf der Ebene der Handlung noch weite Begriff des Menschenmöglichen soll nämlich eine Eingrenzung erfahren: für die Ebene des Unrechts auf den Maßstab des typischen sozialen Jemand in einer bestimmten sozialen Rolle und für die Ebene der Schuld auf das dem individuellen Täter nach seinen persönlichen Einsichten und Fähigkeiten an Leistung Mögliche. Die verschiedenen Ebenen der Betrachtung der Tat beziehen sich also jeweils auf einen anderen Aspekt des Phänomen Täters[318], wobei MAIHOFER ausdrücklich auf den Täterbegriff WOLFS[319] Bezug nimmt: Der Mensch nicht in seiner subjektiven Einstellung, sondern in seiner objektiven Stellung in der Welt des Rechts ist der Täter der Tat[320].

---

312 Dies könnte als Reaktion auf die Kritik an seiner ehemaligen Formulierung zu verstehen sein, daß der Handlungsbegriff bereits einen Vorgriff auf den Bereich des Unrechts darstelle; so z. B. *Arthur Kaufmann*, Mayer–FS, S. 79, 89.
313 *Maihofer*, Schmidt–FS, S. 156, 169.
314 *Maihofer*, Schmidt–FS, S. 156, 170.
315 *Maihofer*, Schmidt–FS, S. 156, 170.
316 *Maihofer*, Schmidt–FS, S. 156, 177.
317 *Maihofer*, Schmidt–FS, S. 156, 180.
318 *Maihofer*, Schmidt–FS, S. 156, 177.
319 *Wolf*, Vom Wesen des Täters, S. 31 f.
320 *Maihofer*, Rittler–FS, S. 141, 147 f.

Aus diesen hier aufgeführten nicht nur realen, sondern auch personalen Maßstäben will MAIHOFER eine allgemeine Zurechnungslehre ableiten, von welcher die Handlungslehre die erste Stufe darstellen soll[321]. Die Handlung als unterste Stufe einer allgemeinen Zurechnungslehre soll sich durch zwei objektive und zugleich personale Kriterien umschreiben lassen, nämlich zum einen intellektuell durch das Merkmal der objektiven Voraussehbarkeit oder Berechenbarkeit der Tatfolgen und voluntativ durch die objektive Beherrschbarkeit oder Steuerbarkeit der Tathandlung für einen Menschen überhaupt[322].

Die Auswirkungen des Verhaltens auf das soziale Umfeld sollen ebenfalls aus einer externen Beobachterperspektive betrachtet werden, wobei auch hier die bloße Möglichkeit dominieren soll: Es gehe lediglich um die Richtung des Verhaltens auf einen im Rahmen des objektiv Voraussehbaren und Beherrschbaren liegenden möglichen Erfolg[323]. Gegen diesen Verweis auf die bloße Handlungsmöglichkeit werden kritische Stimmen erhoben, zu einseitig die Erfolgsseite aus der Perspektive des Sozialstandpunktes der anderen in den Blick zu nehmen, und die sozialen Bezüge, die nach MAIHOFER in den Formen des Alsseins bestehen, derart in den Vordergrund zu rücken, daß die Bedeutung des einzelnen an Relevanz verliere[324]. Zwar ist für MAIHOFER der wertende Maßstab auf der Unrechtsebene nicht schlichtweg die objektive Rechtsordnung wie im Naturalismus, sondern die soziale Rollenstellung, wobei dieses Sollen durch ein Können eingeschränkt wird, dieses Können aber nicht individuell, sondern abstrakt bestimmt wird[325].

IV) WÜRTENBERGER

WÜRTENBERGER betont, daß die Handlung als Werk des Täters nicht als Angelegenheit eines isoliert gedachten, individuellen Ich, sondern vielmehr als Vorgang in der Außenwelt des Täters eingeordnet werden müsse. Die Handlung als sogenannter zwischenmenschlicher Akt sei in ihrer vollen Tragweite für die Welt zu werten. Wie schon MITTASCH will WÜRTENBERGER die Wertung des wahrnehmenden Beobachters in den Vordergrund rücken. Statt des „subjektiv" finalen Elements sollten der reale Zweck und die objektive Beziehbarkeit des Handelns Beachtung finden[326], wobei WÜRTENBERGER ausdrücklich auf die Begriffsbestimmung des Neukantianers SAUER Bezug nimmt. Denn die Kategorie der Finalität sei nicht von vornherein auf eine subjektive Begriffsauslegung beschränkt, vielmehr sei auch eine objektive Auslegung möglich. Werde die Handlung als komplexe soziale Sinneinheit definiert, die subjektive und objektive Momente innerhalb eines im mitmenschlichen Lebensraum sich abspielenden Tatgeschehens umfasse, sollen sich nach WÜRTENBERGER ohne weiteres strittige Fragen der Tatbestandsauslegung lösen lassen[327]. Auch das Wesen des Versuchs lasse sich nur aus einer Zusammenschau subjektiver und objektiver Elemente begreifen[328]. WÜRTENBERGER will also bei der Konstituierung der Handlung anders als MAIHOFER auf subjektive Momente nicht vollständig verzichten. Diese erhalten bei ihm aber

321 *Maihofer*, Schmidt-FS, S. 156, 177.
322 *Maihofer*, Schmidt-FS, S. 156, 178.
323 *Maihofer*, Schmidt-FS, S. 156, 180.
324 So z. B. *Krauß*, Die Zurechnung, S. 21 ff.
325 Vgl. zu dieser Problematik auch *Otto*, Pflichtenkollision, S. 27.
326 *Würtenberger*, Die geistige Situation, S. 53.
327 *Würtenberger*, Die geistige Situation, S. 54.
328 *Würtenberger*, Die geistige Situation, S. 55.

ihre Bedeutung nicht aus sich heraus, sondern als Teilmomente eines gesellschaftlich verstandenen Handlungsbegriffes.

Bei WÜRTENBERGER wird die Verwurzelung der sozialen Handlungslehre in einem genuin objektiven Unrechtsverständnis deutlich: Recht versteht WÜRTENBERGER als eine objektive Ordnung des sozialen Lebens: Die unrechte Handlung als Bruch der Friedensordnung des Rechts stelle in erster Linie ein Ereignis im sozialen Lebensraum dar, so daß der objektiv–finale Handlungsbegriff sein Pendant in einer vornehmlich am Außenweltsgeschehen orientierten, objektiven Unrechtsbegründung finden müsse[329]. Die Notwendigkeit einer sozialen Interpretation des Unrechtsbegriffes ergebe sich zudem aus der rechtsphilosophischen Besinnung auf Wesen und Eigenständigkeit des Rechts[330]. Bei der Beurteilung des Unrechts der Tat seien demnach die Maßstäbe der Sozialethik nicht aber die der Individualethik für das Strafrechtsdenken verbindlich. Jede von der Sicht der Sozialethik aus versuchte rechtsdogmatische Begründung des Unrechtsgehaltes einer Straftat müsse vom Objektiv–Sozialen und nicht vom Subjektiv–Gesinnungshaften ihren Ausgang nehmen, was sich aus der rechtsphilosophischen Grunderkenntnis ergeben soll, daß das Recht im Gegensatz zur Moral die Außenseite menschlichen Verhaltens zum Hauptgegenstand habe. In diesem Zusammenhang beruft sich WÜRTENBERGER auf Überlegungen JELLINEKS: „Durch die Erkenntnis, daß die Menschen in der Gesellschaft in allen ihren Handlungen solidarisch verknüpft sind, wird eine Strenge der sittlichen Anforderungen erzeugt, wie sie die rigoristischste Individualethik nicht einmal zu ahnen imstande ist. Für diese ist es gänzlich irrelevant, welche Wirkung die vor dem individuellen Gewissen gerechtfertigte Handlung in der Außenwelt hervorruft, die in das Leben der Gesamtheit eingreifen, so tritt an jeden die kategorische Forderung heran, die Handlungen nicht nach ihrem subjektiv–individuellen, sondern auch, so weit als möglich, nach ihrem objektiv–sozialen Werte zu prüfen. (...) Solange man die Richtschnur für das menschliche Handeln nur aus dem handelnden Individuum nimmt, wird die Gesellschaft als ein zufälliges Aggregat der einzelnen erscheinen und damit die Möglichkeit einer richtigen Erkenntnis der sozialen Probleme versperrt“[331]. Gerade wer sich also der engen Verbindung von Strafrecht und Sozialethik bewußt sei und die Eigenständigkeit des Rechts gegenüber der Individualethik nicht vernachlässigen wolle, werde sich zu der Forderung bekennen, daß die eigentliche Aufgabe des Strafrechts im Schutz der Güterwerte des einzelnen wie der Gesamtheit und nicht im Appell an die Tätergesinnung liege[332]. Eine der Hauptaufgaben des Strafrechts bestehe in der Festigung der Ordnungsaufgabe des Rechts im sozialen Lebensraum, also in der Vermittlung von Rechtssicherheit[333]. Die Relevanz des Sozialen leitet WÜRTENBERGER demzufolge aus der gesellschaftlichen Wirklichkeit ab. Dieser trägt die Strafrechtswissenschaft WÜRTENBERGER zufolge nur dann hinreichend Rechnung, wenn sie ein Menschenbild zugrunde legt, das der Sozialperson Vorrang vor der Individualperson einräumt. Daß der einzelne im Strafrecht in seiner Rolle als Sozialperson relevant werde, ergebe sich nämlich bereits aus der engen sozialen Verbundenheit der Menschen und der Fülle ihrer sozialen Pflichten[334]. Der mit anderen in Gemeinschaft lebende Mensch stehe in einer Ordnung des Rechts. Normen und Maßstäbe des Rechts regelten das mitmenschliche Verhalten des einzelnen und ermöglichten ihm die Existenz als geistig–sittliches Wesen innerhalb der Ge-

329 *Würtenberger*, Die geistige Situation, S. 59.
330 *Würtenberger*, Die geistige Situation, S. 59.
331 *Jellinek*, Die sozialethische Bedeutung von Recht, Unrecht und Strafe, S. 27 f.
332 *Würtenberger*, Die geistige Situation, S. 65.
333 *Würtenberger*, Die geistige Situation, S. 66.
334 *Würtenberger*, Die geistige Situation, S. 7.

sellschaft[335]. Das überkommene Verständnis der Existenzphilosophie vom einzelnen verharre zu sehr im Individuellen und müsse seiner Stellung in der sozialen Existenzordnung entsprechend weiterentwickelt werden[336]. WÜRTENBERGER betrachtet den einzelnen – wie auch MAIHOFER – nicht als von der Gesellschaft getrennt stehende Person. Damit erscheint auch sein Handeln nicht abgelöst von der rechtlichen Ordnung, es ist vielmehr in sie verwoben: Das Handeln des Menschen ist an bestimmte inhaltliche Normen und Verhaltensregeln gebunden, deren Vorhandensein und Geltung selbst zur jeweiligen Situation des handelnden Menschen gehören[337].

Im Unterschied zu den anderen Vertretern der sozialen Handlungslehre lehnt WÜRTENBERGER ein streng klassifikatorisches, allein am Deliktsaufbau orientiertes Denken, sowie den Rückgriff auf die Lehre von Natur der Sache ausdrücklich ab[338]. Aus seinen Ausführungen geht auch nicht eindeutig hervor, ob er bei der Bestimmung der Schuld auf das Individuelle des einzelnen Täters zurückgreifen möchte.

V) JESCHECK

Während SCHMIDT, ENGISCH und MAIHOFER eine einheitlich sozialontologische Struktur der Handlung nachweisen wollen, versucht JESCHECK in seinem sozialen Handlungsbegriff ontologische und normative Momente miteinander in Einklang zu bringen. Unter Beibehaltung des klassifikatorischen Denkens entwickelt JESCHECK seinen Handlungsbegriff mit dem Ziel, daß dieser die für den Handlungsbegriff konstitutiven Funktionen erfülle[339]. Das Erfordernis der Konstruktion eines strafrechtlichen Oberbegriffes sei außerdem im StGB angelegt. Zum einen erwähne das StGB die Handlung in den §§ 1– 5 und § 43 StGB a. F., zum anderen bestehe die rechtsstaatliche Notwendigkeit festzulegen, daß sich die Strafe nur auf eine Einzeltat, nicht aber auf die Lebensführung oder Gesinnung beziehe.

Die Kategorien der Seinssphäre, Kausalismus und Finalismus, könnten die Bedeutung der Handlung im Strafrecht insbesondere im Hinblick auf seine Funktionen nicht hinreichend erklären. Bleibe man bei diesen Kategorien stehen, lasse sich die Handlung nicht als Oberbegriff aller Deliktsarten einordnen. Im Fall der Unterlassung setze der Täter nämlich keinen Verwirklichungswillen um und steuere ebensowenig zwecktätig eine Kausalreihe[340]. Dennoch bestehe die Notwendigkeit, die Unterlassung strafrechtlich zu erfassen. Außerdem dürfe der Mensch nicht mit anderen in der Natur vorhandenen Kausalkräften gleichgesetzt werden. Das Kriterium der Finalität könne die Strafbarkeit von Automatismen, Affekttaten und Fahrlässigkeitstaten nicht erklären[341]. Dieser Erklärungsdefizite wegen müsse ein Gesichtspunkt wertender Art maßgeblich sein, dem sich Kausalität, Finalität und rechtliche Handlungserwartung unterordnen ließen[342]. Dabei begreift er seinen Handlungsbegriff bereits als rechtlichen. Die Sinngebung der Handlung erfolgt also bei JESCHECK nicht mehr anhand eines vorrechtlich fundierten Maßstabes.

---

335 *Würtenberger*, Die geistige Situation, S. 18.
336 *Würtenberger*, Die geistige Situation, S. 22.
337 *Würtenberger*, Die geistige Situation, S. 23.
338 Ein Teil der nachfolgenden kritischen Auseinandersetzung im Rahmen des Vergleiches mit der Lehre von der objektiven Zurechnungslehre trifft somit nicht auf die Lehre *Würtenbergers* zu.
339 *Jescheck*, Schmidt–FS, S. 139, 140/141.
340 *Jescheck* AT, S. 200.
341 *Jescheck*, Schmidt–FS, S. 139, 147 f.
342 *Jescheck*, Schmidt–FS, S. 139, 150.

JESCHECK setzt sich das Ziel, den sozialen Handlungsbegriff mit dem finalen zu versöhnen, seine soziale Handlungslehre soll das Merkmal der Finalität sozusagen „in sich aufnehmen“[343]. Aus diesen vorgegebenen Anforderungen ergibt sich folgender sozialer Handlungsbegriff: „Handlung ist alles sozialerhebliche Verhalten“[344]. Sozialerheblich soll jede Verhaltensweise sein, die den einzelnen in seiner „mitmenschlichen Rolle“ in Erscheinung treten läßt[345]. JESCHECK bestimmt dieses Merkmal der Sozialerheblichkeit jedoch nicht einheitlich, sondern läßt es je nach strafrechtlichem Bereich die Facette wechseln. Die Sozialerheblichkeit soll sich als Oberbegriff einerseits nach der Willensrichtung (Finalität), andererseits nach dem Erfolg (Kausalität) und beim Unterlassen nach der rechtlichen Verhaltenserwartung bestimmen lassen. Den Begriff des Sozialen versteht JESCHECK damit nicht rein objektiv, da auch Verhaltensweisen als Handlung eingeordnet werden müßten, die ihre Zweckläufigkeit einzig aus dem Willen des Täters erführen[346]. Daß dem individuellen Einzelwillen die Kompetenz übertragen wird zu bestimmen, was für das Strafrecht relevant ist, ist in seinen Überlegungen vorgegeben. Diese Annahme JESCHECKS legt eine Ähnlichkeit seines Modells mit dem Finalismus WELZELscher Prägung nahe, der den Begriff der Sozialerheblichkeit aus der täterinternen Zwecksetzung ableitet. JESCHECK verstrickt sich damit in das Dilemma, einerseits die mitmenschliche Rolle des einzelnen für relevant erklären zu wollen, deren Bedeutung bereits begrifflich nicht vom einzelnen, sondern nur von im zwischenmenschlichen Bereich existierenden Konventionen festgelegt werden kann[347], andererseits aber zu betonen, daß Verhaltensweisen ihre Bedeutung als strafrechtlich relevante Handlung allein aus der individuellen Sichtweise des Täters erhalten könnten. Zudem ist es in sich widersprüchlich, je nach Bedürfnis auf die finale oder kausale Komponente abzustellen und gleichzeitig die Existenz des jeweils anderen Elements zu leugnen. Aus JESCHECKS System läßt sich nicht ableiten, ob und inwieweit diese Komponenten aufeinander bezogen sind. JESCHECK bringt sich damit selbst um die Gemeinsamkeit des Handlungsbegriffes, indem er je nach Bedarf die Vorteile des jeweiligen Handlungsbegriffes heraussucht, so daß sein Handlungsbegriff sozusagen zum Auffangbecken verschiedener Einzelaspekte menschlichen Verhaltens zu werden droht[348].

Auch JESCHECK begreift den Begriff der Handlung als Vorstufe zur Tatbestandsmäßigkeit. Er betont, daß dieser in seiner materiellen Ausgestaltung nicht auf die objektivexterne Bewertung vorgreifen dürfe, die Würfel der strafrechtlichen Dogmatik also erst bei Tatbestand, Rechtswidrigkeit und Schuld fallen sollten. Der Begriff der Adäquanz solle in Abgrenzung zum Begriff der Sozialerheblichkeit erst im Rahmen der Tatbestandsmäßigkeit Berücksichtigung finden, da sich erst dort feststellen lasse, welche Anforderungen an die Berechenbarkeit eines Verhaltens zu stellen seien. Die Adäquanz sei kein Handlungsmerkmal, sondern ein Kriterium zur Beschränkung der sogenannten objektiven Zurechnung[349]. JESCHECKS sozialer Handlungsbegriff basiert also auf der Möglichkeit der Abgrenzbarkeit von sozialer Handlung

---

343 *Jescheck*, Schmidt–FS, S. 139, 150 Fn 51.

344 *Jescheck*, Schmidt–FS, S. 139, 151.

345 *Jescheck*, Schmidt–FS, S. 139, 151.

346 *Jescheck*, Schmidt–FS, S. 139, 153.

347 Vgl. in diesem Zusammenhang auch die Anmerkung von *Otter*, Funktionen des Handlungsbegriffes, S. 76, der darauf hinweist, daß bei *Jescheck* das Vorliegen einer Handlung von den Auswirkungen auf die soziale Gemeinschaft abhängig gemacht werde.

348 In diesem Sinne kritisch auch *Hohmann*, Personalität und strafrechtliche Zurechnung, S. 281; *Otter*, Funktionen des Handlungsbegriffes, S. 122.

349 *Jescheck*, Schmidt–FS, S. 139, 153.

und objektiver Zurechnung. Allerdings unterscheidet JESCHECK nicht zwischen sozialem und rechtlichem Inhalt der Erwartung bezüglich der beim Unterlassen tatbestandskonstitutiv erforderlichen Garantenpflicht und räumt damit im Ergebnis ein, daß dieser Vorgriff auf den Unrechtsbegriff einen Mangel an letzter Abgrenzbarkeit darstelle[350]. Insgesamt liegt die Vermutung nahe, daß bei JESCHECK durch die Bestimmung der Sozialerheblichkeit bereits in den Bereich des Unrechts eingegriffen wird[351] und es ihm nicht gelingt, Sozialwidrigkeit und Rechtswidrigkeit in klar umrissene und voneinander trennbare Kategorien aufzulösen[352]. Durch die Aufnahme einer sozialen Komponente in den Handlungsbegriff wird daher die für seinen Handlungsbegriff vorausgesetzte Tatbestandsapriorität fraglich[353].

VI) OEHLER

OEHLER behandelt das Problem der strafrechtlich relevanten Handlung im Rahmen der Tatbestandsmäßigkeit, so daß sich für ihn Probleme der Abgrenzbarkeit von tatbestandsmäßigem Unrecht und Handlung von vornherein nicht stellen. Die Bedeutung der Handlung im Strafrecht soll sich, wie nach den übrigen sozialen Handlungslehren, nicht im Vollzug bloßer Körperbewegungen erschöpfen, maßgeblich sei vielmehr das sinn– und willenserfüllte Tun des Menschen[354]. Für den Tatbestand sei nicht das Getötethaben das Wesentliche, sondern das Töten, Verletzen usw., also der Vollzug eines bestimmten Verhaltens. Nach OEHLER bezieht sich nämlich der Sinn des Tatbestandes auf die Formulierung eines bestimmten menschlichen Verhaltens, das sich mit Blick auf die Strafzwecke als relevant erweise[355]. Denn die Straf– und Sanktionszwecke könnten ihrerseits nur dann Bedeutung gewinnen, wenn ein von einem Menschen überhaupt steuerbares Verhalten in Rede stehe[356].

OEHLER versucht dieses für die Begrenzungsaufgabe taugliche Zurechnungsmerkmal aus der Aufgabe des Strafrechts zu deduzieren: Das im Zivilrecht im Rahmen der Zurechnungslehre einheitlich herangezogene Kriterium der Adäquanz scheide für das Strafrecht als Zurechnungstopos aus. Das Strafrecht habe zwar in Übereinstimmung mit dem Zivilrecht Rechtsgüterschutz zu leisten, jedoch solle es nicht einen Interessenausgleich für aus Handlungen entstehende Schäden leisten. Da das tatbestandliche Unrecht nicht aus zufälligen Begebenheiten, sondern aus vom Menschen noch steuerbaren Umständen bestehen müsse[357], sieht OEHLER das zur Bestimmung der strafrechtlich relevanten Handlung maßgebliche Kriterium im Begriff der *objektiven Bezweckbarkeit*, wobei OEHLER allerdings das Verhältnis von Zweckbegriff und Kausalität offen läßt. Aus der Maßgeblichkeit des objektiven Rechtswidrigkeitsbegriff für sein strafrechtliches System[358] will OEHLER ableiten, daß die indivi-

---

350 Zu der Abgrenzungsproblematik im Handlungsmodell von *Jescheck* siehe auch *Hohmann*, Personalität und strafrechtliche Zurechnung, S. 282; *Otter*, Funktionen des Handlungsbegriffs, S. 122.

351 Vgl. dazu *Bloy*, ZStW 90 (1978), S. 609, 631.

352 So auch *Hohmann*, Personalität und strafrechtliche Zurechnung, S. 282.

353 Diese Kritik teilt *Otter*, Funktionen des Handlungsbegriffes, S. 122.

354 *Oehler*, Das objektive Zweckmoment, S. 13.

355 *Oehler*, Das objektive Zweckmoment, S. 71.

356 *Oehler*, Das objektive Zweckmoment, S. 71.

357 *Oehler*, Das objektive Zweckmoment, S. 72.

358 *Oehler*, Das objektive Zweckmoment, S. 30 ff. Die typisierte Rechtswidrigkeit einer Handlung ergebe sich bereits aus der Tendenz des äußeren Geschehens. Die Typizität werde aber bereits durch das Fehlen der subjektiven Elemente im Einzelfall widerlegt und damit die Rechtswidrig-

duelle Zwecksetzung des Täters nicht über die Reichweite der Zurechnung bestimmen dürfe, es vielmehr auf die objektive Bezweckbarkeit der Handlung ankommen müsse: Das Wesen der rechtswidrigen Handlung liege ja auch in der Veränderung der sozialen Welt und nicht in der inneren des Täters[359].

Im einzelnen dunkel bleibt sein Verständnis vom Sozialcharakter der Handlung bzw. seine Interpretation des Begriffs der objektiven Bezweckbarkeit, wenn er anders als die übrigen sozialen Handlungslehren, nach denen der Begriff „objektiv bezweckbar" mit „verkehrsüblich" oder „durch die soziale Rolle des Täters bestimmt" identifiziert wird, eine derartige Gleichsetzung trotz des standardisierenden Charakters dieser Kriterien ablehnt[360]. Nach OEHLER wird dem Sozialcharakter der rechtswidrigen Handlung nicht genüge getan, wenn sich die Erwartung an den Täter darauf beschränkt, daß sich dieser seiner Rolle konform verhalten soll[361]. OEHLER betont, daß ein Abstellen auf die soziale Rolle zwar nicht die jeweilige Individualität des konkreten Täters in den Vordergrund treten lasse, sich der Prüfungsmaßstab aber immerhin auf den konkreten „Täter", wenn auch in seiner Funktion als Durchschnittsmensch beziehe[362]. Ein solcher Ansatz ziehe die untragbare Konsequenz nach sich, daß der relevante Ursachenzusammenhang „bei einem Täter aus einer geistig ungewandten oder schwerfälligen Personengruppe gegenüber einem Täter aus einer geistig beweglichen Personengruppe enger sein" würde. Damit werde die soziale Bedeutung der Handlung schließlich doch „individuell" von der geistigen Kapazität der jeweiligen sozialen Rolle des Täters abhängig gemacht[363]. Entgegen OEHLER individualisiert ein Ansatz, der die soziale Rolle der einzelnen Person in den Vordergrund stellt, aber gerade nicht, sondern trägt den Gegebenheiten der modernen komplexen Gesellschaft Rechnung, in der von der einzelnen Person aufgrund des arbeitsteiligen Verhaltens vielfach nur rollenkonformes Verhalten erwartet wird. Gegen OEHLERS Modell ist damit die Kritik zu äußern, daß er sein eigentliches Anliegen, den Sozialcharakter der Handlung in den Vordergrund zu stellen, aufgrund seiner Nichtberücksichtigung gesellschaftlicher Zurechnungsstrukturen in seinem Modell, gerade nicht erfüllen kann. Außerdem versäumt es OEHLER, diese Bedenken auszuräumen, da es an einer präzisen Bestimmung fehlt, wie er das Kriterium der objektiven Bezweckbarkeit positiv verstanden haben möchte.

Schwer verständlich ist in OEHLERS Konzeption ebenfalls, warum im Rahmen seines strikt objektiven Unrechtsmodells dem Sonderwissen des einzelnen, also einem *individual*psychologischen Faktum, eine zurechnungsbegründende Funktion zukommen kann. „Objektive Bezweckbarkeit" beinhalte, so OEHLER, „die menschlicher Vernunft bestimmbare und beherrschbare äußerste Grenze für den relevanten Ursachenzusammenhang"[364]. In diesen Begriff einzubeziehen seien die besonderen außergewöhnlichen Kenntnisse des Täters, da ja von einem Beherrschen durch einen Täter überhaupt ausgegangen werden müsse[365]. Der Grund für diese Interpretation liege hauptsächlich in der materiellen Funktion des Strafrechts, der

keit ausgeschlossen. So werde etwa der Unrechtstatbestand des Diebstahls nur durch die Wegnahmehandlung in seiner Typizität für die Gefahr der Verletzung des Eigentums gebildet.

359 *Oehler*, Das objektive Zweckmoment, S. 72.

360 *Oehler*, Das objektive Zweckmoment, S. 72; ders., Schmidt–FS, S. 232, 236. Den Begriff der objektiven Bezweckbarkeit hatte *Oehler* bereits in ZStW 69 (1957), S. 503, 515 ff. eingeführt.

361 *Oehler*, Das objektive Zweckmoment, S. 72.

362 *Oehler*, Das objektive Zweckmoment, S. 74.

363 *Oehler*, Das objektive Zweckmoment, S. 75.

364 *Oehler*, Das objektive Zweckmoment, S. 73; ders., Schmidt– FS, S. 232, 236.

365 *Oehler*, Schmidt–FS, S. 232, 237.

Verträglichkeit des sozialen Zusammenlebens der Menschen und damit des Schutzes des Menschen und seiner Rechtsgüter[366]. In einem Sozialstaat hätten gerade die Begabtesten die höchsten Pflichten[367]. Der Rest an Individualismus rechtfertigt sich in OEHLERS Modell der sozialen Handlung demzufolge ebenfalls aus einem sozialen Bedürfnis.

Im konkreten Fall will OEHLER die eingetretenen Folgen auf ihre Grenzeignung als objektiver Zweck der Handlung im engeren Sinne überprüfen. Bei einem vorsätzlichen Erfolgsdelikt könne das objektiv Bezweckbare niemals außerhalb des eingetretenen Erfolgs liegen. Der Erfolg lasse den objektiv möglichen Zweck in Erscheinung treten, selbst wenn er noch so verdeckt sei[368]. Wie bei einem Versuchsdelikt vorgegangen werden soll, bleibt bei OEHLER jedoch unbeantwortet.

Wie schon bei SCHMIDT zeigt sich bei OEHLER eine Identität von sozialer Handlungslehre und objektiver Zurechnungslehre im Gewand des Zurechnungstopos des Schutzzweckes der Norm. OEHLER will nämlich das Kriterium der objektiven Zweckmäßigkeit mit Blick auf die gesetzliche Normierung erfassen: Beispielsweise im Verkehrsrecht lenke das Gesetz den Vorgang des Überholens so, daß mit diesem Verhalten objektiv kein Zweck des Kollidierens mit einem anderen Verkehrsteilnehmer verbunden sein könne. Wenn also auch bei richtigem Verhalten der Erfolg nicht eingetreten, so sei das an sich pflichtwidrige Verhalten nicht zur Ursache des Erfolgseintritts geworden[369]. Daneben werde im Rahmen dieser Zwecktauglichkeitsprüfung immer eine Bewertung der die Handlung begleitenden Merkmale und Umstände[370] erforderlich, es soll also m. a. W. der soziale Kontext des Geschehens Berücksichtigung finden. OEHLER versucht die Relevanz des sozialen Kontextes zur Bestimmung der objektiven Bezweckbarkeit anhand zweier Lehrbuchfälle zu verdeutlichen: Die Schwängerung der lungenkranken Freundin zum Zwecke der Tötung enthalte trotz der eigentlichen sozialen Üblichkeit des Geschlechtsverkehrs den objektiven Zweck der Tötung. Bei der Vermittlung eines ordnungsgemäß gebuchten Fluges, bei dem es, wie erhofft, zum Absturz kommt, sei hingegen der objektive Zweck zu verneinen, da der Absturz außerhalb jeder nur möglichen Beeinflussung durch den Täter liege[371]. Der Begriff des objektiven Zwecks ist diesen Überlegungen zufolge nach OEHLER für vorsätzliches und fahrlässiges Verhalten gleich zu interpretieren, so daß die Begriffe „töten“ in § 211 ff. StGB und „den Tod verursachen“ in § 222 StGB identisch auszulegen sind[372]. Die für die soziale Erscheinungswelt bedeutsame Wirkung der Handlung ändere sich nicht, wenn der Täter vorsätzlich oder fahrlässig handle[373].

OEHLERS Ansatz legt einen streng auf die soziale Bedeutungswelt bezogenen Verhaltensbegriff zugrunde, in der dem einzelnen aus sich heraus keine Eigenbedeutung zukommt. Sonderwissen wird in seinem Modell auch nicht als individualpsychologisches Phänomen relevant, sondern nur gesellschaftlich vermittelt. OEHLER versäumt es, deutlich zu machen, warum bei einer Einbettung der strafrechtlichen Zurechnungslehre in die gesellschaftlichen Zurechnungsstrukturen der einzelne akzeptieren muß, daß ihm ein bestimmtes Verhalten als straf-

---

366 *Oehler*, Schmidt–FS, S. 232, 237.
367 *Oehler*, Schmidt–FS, S. 232, 235.
368 *Oehler*, Das objektive Zweckmoment, S. 73.
369 *Oehler*, Schmidt–FS, S. 232, 238.
370 *Oehler*, Das objektive Zweckmoment, S. 73.
371 *Oehler*, Das objektive Zweckmoment, S. 73.
372 *Oehler*, Das objektive Zweckmoment, S. 75.
373 *Oehler*, Das objektive Zweckmoment, S. 76.

rechtlich relevantes Verhalten zugerechnet wird, nur weil es sich dabei um ein objektiv bezweckbares gehandelt hat. Legitimationstheoretisch stellt sich die Frage, inwieweit eine derartige gesellschaftlich vermittelte Zurechnungslehre mit dem Begriff der Freiheit des einzelnen kompatibel ist[374]. Außerdem wird zu problematisieren sein, ob das gesellschaftlich Relevante tatsächlich als rein objektiv soziale Bedeutungshaftigkeit verstanden werden kann[375].

B) Die Bedeutung des „Sozialen" und der „Person" bei den sozialen Handlungslehren

Während den sozialen Handlungslehren teilweise das Verdienst zugeschrieben wird, den Begriff des spezifisch „Sozialen" bzw. „Gesellschaftlichen" in den Vordergrund der strafrechtlichen Zurechnungsproblematik gerückt zu haben[376], wird eben diese Betonung eines genuin gesellschaftlichen Deutungsschemas insbesondere von Vertretern einer personalen Handlungslehre kritisiert[377]. Diese unterschiedliche Einordnung der Bedeutung der sozialen Handlungslehren für die Strafrechtsdogmatik verdeutlicht die Notwendigkeit, intensiver der Frage nachzugehen, inwieweit eine strafrechtliche Zurechnungslehre auf eine genuin „soziale" Betrachtungsweise angewiesen ist (§ 6). Dies setzt voraus, bereits an dieser Stelle klarzustellen, wie der Topos des „Sozialen" im Rahmen der sozialen Handlungslehren interpretiert wurde.

I) Zur Bedeutung des Begriffes des „Sozialen" innerhalb der sozialen Handlungslehren

Unbestritten soll das Strafrecht ein geregeltes Zusammenleben von einzelnen Personen in einer Gesellschaft garantieren. Dem Staat ist diese Aufgabe der Schaffung und Erhaltung der Mindestbedingungen der in ihm zusammenlebenden Menschen übertragen.[378]. Nun kann der einzelne aber, um in der heutigen Gesellschaft ein vernünftiges Dasein zu führen, nicht für sich alleine, von allen anderen abgeschieden leben – ein solches robinsonähnliches Dasein zu unterstellen, wäre schlichtweg eine Farce – mit der Folge, daß von seinem Verhalten per se andere Menschen betroffen sind bzw. deren Verantwortungsbereiche tangiert werden. Somit ist die Betonung der sozialen Dimension des Verhaltens durch die sozialen Handlungslehren eigentlich eine Trivialität: Der äußere Freiheit in Anspruch nehmende Täter läßt sich nicht ohne Kontakt zu anderen Personen im Recht denken, die ebenfalls Freiheit in Anspruch nehmen. Ein mit der Garantie eines geregelten Zusammenlebens beauftragtes Recht hat die Selbstdarstellungsansprüche der je einzelnen dort einzugrenzen, wo diese Externalisierungen den Freiheitsrechten anderer widersprechen[379]. Eine Handlungssituation ist daher nie eine nur individuelle, sie ist immer auch eine soziale[380].

---

374 Vgl. dazu ausführlich § 6 S. 141 ff.

375 Zu den Grenzen der Normativierung des Begriffes der Person vgl. S. 175 ff.

376 So z. B. von *Jakobs*, Handlungsbegriff, S. 28; *Lesch*, Verbrechensbegriff, S. 223; *E. A. Wolff*, Handlungsbegriff, S. 30 ff.

377 Diese Kritik äußern: *Krauß* ZStW 76 (1964), S. 31 ff.; *Küpper*, Grenzen der normativierenden Strafrechtsdogmatik, S. 61 ff.; *Lampe*, Hirsch–FS, S. 83, 92 f.; *Otto*, Pflichtenkollision, S. 27 ff.; *Welzel*, Deutsches Strafrecht, § 18 Einleitung 4.

378 Dazu auch *Amelung*, Rechtsgüterschutz, S. 318.

379 Statt vieler: *Pawlik*, Das unerlaubte Verhalten beim Betrug, S. 41; *Schürer–Mohr*, Erlaubte Risiken S. 54 ff.

380 So ebenfalls ausdrücklich *Lesch*, Sukzessive Beihilfe, S. 241; *Zaczyk*, Strafrechtliches Unrecht, S. 23.

Dennoch ist es als Leistung genannter Lehrmeinungen anzuerkennen, diese Problematik in einer Zeit, in der Kausalismus und Finalismus die Strafrechtsdogmatik beherrschten, für die Strafrechtswissenschaft offengelegt zu haben. Sie haben als erste versucht den Begriff der Handlung so umfassend zu formulieren, daß dieser alle für die strafrechtliche Bewertung maßgeblichen Momente erfaßt[381]. Insofern sollte es heute unbestritten sein, daß eine Strafrechtswissenschaft, die nicht im rein Begrifflichen enden möchte, die Komplexität der sozialen Bezüge strafrechtlich relevanten Verhaltens zu beachten hat[382]. Denn jede Theorie der strafrechtlichen Zurechnung, die ihre Wurzel in der gesellschaftlichen Wirklichkeit sucht, muß die soziale Bedeutung des Strafrechts in der Gesellschaft klären, will sie nicht von vornherein von einer verkürzten Perspektive ausgehen[383]. Diesem Anspruch versuchen auch die Finalisten gerecht zu werden, indem sie den Begriff des „Sozialen" für sich in Anspruch nehmen, dort aber unter anderem Vorzeichen: Was als „Soziales" gilt, ist vom Individuum bestimmt. Die Bedeutung der Gesellschaft beschränkt sich nach einer solchen Lesart also auf eine Ansammlung von Individuen.

Die sozialen Handlungslehren messen dem Bereich des „Sozialen" mit ihrer Rede vom „sozialen Sinngehalt" aber einen weitergehenden Gehalt zu. Die Betonung der sozialen Dimension des Verhaltens meint dann nicht nur, daß Verhalten immer im sozialen Kontext geschieht. Die Eingrenzung der Selbstdarstellungsansprüche soll zudem aus sozialer Perspektive heraus erfolgen; was Handlung ist, wird immer aus einem sozialen Blickwinkel bestimmt. Auffällig im Rahmen der sozialen Handlungslehren ist ihre gemeinsame Abkehr von einem individuellen Begriff der Bezweckbarkeit – ein Versuch, der schon innerhalb des teleologischen Rechtsdenkens bei SAUER seinen Anfang genommen hatte. Ist die Idee eines Bereiches des genuin Sozialen als gemeinsames Fundament der sozialen Handlungslehren zwar offensichtlich, bleibt der Begriff des Sozialen für sich genommen inhaltlich farblos. Es ist zu hinterfragen, wie dieser Begriff des „Sozialen" innerhalb der sozialen Handlungslehren ausgestaltet ist. Kurz: Läßt der von den sozialen Handlungslehren herangezogene Begriff des Sozialen bereits Strukturen des dem Strafrecht zugrunde liegenden gesellschaftlichen Zusammenlebens erkennen?

1. Der Bereich des Sozialen als Fortführung des objektiven Wertbegriffes?

In diesem Zusammenhang wird den sozialen Handlungslehren häufig vorgeworfen, sie hätten in Wirklichkeit den rein objektiven Unrechtsbegriff des Naturalismus nicht überwunden[384]. Die Rede vom „Sozialen" würde sich dann auf den Bereich der objektiven Wertebene als einer wirklichkeitsfernen und vom einzelnen als Täter distanzierten Ebene beschränken.

Ein solches Verständnis des Sozialen legen prima facie beispielsweise Formulierungen SCHMIDTS der „Handlung als willkürlichen Verhaltens *zur* sozialen Außenwelt"[385] oder OEHLERS und WÜRTENBERGERS mit ihrer Betonung der „*objektiven* Ordnung des sozialen Lebens"[386] und die explizite Bezugnahmen einiger Vertreter der sozialen Handlungs-

---

381 Diese Leistung der sozialen Handlungslehren ebenfalls anerkennend *Stratenwerth* AT Rn 152.

382 So auch *Stratenwerth* AT Rn 153.

383 Vgl. dazu *Müssig*, Manuskript, S. 126.

384 Diese Kritik wird insbesondere erhoben von *Krauß*, ZStW 76 (1954) S. 19, 53–64; *Otto*, Pflichtenkollision, S. 27 ff., 34 ff.

385 v. Liszt/Schmidt, S. 154.

386 *Würtenberger*, Die geistige Situation, S. 59.

lehre auf das teleologische Rechtsdenken durchaus nahe. Ein derart wirklichkeitsfernes Verständnis des sozialen Sinns war auch zur Zeit der Entwicklung der sozialen Handlungslehren durchaus verbreitet. So setzt WELZEL den Begriff der Sozialhaftigkeit mit Sinnhaftigkeit und den Begriff der Sinnhaftigkeit wiederum mit Werthaftigkeit gleich. Bei WELZEL handelt es sich beim Begriff des Sinnes nicht um etwas Wirkliches, sondern um etwas Irreales[387]. Eine solche Deutung des Sozialen gerät in das Dilemma, ganz im Zeichen des Spätidealismus ein zu einseitiges und undifferenziertes Bild der Gesellschaft zu formulieren: Wird die Gestalt der Gesellschaft mit dem abstrakten Niveau der Werte identifiziert, wird schon die theoretische Möglichkeit negiert, die Funktion des Rechts bzw. des Strafrechts zunächst unabhängig von der Konstitution von Werten zu bestimmen[388], was gerade für eine pluralistische Gesellschaft, die durch einen raschen Wertewandel und die Zersplitterung der Lebensordnungen charakterisiert wird, bedeutsam wäre.

Ein solcher Vorwurf ist den sozialen Handlungslehren gegenüber aber voreilig. Er übersieht nämlich, daß sich der Bereich des Sozialen innerhalb dieses Ansatzes nicht in der Beschreibung irrealer Rechtsgüter erschöpft. Im Vordergrund steht vielmehr der durch objektive Konventionen ausgestaltete zwischenmenschliche Bereich[389].

2. Der Begriff des „Sozialen" als interpersonal vermitteltes Interaktionsverhältnis

Prägend für sämtliche sozialen Handlungslehren ist die Interpretation des Sozialen als Interaktionsverhältnis[390]. Im Gegensatz zum wertphilosophischen Denken soll der Begriff „Gesellschaft" nicht auf ein statisches Element beschränkt werden. Insbesondere bei MAIHOFER tritt der Begriff der sozialen Erwartungen in den Vordergrund der Interpretation strafrechtlichen Unrechts: Nicht die Sollenssätze des positiven Rechts prägen nach MAIHOFER das gesellschaftliche Leben, sondern die sogenannten Sollensgesetze des außerpositiven Rechts, die sich in den berechtigten Erwartungen und Interessen niederschlagen, die den einzelnen in seiner jeweiligen Rolle und Lage betreffen[391]. Von Rechts wegen könne es nur um die Aufgabe gehen, die von einem vernünftigen Käufer oder Verkäufer, Arzt oder Patienten, Arbeitgeber oder Arbeitnehmer gehegten Erwartungen an den anderen, ein seiner Rolle entsprechendes und darum angemessenes Verhalten zu erfüllen[392]. Aber auch bei SCHMIDT ist von Konventionen zum Gelingen zwischenmenschlicher Beziehungen die Rede[393]. Damit

---

387 Dazu *Müssig*, Schutz abstrakter Rechtsgüter, S. 31

388 In diesem Sinne ebenfalls *Müssig*, Schutz abstrakter Rechtsgüter, S. 68.

389 So wird der objektiv–reale Unrechtsbegriff von Vertretern der sozialen Handlungslehren ausdrücklich abgelehnt und statt dessen ein objektiv–personaler Unrechtsbegriff vorgeschlagen, *Maihofer*, Rittler–FS, S. 141, 142.

390 Bei *Schmidt* kommt die Idee in der Formulierung „sozialer Kontakt" (*Schmidt*, Engisch–FS, S. 339, 340) und in seinem Rückgriff auf die Thesen *Husserls*, der ausdrücklich von einer Welt der Intersubjektivität spricht (*Husserl*, Negatives Sollen, S. 9), zum Ausdruck. *Engisch* beschreibt die soziale Welt als eine von den einzelnen Menschen ausgestaltete Welt (*Engisch*, Vom Weltbild des Juristen, S. 24); *Würtenberger* betont den mit anderen in einer Gemeinschaft lebenden Menschen und die für das Funktionieren von Gesellschaft notwendige Ordnungsaufgabe des Rechts (*Würtenberger*, Die geistige Situation, S. 18, 66).

391 *Maihofer*, ARSP 44 (1958), S. 145, 171.

392 *Maihofer*, ARSP 44 (1958), S. 145, 165.

393 *Schmidt*, Engisch–FS, S. 339 ff. In diese Richtung geht auch der Ansatz von *Kindhäuser*, der von sprachtheoretischen Überlegungen ausgehend den Begriff der Intention von vornherein in den intersubjektiven Bereich einordnen will, *Kindhäuser*, Intentionale Handlung, S. 216: „Sinn

bringen die sozialen Handlungslehren zum Ausdruck, daß Gesellschaft gerade durch den Kontakt handelnder Personen zustande kommt. Die Handlungssituation soll also nie eine nur individuelle, sondern immer zugleich eine soziale sein. Denn in der Handlungssituation agierten neben dem Täter immer auch andere Subjekte, die sich gleichermaßen am Handeln anderer Subjekte orientieren müßten[394]. Der von den sozialen Handlungslehren implizierte Begriff des Sozialen bezieht sich also nicht auf die statisch festgelegten Schutzgüter, sondern auf die gegenseitigen Achtungsansprüche der einzelnen Personen in einer Gesellschaft. Betont wird die Notwendigkeit der Aufrechterhaltung der zwischenmenschlichen Interaktion mit Hilfe eines sozialen Deutungsschemas. Hintergrund der Festschreibung eines gesellschaftlich verankerten Mediums im Bereich des Unrechts ist die Sicherung des Ablaufens der zwischenmenschlichen Interaktionen. Diese notwendig objektiv gelesene Ebene habe das Strafrecht zu garantieren.

Mit der Betonung gegenseitiger Erwartungen bzw. der Aufrechterhaltung von sozial festgelegten Konventionen durch die sozialen Handlungslehren offenbaren sich Ähnlichkeiten mit den rechtstheoretischen Arbeiten PARSONS[395] und LUHMANNS[396], die mit Hilfe des Modells der „Erwartungen von Erwartungen" die Struktur von Recht in einer Gesellschaft zu reformulieren versuchten. Recht soll nach LUHMANN in „kongruent generalisierten normativen Verhaltenserwartungen" bestehen[397]. Denn Menschen erwarteten etwas voneinander, sie erwarteten auch, daß der andere Erwartungen von ihnen erwarte. Normativität soll also durch die Reflexivität der Erwartungsstrukturen erreicht werden: In der Erwartung der Erwartung soll nur das normativ in Anspruch genommen werden, was man den anderen zubilligt.

Im Rahmen der hier interessierenden Problematik der Formulierung einer strafrechtlichen Zurechnungslehre wird die Frage laut, inwieweit ein von den sozialen Handlungslehren bewußt im außerrechtlichen Bereich gehaltener Ansatz in der Lage ist, den Begriff des „Sozialen" für eine strafrechtliche Zurechnungslehre hinreichend zu bestimmen (dazu § 5)[398]. Außerdem wird im Rahmen der Frage nach der Notwendigkeit einer Personalisierung der Zurechnungslehre (dazu § 6) zu problematisieren sein, ob eine Beschränkung der Sichtweise des Sozialen auf das sozialpsychologisch verstandene Interaktionsverhältnis tatsächlich die für das Strafrecht maßgebliche Ebene der Kommunikation erreicht[399]. Denn es kommt prinzipiell auch in Betracht, die Bedeutung des Sozialen als genuin gesellschaftliche Institution zu begreifen. So geht LUHMANN unter Zugrundelegen systemtheoretischer Gedanken davon aus, daß Gesellschaft nicht aus einzelnen Interaktionen deduzierbar ist. Eine solche Begriffsbildung bleibe sozialpsychologisch gebunden und sei daher ungeeignet, die Eigenprobleme hochkomplexer Gesellschaftssysteme hinreichend zu begreifen, die sich weder auf Individuen noch auf deren Interaktionen zurückführen ließen[400]. Übertragen auf die strafrechtliche Zurechnungs-

---

entwickelt sich vielmehr im Rahmen menschlicher Kommunikation und Interaktion, im Rahmen der sprachlich gestalteten Intersubjektivität also. Der Begriff der Handlung ist eindeutig dem letztgenannten Bereich zuzuordnen. Er verdeutlicht die Beziehung des Menschen zu seiner Welt als einer sinnhaften, als einer intentionalen".

394 So auch der Ansatz von *Parsons*, Aktor, Situation und normative Muster, S. 140.

395 *Parsons*, The structure of social action; ders., Aktor, Situation und normative Muster, S. 140.

396 *Luhmann*, Rechtssoziologie, S. 33 ff.

397 *Luhmann*, Rechtssoziologie, S. 99. Die Bedeutung von Erwartungen in der Rechtssoziologie wird auch von *Dux*, Rechtssoziologie, S. 30 ff., 129 ff. betont.

398 Dazu S. 114 ff.

399 Vgl. S. 163 ff.

400 *Luhmann*, Soziale Systeme, S. 552.

lehre implizieren diese Ausführungen, daß der Grund strafrechtlicher Verbindlichkeit weder vom einzelnen begründet werden kann, noch von diesem durch dessen individuell willkürliches Verhalten in Abrede gestellt wird, wobei hier eine Parallele zu HEGEL anklingen mag: Der Staat als eine Institution kann nicht auf einem Vertrag willkürlich handelnder Individuen beruhen[401].

3. Fazit:

Während bereits an dieser Stelle das Verständnis des Gesellschaftlichen als einer objektiven Wertordnung zur Begründung einer strafrechtlichen Zurechnungslehre abgelehnt werden kann, wird im Laufe der Arbeit der Frage nachzugehen sein, ob bei der Ausgestaltung eines normentheoretischen Ansatzes auf ein Verständnis des Sozialen als sozialpsychologisch vermitteltes Interaktionssystem oder ein solches der Gesellschaft als genuin soziale Ordnung zurückgegriffen werden muß.

II) Der einzelne als Sozialperson

Der Begriff des „Sozialen" wird innerhalb der sozialen Handlungslehren auch dadurch getragen, daß das Handlungssubjekt auf der Ebene der Handlung nicht als sogenanntes Individuum[402] verstanden wird, sondern nur als „Sozialwesen" oder „Vernunftperson" Bedeutsamkeit erlangt. Der einzelne wird also generalisierend begriffen. Ihm werden bestimmte Eigenschaften zugeschrieben, d. h. er wird auf der Handlungsebene erst durch die Gesellschaft vermittelt zur strafrechtlichen Person[403].

Soweit die Bedeutung einer sozialen Betrachtung des einzelnen innerhalb der sozialen Handlungslehren thematisiert wird, werden mehrere im Recht einschlägige Gründe geltend gemacht: Zunächst genieße der einzelne im gesellschaftlichen Zusammenleben die Achtung und den Schutz der verantwortlichen Person, so daß seine Verhaltensweisen auch als die einer verantwortlichen Person beurteilt werden müßten[404]. Dieses Verhältnis gegenseitiger Achtung sei eingebettet in *objektive* Strukturen der sozialen Wirklichkeit, etwa die Gleichheit und bürgerliche Anerkennung als objektive Gegebenheiten, die mehr seien als der subjektive Wille der Beteiligten[405]. Ein weiterer Grund liege in der Garantie der Aufrechterhaltung von Interaktionen im Rechtsverkehr. Die einzelnen Gesellschaftsmitglieder stünden sich im gesellschaftlichen Zusammenleben als Fremde gegenüber und wüßten nichts oder nur wenig von der personalen Sollensentscheidung des anderen, so daß jeder darauf angewiesen sei, die Äußerungen und das Verhalten des anderen auf ihn als verantwortliches Wesen zu beziehen[406]. Diese soziale Betrachtungsweise schafft für den einzelnen gleichzeitig eine „Sperrwirkung". Solange der einzelne „kein Verhalten an den Tag legt", das einem Normverstoß entspricht, bewegt er sich in einem unbeschränkten, freien Raum[407]. Modern formuliert hat

---

401 *Hegel*, Grundlinien der Philosophie des Rechts, § 258 Anm.; in diese Richtung auch *Jakobs*, Norm, Person, Gesellschaft, S. 40; ders., Verbindlichkeit, S. 27 f.

402 Hingegen soll auf der Schuldebene der Mensch als „Individual–Person" den relevanten Maßstab bilden, dazu *Maihofer*, Rittler–FS, S. 141, 154 f.

403 *Maihofer*, Recht und Sein, S. 102 ff.

404 *E. A. Wolff*, Handlungsbegriff, S. 32.

405 *E. A. Wolff*, Radbruch–FS, S. 291, 296.

406 *E. A. Wolff*, Handlungsbegriff, S. 33.

407 *E. A. Wolff*, Handlungsbegriff, S. 33.

das Festhalten des einzelnen an seiner sozialen Rolle die Konsequenz des Ausschlusses von Sonderwissen.

Diese soziale Interpretation des einzelnen soll nach den sozialen Handlungslehren nur für einen Teil der strafrechtlichen Zurechnung gelten, nämlich den Bereich des Unrechts, von dem sie getrennt den Bereich strafrechtlicher Schuld ansiedeln wollen. In dem Bereich der Schuld soll der einzelne nicht als Sozialperson, sondern vielmehr als Individualperson Bedeutsamkeit erlangen. Die soziale Betrachtungsweise schaffe eine personale Sollensverletzung auch in den Fällen, in denen die konkrete Entscheidung keine Normverletzung sei, die Ebene der Schuld also nicht berührt sei. Ein Beispiel: Die Beleidigung durch einen Geisteskranken besitze im sozialen Bereich ihr eigenes Gewicht, obwohl der Geisteskranke im eigentlichen Sinn die Ehre gar nicht angreifen könne[408]. MAIHOFER versucht, die Unterscheidung zwischen einer objektiven Zurechnung zum abstrakten Mustermann und der subjektiven Zurechnung zum individuellen Täter normentheoretisch zu fundieren, indem er zwei verschiedene Normen mit jeweils anders strukturierten Adressaten zugrunde legt[409].

Zumindest in empirischer Hinsicht ist die Annahme der sozialen Handlungslehren überzeugend, wenn sie den einzelnen als gesellschaftliches Wesen definieren, das nach sozialer Anerkennung strebt. Denn die einzelnen Gesellschaftsmitglieder stehen sich nicht als unabhängige intellektuelle Individuen gegenüber, sondern nehmen vielmehr in ihrer Handlungsweise gegenseitig aufeinander Bezug, beeinflussen sich wechselseitig im positiven wie im negativen Sinne[410]. Wenn der einzelne – sozialwissenschaftlich betrachtet – immer nur in seiner Rolle als Sozialperson bedeutsam wird, überrascht es aber, daß die sozialen Handlungslehren bei ihrer Bezugnahme auf den einzelnen diesen in eine Sozial- und Individualperson aufspalten. Sollen die sozialen Handlungslehren mit ihrem Verständnis des Sozialen letztlich Recht behalten, so muß sich ihre Aussage nicht nur sozial*ontologisch*, sondern auch legitimationstheoretisch bestätigen lassen – ein Problem, dem sich die Arbeit in § 6 stellen wird.

III) Konsequenzen der sozialen Betrachtungsweise

Mit dieser Schwerpunktverlagerung von der kausalen auf die genuin soziale Betrachtungsweise wird eine derartige Spezifizierung des strafrechtlichen Handlungsverständnisses erreicht, daß bestimmte Verhaltensweisen, die nach dem naturalistischen Handlungsbegriff als Handlung eingestuft worden sind, nunmehr nicht mehr als eine solche zu gelten haben oder aber umgekehrt Eingang ins Strafrecht finden können. So wird für die sozialen Handlungslehren das Prinzip des erlaubten Risikos bereits für den Handlungsbegriff konstitutiv. Hält sich der Autofahrer A an alle Verkehrsvorschriften und kommt dennoch ein anderer Verkehrsteilnehmer infolge einer Kollision mit A zu Tode, ist das Verhalten des A im Sinne der sozialen Handlungslehren kein Töten. Da der soziale Handlungsbegriff als Oberbegriff aller Deliktsarten gelten soll, also gleichermaßen Fahrlässigkeits- und Vorsatzdelikte erfaßt, erfüllt er die gleiche Funktion wie die objektive Zurechnungslehre, so daß aus dieser Perspektive heraus die sozialen Handlungslehren als Frühform der objektiven Zurechnungslehre interpretiert werden können. Nach dem Verständnis der sozialen Handlungslehren müßten zudem

408 *E. A. Wolff*, Radbruch-FS, S. 291, 299.

409 *Maihofer*, Rittler-FS, S. 153, 164; zu dieser Thematik wiederum eingehend *Lesch*, Verbrechensbegriff, S. 234.

410 Vgl. dazu *Pawlik*, Das unerlaubte Verhalten beim Betrug S. 21; *Schürer-Mohr*, Erlaubte Risiken, S. 48.

konsequenterweise die Sonderfähigkeiten bzw. -kenntnisse für die Begründung strafrechtlichen Unrechts belanglos bleiben. Maßgeblich sind allein Wissen und Können einer objektiven Maßstabsfigur. Der geschickte Täter, der den üblicherweise mit seiner Handlung verbundenen positiven sozialen Sinngehalt für verbrecherische Zwecke ausnutzt, würde trotz eines bestehenden individuellen Tatvorsatzes nicht sozialwidrig gehandelt haben[411].

Mit dem Paradigmenwechsel von der kausalen zur sozialen Betrachtungsweise zeigen die sozialen Handlungslehren eine Lösung auf, die Strafbarkeit der Unterlassungsdelikte dogmatisch erfassen zu können. Für die sozialen Handlungslehren ist der Strafgrund für Handlungs- und Unterlassungsdelikte der gleiche: Es geht nicht um den Anstoß einer Kausalreihe, sondern um die gesellschaftliche Zuschreibung von Verantwortlichkeit. Soll die Konstituierung des Begriffes der Person im Strafrecht von gesellschaftlichen Notwendigkeiten abhängig gemacht werden, so daß die individuellen Besonderheiten aus sich heraus bei der Begründung des Handlungsbegriffes ohne Belang bleiben, ist nach einem solchen Ansatz die Annahme einer Handlung nicht auf die Verhaltensweisen einer natürlichen Person zu beschränken. Vielmehr könnte sie auch die Grundlage für die Strafbarkeit juristischer Personen bilden, wenn die Gesellschaft eine Einbeziehung deliktischen Verhaltens juristischer Personen ins Strafrecht für erforderlich hielte[412].

C) Zusammenfassung:

Trotz der Unterschiede im einzelnen weisen die sozialen Handlungslehren im Rahmen ihrer Interpretation der Handlung im strafrechtlichen Sinne wesentliche Gemeinsamkeiten auf: Sämtliche sozialen Handlungslehren sind aus einer Kritik am Naturalismus und Finalismus erwachsen und betonen im Unterschied zur finalen Handlungslehre eine sogenannte „objektive Zweckhaftigkeit", „objektive Bezweckbarkeit" bzw. die „soziale Sinnhaftigkeit" des Verhaltens als maßgebliche Zurechnungskriterien. Damit rücken sie erstmals die Bedeutung des genuin Sozialen bzw. Gesellschaftlichen für die strafrechtliche Zurechnungslehre in den Vordergrund der Betrachtungsweise und legen die Einbettung der strafrechtlichen Handlungslehre in die gesellschaftlichen Zurechnungsstrukturen offen. Charakteristisch für die sozialen Handlungslehren ENGISCHS, MAIHOFERS und JESCHECKS ist ihre Verankerung im klassifikatorischen Denken: Sie begründen die Existenz des sozialen Handlungsbegriffes mit Blick auf dessen Funktionen und halten am überkommenen Verbrechenssystem fest, das zwischen Tatbestandsmäßigkeit, Unrecht und Schuld als substantiell verschiedenen Stufen differenziert. Als Handlungslehre überkommener Tradition erweisen sich die sozialen Hand-

---

411 Eine Konsequenz, die durchaus nicht von allen sozialen Handlungslehren gezogen wird. Eindeutig insoweit nur *Schmidt*, Der Arzt im Strafrecht, S. 75 f.; dazu wiederum *Engisch*, MSchKrStr 1939, S. 414, 421 Fn 18. Ausdrücklich ablehnend *Oehler*, Objektives Zweckmoment, S. 342 f.

412 Diese Konsequenz der sozialen Handlungslehren andeutend *Roxin* AT, § 8 Rn 28. Auf die Frage der Strafbarkeit juristischer Personen gehen die sozialen Handlungslehren in ihren Ausführungen nicht ein. Es ist auch ungewiß, ob sie aufgrund ihrer Verhaftung im traditionellen Handlungsverständnis diese Konsequenz gezogen hätten. Die Problematik der Strafbarkeit juristischer Personen ist im einzelnen sehr umstritten und der Meinungsstand droht inzwischen fast unübersichtlich zu werden. Eingehend zur Fragestellung der jüngste Aufsatz von *Jakobs*, Lüderssen-FS, S. 559 ff. m. w. N. Im hiesigen Zusammenhang interessieren nicht die Einzelheiten, sondern vielmehr allein die Tatsache, daß die sozialen Handlungslehren mit ihrem genuin gesellschaftlichen Ausgangspunkt einen Anker bilden könnten, die Strafbarkeit juristischer Personen erfassen zu können.

lungslehren SCHMIDTS, ENGISCHS und MAIHOFERS mit ihrem Rückbezug auf die sogenannte Lehre von der Natur der Sache zur Erklärung des sozialen Sinngehaltes der Handlung. Wie auch im Finalismus soll der Handlung eine ontologisch vorgegebene Struktur zukommen. Damit verbunden ist ihr Bestreben, den Begriff der Handlung von demjenigen des tatbestandsmäßigen Unrechts zu unterscheiden, was sich aufgrund der schon sozialen Prägung des Handlungsbegriffes als höchst problematisch gezeigt hat. Aufgrund der Einbeziehung des Kriteriums des erlaubten Risikos in den Handlungsbegriff sind die sozialen Handlungslehren dem Verdacht ausgeliefert, daß ihr Begriff der sozialen Handlung mit dem objektiv zurechenbaren Verhalten identisch ist. Wie schon die Zurechnungslehren von LARENZ und WELZEL legen die sozialen Handlungslehren mehrheitlich einen vorstrafrechtlichen Zurechnungsmaßstab zugrunde. Anders als bei diesen beiden letztgenannten Autoren geht es den sozialen Handlungslehren nicht um die Formulierung personaler Zurechnungsprinzipien. Sie nehmen ihren Ausgangspunkt von vornherein von einem sozialen Deutungsschema, dem die Kompetenz zugeschrieben wird, über die Interpretation des Sinns einer Handlung zu entscheiden.

Mit dieser Betonung des genuin Sozialen ist die Interpretation des einzelnen als Sozialperson verbunden, wobei allerdings die Grenzen der standardisierenden Betrachtungsweise des einzelnen unterschiedlich gezogen werden und die Person nur bei MAIHOFER als bloßer Bezugspunkt der Zurechnung fungiert. Insoweit ergeben sich Schwierigkeiten im Hinblick auf die Beziehung des einzelnen zur sozialen Umwelt, der die Kompetenz zugestanden wird, den Sinngehalt der strafrechtlichen Handlung zu formulieren. In diesem Zusammenhang wird die Frage laut: Basieren diese Überlegung möglicherweise auf einer Überbetonung des Sozialen[413] oder bedarf nicht vielmehr umgekehrt jede strafrechtliche Zurechnungslehre einer Bezugnahme auf den Topos des „Sozialen", selbst wenn sie ihre Voraussetzungen in personalen Zurechnungsstrukturen verankern will? (dazu ausführlich § 6).

---

413 Ein typischer Kritikpunkt geht in die Richtung, daß die sozialen Handlungslehren in Wirklichkeit von einem rein objektiven Unrechtsbegriff ausgingen und insoweit noch nicht den Naturalismus überwunden hätten, *Krauß*, ZStW 76 (1964), S. 31 ff.; *Otto*, Pflichtenkollision, S. 27 ff.

§ 4 Die Lehre von der objektiven Zurechnung

A) Die Lehre von der objektiven Zurechnung bei HONIG

I) HONIGS Kritik am Naturalismus

Als Begründer der Lehre von der objektiven Zurechnung im Strafrecht gilt HONIG, der diesen Ansatz im Anschluß an LARENZ Rezeption der HEGELschen Zurechnungslehre in die Strafrechtswissenschaft einführte. Wie schon die sozialen Handlungslehren entwickelte HONIG seine Lehre von der objektiven Zurechnung von einer Kritik am naturalistischen Strafrechtssystem ausgehend: Die Problematik der strafrechtlichen Relevanz der den Erfolg bewirkenden Bedingungen könne jedenfalls von den Theorien nicht erfaßt werden, die lediglich auf die ontologische Bedeutung des Kausalitätsbegriffes verwiesen[414]. Die juristischen Kausalitätstheorien hätten verkannt, daß es in Wirklichkeit nicht um den Nachweis eines Kausalzusammenhanges – also ein naturwissenschaftliches Problem – sondern vielmehr um die Beurteilung eines bereits als vorhanden erwiesenen Kausalverlaufs gehe[415].

Mit dieser Aussage wendet HONIG die Fragestellung von einer naturwissenschaftlichen auf eine rechtliche Ausgangsposition. Die Existenz eines Kausalverlaufes bleibt für HONIG aber Voraussetzung der strafrechtlichen Zurechnung, womit er einer wesentlichen Aussage der heutigen objektiven Zurechnungslehre den Boden bereitet: Die Frage nach der objektiven Zurechnung wird nicht im Rahmen der Kausalitätsproblematik verankert, ihr soll vielmehr selbständige Bedeutung zukommen. Diese Differenzierung von Kausal- und Zurechnungsurteil schlägt sich auch in der Prüfungsreihenfolge nieder: Die Frage nach der strafrechtlichen Relevanz soll als ein weiteres *selbständiges* Urteil *neben* das Kausalurteil im Wege der sogenannten objektiven Zurechnung treten. Die Lehre von der objektiven Zurechnung soll also die Bedeutsamkeit des Kausalzusammenhanges für die Rechtsordnung prüfen, und zwar an von der Rechtsordnung selbst aufgestellten Maßstäben[416]. Aus den zum Erfolg hinführenden Unmengen an Kausalverläufen wird dann ein bestimmter Strang herausgegriffen und zum maßgeblichen erklärt[417].

II) Der Begriff der objektiven Bezweckbarkeit als maßgebliches Zurechnungskriterium

Daß ein bloßes Kausalurteil für die Feststellung der objektiven Zurechnung unzulänglich ist, leitet HONIG aus dem Wesen menschlichen Verhaltens, also einem anthropologischen Phänomen, ab. Charakteristisch für das Verhalten als Willensäußerung sei, daß es im Vergleich zu den übrigen Faktoren etwas Ursprüngliches sei, ein „bewußtes Setzen von Ursachen", ein „quasi-schöpferischer Akt", ein zweckhaftes Eingreifen menschlichen Verhaltens in die Naturvorgänge und damit eine teleologische Erscheinung[418]. Die damit verbundene Notwendigkeit, im Rahmen der Zurechnungslehre auf rechtliche Maßstäbe zurückzugreifen, leitet HONIG wiederum aus dem vorgegebenen Wesen des Menschen ab. Das Recht sei nämlich nur insoweit Grundlage des menschlichen Zusammenlebens als es das menschliche Verhalten zu bestimmen vermöge. Die dafür maßgeblichen Verbote und Gebote könnten vom

[414] *Honig*, Frank-FG I, S. 174, 178.
[415] *Honig*, Frank-FG I, S. 174, 179.
[416] *Honig*, Frank-FG I, S. 174, 179/180.
[417] So auch *Jakobs*, Handlungsbegriff, S. 28.
[418] *Honig*, Frank-FG I, S. 174, 183.

einzelnen nur das Verhalten verlangen, das nach *allgemeiner Erfahrung* vom menschlichen Willen verlangt werde oder m. a. W. dem Menschen zugemutet werden könne. Bei diesem erwartbaren Verhalten handele es sich um das im menschlichen Machtbereich liegende Verhalten[419]. Anders als die Imperativentheorie will HONIG in seinem Normenmodell demzufolge eine Person objektiver Gestalt als maßgeblichen Normadressaten heranziehen. Daß HONIG das Kriterium der objektiven Bezweckbarkeit heranzieht, ist auch Konsequenz seines vom Neukantianismus geprägten Verständnisses vom Rechtsgut[420]. In diesem Zusammenhang legt HONIG dar, daß das Strafrecht dem Schutze der von der Rechtsgemeinschaft für das Rechtsdenken als wertvoll anerkannten Objekte diene[421]. Der Strafgesetzgeber orientiere sich hierbei an der Volksanschauung, die bestimmte menschliche Handlungen mit Wert- oder Unwerturteilen belege[422]. Die Schutzfunktion des Strafrechts sei nämlich vom individuellen Willen des einzelnen unabhängig und die Jurisprudenz sei eine normative Wissenschaft, die sich mit der Sinndeutung des objektivierten Gemeinwillens beschäftige[423].

Von diesem Ansatz ausgehend leitet HONIG den vielzitierten Gedanken ab, durch den er zum Begründer der Lehre von der objektiven Zurechnung avancierte: „Da gerade das zweckhafte Eingreifen in die Naturvorgänge das Wesen des menschlichen Verhaltens ausmacht, ist der Begriff der objektiven Zweckhaftigkeit das Kriterium für die Zurechenbarkeit eines Erfolges und damit auch für seine Abgrenzung vom zufälligen Geschehen. Zurechenbar ist derjenige Erfolg, welcher als zweckhaft gesetzt gedacht werden kann"[424]. Ähnlich wie LARENZ impliziert HONIG mit dem Begriff der objektiven Bezweckbarkeit das Urteil einer einsichtigen Person über den teleologischen Zusammenhang von Verhalten und Erfolg für eine in der betreffenden Situation des Täters stehende Person[425].

Klingen HONIGS Ausführungen bislang so, als solle bei der Beurteilung des Zusammenhanges einzig auf eine objektive Maßstabsfigur abgestellt werden, so wird im folgenden die Person des konkreten Täters wieder in den Vordergrund gerückt, allerdings nur zur Begrenzung der Reichweite der Standardisierung. Zwar sollen nach HONIG aktuelles Wissen und Wollen des Täters aus sich heraus keinerlei Relevanz gewinnen, allerdings will er die potentiellen intellektuellen und physischen Fähigkeiten des konkreten Täters berücksichtigt wissen[426]. Dies versucht HONIG anhand der situativen Auslegung des Prinzips der objektiven Bezweckbarkeit zu rechtfertigen. Für die Frage nach der objektiven Bezweckbarkeit solle nämlich jedes Moment des Sachverhalts Relevanz gewinnen[427]. Nicht die Generalisierung wie im Rahmen der Adäquanztheorie, sondern die Einmaligkeit des konkreten Falles stehe im Vordergrund[428]. Beispielhaft: Ob der Tod des Onkels, den der Neffe ins Gewitter hinausschickt, objektiv zurechenbar ist, hängt davon ab, ob er als reiner Zufall anzusehen ist oder ob man davon sprechen kann, daß der Neffe sich die Naturgewalt zunutze macht[429]. Der Kernpunkt der objektiven Zurechenbarkeit soll nach HONIG in der „Beherrschung des Kausalver-

---

419 *Honig*, Frank–FG I, S. 174, 187.
420 *Honig*, Die Einwilligung des Verletzten; krit. dazu *Amelung*, Rechtsgüterschutz, S. 130 ff.
421 *Honig*, Die Einwilligung des Verletzten, S. 92.
422 *Honig*, Die Einwilligung des Verletzten, S. 92, 93.
423 *Honig*, Die Einwilligung des Verletzten, S. 70.
424 *Honig*, Frank–FG I, S. 174, 184.
425 *Honig*, Frank–FG I, S. 174, 185.
426 *Honig*, Frank–FG I, S. 174, 191.
427 *Honig*, Frank–FG I, S. 174, 191.
428 *Honig*, Frank–FG I, S. 174, 185.
429 *Honig*, Frank–FG I, S. 174, 186.

laufes" liegen[430]. Welche Beziehung zwischen der sogenannten menschlichen Zwecktätigkeit und der rein objektiven Zweckhaftigkeit bestehen soll, wie also das Verhältnis von konkretem Täter und objektiver Maßstabsfigur ausgestaltet ist, geht aus HONIGS Darlegungen nicht klar hervor. Auffällig an HONIGS Gedankengang ist, daß er von der Zweckhaftigkeit menschlichen Verhaltens auf eine objektive Zweckhaftigkeit schließt und im Anschluß daran diesen standardisierten Befund wieder durch scheinbar individuelle Gegebenheiten begrenzt, wobei er dieses Wechselspiel nicht näher begründet. In HONIGS Gedankengang scheint diese Problematik also nicht ohne Bruch zwischen tatsächlicher Willensbetätigung und bloßer Möglichkeit der Beherrschung bearbeitet zu sein[431].

III) Die Aussonderung nicht beherrschbarer Verläufe

Letztlich bleibt HONIG mit seinem Kriterium der objektiven Bezweckbarkeit an dem Prinzip der Beherrschbarkeit des Verlaufes durch den Täter stehen[432]. Die Filterfunktion seiner objektiven Zurechnung beschränkt sich konzeptionell lediglich darauf, aus dem Bereich der objektiven Zurechnung von der einzelnen Person nicht beherrschbare Verläufe auszusondern. Insoweit impliziert sie, wie schon das Modell von LARENZ, eine Beschränkung des Prinzips der personalen Zurechenbarkeit[433]. Daß das Konzept HONIGS tatsächlich aber eine nur scheinbare Orientierung an der Faktizität des Könnens beinhaltet, verdeutlicht die Beschäftigung mit einer Abwandlung des Erbonkelfalles. HONIG will diesen nämlich anders entscheiden, wenn zu beobachten gewesen wäre, „daß die Gewitter zu dieser Jahreszeit über die Anhöhe zogen und dort einschlugen", da in einem solchen Fall mit Wiederholungen zu rechnen gewesen sei[434]. Die von ihm intendierte Beschränkung der Aussonderungsfunktion auf nicht beherrschbare Verläufe ist auf HONIGS Bestreben zurückzuführen, mit dem Rechtsinstitut der objektiven Zurechnung nicht eine Haftungs*beschränkung* vorzunehmen, sondern erst ein Beurteilungsobjekt und damit die Grundlage der strafrechtlichen Haftung zu schaffen.

IV) Die Formulierung eines strafrechtlichen Handlungsbegriffes

Mit dem Versuch HONIGS, ein Objekt der Wertung zu schaffen, an dem die genuin strafrechtliche Wertung gemessen werden kann, ist seine Überlegung verbunden, daß im Falle der fehlenden Tatbestandsmäßigkeit der Willensäußerung eine Handlung im strafrechtlichen Sinne nicht bejaht werden könne[435]. Die Konstituierung des Handlungsbegriffes steht bei HONIG also in Abhängigkeit zum Begriff der objektiven Zurechnung – eine Annahme, die in den Jahrzehnten nach HONIG aufgrund der Differenzierung von Handlungs- und Zurechnungslehre in der überkommenen Strafrechtsdoktrin nicht weiter verfolgt wurde[436], sich im Laufe der Arbeit aber als richtig bestätigen wird. Der Sinn des objektiven Zurechnungsbegriffes könne jedenfalls keinen Zweifel darüber aufkommen lassen, daß erst mit der Frage nach

---

430 *Honig*, Frank–FG I, S. 174, 187.

431 Kritisch dazu auch *Koriath*, S. 258; *Toepel*, Kausalität und Pflichtwidrigkeitszusammenhang, S. 139 f.

432 So auch *Frisch*, Roxin–FS, S. 213, 214.

433 In diesem Sinne ebenfalls *Frisch*, Roxin–FS, S. 213, 215.

434 So insbesondere die Interpretation *Roxins*, Honig–FS, S. 133, 135.

435 *Honig*, Frank–FG I, S. 174, 195. *Honig* wirft in diesem Zusammenhang die Frage auf, ob es wirklich der Sinn der auswählenden Kausaltheorien gewesen sei, Haftungsbeschränkungen aufzustellen oder sie nicht vielmehr die Konstituierung einer brauchbaren Handlungsbegriffes angestrebt hätten.

436 Eine Ausnahme bildet insoweit die Annahme von *Jakobs*, Handlungsbegriff, S. 27 f.

der Zurechenbarkeit des Erfolges, die dem gesetzlichen Tatbestand im Einzelfall entsprechende „Tat" gewonnen werden soll[437]. Mit diesen Überlegungen leugnet HONIG die Notwendigkeit eines vortatbestandlichen Handlungsbegriffes[438]. Den sogenannten vortatbestandsmäßigen Handlungsbegriff, den auch die sozialen Handlungslehren als Ausgangspunkt heranziehen, will er also als Grundlage des Strafrechtssystems gerade vermeiden[439].

V) Fazit:

Mit seiner Betonung der Selbständigkeit des objektiven Zurechnungszusammenhanges gegenüber dem Kausalurteil bereitet HONIG in einem wesentlichen Punkt die moderne Lehre von der objektiven Zurechnung vor, die ebenfalls strikt zwischen Kausalität und objektiver Zurechenbarkeit eines Verhaltens differenziert.

Eine Besonderheit der HONIGschen Lehre besteht in ihrem Bemühen, den Begriff der objektiven Zurechenbarkeit aus der Bedeutung des Begriffes der Person zu deduzieren und die Lehre von der objektiven Zurechnung auf die Aussonderung nicht beherrschbarer Geschehensverläufe zu beschränken. Damit kommt seiner Lehre in Wirklichkeit – wie schon dem Ansatz von LARENZ – die Aufgabe zu, eine personale Zurechnungslehre aus normativen Gründen einzuschränken. Aus eben dieser Quelle speist sich HONIGS Bemühen, Handlungsbegriff und objektive Zurechenbarkeit in eins aufgehen zu lassen – eine Erkenntnis, die sich im Laufe der Arbeit als wesentlicher Fortschritt gegenüber anderen Zurechnungslehren herausstellen wird.

Im Gegensatz zu den sozialen Handlungslehren, die ihren Ansatz des „Sozialen" in einer vorstrafrechtlichen Sphäre verankern, verläßt HONIG mit seinem Verweis auf die innerstrafrechtlichen Maßstäbe den außerrechtlichen Bereich. Auch seine Hinweise auf die rechtliche Bedeutsamkeit bereits festgestellter Kausalzusammenhänge betonen sein Bemühen, den Begriff der objektiven Zurechnung als Hilfsbegriff für eine rechtliche Betrachtungsweise zu etablieren[440]. Insoweit kann er in der Tradition neukantianischer Strafrechtslehren begriffen werden.

B) Zur Wurzel des sogenannten Rechtswidrigkeitszusammenhanges

Der andere maßgebliche Aspekt der heutigen objektiven Zurechnungslehre, nämlich das Kriterium der Risikoverwirklichung, das in der heutigen objektiven Zurechnungslehre neben das der Schaffung eines unerlaubten Risikos getreten ist, ist entscheidend durch ENGISCH vorbereitet worden[441]. Bei ENGISCH wird erstmals die Charakterisierung des Zusammenhanges zwischen der Setzung des Risikos durch den Täter und dessen Erfolgsverwirklichung in den Vordergrund gerückt. An die Adäquanztheorie anknüpfend fordert ENGISCH neben der generellen Vorhersehbarkeit des Erfolges die Adäquanz bezüglich der besonderen Art und

---

437 *Honig*, Frank–FG I, S. 174, 196.

438 *Honig*, Frank–FG I, S. 174, 197.

439 Darauf weist auch *Roxin*, Honig–FS, S. 133, 134 hin. *Frisch*, Tatbestandsmäßiges Verhalten, S. 13 Fn 24, sieht in der neben der Rede um den Handlungsbegriff ebenso bemühten Redeweise von der Zurechnung des Erfolges, daß *Honig* die Verschiedenheit von Rechtsnormwidrigkeit bzw. Tatbestandsmäßigkeit des Verhaltens und fehlender Zurechenbarkeit des Erfolges nicht klar erfaßt habe.

440 So auch *Maiwald*, Miyazawa–FS, S. 465, 471.

441 *Engisch*, Kausalität, S. 61 ff.

Weise des Kausalverlaufes[442]. In diesem Zusammenhang wird der schon bekannte Erbonkelfall angeführt, in dem ENGISCH die Adäquanz verneint. Als weiteres Beispiel nennt er das in der heutigen objektiven Zurechnungslehre ebenfalls gängige Schulbeispiel der Verursachung einer an sich lebensgefährlichen Verletzung, die dann aber nicht infolge ihrer eigentlichen Gefährlichkeit, sondern wegen eines während der Krankenhausbehandlung stattfindenden, unvorhersehbaren Narkosefehlers oder eines Brandes des Krankenhauses zum Tod des Verletzten führt. Hier und für vergleichbare Fallgruppen verneint ENGISCH den sogenannten Rechtswidrigkeitszusammenhang mit der Begründung, daß sich nicht die *spezifische Gefahr* verwirklicht habe, die das lebensgefährliche Verhalten als verboten erscheinen ließe – eine Formulierung, die ebenfalls in der heutigen Strafrechtsdoktrin im Rahmen der objektiven Zurechnungsproblematik herangezogen wird.

Im Ergebnis wird bei ENGISCH der Schwerpunkt der Betrachtungsweise von der Schaffung der strafrechtlichen Haftungsgrundlage bei HONIG auf die Beziehung zwischen der Handlung und dem tatbestandsmäßigen Erfolg verlagert. Er siedelt die Problematik also an der Stelle an, an dem die Kausalitätstheorien die Frage nach der Kausalität behandelt hatten. Damit tritt die Beschäftigung mit der Frage nach der Charakterisierung des Zusammenhanges zwischen Handlung und Erfolg in den Vordergrund, während der Begriff der Handlung nicht in Frage gestellt wird.

C) Die moderne Lehre von der objektiven Zurechnung

I) Die Struktur der objektiven Zurechnungslehre

1. Der Ausgangspunkt bei den genuin rechtlichen Zurechnungskriterien

Die moderne Lehre von der objektiven Zurechnung, als deren Begründer ROXIN gilt[443] und die sich in der Strafrechtsdoktrin mittlerweile als herrschend etabliert hat[444], basiert ebenfalls

---

[442] *Engisch*, Kausalität, S. 61.

[443] *Roxin*, ZStW 74 (1962), S. 411 ff.; ders., Honig–FS, S. 133 ff.; ders., Gallas–FS, S. 241 ff. *Roxin* übernimmt in diesem Zusammenhang *Honigs* Kriterium der „objektiven Bezweckbarkeit" und konkretisiert es über seine ursprüngliche Beschränkung hinausgehend für den Bereich des strafrechtlichen Unrechts durch den Gedanken der Schaffung eines unerlaubten Risikos, das den ersten Schritt der modernen Zurechnungslehre ausmachen soll. Nach *Roxin* (*Roxin*, Honig–FS, S. 133) soll das Prinzip der „objektiven Bezweckbarkeit" nämlich in Wirklichkeit auf dem Gedanken der Schaffung eines rechtlich unerlaubten Risikos basieren. Über diese Schaffung des unerlaubten Risikos hinaus soll in einem zweiten Schritt *Engischs* Kriterium des Rechtswidrigkeitszusammenhanges problematisiert werden. In dem Ansatz *Roxins* von der objektiven Zurechnung werden also die ursprünglichen normativierenden Ansätze *Honigs* und *Engischs* miteinander verknüpft.

[444] Statt vieler: *Jakobs* AT, 7/35 ff.; *Jescheck/Weigend* AT, S. 286 ff.; *Kindhäuser* AT, 11/3; NK–*Puppe*, Vor § 13 Rn 120 ff.; *Roxin*, Honig–FS, S. 133 ff.; ders. AT, § 11 Rn 39 ff.; SK–*Rudolphi*, Vor § 1 Rn 57 ff.; *Wolter*, Zurechnung, S. 330 ff. Dabei beschränkt die überkommene Lesart die objektive Zurechnung auf die Erfolgszurechnung und stellt die Ausgestaltung des Rechtswidrigkeitszusammenhanges in den Vordergrund ihrer Betrachtungsweise (vgl. dazu S. 111 ff.), während nach der modernen Ausformung der objektiven Zurechnungslehre das Prinzip der objektiven Zurechnung gleichermaßen für alle Deliktsarten relevant werden soll.(So insbesondere *Jakobs* AT, passim. Die Ideen der objektiven Zurechnungslehre sind in jüngster Zeit auch für Probleme des Besonderen Teils fruchtbar gemacht worden. Vgl. dazu *Müssig*, Manuskript; *Pawlik*, Das unerlaubte Verhalten beim Betrug; *Rengier*, Roxin–FS, S. 811 ff.)

auf einer kritischen Betrachtung der naturalistischen Strafrechtsdoktrin. ROXIN betont in diesem Zusammenhang als einer der ersten, daß die für das Strafrecht relevanten Rechtserscheinungen nicht durch bloße Wiedergabe der Kausalverläufe rekonstruiert werden könnten, vielmehr die Sinndimension des Verhaltens berücksichtigt werden müsse. Bereits die unstrittig anerkannte Existenz normativer Tatbestandsmerkmale bzw. die Normativität des Unrechtstatbestandes überhaupt beweise den sozialen Bedeutungsgehalt des im Tatbestand umschriebenen Geschehens. ROXIN geht demzufolge davon aus, daß der überkommene ontologische Ansatz ein methodologischer Fehlansatz und der aus ihm entwickelte Handlungsbegriff als systematisches Grundelement des Strafrechts ungeeignet sei[445]. In eine ähnliche Richtung argumentiert RUDOLPHI: „Das vom Schuldgrundsatz beherrschte Strafrecht begnügt sich nicht mit einer rein naturwissenschaftlichen Verknüpfung bestimmter Ereignisse, um die Frage nach dem Verhältnis zwischen Ursache und Erfolg zu beantworten. Für eine das menschliche Verhalten wertende Verhaltensweise ist vielmehr wesentlich, ob die Bedingungen nach *rechtlichen* Bewertungsmaßstäben für den Erfolg bedeutsam waren“[446].

Statt dessen will ROXIN den für nicht leistungsfähig gehaltenen Handlungsbegriff durch eine umfassende strafrechtliche Zurechnungslehre als Grundelement eines teleologisch orientierten Strafrechts ersetzen[447]. Wesentlich für die objektive Zurechnungslehre sind zwei Prüfungsschritte – die Schaffung eines unerlaubten Risikos und die Verwirklichung des sogenannten Risikozusammenhanges. Eingebürgert hat sich für die objektive Zurechnungslehre insoweit die Formel, daß der Täter ein unerlaubtes Risiko geschaffen haben muß, das sich im tatbestandlichen Erfolg niedergeschlagen hat[448].

Dabei betrachtet ROXIN, wie bereits der Neukantianismus[449], die Rechtsordnung als Sollensordnung, die erst durch Bezugnahme auf die im Gesetz zum Ausdruck kommenden Zwecke erschlossen werden kann. Im Unterschied zu den früheren Ansätzen von LARENZ und WELZEL wird hier objektive Zurechnung als rechtsspezifische Zurechnung verstanden[450]. Wie schon im Neukantianismus der südwestdeutschen Schule wird dabei das Kriterium der Kausalität aber nicht gänzlich entbehrlich, seine Existenz bleibt vielmehr vorausgesetzt. Nach der Lehre von der objektiven Zurechnung muß nämlich der herbeigeführte Erfolg zunächst einmal kausal herbeigeführt sein. Diese Lehre will also insoweit gar nicht dem Kausalitätsprinzip widersprechen, sie übernimmt sogar deren Grundgedanken der conditio sine qua non Formel als Basis ihrer rechtsspezifischen Lehre vom Zurechnungszusammenhang. Über die

---

445 *Roxin*, Honig–FS, S. 133 ff. Nach *Schünemann*, GA 1999, S. 207, 212, ist dieser Aufsatz *Roxins* die „Geburtsstunde“ der objektiven Zurechnungslehre.

446 *Rudolphi*, JuS 1969, S. 549, 553 (Hervorhebung von mir).

447 *Roxin*, Honig–FS, S. 133, 148 ff.

448 Statt vieler hier nur *Roxin* AT, § 11 Rn 38 ff.; SK–*Rudolphi*, Vor § 1 Rn 57.

449 Eine innere Bindung an Neukantianismus und Neuhegelianismus behaupten *Bustos Ramirez*, Armin Kaufmann–GedS, S. 213 ff.; *Castaldo*, Objektive Zurechnung, S. 7; *Moreno Hernández*, Roxin–FS, S. 69, 70, ohne diese aber näher herauszuarbeiten. Die offensichtliche Parallele besteht indessen in der Betonung des Vorranges einer Sollensordnung und der Tatsache, daß beide Lehren den Terminus des Normativen oder der Teleologie verwenden, was in der Tat aufgrund fehlender Spezifizierung des Kriteriums der Normativität auf den ersten Blick eine Identität beider Lehren nahelegt.

450 Diese neuerliche Entwicklung kritisiert *Maiwald*, Miyazawa–FS, S. 465 ff. Anders allerdings beispielsweise der Ansatz von *Jakobs*, ZStW 107 (1995), S. 843, 846; ders. Hirsch–FS, S. 45, 48, der davon ausgeht, daß die objektive Zurechnung in die gesellschaftlichen Zurechnungsstrukturen eingebettet ist. Zum Verhältnis des Strafrechtssystems zu den gesellschaftlichen Zurechnungsstrukturen weiterführend S. 135 f.

Frage der strafrechtlichen Relevanz hätten allerdings nicht die Prinzipien der Kausalität, sondern völlig eigenständige normative Zurechnungsinstitute[451], die dieses Kriterium ergänzten[452], zu entscheiden.

2. Das unerlaubte Risiko

Voraussetzung für die objektive Zurechenbarkeit ist zunächst die Schaffung eines unerlaubten Risikos bzw. nach neuerer Terminologie das Vorliegen eines unerlaubten Verhaltens[453]. Mit diesem Befund der objektiven Zurechnungslehre erfüllen nur solche Verhaltensweisen den objektiven Tatbestand, die sich nach den im Zeitpunkt des Handelns existierenden Gegebenheiten als Schaffung einer tatbestandsrelevanten Gefahr zeigen und nicht in Abgrenzung dazu als generell toleriertes Risiko des jeweiligen Lebenskreises[454], was wiederum nicht empirisch sondern normativ anhand informeller und formeller Regeln des jeweiligen Lebenskreises zu beurteilen sein soll[455].

Herkömmlich wird im Rahmen der Lehre von der objektiven Zurechnung das unerlaubte Risiko ex ante aus der Perspektive eines abstrakten Mustermannes bestimmt[456], und zwar in doppelter Hinsicht: Einmal findet die Grenzbestimmung des unerlaubten Risikos normativierend statt und zum andern wird die urteilende Person normativierend betrachtet. Die Lehre von der objektiven Zurechnung will damit eine Würdigung der Handlung unabhängig von der Person des konkreten Täters vornehmen[457]:„Adressat der strafrechtlichen Verhaltensnormen ist also nicht der besondere konkrete Mensch, sondern der abstrakte Begriff eines Menschen von normalen Fähigkeiten oder vielmehr: der konkrete Mensch lediglich seiner allgemeinen Natur nach, sofern er ein vernünftiges Wesen, Person ist“[458]. Die Wissensbasis dieser abstrakten Person wird allerdings um das Sonderwissen des konkreten Täters aufgestockt[459]. Die von WELZEL im Rahmen seiner Lehre von der Sozialadäquanz angesprochenen Fälle, beispielsweise der Erbonkelfall, die Zeugung des Mörders, der Beischlaf mit einer lungenkranken Frau und der Fall der Frau, die sich ihres Mannes dadurch entledigt, daß sie ihn zu gefährlichen Arbeiten in einem Steinbruch überredet, sollen dem Täter bereits deshalb nicht zurechenbar sein,

---

451 Besonders deutlich wird dies in den Ausführungen von *Reyes*, ZStW 105 (1993), S. 108, 126: „Man erhält so eine vollkommene Trennung der naturalistischen und der normativen Ebene“.

452 *Burgstaller*, Fahrlässigkeitsdelikt, S. 69 ff.; *Puppe*, ZStW 99 (1987), S. 595; *Rengier*, Roxin–FS, S. 811; *Roxin* AT, § 10 Rn 55, 98, 102; *Rudolphi*, JuS 1969, S. 549, 553. Die ergänzende Rolle der objektiven Zurechnung betonend auch *Armin Kaufmann*, Jescheck–FS, Bd. 1, S. 251, 252.

453 Statt vieler vgl. nur *Freund*, Erfolgsdelikt und Unterlassen, S. 9 f.; ders. AT, § 2 Rn 72 ff.; *Frisch*, Tatbestandsmäßiges Verhalten, S. 70 ff.; *Jakobs*, Hirsch–FS, S. 45 Fn 1.

454 Vgl. dazu *Frisch*, Gegenwartsprobleme der Tatbestandslehre, S. 63; *Kindhäuser* AT, 11/6.

455 Vgl. dazu *Rudolphi*, Zweck staatlichen Strafrechts, S. 69, 81; WK–*Burgstaller*, § 6 Rn 43 ff.

456 Statt vieler *Mir Puig*, Jescheck–FS, Bd. 1, S. 337, 345; *Roxin* AT, § 11 Rn 46; Sch/Sch/*Lenckner*, Vor § 13 Rn 82; WK–*Burgstaller*, § 6 Rn 36, 38.

457 *Jescheck* AT, S. 258; *Reyes*, ZStW 105 (1993), S. 108, 122; *Roxin* AT, § 7 Rn 54; Sch/Sch/*Lenckner*, Vor § 13 Rn 43 ff.

458 *Rudolphi*, Zweck staatlichen Strafrechts, S. 69, 76.

459 So die ganz h. M: *Frisch*, Roxin–FS, S. 213, 230; *Mir Puig*, Jescheck–FS, Bd. 1, S. 337, 345; *Roxin* AT, § 11 Rn 35, 50; *Stratenwerth* AT Rn 1094 ff., 1099; Sch/Sch/*Cramer*, Vor § 13 Rn 82, § 15 Rn 139 ff.; WK–*Burgstaller*, § 6 Rn 36. Dagegen allerdings: *Jakobs* AT, 7/50; ders., Armin Kaufmann–GedS, S. 271, 275 ff.; *Lesch*, Verbrechensbegriff, S. 257 ff.; *Müssig*, Manuskript, S. 174 f. Kritisch zur Berücksichtigung von Sonderwissen im Rahmen der objektiven Zurechnung auch *Kindhäuser* AT, 11/8.

weil der Handelnde überhaupt keine oder lediglich eine im Rahmen des erlaubten Risikos angesiedelte Gefahr geschaffen hat[460].

Daneben soll es an der Schaffung eines rechtlich mißbilligten Risikos fehlen, wenn der Täter vorhandene Risiken nur verringert hat, es aber dennoch zum Eintritt des tatbestandlichen Erfolges gekommen ist; genauer, wenn jemand bei einem bereits angelegten Kausalverlauf das Verletzungsrisiko für den Betroffenen oder den Umfang des drohenden Schadens dadurch mindert, daß er Angriffe Dritter oder Schadensereignisse sonstiger Art in ihren nachteiligen Wirkungen abschwächt, ohne zugleich eine eigenständige, andersartige Gefahr für den Betroffenen zu begründen. Ein Beispiel: A holt mit einem Knüppel zum Schlag auf den Kopf des vor ihm hergehenden B aus. Um den B zu retten, fällt R dem A in den Arm und lenkt den Schlag ab, so daß B nur an der Schulter getroffen und lediglich leicht verletzt wird[461].

3. Die Verwirklichung des sogenannten Rechtswidrigkeitszusammenhanges

Neben der Einschränkung über den Bereich des unerlaubten Risikos wird versucht, die Objektivierung über den Gedanken des sogenannten Rechtswidrigkeitszusammenhanges zu erreichen. Es ist von der Beziehung die Rede, in der Handlung und Erfolg zueinander stehen[462]. An der objektiven Zurechenbarkeit könne es also auch dann mangeln, wenn der Täter zwar ein mißbilligtes Risiko geschaffen habe, der eingetretene Erfolg aber nicht auf dieser Risikoschaffung beruhe[463]. Auch im Falle der Schaffung eines unerlaubten Risikos sei zu berücksichtigen, daß die strafrechtlichen Normen nur die Verhinderung bestimmter Verläufe bezweckten, und zwar solcher, die innerhalb des Schutzbereiches der die Risikoschaffung verbietenden Norm lägen[464]. Denn im Falle der Erfolgsdelikte könne von einem Unrecht im strafrechtlichen Sinne nur dann gesprochen werden, wenn sich ein Verlauf realisiert habe, dessen Unterbleiben rechtlich gewährleistet sei[465]. Anhand des berühmten BGH–Falles[466] verdeutlicht: Ein Zahnarzt zieht einer Frau unter Vollnarkose zwei Backenzähne und verursacht infolge einer anhand von Indizien nicht selbst für einen Internisten nicht diagnostizierten Unverträglichkeit des Betäubungsmittel den Tod der Patientin. Das Ergebnis ist eindeutig: Der Tod der Patientin ist dem Zahnarzt objektiv nicht zurechenbar, selbst wenn die Frau ihn über Herzbeschwerden informiert hat. Die überkommene Lehre von der objektiven Zurechnungslehre argumentiert folgendermaßen: Da das sorgfaltsgemäße Hinzuziehen eines Internisten in concreto nicht zur Entdeckung des Herzfehlers geführt hätte, hätte es lediglich die

460 So *Roxin*, Klug–FS, S. 303, 311. Ob die genannten Fälle tatsächlich der Fallgruppe des *erlaubten Risikos* unterfallen oder nicht eher dem Institut des *Handelns auf eigene Gefahr* zuzuordnen sind, soll hier nicht weiter diskutiert werden.

461 In diesem Sinne *Kindhäuser* AT, 11/10; *Otto*, NJW 1980, S. 417, 422; *Roxin*, Honig–FS, S. 133, 136 ff.; ders., AT, § 11 Rn 43. Eine Lösung über § 34 StGB wird von den Vertretern der objektiven Zurechnungslehre mehrheitlich abgelehnt, da es an der von § 34 StGB vorausgesetzten Rechtsgutsverletzung gerade fehle. Zum Streitstand weiterführend *Frisch*, Tatbestandsmäßiges Verhalten, S. 60 f.

462 Zu dieser Fragestellung innerhalb der Zurechnungslehre auch *Hruschka*, Strukturen der Zurechnung, S. 2 Fn 3.

463 Vgl. dazu *Frisch*, Roxin–FS, S. 213, 225.

464 Siehe nur *Roxin*, Honig–FS, S. 133, 141.

465 Siehe dazu *Freund*, Erfolgsdelikt und Unterlassen, S. 52 f., 54 ff., 128 ff.; *Frisch*, Roxin–FS, S. 213, 225; *Roxin*, Honig–FS, S. 133, 140 ff.; *Rudolphi*, JuS 1969 S. 549, 552.

466 BHGSt 21, 59 f.

Folge gehabt, daß die Frau einige Tage später gestorben wäre; allerdings sei die Verlängerung des Lebens um einige Tage nicht Zweck der Sorgfaltsnorm[467].

Mit dieser Schwerpunktverlagerung auf den Zusammenhang zwischen Handlung und Erfolg bleibt die Lehre von der objektiven Zurechnung strukturell betrachtet im Rahmen der alten objektiven Ausfilterungsversuche[468]. Dieses Phänomen ist historisch bedingt: Die störende Weite des Tatbestandes basierte auf einem ganz bestimmten Verständnis des Zusammenhanges zwischen Handlung und Erfolg, so daß der Hebel der Korrektur an diesem Einsatzort angesetzt wurde[469].

II) Die Leitidee der objektiven Zurechnungslehre/ dogmatische Institute

Die Darstellung der Lehre von der objektiven Zurechnung nur auf die Wiedergabe ihrer dogmatischen Grundlage, Struktur und systematischen Einordnung zu beschränken, hieße, die in ihr enthaltenen Kriterien zur Lösung moderner Problemfälle zu vernachlässigen, die gewiß dazu geführt haben, dieser Lehre zu einem Durchbruch in der Strafrechtsdogmatik zu verhelfen[470]. Wie auch den sozialen Handlungslehren geht es der Lehre von der objektiven Zurechnung um die Kennzeichnung der Regeln des gesellschaftlichen Zusammenlebens[471]. Prägend für die Lehre von der objektiven Zurechnung wird dabei vor allem das Prinzip der Eigenverantwortlichkeit: Der Täter ist für die Folgen seines Handelns verantwortlich, soweit es sich um seine *eigenen* Folgen handelt[472]. Indem die objektive Zurechnungslehre bei der Zuordnung der Folgen nicht nur den Verursacher und dessen psychische Befindlichkeit betrachtet, vielmehr auch das Opfer und möglicherweise vorhandene Dritte in den Blick nimmt[473], schafft sie vor allem für den Bereich der Abgrenzung von Verantwortungsbereichen neue Perspektiven. Es geht um die Frage, ob der Konflikt dem Täter, dem Opfer selbst oder Dritten zuzurechnen ist oder als Werk des Zufalls gilt, mit der Folge, daß das Opfer ihn zu tragen hat (casus sentit dominus). Die Idee soll anhand eines Beispiels klarer umfaßt werden: Bei einem Unfall im Straßenverkehr wird ein Pkw völlig zerstört und dessen Fahrer erleidet schwere Prellungen. Die erste Möglichkeit einer zurechnenden Erklärung besteht darin, den Schadensverlauf dem Opfer selbst zuzuschreiben: Wer sich mit seinem Pkw in den modernen Straßenverkehr begibt, schafft für sich das Risiko, dabei einen Schaden zu erleiden, und haftet demzufolge selbst, wenn es zum Verlust seiner Güter kommt. Die zweite Erklärung nimmt das Verhalten des Täters, hier zum Beispiel des Auffahrenden, in den Blick: Wer sich im Straßenverkehr bewegt, muß sein Fahrzeug so steuern, daß er Kollisionen mit anderen Verkehrsteilnehmern vermeidet. Für in strafrechtlicher Hinsicht zuständig erklärt werden kann auch eine dritte Person, etwa der Konstrukteur des Wagens, beispielsweise, wenn der Unfall auf einem Betriebsschaden des Pkws beruht: Wer Autos konstruiert und ausliefert, hat sich darum zu bemühen, daß die ausgelieferten gefährlichen Teile unter allen Betriebsbedingungen gesichert

---

467 Statt vieler *Roxin* AT, § 11 Rn 68 ff.; *Wolter*, Zurechnung, S. 341.

468 Vgl. dazu *Frisch*, Gegenwartsprobleme der Tatbestandslehre, S. 83.

469 Eingehend dazu *Frisch*, Tatbestandsmäßiges Verhalten, S. 13.

470 So ausdrücklich *Frisch*, Roxin–FS, S. 213, 216.

471 Statt vieler: *Castaldo*, Objektive Zurechnung, S. 22 f.; *Jakobs*, Handlungsbegriff, passim; *Kahlo*, Pflichtwidrigkeitszusammenhang, S. 260 f., 339; *Kratzsch*, Verhaltenssteuerung, S. 68 f., 78 f.; *Wolff–Reske*, Berufsbedingtes Verhalten, S. 89.

472 Siehe dazu *Cancio Meliá*, ZStW 111 (1999), S. 357, 373 f.; *Reyes*, ZStW 105 (1993), S. 108, 118; *Wolff–Reske*, Berufsbedingtes Verhalten, S. 88.

473 In diesem Sinne *Cancio Meliá*, ZStW 111 (1999), S. 357 ff.; *Jakobs*, Strafrechtliche Zurechnung, S. 57, 64, 65; *Wolff–Reske*, Berufsbedingtes Verhalten S. 91.

sind. Daneben existiert die Möglichkeit einer nicht–zurechnenden Erklärung des Geschehens als nicht vermeidbares Unglück, das das Opfer selbst zu tragen muß. Ein solcher Fall liegt vor, wenn das Fahrzeug fehlerfrei konstruiert ist, und es zum Unfall kommt, obwohl sich alle Beteiligten an die Straßenverkehrsregeln gehalten haben, etwa wenn der Fahrer von einer plötzlichen Windböe von der Fahrbahn gedrängt wird.

Aus dieser Kernidee haben sich in der Lehre von der objektiven Zurechnung mehrere spezifische Zurechnungsinstitute herauskristallisiert, die hier nur skizziert werden können, ohne auf die im einzelnen strittigen Fragen ihrer jeweiligen Reichweite und ihres Verhältnisses zueinander eingehen zu können. Gemeint sind die Fallgruppen des erlaubten Risikos, des Vertrauensgrundsatzes, des Handelns auf eigene Gefahr und des sogenannten Regreßverbotes. Die Fallgruppe des *erlaubten Risikos* basiert auf der Überlegung, daß jedermann das Maß an Verhaltensfreiheit für sich beanspruchen darf, was jeder andere im alltäglichen Leben ebenso eingehen darf[474]. Was als erlaubtes Risiko zu gelten hat, wird dabei anhand formeller oder informeller Regeln des gesellschaftlichen Zusammenlebens bestimmt. Wenn Gesetze oder informelle Regeln bestehen, etwa wie ein Automobil verkehrssicher zu handhaben ist, oder Standards benannt werden, nach denen bestimmte Medikamente in Umlauf gebracht werden können, geht den innerhalb dieser Standards Handelnden das Restrisiko nichts mehr an. Denn anders als im Naturalismus soll es nicht um die Maximierung von Rechtsgütern gelten, sondern um die Ermöglichung gesellschaftlicher Interaktionen. Zum Beispiel: Wer, obwohl er sich an die StVO hält, für den Tod eines anderen Verkehrsteilnehmers ursächlich wird, schafft kein unerlaubtes Risiko im Sinne der Lehre von der objektiven Zurechnung. Eine historisch lange Tradition im Bereich der objektiven Zurechnungslehre besitzt der sogenannte *Vertrauensgrundsatz*[475]. Dieser besagt, daß im sozialen Leben, wo sich die Verhaltensweisen mehrerer Personen gegenseitig berühren und arbeitsteilig ineinander wirken, jeder der Beteiligten darauf vertrauen darf, daß der andere sich sorgfaltsmäßig verhält. Dieses Vertrauendürfen auf das rechtmäßige Verhalten des anderen ergibt sich seinerseits daraus, daß die Personen im Recht als ihrerseits verantwortliche Personen herangezogen werden. Dies hat auch die Folge, daß die Grenze des Vertrauendürfens nicht am tatsächlichen Verhalten der Beteiligten endet, sondern normativ gezogen wird[476]. Zum Beispiel darf der Chirurg darauf vertrauen, daß das Skalpell, mit dem er den Bauchraum des Patienten öffnet, vorher von einer Krankenschwester ordentlich sterilisiert wurde. Viel diskutiert werden in jüngster Zeit Problemfälle des sogenannten *Handelns auf eigene Gefahr*[477], z. B. in Fällen des Selbstmordes, der Aids–Problematik, des gemeinsamen Drogenkonsums etc., bei dem der Vertrauensempfänger des Vertrauensgrundsatzes gleichzeitig das Opfer ist[478]. Ein zurechnungsausschließendes Handeln auf eigene Gefahr basiert auf demselben Grundgedanken wie das Vertrauensprinzip, daß auch die anderen ihrerseits als verantwortliche Personen behandelt werden müssen, das eigene Verhalten sich also immer auf eine ihrerseits verantwortlich gestaltete Welt bezieht[479]. Denn der Gedanke der strafrechtlichen Verantwortung würde zerstört, wenn der andere nicht auch

474 Vgl. nur *Cancio Meliá*, ZStW 111 (1999), S. 357, 384 f.; *Jakobs*, Strafrechtliche Zurechnung, S. 57, 66.

475 Siehe dazu nur *Jakobs*, ZStW 89 (1977), S. 1, 13 ff.

476 In diesem Sinne ebenfalls *Jakobs*, ZStW 89 (1977), S. 1, 14.

477 Grundlegend dazu *Cancio Meliá*, ZStW 111 (1999), S. 357 ff., 372 ff.; *Derksen*, Handeln auf eigene Gefahr, passim; *Walther*, Eigenverantwortlichkeit, passim; *Zaczyk*, Strafrechtliches Unrecht, passim.

478 So Jakobs, Strafrechtliche Zurechnung, S. 57, 66.

479 Vgl. dazu *Jakobs*, Strafrechtliche Zurechnung. S. 57, 66.

als Verantwortlicher begriffen würde. Beim *Regreßverbot*[480] geht es um die Fallgruppe, bei der ein Dritter ein vom Täter geschaffenes Risiko ausnutzt und den Erfolg endgültig herbeiführt. Zum Beispiel: Läßt der Spaziergänger S sein Taschenmesser nach einer Rast auf dem Gipfel liegen, so ist er nicht strafbar, wenn der nachkommende Wanderer mit Hilfe dieses Messers seiner Frau schwerste Schnittwunden zufügt. Oder: Der Taxifahrer T darf straflos den Transport eines Fahrgastes vom Flughafen nach Hause übernehmen, auch wenn er weiß, daß dieser dort die Katze seiner Tochter vergiften will. Trotz Unstimmigkeiten im Einzelfall dürfte über die Grundidee des Zurechnungsinstituts Einigkeit bestehen. Diese basiert auf dem Gedanken, daß die mit anderen hergestellte Gemeinsamkeit immer nur eine begrenzte ist, solange die Gesellschaft auf die stereotypen Bedingungen sozialen Verhaltens angewiesen ist. Der Vordermann darf insoweit immer nur dann strafrechtlich verantwortlich gemacht werden, wenn sich die Gemeinsamkeit auch auf das angeschlossene Verhalten bezieht, wenn er also noch für das Verhalten des Vordermannes zuständig gemacht werden kann[481].

III) Der Streit um die Erfolgsbezogenheit der objektiven Zurechnungslehre

Trotz Einigkeit über die Aufgabe der objektiven Zurechnungslehre und deren Struktur – die objektive Zurechnung setzt sich aus der Schaffung des unerlaubten Risikos und der Verwirklichung des Risikozusammenhanges zusammen – kann in der modernen Strafrechtsdogmatik von *einer* objektiven Zurechnungslehre keine Rede sein. Die Differenzen ranken sich um das Problem, ob die objektive Zurechnungslehre notwendigerweise erfolgsbezogen interpretiert werden muß (so die überkommene Lesart) oder sie nicht vielmehr normentheoretischen Überlegungen und einem personalen Unrechtsverständnis anzupassen ist. Die hier angesprochene Unterscheidung hat wiederum Konsequenzen für den Aussagegehalt der jeweiligen Prüfungsschritte bzw. die Tragweite der objektiven Zurechnungslehre für die strafrechtliche Zurechnungslehre überhaupt.

1. Die Betonung der Erfolgsbezogenheit der objektiven Zurechnungslehre

Überkommen ist in der Strafrechtsdoktrin die Lehrmeinung, die im Rahmen der objektiven Zurechnung von einer Zurechnung des Erfolges spricht[482] und demzufolge davon ausgeht, daß sich die objektive Zurechnung notwendigerweise auf den Bereich der Erfolgsdelikte beschränken soll. Damit soll sich die Bedeutung des Kriteriums der Schaffung eines unerlaubten Risikos darin erschöpfen, notwendige Vorstufe im Rahmen der Prüfung der Erfolgszurechnung zu sein. Sie reduziert sich also auf ein in rechtlicher Hinsicht gefährliches Verhalten[483]. Welches Verhalten als Schaffung eines unerlaubten Risikos somit in Betracht kommt, bestimmt sich nach den Erfordernissen des Rechtsgüterschutzes. In diesem Sinne ist also bereits

---

480 Die Problematik des Regreßverbotes geht auf *Frank* StGB, S. 15 zurück, der Bedingungen nicht als Ursachen ansehen will, wenn sie lediglich „Vorbedingungen einer Bedingung sind, die frei und bewußt auf Herbeiführung eines Erfolges gerichtet war"; so auch *Naucke*, ZStW 76 (1964), S. 408 ff.; *Otto*, Maurach–FS, S. 96 ff. Besondere Probleme bereitet die Fallgruppe der Beihilfe durch neutrales Verhalten. Eingehend dazu *Wolff–Reske*, Berufsbedingtes Verhalten, S. 113 ff.

481 Vgl. dazu *Cancio Meliá*, ZStW 111 (1999), S. 357, 386; *Jakobs* AT, 7/56, 21/14 ff., 29./105a; dens., Strafrechtliche Zurechnung, S. 57, 66.

482 So *Ebert*, Jura 1979, S. 561; *Bustos Ramírez*, Armin Kaufmann–GedS, S. 213, 218 ff.; *Kühl*, JR 1983, S. 32; ders., AT, § 17 Rn 56; *Küper*, Lackner–FS, S. 247, 263 ff.; Sch/Sch/*Lenckner*, Vor § 13 Rn 92; *Schünemann*, JA 1975, S. 575, 578; *Ulsenheimer*, Pflichtwidrigkeit und Erfolg, S. 147.

483 So auch die Interpretation von *Toepel*, Kausalität und Pflichtwidrigkeitszusammenhang, S. 140.

ein Verhalten als unerlaubt riskant einzustufen, wenn es ein geschütztes Rechtsgut gefährdet. Der hier in Rede stehenden Lehre von der objektiven Zurechnung geht es also einzig darum, den Norminhalt der Erfolgsverletzungsdelikte „wertend" zu verengen.

Dieser Ausgangspunkt beim Erfolgsbegriff wird durch die historische Prägung der objektiven Zurechnungslehre durch den objektiven Unrechtsbegriff verbunden mit der Annahme eines starren Rechtsgüterschutzes erklärlich. Zur Zeit der Entstehung der Lehre von der objektiven Zurechnung war die Annahme eines objektiven Unrechtsbegriffes herrschend: „Unrecht ist (...) Veränderung eines rechtlich gebilligten bzw. Nicht–Veränderung eines rechtlich mißbilligten Zustandes, nicht rechtlich mißbilligte Veränderung eines Zustandes"[484]. Das Wesen des Unrechts wurde in der Herbeiführung bestimmter unwerter Zustände gesehen. Wurde der Erfolg nicht zugerechnet, war dies gleichbedeutend mit der Verneinung von Unrecht. Konsequent war ein solches Vorgehen so lange, wie das strafrechtlich Störende in einem bestimmten störenden Zustand gesehen wurde. Will der überkommene Ansatz von der objektiven Zurechnungslehre damit weiterhin an einer „objektiven Normentheorie" festhalten – Normen verstanden als sogenannte Verletzungsverursachungsverbote – und gleichzeitig im Rahmen des objektiven Tatbestandes eine Normativierung vornehmen, so muß er den gesamten normativen Ballast in die Interpretation des Erfolgsbegriffes hineinverlegen. Es geht dann schwerpunktmäßig um die Beantwortung der Frage, was mit einem „konkreten tatbestandsmäßigen Erfolg" im Sinne der objektiven Zurechnungslehre gemeint ist[485]. Zum Beispiel kann dann der auf einer Selbsttötung beruhende Tod kein tauglicher Erfolg im Sinne des § 212 StGB sein.

Die Strafrechtsdogmatik ist aber bei einem derart verstandenen Unrechtsbegriff nicht stehengeblieben. Schon WELZEL hat in seinen frühen Schriften erkannt, daß die Rechtsgüter nicht statisch als bloße „Museumsstücke", sondern funktional im Sinne sozialer Beziehungen begriffen werden müssen[486]. Damit erweist sich die betonte Erfolgsbezogenheit der ursprünglichen Lehre von der objektiven Zurechnung als nicht vollständige Abnabelung von der naturalistischen Strafrechtsdoktrin. Sie hat gleichzeitig die intrasystematisch bedenkliche Konsequenz, daß sich ihr Anwendungsfeld auf den Bereich der Erfolgsdelikte beschränkt, obwohl eine Übertragung der Kriterien objektiver Zurechnung auch auf den Bereich der Versuchs– und Gefährdungsdelikte durchaus naheliegen würde[487]. Denn wie kann ansonsten erklärt werden, daß im sogenannten Erbonkelfall oder in sonstigen Fällen der Ausnutzung eines generell tolerierten Risikos in einem Bereich, in dem das Fehlen der Erfolgszurechnung sogar vorausgesetzt ist, eine Bestrafung wegen Versuchs ausscheidet? Die bloße Verneinung der Erfolgszurechnung läßt die Tatsache unberührt, daß beispielsweise der das Mittel Verabreichende den Tod des Opfers für möglich gehalten hat.

---

484 *Mezger*, GS 89 (1924), S. 207, 245. So auch *v. Hippel*, Strafrecht, S. 6, 107.

485 Eine derartige Normativierung befürwortend *Puppe*, ZStW 92 (1980), S. 863, 878 ff.; *Vogel*, Norm und Pflicht, S. 50.

486 So bereits die Lehre von der Sozialadäquanz von *Welzel*, ZStW 58 (1939), S. 514 f. Dazu schon im Rahmen der Darstellung der Lehre *Welzels* S. 49 ff.; vgl. auch *Reyes*, ZStW 105 (1993), S. 108, 115 f.

487 So auch *Frisch*, Tatbestandsmäßiges Verhalten, S. 45; ders., Gegenwartsprobleme der Tatbestandslehre, S. 72; *Lukas*, Tatbestandsmäßiges Verhalten, S. 154 ff.; *Wolter*, Zurechnung, S. 32 f.; 180 f.; krit. auch *Bustos Ramírez*, Armin Kaufmann–GedS, S. 213, 228. Zu der Problematik der Abgrenzung von straflosen Vorbereitungshandlungen und Versuchsbeginn eingehend *Vehling*, Die Abgrenzung von Vorbereitung und Versuch.

2. Die Einbettung der objektiven Zurechnungslehre in normentheoretische Erwägungen

Aufgrund dieser Ungereimtheiten hat die überkommene Interpretation aus den Reihen der Vertreter der objektiven Zurechnungslehre insofern eine Kritik erfahren, als sich das Hauptaugenmerk der „objektiven Zurechnungslehre“ nunmehr auf die Konstituierung der Voraussetzungen beziehen soll, unter denen ein unerlaubtes Verhalten vorliegt[488]. Ein weiteres wesentliches Problem der objektiven Zurechnungslehre liege neben der sogenannten Frage der Zurechnung eines Verhaltens zum Erfolg darin, wann von einem im Sinne der objektiven Zurechnungslehre unerlaubten Verhalten ausgegangen werden könne. Insofern soll der Blickwinkel der objektiven Zurechnungslehre erweitert werden und eine Lehre von den unerlaubt riskanten Verhaltensweisen entwickelt werden[489]. Der von der überkommenen Zurechnungslehre zugrunde gelegte Unrechtsbegriff habe sich inzwischen als überholt erwiesen. Wie Erkenntnisse der finalen Handlungsdoktrin und normentheoretische Überlegungen[490] bewiesen, hätten sich im Rahmen der Diskussion um den Unrechtsbegriff die Akzente vom Erfolgs– auf das Handlungsunrecht verschoben. Rein objektiv formulierte Normen, sogenannte „Verletzungsverursachungsverbote“, seien auf der einen Seite zu weit (auch objektiv ex ante betrachtet unverbotene Handlungen seien normwidrig, wenn der Erfolg eintrete) und auf der anderen Seite zu eng (wenn der Erfolg nicht eintrete, seien ex ante betrachtet verbotene Handlungen nicht normwidrig)[491]. Die Rechtsordnung dürfe zudem nicht *als* Wertordnung, sondern als Verhaltensordnung begriffen werden: Strafrechtliches Unrecht sei nur als Unrecht einer Person verständlich, es sei der Abfall der Person von den Verhaltensnormen, die Zuwiderhandlung gegen die Ver– oder Gebotsnormen der Rechtsordnung[492].

Diesem geänderten Unrechtsverständnis habe auch die Lehre von der objektiven Zurechnung Rechnung zu tragen. Jedenfalls im Rahmen des Fahrlässigkeitsdelikts sei heute allgemein anerkannt, daß die bloße Verursachung des Erfolges nicht als tatbestandsmäßiges Verhalten ausreiche, vielmehr die Erfüllung der sogenannten Verhaltensnormwidrigkeit vorausgesetzt sei, was aber gleichermaßen für das vorsätzliche Erfolgsdelikt zu gelten habe[493]. Der Verstoß gegen die rechtliche Verhaltensordnung wird damit zur Voraussetzung strafrechtlicher Zurechnung[494], womit der Feststellung der „Schaffung eines unerlaubten Risikos“ im Vergleich zur überkommenen objektiven Zurechnungslehre eine gänzlich andere Bedeutung zukommt: Es geht nicht mehr nur um ein im Sinne des Rechtsgüterschutzes gefährliches Verhalten, sondern um ein solches, das eine Verhaltensnormwidrigkeit darstellt.

---

488 *Frisch*, Tatbestandsmäßiges Verhalten, S. 33 ff.; 36 ff., 59 ff., 70 ff.; ders., Roxin– FS, S. 213, 232 will diese Problematik in der Formulierung des tatbestandsmäßigen Verhaltens verankern. Für die eigentliche Zurechnungsfrage bleibe damit nur noch die Frage der Risikorealisierung im Erfolg übrig. In diese Richtung auch *Freund* AT, § 2 Rn 13 ff., 72 ff.; NK–*Puppe*, Vor § 13 Rn 143, 155, 164.

489 SK–*Rudolphi*, Vor § 1 Rn 57 ff., 62; *Wolter*, Zurechnung, S. 180 f.; ders., Objektive und personale Zurechnung, S. 103 f.

490 *Freund*, Erfolgsdelikt und Unterlassen, S. 122 ff.; *Frisch*, Tatbestandsmäßiges Verhalten, S. 33 ff., 71 ff.; *Jakobs*, Studien, S. 1 ff.; *Wolter*, GA 1991, S. 531 ff.; *Zippelius*, Unrechtslehre, S. 7 ff.

491 *Freund*, Erfolgsdelikt und Unterlassen. S. 122 ff.; *Kuhlen*, GA 1990, S. 477, 479 f.

492 Die personale Unrechtslehre hat sich in der Strafrechtsdogmatik heute weitgehend durchgesetzt. Statt vieler: *Krauß*, ZStW 76 (1964), S. 19 ff.; *Lampe*, Unrecht; *Otto*, ZStW 87 (1975), S. 541 ff.; *Rudolphi*, Maurach–FS, S. 51 ff.; *Wolter*, Zurechnung, S. 147 ff.

493 Siehe nur *Frisch*, Tatbestandsmäßiges Verhalten, S. 71 f.

494 vgl. dazu *Freund*, Erfolgsdelikt und Unterlassen, S. 37.

Aufgrund dessen soll die objektive Zurechnungslehre gleichermaßen auf Erfolgs–, Versuchs–, und Gefährdungsdelikte wie auf vorsätzliche und fahrlässige Straftaten, Handlungen und Unterlassungen anwendbar sein[495] und kann damit dem Vorwurf der intrasystematischen Ungereimtheiten, der der überkommenen Lehre gegenüber geäußert wurde, entgehen. Das eigentliche Problem besteht dementsprechend für die moderne Lehre von der objektiven Zurechnung darin, zu bestimmen, wann eine solche Verhaltensnormwidrigkeit vorliegt und wie in ein Modell verhaltenssteuernder Normen, das sich prinzipiell auf den einzelnen als psychophysisches Subjekt bezieht, objektive Zurechnungskriterien einzubeziehen sind (dazu ausführlicher § 6).

Versteht man die Verhaltensnorm in ihrer Funktion als Bestimmungsnorm, so führt dies zu einer Trennung von Handlungs– und Erfolgsunwert[496]. Deutlich wird diese Aufspaltung bei FRISCH, der zwischen der Lehre vom unerlaubten Verhalten (Handlungsunwert) und dem sogenannten Rechtswidrigkeitszusammenhang (Erfolgsunwert) als zwei unterschiedlichen substantiellen Stufen differenzieren möchte. Zwar gehen die Bedenken ROXINS: „Ohne einen Todeserfolg und dessen Zurechnung gibt es keine Tötungshandlung und kein tatbestandsmäßiges Verhalten“[497] in diesem Zusammenhang inhaltlich zu weit, da der Einwand der Untrennbarkeit von Handlungs– und Erfolgsunwert nur in den Fällen des vollendeten Erfolgsdeliktes zwingend ist, in denen das tatbestandsmäßige Verhalten auch zu einem Erfolgseintritt geführt haben muß, um zurechenbar zu sein[498]. Für eine solche Lehre der Verhaltenssteuerung bleibt aber die Bedeutung des Erfolgsunwertes völlig im Dunkeln, ja seine Einbeziehung in das strafrechtliche Unrecht ist jedenfalls normentheoretisch nicht zu bewältigen[499]. Wenn strafrechtliche Normen aber die gesellschaftliche Wirklichkeit, in der strafrechtliche Zurechnung stattfindet, widerspiegeln sollen, müssen sie derart konzipiert sein, daß sie auch die Bedeutung des Erfolgsunwertes hinreichend zu würdigen wissen. Damit ist auch die neuerlich vertretene Lehre vom unerlaubten Verhalten Bedenken ausgesetzt, solange sie an einem verhaltenssteuernden Normmodell festhält. Vergegenwärtigt man sich den in der objektiven Zurechnungslehre allgemein zum Ausdruck kommenden Leitgedanken, daß es bei der objektiven Zurechenbarkeit in erster Linie darum geht, Kriterien zu entwerfen, wann ein Verhalten als Werk eines Täters gilt, so entpuppt sich zum einen die Frage nach dem Vorrang des Handlungs– oder Erfolgsunwertes als Nebensächlichkeit. Zum anderen bestätigt sich die von der modernen Lesart erhobene Forderung, den Gedanken der objektiven Zurechnungslehre als Leitidee aller Deliktsarten heranzuziehen. Es gibt keinen Grund, die Lehre von der objektiven Zurechnung auf die Fälle der sogenannten Erfolgszurechnung zu beschränken[500].

3. Schlußfolgerungen für den weiteren Gang der Untersuchung

Hinter dem Streit um die sogenannte Erfolgsbezogenheit der objektiven Zurechnungslehre verbirgt sich eine normentheoretisch problematische Fragestellung: Wie hat eine strafrechtliche Zurechnungslehre, die sich am Funktionieren der modernen Gesellschaft ausrichten will,

---

495 *Freund*, Erfolgsdelikt und Unterlassen, passim; *Frisch*, Tatbestandsmäßiges Verhalten, S. 45 f.; *Jakobs* AT, 7/4; Reyes, ZStW 105 (1993), S. 108, 135.

496 *Frisch*, Tatbestandsmäßiges Verhalten, S. 71 f.

497 *Roxin* AT, § 11 Rn 46; so auch *Wolter*, GA 1991, S. 531, 548 ff.

498 So auch *Frisch*, Roxin–FS, S. 213, 234.

499 In diesem Sinne ausdrücklich *Stein*, Die strafrechtliche Beteiligungsformenlehre S. 81 f. Kritisch dazu wiederum *Lesch*, Sukzessive Beihilfe, S. 206.

500 In diesem Sinne ebenfalls *Reyes*, ZStW 105 (1993), S. 108, 128.

die ihr zugrunde gelegte Normentheorie zu formulieren? Geht man mit WELZEL davon aus, daß sich die Bedeutung von Rechtsgütern nicht in einer statischen Zustandsbeschreibung erschöpft, Rechtsgüter vielmehr nur in einer funktionalen Welt denkbar sind, d. h. Gebrauch und Verbrauch von Rechtsgütern notwendigerweise voraussetzen, so dürfen Normen jedenfalls nicht als Verletzungsverursachungsverbote formuliert werden. Sie haben vielmehr auf die Bedeutung dieser gesellschaftlichen Interaktionen Rücksicht zu nehmen. Inwieweit der moderne Ansatz, der die Verhaltensnormwidrigkeit vom ex ante Urteil einer objektiven Maßstabsfigur abhängig machen will, diesem Erfordernis genügt, soll im Rahmen der Gegenüberstellung von personaler und sozialer Zurechnungslehre problematisiert werden[501].

IV) Zur „Neuerung" des Ansatzes gegenüber der HONIGschen Lehre

Während es HONIG bei der Frage der objektiven Zurechnung noch um ein „Beherrschenkönnen" durch den konkreten Täter in der jeweiligen Situation geht, wird in der modernen Lehre von der objektiven Zurechnung dieses „Beherrschenkönnen" jedenfalls im überkommenen Ansatz auf ein in rechtlicher Hinsicht gefährliches Verhalten reduziert[502], womit das sogenannte „personale" Element im Begriff der objektiven Zurechnung entscheidend geschwächt wird[503]. In Rede steht hier die Zurechnung zu einem bestimmten äußeren Verhalten, nämlich, ob sich die vom Verhalten gesetzte und von den Rechtsvorschriften intendierte Gefährlichkeit im Erfolg verwirklicht hat[504].

Darüber hinaus hat sich der Bereich der objektiven Zurechnung gegenüber der These HONIGS von der objektiven Bezweckbarkeit grundlegend thematisch verändert: Zwar geht es auch der modernen Lehre von der objektiven Zurechnung wie schon LARENZ darum, die eigene „Tat" vom zufälligen Geschehen abzugrenzen. Im Gegensatz zu den Ansätzen von LARENZ und HONIG bezweckt die moderne Lehre von der objektiven Zurechnung aber nicht ein Substrat rechtlicher Wertung zu schaffen, an das noch die genuin strafrechtliche Wertung angelegt werden muß, es steht vielmehr – vergröbernd gesprochen – die Herausarbeitung von normativen Zurechnungskriterien im Vordergrund[505], deren Reichweite in der Macht des Gesetzgebers stehe. Es soll um eine Sinn– und Wertungsfrage gehen, die allein durch teleologische, an der Art des jeweiligen Rechtsstoffes orientierte Erwägungen gelöst werden könne, nicht aber durch Folgerungen aus dem ontologischen Wesen oder Begriff von irgend etwas[506]. Damit soll aber die Zurechnungsfrage nicht mehr wie noch bei LARENZ und WELZEL im Bereich des Vorstrafrechtlichen verbleiben, sondern soll an Normatives angebunden werden. Mit dieser thematischen Breite beschränkt sich die Filterfunktion nicht lediglich auf Randkorrekturen wie bei HONIG[507]. Damit hat sich auch der Argumentationsmodus umgekehrt: Ging man ursprünglich davon aus, daß ein rechtliches Verbot sinnvollerweise nur ein solches Verhalten betreffen könne, das einen Erfolg in zurechenbarer Weise verursacht

---

501 Dazu ausführlich § 6, S. 141 ff., 145 f., 147 ff.
502 So insbesondere die Kritik von *Toepel*, Kausalität und Pflichtwidrigkeitszusammenhang, S. 140.
503 In diesem Sinne *Kahlo*, Pflichtwidrigkeitszusammenhang, S. 96: *Roxins* Theorie setze nicht bei der Rechtsperson und ihrem autonomen Willen, sondern bei allgemeinen Wert– und Zweckgedanken an.
504 Dies kritisiert *Schild*, Begriff der Zurechnung, S. 445, 471.
505 Darauf weist *Maiwald*, Miyazawa–FS, S. 465, 476 hin.
506 *Roxin*, ZStW 74 (1962), S. 515, 527.
507 So auch *Frisch*, Roxin–FS, S. 213, 215.

hat, so hält man neuerdings die Zurechnung für ausgeschlossen, wenn das Verhalten erlaubt war[508].

Ging es LARENZ und HONIG mit ihrer Formulierung der objektiven Zurechnungslehre noch um die Beschränkung einer an sich personal ausgerichteten Zurechnungslehre, wurde also der Ausgangspunkt bei einem – zwar gesellschaftlich gebundenen Subjekt – genommen, so entscheidet in der modernen objektiven Zurechnungslehre per se das Deutungsschema der Gesellschaft. Wenn also innerhalb der Lehre von der objektiven Zurechnung nicht auf den Verständnishorizont der miteinander in Interaktion stehenden einzelnen abgestellt wird, sondern der Werthorizont des Gesetzgebers zur Bestimmung der Zurechnung herangezogen wird, so drängen die Individualisten auf eine Legitimation. Es ist also im Rahmen der vorliegenden Arbeit zu hinterfragen, inwieweit auf die sogenannte soziale Sinnsetzung abgestellt werden muß und nicht auf die der interagierenden Individuen. Oder sind möglicherweise ein freiheitstheoretischer Ansatz der Zurechnung und ein solcher, der das genuin Soziale in den Vordergrund stellt, miteinander kompatibel[509]? Aus der Perspektive der objektiven Zurechnungslehre drängt sich außerdem die Frage auf, warum im Bereich der objektiven Zurechnung eine Standardisierung vorgenommen wird, wenn im Bereich der Schuld diese doch wieder durch Berücksichtigung der konkreten Eigenschaften des jeweiligen Täters rückgängig gemacht wird[510].

D) Ergebnis

Im Rahmen der Lehre von der objektiven Zurechnung zeichnen sich damit ähnliche Problembereiche ab wie bei dem sozialen Handlungslehren. Im Vordergrund beider Ansätze steht ihr Wille zur Überwindung des Naturalismus und eine starke Betonung der genuin sozialen Betrachtungsweise, die über die Zuschreibung von Verantwortungssphären entscheiden soll. Anders als die sozialen Handlungslehren, die die Konstituierung der Handlung im vorstrafrechtlichen, vortatbestandsmäßigen Bereich ansiedeln wollen, findet die Lehre von der objektiven Zurechnung nach herkömmlicher Ansicht ihren systematischen Standort im Bereich der Tatbestandsmäßigkeit – es geht um die Herausarbeitung genuin rechtlicher Zurechnungsprinzipien. Auffällig ist des weiteren, daß in der modernen Lehre von der objektiven Zurechnung die Herausarbeitung von genuin strafrechtlichen Zurechnungskriterien im Gegensatz zur Forderung nach der Schaffung der sogenannten Haftungsgrundlage bei LARENZ, WELZEL und HONIG in den Vordergrund der Betrachtungsweise gerückt ist.

Im Rahmen der objektiven Zurechnungslehre haben sich dabei zwei normentheoretisch unterschiedliche Ansätze herauskristallisiert: Während die überkommene Lehre die Frage der objektiven Zurechnung vor allem als Problem der sogenannten *Erfolgs*zurechnung einordnet und den Schwerpunkt damit beim sogenannten Rechtswidrigkeitszusammenhang und nicht bei den Voraussetzungen des unerlaubten Risikos setzt, will die moderne Ansicht die objektive Zurechnung in ein Gesamtkonzept einer personalen Unrechtslehre einbetten. Bei der Frage des unerlaubten Verhaltens kommen bereits normtheoretische Erwägungen zum Tragen.

Ebenso wie die sozialen Handlungslehren stellt die objektive Zurechnungslehre auf der Unrechtsebene auf die objektive Maßstabsfigur ab, während auf der Stufe der Schuld die indivi-

---

508 Vgl. dazu *Maiwald*, Miyazawa–FS, S. 465, 475.
509 Vgl. dazu meine Darlegungen S. 192 ff.
510 Vgl. dazu die Ausführungen S. 204 ff.

duellen Besonderheiten des einzelnen Berücksichtigung finden sollen, hier also die Person als Individuum angesprochen wird. Es fragt sich, ob eine solche Aufspaltung des Zurechnungssubjekts in die objektive Maßstabsfigur im Bereich des Unrechts und die Individualperson im Bereich der Schuld sinnvoll durchgehalten werden kann.

§ 5 Die Sozialen Handlungslehren und die Lehre von der objektiven Zurechnung im Vergleich

Die detaillierte Beschäftigung mit den sozialen Handlungslehren und der objektiven Zurechnungslehre hat die anfangs geäußerte Vermutung einer engen „verwandtschaftlichen Beziehung“ zwischen den beiden normativierenden Ansätzen bestärkt. Die Parallelen schlagen sich bereits in dem gemeinsamen Ausgangspunkt einer kritischen Betrachtung der naturalistischen Handlungsdoktrin und ihrer Hinwendung zu einer sozial–sinnhaften Interpretation der strafrechtlichen Wirklichkeit nieder. In der frühen Lehre von der objektiven Zurechnung, bei LARENZ und HONIG, wird darüber hinaus das bereits im teleologischen Rechtsdenken und von den sozialen Handlungslehren herangezogene Zurechnungskriterium der „objektiven Bezweckbarkeit“ als maßgeblicher Zurechnungstopos eingeführt. Einen Diskussionsschwerpunkt in beiden Theorien bildet die Behandlung des einzelnen Zurechnungssubjekts als objektive Maßstabsfigur. Trotz dieser Gemeinsamkeiten gehen beide Lehren von einer unterschiedlichen systematischen Einordnung von sozialer Handlung bzw. objektiver Zurechnung aus: Während die Handlungslehre im *vorstrafrechtlichen, vortatbestandsmäßigen* Bereich angesiedelt werden soll, soll die objektive Zurechnungslehre die Ermittlung der Bedeutung des im *Tatbestand* umschriebenen Geschehens leisten. Jedenfalls aus der Perspektive beider Ansätze muß eine „Identität“ beider Lehren daher verneint werden.

Der Vergleich zwischen sozialen Handlungslehren und der Lehre von der objektiven Zurechnung soll aber nicht auf diese überkommene Sichtweise, die zwischen Handlung und Zurechnung als zwei unterschiedlichen Zurechnungsstufen differenziert, beschränkt werden. Denn lassen sich für die strafrechtliche Zurechnungslehre gewichtige Gründe aufzeigen, die eine solche Unterscheidung entbehrlich machen, müssen diese im Rahmen der Interpretation von sozialer Handlung bzw. objektiver Zurechnung Berücksichtigung finden. Im Rahmen des Vergleichs der beiden Ansätze sollen folgende Problempunkte erörtert werden: Inwieweit lassen sich aus dem Prinzip der objektiven Bezweckbarkeit, das in der Frühphase des Normativismus einheitlich als das maßgebliche Lösungskriterium herangezogen wurde, überzeugende Lösungen für die strafrechtliche Zurechnungslehre einer komplexen Gesellschaft ableiten? Fungiert die objektive Zurechnung als Haftungsbegründung oder –ausschluß(§ 5 A)? Welche Relevanz kommt dem Kriterium der Kausalität in beiden Ansätzen zu, dessen Rolle als das maßgebliche Zurechnungskriterium ja gerade mit Hilfe eines sozialen Deutungsschemas überwunden werden sollte (§ 5 B)? Inwieweit kann von einer Identität des strafrechtlichen Unrechtsbegriffes in sozialen Handlungslehren und objektiver Zurechnungslehre ausgegangen werden (§ 5 C)? Lassen sich die Bereiche der sozialen Handlung und der objektiven Zurechnung tatsächlich sinnvoll abgrenzen oder konkurrieren beide Bereiche nicht vielmehr um ihren Anwendungsbereich (§ 5 D)? Inwieweit läßt sich die Konstituierung eines vorstrafrechtlichen Zurechnungsbegriffes legitimieren (§ 5 E)? Fragen nach der Bedeutung des sogenannten Subjekts der Zurechnung, also der Personalisierung der Zurechnungslehre, sollen erst in einem nachfolgenden sechsten Kapitel, das sich dem Widerstreit von Sozialem und Subjektivem im Strafrechtssystem widmet, aufgearbeitet werden[511].

511 Zur kritischen Gegenüberstellung von sozialen Handlungslehren und der Lehre von der objektiven Zurechnung ist anzumerken, daß die in den Vordergrund gerückten Bereiche nicht alle dargestellten Lesarten der jeweiligen Lehrmeinungen betreffen, vielmehr lediglich ihre typischen Ausformungen in den Vergleich eingebracht werden sollen. Eine detaillierte Gegenüberstellung bis in alle Einzelheiten würde zum einen den Rahmen der Arbeit sprengen und ist auch

A) Zum Verhältnis von sozialer Handlung und objektiver Zurechnung in der Frühphase des Normativismus

I) Zum Begriff der objektiven Bezweckbarkeit

Auffällig an den frühen objektiven Zurechnungslehren von LARENZ und HONIG ist ihre Verwendung des in der damaligen Zurechnungsdoktrin häufig herangezogenen Zurechnungskriteriums der objektiven Bezweckbarkeit, das auch von Vertretern der sozialen Handlungslehren als maßgebliches Zurechnungsprinzip eingeführt wurde. So will LARENZ den Zweckbegriff objektiv fassen[512], und HONIG betrachtet „die objektive Zweckhaftigkeit (als) Kriterium für die Zurechenbarkeit eines Erfolges"[513]. Im Rahmen der sozialen Handlungslehren betont ENGISCH das Merkmal der „objektiven Bezweckbarkeit"[514] und MAIHOFER den „Zweck, als den zukünftigen, in der objektiven Richtung (Finalität) eines Geschehens liegenden Wert oder Unwert"[515]. Ein solcher Rückgriff auf einen objektiven Zweckbegriff hatte schon im teleologischen Rechtsdenken, beispielsweise bei SAUER, MITTASCH und THIERFELDER in Abgrenzung zum Begriff der Kausalität an Attraktivität gewonnen. Eine ausführliche Auseinandersetzung mit dem objektiven Zweckbegriff findet sich bei BIENENFELD[516], auf den beispielsweise ENGISCH in seinen Überlegungen zum sozialen Handlungsbegriff ausdrücklich verweist und der auch für das teleologische Rechtsdenken prägend war, so daß über das Kriterium des objektiven Zweckbegriffs eine verwandtschaftliche Beziehung der sozialen Handlungslehren zum teleologischen Rechtsdenken bejaht werden kann: Der objektive Zweckbegriff des teleologischen Rechtsdenkens lebt in den sozialen Handlungslehren fort. Liegt demnach für einige Ansätze, wie diejenigen von HONIG, ENGISCH und WÜRTENBERGER durch ihre ausdrückliche Bezugnahme auf den objektiven Zweckbegriff der Neukantianer eine Verwurzelung im teleologischen Rechtsdenken nahe, so gilt dies nicht zwingend für alle. Diese Übereinstimmung ist auch nur eine rein terminologische. Denn anders als im teleologischen Rechtsdenken wollten die sozialen Handlungslehren ihre maßgeblichen Zurechnungskriterien nicht in einer wirklichkeitsfernen Sinnebene verankern, sondern vielmehr aus der konkreten gesellschaftlichen Wirklichkeit deduzieren. Der Begriff der „objektiven Bezweckbarkeit" mußte also zwangsläufig mit einem anderen Inhalt gefüllt werden.

Auch wenn genannte Lehren mit Hilfe des Prinzips der objektiven Bezweckbarkeit im Rahmen der strafrechtlichen Zurechnungslehre auf die gesellschaftliche Wirklichkeit Bezug nehmen wollen, kann die Einbeziehung konkreter gesellschaftlicher Zurechnungsprinzipien mit Hilfe des Kriteriums der objektiven Bezweckbarkeit nicht gelingen. In Übereinstimmung mit jedwedem finalen Ansatz muß auch die Lehre von der objektiven Bezweckbarkeit davon ausgehen, daß das noch ungewordene Künftige als schon in dem Gegenwärtigen enthalten dargestellt wird: „Das Kausalschema ist hierbei offenbar auf dieselbe zeitliche Abfolge der Stadien, der es rechtläufig zukommt, umgekehrt (rückläufig in der Zeit) übertragen. Der Komplementärbegriff der Entwicklung ist daher der des Angelegtseins auf das Endstadium,

---

zum anderen zur Aufarbeitung der historischen Entwicklung eines genuin sozialen Ansatzes nicht unbedingt hilfreich.

512 *Larenz*, Hegels Zurechnungslehre, S. 68.

513 *Honig*, Frank–FG I, S. 174, 184.

514 *Engisch*, Kohlrausch–FS, S. 144, 160.

515 *Maihofer*, Handlungsbegriff, S. 72.

516 *Bienenfeld*, Die Haftungen ohne Verschulden, S. 218 ff.

oder schlechthin der Anlage“[517]. Damit begreift die überkommene Handlungslehre den Zweck als den Teil der Handlungsstruktur, der dem Ganzen seinen Sinn verleiht[518]. Der Zweckbegriff hatte die Aufgabe, dem Vergänglichen einer Handlung, die ist und doch nicht ist, das Bleibende des Zweckes als ihr Wesen einzupflanzen[519].

Eine solche Annahme kann aber bereits konzeptionell nicht überzeugen, da eine objektive Bezweckbarkeit als der jeder Handlung zugrunde liegende immanente Sinngehalt schlichtweg nicht existiert bzw. auf die bereits oben kritisierte Adäquanztheorie hinauslaufen würde[520], was schon KELSEN im Ansatz gesehen hat, wenn er die Untrennbarkeit von Kausalität und Zwecktätigkeit betont: „Das Urteil, daß die Versorgung des Körpers der Zweck der Herztätigkeit sei, bedeutet keineswegs, daß das Herz den Körper mit Blut versorgen *soll*, sondern nur, daß es ihn mit Blut versorgt; das Zweckurteil bezieht sich auf ein Sein, kein Sollen. Es wird durchaus nicht die Existenz irgendeiner Norm behauptet, welche die Blutversorgung des Körpers durch die Herztätigkeit vorschreibt, postuliert, sondern ein Naturgesetz (im weiteren Sinne einer Regel), jedenfalls ein *kausaler* Zusammenhang“[521].

Eine fortbestehende Verankerung des Kriteriums der objektiven Bezweckbarkeit im kausalistischen Denken[522], das ja gerade überwunden werden sollte, läßt sich auch vermuten, wenn man mit Hilfe des Kriteriums der objektiven Bezweckbarkeit problematische Strafrechtsfälle zu lösen versucht[523]. Anhand eines Beispiels von ENGISCH[524] verdeutlicht: Wer einen fremden Mantel vom Haken nimmt und damit das Lokal verläßt, ist in der Regel ein Dieb. Aber ist er es auch im Einzelfall? Und wie ist in dem Augenblick zu entscheiden, in dem jemand seine Hand nach dem fremden Mantel ausstreckt? Geht der „objektive Zweck“ dahin, den fremden Mantel mitzunehmen oder den eigenen zu greifen? Unerklärlich bleibt für einen Ansatz von der objektiven Bezweckbarkeit auch die Strafbarkeit des untauglichen Versuchs[525]. Wiederum beispielhaft: Der Neffe reicht dem Erbonkel die Zuckerdose in der irrigen Annahme, dem Zucker sei ein giftiges Pulver beigemischt. Warum diesem Verhalten per se eine objektive Tendenz der Rechtsgutsverletzung innewohnen soll, wird schwer verständlich. Es muß hier erst geklärt werden, ob die Annahme des Neffen auf vernünftigen oder unvernünftigen Umständen beruht. Diese *zusätzliche* Fragestellung läßt sich aber aus dem Begriff der objektiven Bezweckbarkeit seinerseits nicht deduzieren.

Diese hier genannten Unzulänglichkeiten machen deutlich, daß die sozialen Handlungslehren ihrem Anspruch, die Bedeutung des Gesellschaftlichen in den Vordergrund ihrer Überle-

---

517 *Hartmann*, Teleologisches Denken, S. 4.

518 Ebenso *Luhmann*, Zweckbegriff, S. 3.

519 Vgl. dazu *Luhmann*, Zweckbegriff, S. 2.

520 So auch *Jakobs* Studien, S. 63 f.; ders. AT, 7/23, 7/33; *Maihofer*, Rittler– FS, S. 141, 156 Fn 43, betont selbst die Identität des Maßstabes der objektiven Finalität mit der von der Adäquanztheorie aufgestellten objektiv nachträglichen Prognose; *Schieffer*, Strukturen der Erfolgszurechnung, S. 252 f.

521 *Kelsen*, Hauptprobleme der Staatsrechtslehre, S. 64.

522 So bereits *Hegler*, Frank–FG I, S. 251, 286: „ (...) daß es sich bei dem sogenannten objektiven Zweck der Handlung um die Eignung der Handlung zur Verursachung eines bestimmten Erfolgs handelt, daß hier nicht die teleologische Finalität, sondern die potentielle Kausalität in Frage steht“; ebenso *Welzel*, Deutsches Strafrecht, § 18 Einleitung 4.

523 Kritisch zu der Lehre von der objektiven Bezweckbarkeit *Krauß*, ZStW 76 (1964), S. 19, 23.

524 *Engisch*, Rittler–FS, S. 165, 178.

525 Zur Notwendigkeit der Bestrafung des untauglichen Versuchs *Jakobs*, Armin KaufmannGedS, S. 264 ff.

gungen zu rücken und das strafrechtliche Denken vom Naturalismus zu befreien, jedenfalls mit Hilfe eines Begriffes der „objektiven Bezweckbarkeit", das eine zu starke Typisierbarkeit des gesellschaftlichen Geschehens voraussetzt, nicht hinreichend Genüge tun können. Eine Theorie, die die gesellschaftlichen Bezüge berücksichtigen möchte, muß immer den jeweiligen gesellschaftlichen Kontext bei der Bestimmung der Zurechnungsvoraussetzungen berücksichtigen[526]. In einer Welt, in der es dem einzelnen überlassen wird, wie er seinen Organisationskreis gestaltet, muß eine bestimmte Handlung nicht immer denselben Aussagegehalt beinhalten, da die Lebensgestaltung nicht bei allen Menschen identisch verläuft. Es gibt keine Garantie standardisierter Kontexte. Die alltägliche Erfahrung bestätigt auch die Existenz von Sonderlagen, in denen der Schluß aus einem üblicherweise signifikanten Verhalten verfehlt oder umgekehrt ein Schluß aus einem üblicherweise nicht signifikanten Verhalten doch angebracht wäre[527]. Diese Erkenntnis hatte auch schon SCHMIDT mit seiner Rede von der Mehrdeutigkeit des Verhaltens gezogen, diese der objektiven Bezweckbarkeit immanente Problemhaftigkeit aber mit einem Rückgriff auf die psychische Seelenlage des Täters zu lösen versucht – ein Ausweg, für das das Kriterium der „objektiven Bezweckbarkeit" allerdings keine Anhaltspunkte geboten hatte. Ohne Berücksichtigung der konkreten Handlungssituation kann eine Handlung im sozialen Sinne nicht bestimmt werden[528]. LESCH erklärt dies beispielhaft: „Wer einen Schuß abfeuert, kann den objektiven Tatbestand einer Körperverletzung, einer Sachbeschädigung oder einer Tierquälerei erfüllen oder auch überhaupt tatbestandslos handeln (...). Es kommt darauf an, ob sich das Herz eines Menschen, dessen Arm, eine Blumenvase, ein Hund oder eine Zielscheibe im Zielbereich des Schusses befindet"[529].

Infolge dieser fehlenden Aussagekraft des Begriffes der objektiven Bezweckbarkeit ist es verständlich, daß das Kriterium in der Folgezeit von ROXIN durch das Kriterium des unerlaubten Risikos ersetzt wird[530], womit auch ein inhaltlicher Wandel in der normativen Zurechnungslehre beginnt. Gemeint ist jetzt nicht mehr eine der Handlung immanente Wirkungsrichtung, sondern das vom Schutzzweck der Norm als bezweckbar Gedachte, was wiederum mit der rechtsspezifischen Zuschreibung gleichbedeutend ist[531]. Das Kriterium des unerlaubten Risikos bietet damit einen Ansatz, die in einer Gesellschaft gelebten Zurechnungsstrukturen zu berücksichtigen. Einen Fortschritt gegenüber dem Kriterium der objektiven Bezweckbarkeit bedeutet das Merkmal des unerlaubten Risikos aber nur dann, wenn das unerlaubte

---

526 In diese Richtung geht zwar die soziale Handlungslehre *Oehlers*, Das objektive Zweckmoment, S. 73, der seine Lösung allerdings weiterhin aus dem Kriterium der objektiven Bezweckbarkeit deduzieren möchte, das allerdings keine Anhaltspunkte für eine Lösung bieten kann.

527 Ähnlich die Kritik von *Jakobs* am sogenannten dolus ex re, Armin Kaufmann–GedS, S. 264, 282; zur Standardisierung von Kontexten kritisch auch *Frisch*, Vorsatz und Risiko, S. 133 Fn 44.

528 In diesem Sinne ebenfalls *Frisch*, Vorsatz, S. 120 f.; *Lesch*, Verbrechensbegriff, S. 243. Zu dieser Fragestellung eingehend *Lesch*, Verbrechensbegriff, S. 240 ff., der das Verlangen der überkommenen Strafrechtslehre, die Handlung zu typisieren, in der Tatbestandslehre *Belings* und der Differenzierung *Armin Kaufmanns* zwischen abstrakter und konkreter Norm verankert sieht.

529 *Lesch*, Verbrechensbegriff, S. 243.

530 *Roxin*, Honig–FS, S. 133 ff., verzichtet allerdings auf eine Erklärung, warum der Terminus der „objektiven Bezweckbarkeit" nicht mehr herangezogen werden sollte.

531 In diese Richtung auch *Rudolphi*, Zweck staatlichen Strafens, S. 69, 76 f.: Strafrechtliche Verbote enthielten Verbote objektiv gefährlicher Handlungen, *Frisch*, Tatbestandsmäßiges Verhalten, S. 29; *Herzberg*, JuS 1986, 249, 251 ff., 259 ff.; ders., JZ 1987, S. 536 ff.

Risiko nicht abstrakt bestimmt werden soll[532], sondern der konkrete soziale Kontext Berücksichtigung findet. Wiederum an einem Beispiel erklärt: Ob die Regeln des Straßenverkehrs bei einem Überholvorgang eingehalten worden sind, läßt sich nur bei einer Bewertung der Umstände der konkreten Situation festlegen, insbesondere nach einer Beurteilung der Straßen–, Verkehrs–, Wetter– und Sichtverhältnisse, der persönlichen Fähigkeiten des Fahrers und der Ausstattung der jeweiligen Fahrzeuge[533].

Der lange Zeit die Zurechnungslehre dominierende Begriff der objektiven Bezweckbarkeit hat sich inzwischen als überholt erwiesen. Ein den Begriff der objektiven Bezweckbarkeit zugrunde legender Ansatz begeht den Fehler, den Aussagegehalt einer Handlung zu strikt typisieren zu wollen, was sich nur in einer Gesellschaft mit einer vorgegebenen Ordnung durchhalten läßt. Für ein Strafrecht, das nicht standardisierte Kontexte garantieren will, vielmehr die Zurechnungslehre auf der Komplexität des gesellschaftlichen Zusammenlebens aufbauen möchte, bietet ein solches Kriterium keine tauglichen Lösungsvorschläge.

II) Die Lehre von der objektiven Zurechnung als Lehre einer Haftungs*begründung* oder *–ausschluß*?

LARENZ, WELZEL und HONIG verstehen die Frage der objektiven Zurechnung nicht als Haftungs*ausschluß* wie einige Vertreter der heutigen Zurechnungsdoktrin[534] sondern als Haftungs*begründung*. Mit Hilfe der objektiven Zurechnung soll also erst das Beurteilungsobjekt und damit die Grundlage der Haftung geschaffen werden, an die dann die Rechtsordnung mit ihrer Wertung selbst herantritt. HONIG führt aus: Ist die Willensbetätigung nicht tatbestandsmäßig, dann kann überhaupt nicht von einer Handlung im strafrechtlichen Sinn gesprochen werden[535]. Der Sinn des objektiven Zurechnungsbegriffes solle keinen Zweifel daran aufkommen lassen, daß erst mit der Frage nach der Zurechenbarkeit des Erfolges die dem gesetzlichen Tatbestand im Einzelfall korrespondierende Tat gewonnen werden soll[536]. Mit diesen Überlegungen leugnet HONIG die Notwendigkeit eines vortatbestandlichen Handlungsbegriffes. Die Voraussetzungen der objektiven Zurechnung und die der strafrechtlichen Handlung sind nach seinem Ansatz inhaltsgleich[537]. Diese Sichtweise entspricht – abgesehen von ihrer Einordnung im vorstrafrechtlichen Bereich – durchaus derjenigen der sozialen Handlungslehren, die den Bereich der Handlung ebenfalls als Substrat strafrechtlicher Wertung betrachten. In der Frühphase der normativierenden Betrachtungsweise kann also eine verwandt-

---

532 So aber *Roxin* AT, 8/31, der behauptet, daß die soziale Relevanz eine Eigenschaft sei, die die Handlung haben oder nicht haben könne. Er will also das unerlaubte Risiko unabhängig vom Einzelfall bestimmt wissen.

533 Vgl. dazu *Lesch*, Verbrechensbegriff, S. 250.

534 So insbesondere die Vertreter, die die Bedeutung der objektiven Zurechnungslehre in der sogenannten Erfolgszurechnung sehen; vgl. dazu S. 92 ff.; vgl. aber auch Kindhäuser, GA 1994, S. 197 ff.; Roxin, AT 11/43 ff.

535 *Honig*, Frank–FG I, S. 174, 195.

536 *Honig*, Frank–FG I, S. 174, 196.

537 *Honig*, Frank–FG I, S. 174, 197. *Honig* betont, daß die Zielsetzung, die unsere Sprache den beiden Arten des menschlichen Verhaltens beilege, weder durch eine Alleinherrschaft der Kausalbetrachtung preisgegeben noch beim Gebrauch des Gattungsbegriffes Handlung, der als letzte Abstraktion keine Objektbeziehung mehr aufweise, vergessen werde. Eine Affinität zur Handlungstheorie kommt auch in den Ausführungen *Mayers*, Strafrecht, S. 131 zum Ausdruck: „Zurechnungszusammenhang ist Handlungszusammenhang"; vgl. auch dens. Strafrecht, S. 42: „Handlungszusammenhang ist also vorhanden bei objektiver Zurechnung zum Willen".

schaftliche Beziehung zwischen der objektiven Zurechnungslehre und den sozialen Handlungslehren durchaus angenommen werden.

Dagegen ist in der heutigen objektiven Zurechnungslehre teilweise von ihrer Rolle als Haftungs*ausschluß* die Rede. Es soll nicht erst das Substrat der Haftung geschaffen werden, vielmehr soll dieses bereits existierende Substrat durch bestimmte normative Zurechnungskriterien für die strafrechtliche Zurechnung spezifiziert werden[538].

Gibt es in strafrechtlicher Hinsicht letztlich einen Unterschied zwischen einem Ansatz, der mit Hilfe der objektiven Zurechnung strafrechtliche Haftung begründen will, und einem solchen, der erst die strafrechtliche Relevanz, also einen Haftungsausschluß, betont? Oder ist diese zunächst augenscheinliche Differenzierung in Wirklichkeit nur terminologischer Natur? Die hier aufgeworfene Frage kann, was zunächst erstaunen mag, gleichzeitig bejaht und verneint werden: Zwar existiert in formeller Hinsicht ein Perspektivenwechsel, der sich aber materialiter „von selbst in Luft auflöst". Die unterschiedliche Rede von einer zurechnungsbegründenden bzw. einer haftungsausschließenden Rolle der objektiven Zurechnungslehre verdeutlicht zumindest in formeller Hinsicht einmal mehr die vollkommen verschiedenen Ausgangspunkte im Normativismus: In ihrer Frühform der objektiven Zurechnungslehre sowie bei den Vertretern der sozialen Handlungslehre geht man von einem „Seinsansatz" aus, der Schaffung eines Haftungssubstrats – die Bedeutung der strafrechtlichen Zurechnung ist also der Handlung bereits immanent. Dagegen muß in der heutigen Lehre von der objektiven Zurechnung die strafrechtliche Relevanz einer Handlung gleichsam von außen rechtsspezifisch zugeschrieben werden. Eine Lehre vom Haftungsausschluß müßte eigentlich von einer grundsätzlichen strafrechtlichen Haftung des einzelnen für die von ihm bewirkten Taten ausgehen, so daß er im Falle des Nichtvorliegens der Voraussetzungen der objektiven Zurechnung von einer Haftung befreit wird, während umgekehrt für einen Ansatz der Haftungsbegründung der Täter erst durch das Vorliegen der Zurechnungsvoraussetzungen für das Strafrecht interessant wird.

Erscheint zwar beim Begehungsdelikt die objektive Zurechnung äußerlich als eine Einschränkung der sprachlich zu weit geratenen Tatbestände, ändert das nichts daran, daß es materialiter um eine Straf*begründung* und nicht etwa nur um einen Strafausschluß geht[539], wie der moderne Zweig der heutigen objektiven Zurechnungslehre richtigerweise zum Ausdruck bringt. Denn ohne Hinzuziehung der Regeln der objektiven Zurechnungslehre ist eine Interpretation des tatbestandlichen Geschehens nicht möglich[540]. Diese Annahme sollte mit Blick auf die Leitidee der objektiven Zurechnungslehre auch unstreitig sein. Eine „Tat" ist dem Tä-

---

538 In diesem Sinne wohl die Auffassung von *Kindhäuser*, GA 1994, S. 197, 216 f. Bei ihm gewinnt das für die Lehre von der objektiven Zurechnung maßgebliche Kriterium des erlaubten Risikos keine zurechnungs*begründende*, sondern nur eine die Zurechnung *hindernde* Bedeutung. Ob das betreffende Verhalten gegen konkrete Sondernormen verstößt, ist für ihn weder hinreichende noch notwendige Bedingung für die Annahme eines zurechnungstauglichen Sorgfaltsverstoßes, die Sondernormen erlangen erst eine zurechnungs*hindernde* Bedeutung: Die in einer Norm gewährte begrenzte Erlaubnis zu riskantem Verhalten nimmt der vermeidbaren „Unfähigkeit zur Vermeidung der Tatbestandsverwirklichung ihren zurechnungsbegründenden Charakter (...) und wirkt damit zurechnungshindernd".

539 So auch *Freund*, Erfolgsdelikt und Unterlassen, S. 86.

540 In diesem Sinne ausdrücklich Jakobs, Strafrechtliche Zurechnung, S. 57, 63 ff.; so wohl auch *Frisch*, Tatbestandsmäßiges Verhalten, S. 9 ff., 33 ff.

ter als sein Werk nämlich erst dann zuzuordnen, wenn die Voraussetzungen der objektiven Zurechnung erfüllt sind.

Letzte Zweifel sollten spätestens dann ausgeräumt sein, wenn man auf die Gegenüberstellung von Haftungsbegründung und –begrenzung im Rahmen der Diskussion um den Schuldbegriff blickt, die inzwischen als gelöst betrachtet werden kann[541]. Was begrenzt, begründet gleichzeitig auch immer. „Ebenso wie eine Ländergrenze, die das Terrain des betreffenden Landes nicht nur begrenzt, sondern zugleich auch begründet“[542], weisen der Begriff der Handlung bzw. der objektiven Zurechnung zwangsläufig einen in diesem Sinne ambivalenten Charakter auf. Bei der Rede von der Haftungsbegründung bzw. vom Haftungsausschluß handelt es sich also jeweils um die Kehrseite ein und derselben Medaille[543], lediglich die Formulierungsweise ist eine andere.

B) Das Merkmal der Kausalität im Rahmen der Lehre von der objektiven Zurechnung und bei den sozialen Handlungslehren

Bei einem Rückblick auf den historisch gemeinsamen Ursprung der sozialen Handlungslehren und der Lehre von der objektiven Zurechnung, nämlich die Kritik an der Uferlosigkeit eines naturalistischen Kausalitätskonzepts, unterscheiden sich beide Ansätze trotz ihres gemeinsamen Ausgangspunktes letztlich im Umgang mit dem Kausalitätsprinzip.

I) Die Bedeutung der Kausalität für eine soziale Handlungslehre

Die sozialen Handlungslehren setzen an die Stelle eines naturalistisch verstandenen Handlungsbegriffes einen von den Zurechnungsprinzipien der Gesellschaft geprägten Handlungsbegriff, in dem Kausalität konsequenterweise nur gesellschaftlich vermittelt Bedeutung erlangen kann[544]. Es soll um einen sozialen Verantwortungsmaßstab für die einer Tathandlung objektiv zurechenbaren Tatfolgen gehen[545]. Dieser soziale Bereich, in dem es gilt, die strafrechtlich relevanten Konflikte zu lösen, wird also gerade nicht mit dem Bereich äquivalenter Kausalität identifiziert. Die Kausalität wird hier vielmehr vollkommen von der Handlung im sozialen Sinne überlagert[546], was aber nicht bedeuten soll, daß Kausalitätserwägungen für das Strafrecht nicht maßgeblich werden können. Ihre Relevanz für die strafrechtliche Zurechnung

---

541 Vgl. dazu *Bruns*, Strafzumessung; *Gallas*, ZStW 80 (1968), S. 1, 3: Es „erscheint als ein widersprüchliches Beginnen, der Strafe in ihrer Schuldangemessenheit eine obere Grenze zu setzen und zugleich das Band zerschneiden zu wollen, das Strafe und Schuldgedanken sachlich miteinander verbindet“. Ebenso *Kunz*, ZStW 98 (1986), S. 823, 829; *Puppe*, Grünwald–FS, S. 469, 480; A. A. *Roxin* AT, § 3 Rn 48 f.

542 *Geisler*, Objektive Bedingung der Strafbarkeit, S. 53.

543 In diesem Sinne ebenfalls *Freund*, GA 1995, S. 4, 9 Fn. 19.

544 Das soll nicht heißen, daß die sozialen Handlungslehren eine solche Sicht immer konsequent durchgeführt haben. Dem widerspricht zum Beispiel der Umgang mit der Kausalitätsformel im Modell *Oehlers*, Das objektive Zweckmoment, S. 69 f. Auch *Oehler* läßt die Formel im Grundsatz bestehen: Der Kausalzusammenhang müsse zwar nach der Bedingungstheorie dahin geprüft werden, ob er überhaupt gegeben sei. Er sei aber nur tatbestandsmäßig und damit strafrechtlich relevant, soweit die „objektive Bezweckbarkeit“ der Handlung überhaupt reiche. *Oehlers* Kriterium der objektiven Bezweckbarkeit wird erst dann geprüft, wenn feststeht, daß die Lösung bereits innerhalb der Kausalität gefunden werden kann oder nicht.

545 *Maihofer*, Rittler–FS, S. 141, 156 Fn 43.

546 *Maihofer*, Rittler–FS, S. 141, 156 Fn 43. Bei diesem Maßstab handle es sich nicht um einen Maßstab für die Feststellung der Kausalität.

kann dann aber nicht aus sich heraus resultieren, sie ist vielmehr abhängig vom Verständnis der gesellschaftlichen Wirklichkeit im Strafrechtssystem.

II) Kausalitätsprinzip und objektive Zurechnungslehre

Auch die Lehre von der objektiven Zurechnung betont die Dominanz der Zurechnung über die Kausalität. Trotz dieser gemeinsamen Ausgangsthese ist in der Lehre von der objektiven Zurechnung ein einheitlicher Umgang mit dem Kausalitätsprinzip nicht ersichtlich.

1. Aufgehen der Kausalitätslehre in der Lehre von der objektiven Zurechnung

Zum Teil soll das Kausalitätsprinzip durch das der objektiven Zurechnung substituiert werden[547]: „Entscheidet die naturwissenschaftliche Kausalität nicht über die juristische Erfolgszurechnung, so wird es notwendig sein, ein juristisches bereits *an die Stelle* der Kausalformel tretendes Zurechnungsprinzip zu entwickeln (...).“[548]. In diesem Sinne betont KAHRS, daß das Kausalprinzip kein allgemeingültiges Zurechnungsprinzip sein könne. Die naturwissenschaftliche Kausalität sei eine Beziehung zwischen zwei Zuständen, nach der ein Zustand auf den anderen naturgesetzlich folge. Hiernach sei schon zweifelhaft, ob eine Unterlassung oder die Hinderung eines rettungsbereiten Dritten für einen Erfolg kausal sein könne. Die Ungeeignetheit des Kausalprinzips als eines allgemein gültigen Zurechnungsprinzips folge jedoch bereits daraus, daß auch in den Fällen, in denen eine Kausalität im streng naturwissenschaftlichen Sinne nicht nachweisbar sei, eine strafrechtliche Verantwortlichkeit des Täters begründbar sein müsse[549]. Ein Beispiel: Wäre das Kausalprinzip eine Voraussetzung strafrechtlicher Zurechnung, so könne eine Verurteilung wegen Betruges niemals erfolgen, weil der willensfrei handelnde Getäuschte die Verfügung nicht unter dem Zwang eines Naturgesetzes vornehme[550]. Dem Kriterium der naturalistisch vermittelten Kausalität soll also aus sich heraus im Rahmen der objektiven Zurechnung keinerlei Bedeutung mehr zukommen, auch nicht im Sinne einer sogenannten ersten Stufe der Zurechnung.

2. Die conditio sine qua non Formel als Grundstock der Lehre von der objektiven Zurechnung

Dagegen überwiegt in der Lehre von der objektiven Zurechnung die Tendenz zur Trennung von Kausalitäts– und Wertungsgesichtspunkten[551], d. h. das Kriterium der objektiven Zurechnung beschränkt sich auf die normative Bewertung des kausalen Zusammenhangs zwischen Handlung und Erfolg, die mit der Einstufung der conditio sine qua non Formel als einer ersten Zurechnungsstufe verbunden ist. Der naturalistische Handlungsbegriff wird also nicht in Frage gestellt[552], so daß der Kausalzusammenhang zum Fundament jeglicher Zurechnung zum objektiven Tatbestand wird. Erfolgszurechnung funktioniere nicht ohne das Abstellen

---

547 *Bydlinski*, Schadensverursachung, S. 54 ff., 65 ff.; *Jescheck* AT, S. 258; *Kahrs*, Vermeidbarkeitsprinzip, S. 26; *Otto*, NJW 1980, S. 417, 422 f.; *Schmidhäuser* AT, S. 182, 187, 195, 546 f.; in diese Richtung tendierend auch *Roxin*, Honig–FS, S. 133, 135 ff.

548 *Kahrs*, Vermeidbarkeitsprinzip, S. 17 f. (Hervorhebung stammt von mir).

549 *Kahrs*, Vermeidbarkeitsprinzip, S. 19 ff.

550 *Kahrs*, Vermeidbarkeitsprinzip, S. 22 ff.

551 *Burgstaller*, Fahrlässigkeitsdelikt, S. 75; *Honig*, Frank–FG I, S. 174, 179; *Reyes*, ZStW 105 (1993), S. 108, 126; *Triffterer* AT, 8/35.

552 *Lukas*, Tatbestandsmäßiges Verhalten, S. 151.

auf Kausalität[553]. Für diesen Ansatz in der objektiven Zurechnungslehre werden aufgrund der Übernahme einer ontologischen Basis die Probleme um das Verständnis der conditio sine qua non Formel in die objektive Zurechnungslehre übernommen, können also nicht ohne weiteres durch Überstülpen eines normativen Maßstabes gelöst werden.

III) Zur Bedeutung des Kriteriums der Kausalität für die strafrechtliche Zurechnungslehre

Rufen wir uns die oben gewonnene Erkenntnis in Erinnerung, daß es im Strafrecht nicht um die Verhinderung kausaler Rechtsgutsverletzungen um jeden Preis geht, vielmehr Kriterien gewonnen werden müssen, die das soziale Zusammenleben in einer Gesellschaft ermöglichen, so daß das Kriterium der Kausalität jedenfalls keine hinreichende Aussage über die strafrechtliche Zurechnung machen kann, wird deutlich, daß die herkömmliche Lehre von der objektiven Zurechnung dem Kausaldogma einen zu wichtigen Rang einräumt und bei der Überwindung des Naturalismus auf halber Strecke stehenbleibt[554]. Die Kausalitätsprüfung an den Anfang jeder strafrechtlichen Prüfung zu setzen, hätte nur so lange sinnvoll erscheinen dürfen, wie die Erfolgsbewirkung als solche als konstitutives Element des Unrechtstatbestandes erachtet wurde[555]. Eine naturalistisch gefaßte Lehre des Zusammenhanges von Handlung und Erfolg vermag über die Reichweite objektiver Zurechnung im Strafrecht nichts auszusagen. Dafür bedarf es vielmehr der Kenntnis dessen, was hinter dem Erfordernis des Zurechnungszusammenhanges von Handlung und Erfolg materialiter steht[556]. Demnach hat die Lehre von der objektiven Zurechnung ihrem Anliegen, den Naturalismus zu überwinden, nicht Genüge getan.

Allerdings darf die Kritik am Naturalismus nicht so weit führen, daß das Kriterium der Kausalität innerhalb der strafrechtlichen Zurechnungslehre für entbehrlich gehalten wird. Bei einer solchen Interpretation ließe sich die strafrechtliche Zurechnungslehre nicht mehr als Teil der sozialen Wirklichkeit begreiflich machen. Denn soll Recht als Instrument sozialer Kontrolle fungieren, so muß es von der Welt ausgehen, in der sich das gesellschaftliche Zusammenleben abspielt. Diese kann wiederum nicht losgelöst von Gesetzen der Mathematik und gewissen Naturgesetzen betrachtet werden. Niemand kann angesichts der naturwissenschaftlichen Erkenntnisse die Gültigkeit beispielsweise des Schwerkraftgesetzes in Frage stellen, da die Natur immer ihren eigenen Regeln folgen wird. Allerdings – und das ist hier wesentlich – bezieht sich das Strafrecht auf die Regelung der zwischenmenschlichen Beziehungen als Teil

---

553 *Burgstaller*, Fahrlässigkeitsdelikt, S. 82 ff.; *Hsü*, Roxin–FS, S. 239, 245:Die Gegner, die die Kausalität vollkommen in der objektiven Zurechnungslehre aufgehen lassen wollten, würden die Bedeutsamkeit der Kausalität verkennen. Die sogenannte conditio sine qua non Formel müsse nur richtig interpretiert werden. Im problematischen Fall des Unterlassungsdelikts sei ebenfalls eine Kausalität zu bejahen, wenn man von dem Ansatz ausgehe, daß es im Recht nicht um naturwissenschaftliche Erklärungen, sondern um die Feststellung sozial bedeutsamer Sinnzusammenhänge gehe. Der Kausalbegriff sei dann von der Vorstellung real wirkender Kräfte freizuhalten und die von der Bedingungstheorie gemeinte Verknüpfung von Verhalten und Erfolg auf ein reines Bedingungsverhältnis zu reduzieren.

554 In diesem Sinne ebenfalls *Lukas*, Tatbestandsmäßiges Verhalten, S. 157.

555 Vgl. auch *Lukas*, Tatbestandsmäßiges Verhalten, S. 156.

556 Dazu auch *Frisch*, Tatbestandsmäßiges Verhalten, S. 51.

der Gesellschaft und ist nicht auf die Kontrolle aller Beziehungen zwischen den Menschen und seiner Umwelt gerichtet[557].

Für die im Rahmen des Vergleiches von sozialen Handlungslehren und objektiver Zurechnungslehre gestellte Frage nach der Kausalität bedeutet das, daß Kausalitätserwägungen für die strafrechtliche Zurechnung immer eine Rolle spielen können, bloß nicht als von sich aus die Bedingungen der strafrechtlichen Zurechnung begründend, sondern als *eines* der Kriterien strafrechtlicher Zurechnung[558]. Wenn wir für die Frage der Handlung bzw. der Zurechnung im strafrechtlichen Sinne auf die Wirklichkeit Bezug nehmen, die eine Raum– und Zeitkomponente einschließt, da sich Zurechnung ja nicht im luftleeren Raum ereignen kann, ist nicht der Raum der Physik gemeint, sondern der soziale Raum, der infolge gesellschaftlicher Operationen entsteht und Zeit wird nicht verstanden als Zeit der Physik, sondern als eine Rate des Prozeßgeschehens in Sozialsystemen. Gesellschaft erscheint als ein soziales Gebäude, an dem wir fortlaufend weiterbauen. „Wenn in diesem Gebäude die Physik eine Rolle spielt, so spielt sie eine Rolle als eine der vielen Sinnstifter, die beim Aufbau der kulturellen Architektur mitwirken; sie kann keine absolute Wissenschaft sein, die außerhalb der Kultur entscheidet, was der Fall ist“[559]. Das Deutungsschema Kausalität wird also „nicht beseitigt, aber entmonopolisiert“[560].

C) Erfolgsbezogenheit versus Verhaltensrelevanz des Unrechts

Das gesellschaftlich vermittelte Verständnis von Unrecht wird von den sozialen Handlungslehren im Rahmen des Handlungsbegriffes angesiedelt und nimmt ganz in der Tradition finalistischer Lehren seinen Ausgangspunkt beim Begriff des Verhaltens, dieses aber bereits sozial verstanden. Der Erfolg wird für diese Lehrmeinung also nicht an erster Stelle prägend, so daß die sozialen Handlungslehren vom Ansatz her auch Versuchs– oder abstrakte Gefährdungsdelikte erfassen können.

Im Rahmen der objektiven Zurechnungslehre wird, wie bereits ausgeführt wurde, die Bedeutung der Erfolgsrelevanz hingegen prinzipiell unterschiedlich eingeschätzt[561]. Während der überkommene Ansatz den Erfolg in der Außenwelt, als negative Veränderung des Rechtsgutsbestandes, in den Blick nimmt und von diesem ausgehend die Zurechnungsvoraussetzungen bestimmt, will der moderne Ansatz den Gedanken der objektiven Zurechnungslehre vor allem im Begriff des unerlaubten Verhaltens verankern und die Idee auf sämtliche Bereiche des allgemeinen Teils der Zurechnungslehre übertragen. Die sozialen Handlungslehren wie auch die Ansätze von LARENZ und HONIG lassen sich also ohne weiteres mit der modernen Lesart der objektiven Zurechnungslehre vergleichen, nicht aber mit dem überkommenen Verständnis der objektiven Zurechnung, das an einer Theorie der Normen als Verletzungsverursachungsverbote festhält. Die sozialen Handlungslehren können insofern entstehungsgeschichtlich nicht als Vorform der überkommenen objektiven Zurechnungslehre eingeordnet werden.

557 In diesem Sinne ebenfalls *Bayertz*, Herkunft der Verantwortung, S. 7; *Reyes*, ZStW 105 (1993), S. 108, 114.
558 In diese Richtung auch schon *Mayer*, Strafrecht, S. 131.
559 *Jensen*, Erkenntnis – Konstruktivismus – Systemtheorie, S. 34.
560 *Jakobs*, Norm, Person, Gesellschaft, S. 80; ders., Hirsch– FS, S. 45, 58 Fn 48.
561 Vgl. dazu die Ausführungen oben S. 92 ff.

D) Zur „Konkurrenz“ um den Anwendungsbereich

Eine vergleichende Betrachtungsweise der beiden Ansätze bestärkt die Vermutung, daß soziale Handlungslehren und Lehre von der objektiven Zurechnung neben ihrer gemeinsamen Kritik am Naturalismus um ihren Anwendungsbereich konkurrieren, was eine Identität beider Ansätze in materieller Hinsicht nahelegen würde.

I) Zu den historischen Wurzeln

Eine Konkurrenz um den Anwendungsbereich ist in formeller Hinsicht bereits historisch angelegt: War das klassische naturalistische Denken dadurch charakterisiert, daß dem Handlungsbegriff nur ein naturalistischer Vorgang entsprechen, der tatbestandliche Erfolg aber Produkt des Gesetzgebers sein sollte, so mußte unter Erfolg eine sinnlich wahrnehmbare Veränderung in der Außenwelt verstanden werden. Dies hatte die Konsequenz, daß die Handlung streng von der Tatbestandsverwirklichung getrennt werden mußte[562]. Schon im reinen klassifikatorischen System, in dem alle Merkmale logisch aufeinander abgestimmt sind und nur einen abstrakten Gehalt aufweisen, zeigen sich allerdings bei der konkreten Umsetzung der Trennung des Bereiches der Handlung von demjenigen der Tatbestandsmäßigkeit Schwierigkeiten. Die Abgrenzungsprobleme erwachsen daraus, daß der Handlungsbegriff aufgrund der Zusammensetzung seiner natürlichen Elemente in die dem Begriff der Tatbestandsmäßigkeit zufallende Kompetenz, selbst abstraktes Abbild eines Geschehens zu sein, eingreift[563].

Im Positivismus und anschließend im teleologischen Rechtsdenken war die Tatbestandslehre zur Keimzelle wertphilosophischer Gedankengänge geworden[564], so daß der Tatbestandsbegriff auf juristisch–normativen und der Handlungsbegriff auf empirischen Elementen aufbaute. In der Konsequenz dessen war die Ausbildung der Tatbestandslehre parallel zur Verkümmerung der Handlungslehre verlaufen. Die wachsende Einsicht in die Relevanz einer Normativierung für das Strafrecht verlief dabei größtenteils dahingehend, daß nicht etwa der „verkümmerte Handlungsbegriff“ normativ aufgeladen wurde, dafür vielmehr der Bereich der Tatbestandsmäßigkeit reserviert war[565] (eine Ausnahme bilden hier die sozialen Handlungs-

562 So auch die Interpretation von *Otter*, Funktionen des Handlungsbegriffes, S. 35.

563 *Class*, S. 30, 31 weist auf die Problematik einer Konfundierung beider Bereiche im *Belingschen* System hin. *Beling* sei in induktiver Weise verfahren, indem er die empirisch gegebenen Besonderheiten einem abstrakt umschließenden Kollektivbegriff, dem Tatbestand, zugeordnet habe. Aufgrund dessen sei die Kollision des Handlungsbegriffes in seiner doppelten Eigenschaft als Verbrechensoberbegriff und als Komplex individualer Artmerkmale – mit dem Tatbestand in seiner doppelten Eigenschaft als Unterart der Handlung wie als Konkurrent ihres Spezialinhaltes unausweichlich gewesen.

564 So auch *Welzel*, Naturalismus, S. 64. *E. Wolf*, Typen der Tatbestandsmäßigkeit, S. 13 betont, daß es sich seit der Loslösung des abstrakten Tattypus und seiner Wertung vom Begriff der konkreten Handlung eingebürgert habe, die Handlung naturalistisch zu fassen.

565 Zu diesem Problemkreis auch *Frisch*, Tatbestandsmäßiges Verhalten, S. 13. Es wäre auch in Betracht gekommen, die Handlung inhaltlich so anzureichern, daß die unbefriedigenden Konsequenzen der naturalistischen Strafrechtsdoktrin entfallen wären. *Hohmann*, Personalität und strafrechtliche Zurechnung, S. 292 macht darauf aufmerksam, daß sich die Zurechnungslehre um so stärker auf den Bereich des objektiven Tatbestandes konzentriert habe, je tiefer sich die Krise des Handlungsbegriffes abgezeichnet habe. Demzufolge sei die Verselbständigung des tatbestandlichen Zurechnungsurteils vom Handlungsbegriff das Ergebnis einer langfristigen Entwicklung gewesen. Gegen die systemtragende Bedeutung des Handlungsbegriffes und für die Maßgeblichkeit der tatbestandsmäßigen Handlung: *Gallas*, ZStW 67 (1955), S. 1, 14; *Klug*,

lehren). So lag es nahe, dem vorrechtlichen Handlungsbegriff jegliche Bedeutung abzusprechen[566].

Wird der Handlungsbegriff nun gesellschaftlich begriffen, scheint er der Lehre von der objektiven Zurechnung die Basis zu entreißen. Wollen die sozialen Handlungslehren die Handlung normativierend begreifen, stehen sie vor dem Dilemma, daß historisch betrachtet bereits die Tatbestandsmäßigkeit eine normative Funktion übernommen hat, es inzwischen aber Tradition ist, zwischen dem Bereich der Handlung und dem der Tatbestandsmäßigkeit zu differenzieren. Genauer: Zum Verständnis der Lehre von der objektiven Zurechnung sei an dieser Stelle daran erinnert, daß dieser die Aufgabe zufallen soll, die Bedeutsamkeit des Kausalzusammenhanges für die Rechtsordnung zu prüfen, gemessen an den Maßstäben, die die Rechtsordnung selbst aufstellt[567]. Diese Unabhängigkeit der objektiven Zurechnung hatte somit gleichzeitig die Anerkennung der Äquivalenztheorie zur Voraussetzung, womit ein naturalistischer Handlungsbegriff an die Stelle des sozialen treten mußte. Außerdem sind in der objektiven Zurechnungslehre alle relevanten Wertungsfragen in den Voraussetzungen der Erfolgszurechnung verankert – in erster Linie im Erfordernis der mißbilligten Gefahrschaffung, in zweiter Linie in dem der Realisierung der mißbilligten Gefahr. Die Bedeutung der strafrechtlichen Handlung im engeren Sinne muß sich damit konsequenterweise auf das Erfordernis einer gewillkürten (dann die mißbilligte Gefahr herbeiführenden) Bewegung beschränken. Durch die Lehre von der objektiven Zurechnung wird also im Endeffekt der heute weitgehend als überholt angesehene Handlungsbegriff anerkannt[568]. Bei einer Verknüpfung der Lehre von der objektiven Zurechnung mit einer sozialen Handlungslehre, die einige Vertreter der objektiven Zurechnungslehre ebenfalls zugrunde legen, wird die Frage laut: Was soll eigentlich das Sozialrelevante der Handlung ausmachen, wenn bereits die Schaffung einer mißbilligten Gefahr dem Bereich der Erfolgszurechnung angehören soll? Oder aus entgegengesetzter Perspektive formuliert: Wenn bereits in der Handlung das Sozialrelevante zum Ausdruck gekommen ist, worin besteht dann überhaupt noch die Rolle der Bestimmung des erlaubten bzw. unerlaubten Risikos im Rahmen der Lehre von der objektiven Zurechnung?

II) Zur formellen Abgrenzbarkeit der beiden Bereiche

Eine Trennung beider Bereiche ist nur dann denkbar, wenn zwischen zwei unterschiedlichen normativierten Stufen, nämlich einer der sozialen Handlung und einer solchen der objektiven Zurechnung für das Strafrecht sinnvoll unterschieden werden kann, was anhand der von den sozialen Handlungslehren aufgestellten Abgrenzungskriterien überprüft werden soll.

Emge–FS S. 33 ff.; *Lange*, ZStW 63 (1951), S. 456, 505; *Roxin*, ZStW 74 (1962), S. 515 ff.; ders. AT, § 8 Rn 40; so bereits *Radbruch*, Frank–FG I, S. 158 ff.

566 *Radbruch* betont in diesem Sinne in der Frank–FG I, S. 158, 161 ff., daß bei einem naturalistischen Handlungsbegriff sprachlicher Sinn und soziale Bedeutung des Verhaltens völlig unbeachtet blieben. Die Delikte seien demzufolge nur als *zu strafrechtlichen Tatbeständen ausgeformte Ereignisse des sozialen Lebens* (Hervorhebung von mir)zu verstehen. Damit gliedert *Radbruch* seinen ehemals einheitlich naturalistisch verstandenen Handlungsbegriff in einen vorrechtlichen, naturalistischen Begriff der Handlung, der als solcher bedeutungslos bleibt und einen juristisch–normativen Begriff des Tatbestandes auf. So bereits *E. Wolf*, Typen der Tatbestandsmäßigkeit, S. 6 Fn 4.

567 Vgl. dazu statt vieler *Honig*, Frank– FG I, S. 174, 179 f.

568 Auf diese Problematik weisen auch *Bustos Ramírez*, Armin Kaufmann–GedS, S. 213, 218, 220 Fn 18; *Frisch*, Gegenwartsprobleme der Tatbestandslehre, S. 68; ders., Tatbestandsmäßiges Verhalten, S. 17; *Lukas*, Tatbestandsmäßiges Verhalten, S. 151 hin.

Das von den sozialen Handlungslehren herangezogene Merkmal der sozialen Erheblichkeit vermag diese Differenzierung nicht zu leisten[569]. Wird die soziale Erheblichkeit auf die in den Tatbeständen normierten sozial-unwerten Veränderungen bezogen, ist ein solcher Handlungsbegriff durch die Aufnahme von Tatbestandselementen nicht geeignet, dem Tatbestand vorgelagert zu sein. Versteht man hingegen unter der sozialen Erheblichkeit alle Veränderungen der sozialen Welt, ist Tatbestandsapriorität möglich. Wird der Begriff „sozial" aber nicht nach den Maßstäben des Rechts, sondern als Verhalten zur Umwelt schlechthin gelesen, so verliert er jegliche Faßbarkeit, da mehr oder weniger jedes kausale Verhalten auch als „sozial relevantes" begriffen werden kann[570]. Ein solch weiter Begriff würde dann aber nicht mehr den von den sozialen Handlungslehren beanspruchten sozialen Sinngehalt aufweisen.

Soll der Begriff der Handlung also mit einem sozialen Sinngehalt angereichert sein, gleichzeitig aber noch nicht die Ebene des Straftatbestandes berühren, ist dies nur denkbar, wenn eine Handlungserwartung maßgeblich werden soll, die bereits vorrechtlich in den Normen der Sozialethik und faktisch im Gesellschaftssystem existiert. Als Normensystem, das hier den Bezugsrahmen bildet, kommt also nicht das Rechtssystem, sondern institutionalisierte Verhaltensregeln in Betracht, die in der Gesellschaft zu finden sind und sich aus der Sozialethik ableiten lassen[571]. Zur Diskussion steht also nicht eine natürliche, sondern bereits eine normative Betrachtungsweise, doch keineswegs eine rechtliche. Dieser Ansatz geht also davon aus, daß das soziale Interesse der Umwelt inhaltlich anders gefaßt ist als der Normbefehl der Rechtsordnung. Die soziale Gemeinschaft orientiere sich an den tatsächlichen Erfordernissen der konkreten jeweiligen Situation. Es gehe darum, ob der einzelne die Rolle spiele, die die jeweilige Situation für ihn bereite, unabhängig davon, ob die Rechtsordnung sich mit diesem Gebot identifiziere. Anhand eines Beispiels erklärt: Wenn ein wertvolles Gemälde auf der Nachbarseite eines durchgehend offenen Balkons in Abwesenheit des Eigentümers vom Regen zu verderben droht, so ist sicher nur das Dienstmädchen zur Bergung des Bildes rechtlich verpflichtet, nicht aber auch der Nachbar. Und doch erwartet jedermann auch von ihm Hilfe. Erklärt er seine Säumnis mit dem Hinweis, dazu rechtlich nicht verpflichtet zu sein, so werde man ihm antworten: gewiß nicht – immerhin: Von Dir als Nachbar hätten wir die Hilfe

569 Kritisch auch *Herzberg*, Unterlassung im Strafrecht, S. 165. *Herzberg* hält den Begriff der sozialen Erheblichkeit für untauglich, da die Strafrechtserheblichkeit nicht notwendig an soziale Folgen für andere gebunden sei. Es könnten nämlich Handlungen im strafrechtlichen Sinne vorliegen, ohne daß diese soziale Folgen für andere gezeitigt hätten. *Herzberg* will dies anhand zweier Beispiele erklären: Wenn ein Schäfer auf einer Weide Sodomie betreibe, von der niemand je das geringste erfahre oder wenn ein Junggeselle seinen alten Nachttisch zu Brennholz verkleinere, müßten darin trotz der fehlenden sozialen Folgen strafrechtliche Handlungen mit dogmatischer Relevanz zu sehen sein. Des weiteren müßte der dagegen naheliegende Einwand, was strafrechtserheblich sei, habe auch soziale Folgen oder zumindest soziale Relevanz, in den Zirkel hineinführen, die eine Unbekannte durch die andere erklären zu müssen. *Herzbergs* Kritik resultiert aber ihrerseits auf einer sehr beschränkten Sichtweise des Terminus „soziale Folgen". Der Begriff des Sozialen geht nämlich anders, als *Herzberg* wohl unterstellt, nicht von einem konkret intersubjektiv vermittelten Interaktionsverhältnis aus. Dazu weiterführend § 6.

570 Wie die Ausführungen *v. Webers*, Grundriß, S. 52 ff. bestätigen. Vgl. dazu auch *Behrendt*, Unterlassung, S. 143; *Frisch*, Tatbestandsmäßiges Verhalten, S. 27; *Küpper*, Grenzen der normativierenden Strafrechtsdogmatik, S. 62; *Maurach/Zipf* AT/1, § 16 Rn 56; *Otter*, Funktionen des Handlungsbegriffes, S. 30, 38, 157; *Roxin* AT, § 8 Rn 29; *Stratenwerth* AT Rn 152 ff.; *Triffterer* AT, 7/27.

571 In diesem Sinne z.B. *Bloy*, ZStW 90 (1978), S. 609, 620; *Otter*, Funktionen des Handlungsbegriffes, S. 121.

eigentlich erwartet[572]. Sollen soziale und rechtliche Ebene also auseinanderfallen, so kann zwar jedes strafrechtlich relevante Verhalten auf ein bereits sozial sinnhaftes rückführbar sein, umgekehrt aber nicht jedes sinnhafte soziale Tun oder Unterlassen sich in den Bereich des rechtlichen verlängern lassen[573]. Letztlich kommt in diesem Vorgehen der sozialen Handlungslehren die auch in der herkömmlichen Handlungsdoktrin vorhandene Abgrenzung zwischen dem „Ob" der Handlung und dessen spezifischem Sinngehalt zum Ausdruck.

Selbst wenn eine solche faktische Gesellschaftsordnung einem strafrechtlichen Handlungsbegriff zugrunde gelegt werden könnte, was im Laufe der Arbeit hinterfragt werden wird[574], spricht gegen die Trennung der Bereiche jedenfalls der Einwand der Abhängigkeit und Wechselbezüglichkeit von sozialer und rechtlicher Bewertung: Zwar regelt das Recht oft Sachverhalte, die einer sozialen Vorbewertung unterliegen, oft bestimmt aber auch die rechtliche Normierung erst die soziale Bewertung. Die sogenannten außerhalb des Rechts gehegten Erwartungen sind in ihrem normativen Gehalt von den rechtlichen Vorgaben geprägt, so daß die Kategorie des Sozialen dem Tatbestand weniger vor– als eingelagert ist[575]. Der rechtliche Sinn einer Verhaltensweise wird sich gemeinhin nicht allein aus den vor– und a–rechtlichen Lebens– und Berufsverhältnissen einzelner Gruppen bzw. gesellschaftlicher Korporationen bestimmen, sondern ist durch die rechtliche Strukturierung weiter Bereiche mitgeprägt[576]. Die außerhalb des Rechts gehegten Erwartungen sind also auch in ihrem normativen Gehalt stark von den Vorgaben des Rechts beeinflußt.

III) Zur Identität des Aufgabenbereiches von sozialen Handlungslehren und objektiver Zurechnungslehre

Die bereits oben gewonnene Einsicht, daß materiell nicht zwischen einer Handlung im sozialen Sinne und der objektiven Zurechenbarkeit eines Verhaltens differenziert werden kann, wird bestärkt, wenn die von den sozialen Handlungslehren bzw. der objektiven Zurechnungslehre erfaßten Aufgabenfelder gegenübergestellt werden: das Prinzip des erlaubten Risikos und die Irrelevanz von Sonderwissen für die Begründung der strafrechtlichen Verantwortlichkeit. Für die sozialen Handlungslehren wird das Prinzip des erlaubten Risikos schon für die Konstituierung einer Handlung zur negativen Voraussetzung. Unterfällt eine Verhaltensweise dem erlaubten Risiko, so soll nicht von einer Handlung im strafrechtlichen Sinne gesprochen werden können[577]. Zum Beispiel gilt die Konstruktion eines Autos nicht als Töten im Sinne des Strafrechts. Für die objektive Zurechnungslehre wird das Prinzip des erlaubten Risikos ebenfalls konstitutiv, wenn sie auch nicht die Existenz einer Handlung in Frage stellt, sondern erst deren Zurechenbarkeit ausschließen soll. Im Falle der Konstruktion eines Autos soll die Handlung nicht objektiv zurechenbar sein. Beide Lehren bieten mit ihrer genuin

572 Eine solche Differenzierung nahelegend *Krauß*, Die Zurechnung, S. 24. Ein ähnlicher Gedanke schlägt sich in der Idee der noch außerstrafrechtlichen Ordnung der elementaren Grundwerte des Gemeinschaftslebens bzw. der „kulturellen Ordnung eines Volkes" nieder (dazu wiederum *Lampe*, Welzel–FS, S. 151 ff., 156).

573 Vgl. dazu auch *Hohmann*, Personalität und strafrechtliche Zurechnung, S. 275.

574 Vgl. dazu S. 120 ff.

575 In diese Richtung *v. Bubnoff*, Entwicklung, S. 152; *Hohmann*, Personalität und strafrechtliche Zurechnung, S. 276; *Pawlik*, Das unerlaubte Verhalten beim Betrug, S. 45; *Roxin* AT, § 8 Rn 28; *Rudolphi*, Gleichstellungsproblematik, S. 43 f.; *Schöne*, Unterlassene Erfolgsabwendung, S. 21.

576 So auch *Hohmann*, Personalität und strafrechtliche Zurechnung, S. 276.

577 Ausdrücklich *Kienapfel*, Das erlaubte Risiko, S. 24.

sozialen Sichtweise und dem Abstellen auf die objektive Maßstabsfigur einen Ansatz, das Sonderwissen zur Begründung strafrechtlicher Verantwortlichkeit für irrelevant zu erklären. Wenn nämlich auf der Ebene der Handlung nur die Handlungssteuerung einer Maßstabsfigur wesentlich werden soll bzw. im Rahmen der objektiven Zurechnungslehre die Urteilsbasis das Wissen eines abstrakten Mustermannes abgeben soll, so bleibt positiv vorhandenes Wissen des je einzelnen, das über den allgemeinen Maßstab hinausgeht, für die Zurechnung unbeachtlich.

Diese Überschneidung beider Ansätze in materieller Hinsicht überrascht letztlich nicht, da die sozialen Handlungslehren und die Lehre von der objektiven Zurechnung auf ein und derselben Leitidee basieren: Es geht ihnen darum, mit Hilfe informeller oder formeller Regeln des gesellschaftlichen Zusammenlebens zu bestimmen, wann ein Konflikt in der Außenwelt dem Täter als das Seinige zuzuordnen ist. Die Reichweite der strafrechtlichen Verantwortlichkeit soll also mit Hilfe der in der Gesellschaft vorhandenen Zurechnungsprinzipien erklärt werden. Die moderne Lehre von der objektiven Zurechnung ist also in Wirklichkeit die Fortsetzung der in der Strafrechtswissenschaft höchst umstrittenen Handlungsdoktrin[578]. Das *sozial*erhebliche Verhalten scheint also mit dem *strafrechtlich* relevanten identisch zu sein, so daß eine solche Differenzierung zwischen beiden Bereichen nicht möglich ist. Die Handlung im sozialen Sinne ist materiell gleichbedeutend mit dem unerlaubten Verhalten im Sinne der objektiven Zurechnungslehre[579].

IV) Fazit:

Das Phänomen, daß die sozialen Handlungslehren und die objektive Zurechnungslehre in Wirklichkeit den identischen Problemkreis betreffen, ist bereits historisch angelegt. Es schlägt sich in der fehlenden Abgrenzbarkeit von sozialen und rein rechtlichen Erwartungen und in materieller Hinsicht in der Erfassung eines identischen Aufgabenfeldes durch beide Lehren nieder. Legen bereits die bisherigen Überlegungen eine Identität von sozialen Handlungslehren und objektiver Zurechnungslehre nahe, so bleibt diese Lösung bislang eine nur vorläufige. Sie steht nämlich im Widerspruch zur Annahme einer unterschiedlichen systematischen Einordnung von Handlung und objektiver Zurechnung.

---

578 In diesem Sinne ebenfalls *Jakobs*, Handlungsbegriff, S. 28.

579 Auch *Jakobs* bejaht eine solche Identität von sozialer Handlung und dem unerlaubten Verhalten, *Jakobs*, Handlungsbegriff, S. 28 f., und erklärt dies anhand eines Beispiels: „Gewiß werden auch der Konstrukteur eines massenhaft produzierten Automobils oder der Erbauer einer viel befahrenen Straße für die tödlichen Unfälle ursächlich, die sich mit Fahrzeugen dieses Typs oder auf dieser Straße ereignen; trotzdem gilt ihr Verhalten, wenn es den geforderten Sicherheitsstandards entspricht, nicht als ein *Töten*". So neuerdings auch *Kindhäuser*, Hollerbach–FS, S. 627, 635, der betont, daß die Lehre von der objektiven Zurechnung versuche, das Kriterium der Sozialerheblichkeit strafrechtsspezifisch zu spezifizieren, womit *Kindhäuser* bereits das Defizit der sozialen Handlungslehren auf den Punkt bringt: Aufgrund ihrer Thematisierung im vorstrafrechtlichen Bereich fehlt ihnen im Verhältnis zur objektiven Zurechnungslehre gerade der strafrechtsspezifische Bezug. Eine Identität von Handlungs– und objektiver Zurechnungslehre bereits erahnend *Hirsch*, Lenckner–FS, S. 119, 131: Verbergen sich hinter den Defiziten, welche die herkömmliche Dogmatik bei den Voraussetzungen des objektiven Tatbestandes erkennen läßt, nicht bereits Defizite der bisherigen Handlungslehre?

E) Handlung als vorstrafrechtliches Phänomen – objektive Zurechnung als Leitprinzip der Tatbestandsmäßigkeit

Während die Lehre von der objektiven Zurechnung aus historischen Gründen im Bereich der Tatbestandsmäßigkeit[580] angesiedelt ist, soll den sozialen Handlungslehren nach der Handlungsbegriff im vortatbestandsmäßigen Bereich seine systematische Stellung finden (objektiv–natürliche, soziale Betrachtungsweise)[581]. Was als Handlung im sozialen Sinne gilt, soll aufgrund außerrechtlicher Kriterien bestimmt werden. Ihr Verständnis von der Handlung unterscheidet sich insofern nicht von demjenigen der überkommenen Meinung. Verkürzt gesprochen meint diese vortatbestandsmäßige Einordnung des Handlungsbegriffes: Die Lehre von der Handlung ist der Lehre vom Tatbestand vorgelagert, ist von ihr abgetrennt und dient der Vorformung dieser Lehre. Der Tatbestand ist eine durch das Strafrecht typisierte, ganz überwiegend auch mit einem tatbestandsmäßigen Erfolg in Verbindung gebrachte Handlung[582]. Das Fehlen einer typisierten Handlung läßt zwar den konkreten Tatbestand entfallen, berührt aber den Fortbestand der dem speziellen Tatbestand vorgelagerten Handlung (beispielsweise des Tötungsaktes) nicht[583]. Die sozialen Handlungslehren stimmen mit der herkömmlichen Strafrechtsdoktrin also darin überein, daß die Handlung ihren methodischen Standpunkt innerhalb des allgemeinen Verbrechensaufbaues, aber außerhalb der Lehre vom Tatbestand einzunehmen hat[584]. Dagegen steht für die Lehre von der objektiven Zurechnung die Erfassung der Bedeutung des tatbestandlichen Geschehens mit Hilfe genuin strafrechtlicher Kriterien im Vordergrund ihrer Betrachtungsweise.

Es soll hier nach Gründen gefragt werden, die die Eigenständigkeit einer solchen vortatbestandsmäßigen sozialen Handlung in Abgrenzung zur Lehre von der objektiven Zurechnung nahelegen. Dabei ist aufzuzeigen, welche Überlegungen hinter der intendierten Unterscheidbarkeit von sozialer Handlung und dem Bereich der Tatbestandsverwirklichung stehen. In diesem Zusammenhang werden sich zwei Wurzeln nachweisen lassen, die allerdings beide eine Differenzierung von vorstrafrechtlicher Handlung und objektiver Zurechnung nicht legitimieren können: Die eine liegt in der Verankerung der sozialen Handlungslehren im klassifikatorischen Denken, die andere im historisch überkommenen Bedürfnis der Konstituierung eines noch von strafrechtlicher Wertung befreiten Zurechnungstopos, der in der Sphäre des Seins seinen Ursprung hat.

I) Zur Verankerung der sozialen Handlungslehren im analytisch– klassifikatorischen Denken

Eine mögliche Quelle für die vortatbestandsmäßige Einordnung des Handlungsbegriffes liegt in der Verankerung der sozialen Handlungslehren im analytisch– klassifikatorischen Den-

---

580 *Jakobs* AT, 8/4; *Jescheck* AT, S. 250; NK–*Puppe*, § 16 Rn 9; *Roxin* AT, § 11 Rn 38; ders., Würtenberger–FS, S. 109 ff.

581 Darauf weist auch *Schieffer*, Strukturen der Erfolgszurechnung, S. 238 hin. *Oehler*, Das objektive Zweckmoment, S. 13, S. 71 ff., siedelt hingegen den Begriff der objektiven Bezweckbarkeit von vornherein im Rahmen der Tatbestandsmäßigkeit an, ohne auf die hier erörterte Problematik einzugehen. *Würtenberger*, Die geistige Situation, S. 23 ff., lehnt eine strenge Abgrenzbarkeit der Begrifflichkeiten ab.

582 *Maurach/Zipf* AT/1, § 16 Rn 7.

583 *Maurach/Zipf* AT/1, § 16 Rn 9.

584 Vgl. *Maurach/Zipf* AT/1, § 16 Rn 9.

ken[585]. Hatten die sozialen Handlungslehren zwar das naturalistische Denken als unbrauchbar abgelehnt, hielt die Mehrzahl der Vertreter am klassifikatorischen Denken fest: Die sozialen Handlungslehren differenzieren zwischen Handlung, Tatbestandsmäßigkeit, Rechtswidrigkeit und Schuld als unterschiedlichen, in sich selbständigen Deliktsstufen. Zudem wird dem Begriff der Handlung die Erfüllung bestimmter Funktionen auferlegt.

1. Die Grundlinien des klassifikatorischen Denkens

Charakteristisch für das klassifikatorische Denken als einer von der Suche nach Letztbegründungsansprüchen müden Epoche ist sein Bedürfnis, den Begriff der Handlung als abstrakten, logisch formalen Oberbegriff zu fassen. Zurückgegriffen wurde auf die Methoden eines abstrahierenden, deduktiv schließenden und/oder analysierenden Denkens. Infolge der Anwendung dieser Methoden sollte sich die Rechtslehre an das Ideal der Exaktheit und damit an das Vorbild der Wissenschaftlichkeit der Naturwissenschaften angleichen[586]. Es ging um die Schaffung „schneidiger Begriffe", die an der Leitidee einer hervorragend praktischen Wissenschaft zu orientieren seien[587]. Die Rolle des logischen Verhältnisses von Begriffen zueinander und deren Konsequenz für den strafrechtlichen Handlungsbegriff verdeutlicht BELING, einer der führenden Vertreter des klassifikatorischen und naturalistischen Denkens, in folgender Aussage: „Definieren wir ein Wohnhaus als ein Haus mit bestimmt näher angeführten Merkmalen (Schlafraum, Eßraum usw.), so ist selbstverständlich, daß wir unrettbar zu Unklarheiten kommen, wenn wir uns den Oberbegriff des Hauses schon mit Wertmerkmalen ausgestattet denken, die erst das Wohnhaus als solches charakterisieren. Das Gesetz der logischen Reinlichkeit verlangt also, daß der Handlungsbegriff freigehalten wird von allen Beimengungen, die erst den Verbrechenscharakter bedingen"[588].

Als erster hatte v. LISZT darauf hingewiesen, daß zur vollständigen Erfassung eines Begriffes es außer der differentia specifica auch des genus proximum bedürfe. Das Wesen einer Handlung könne also nur verstanden werden, wenn die Handlung im allgemeinen Sinn begrif-

585 Dieses klassifikatorische Denken liegt auch der überkommenen Strafrechtsdoktrin zugrunde: „Verbrechenskonstruktionen, die nicht von der Handlung als solcher, sondern von ihrer Wertung als Normverstoß (*Binding*), als einer besonderen Spezies des Unsittlichen (*Berner*) oder von ihrer gesetzlichen Typisierung und Erfolgsverknüpfung im Tatbestand ausgehen, brauchen allerdings auf Kosten einer gemeinsamen Grundlage der Bedeutung des Handlungsbegriffes sehr viel weniger Aufmerksamkeit zu schenken als die *moderne* Auffassung, für welche die systematische Einstufung der Handlung im Verbrechensaufbau Rangordnung und Wert aller übrigen Verbrechensmerkmale entscheidend bestimmt" , so *Maurach/Zipf* AT/ 1, § 16 Rn 8 (Hervorhebung von mir).

586 Vgl. dazu AK-*Schild*, Vor § 13 Rn 9.

587 *v. Liszt*, Lehrbuch (21/22), S. 2.

588 *Beling*, Die Lehre vom Verbrechen, S. 10. In die gleiche Richtung gehen die Überlegungen *Radbruchs*: „(...) Seit den Tagen des ontologischen Gottesbeweises haben wir hinzugelernt, daß Merkmal eines Begriffs die Existenz seines Inhalts nicht sein kann (*Radbruch*, Handlungsbegriff, S. 70). (...) Für diese Reihenfolge ist der Grundsatz maßgebend, daß ein Merkmal, das mit Beziehung auf ein anderes gedacht werden muß, erst nach diesem gedacht werden kann. Nun kann strafbar in der Regel nur eine schuldhafte rechtswidrige Handlung, schuldhaft nach geltendem Recht nur eine rechtswidrige Handlung und rechtswidrig nur eine Handlung sein. Die Handlung bildet also, wie bei aller Klassifikation des Verbrechens seinen höchsten Gattungsbegriff, die oberste Einheit für alle Phänomene des Strafrechts, so bei seiner Definition des Substantivums, zu dem alle übrigen Verbrechensmerkmale nur Attribute sind, Prädikate, die man der Handlung als dem Subjekte beilegt" (*Radbruch*, Handlungsbegriff, S. 71).

fen worden sei[589]. Im klassifikatorischen Denken wird also die heute überkommene Trennung des Handlungsbegriffes und des Begriffes der Tatbestandsmäßigkeit angelegt, die durch v. LISZT ihren Ursprung gefunden hatte, durch BELING weiter ausgebaut wurde und von Teilen der späteren Strafrechtsdogmatik als gegeben übernommen wurde[590]. Dabei intendiert das klassifikatorische Denken eine strikte Differenzierung zwischen der vortatbestandlichen Erfassung des Zurechnungsgegenstandes Handlung – dem „Ob" – und seiner rechtlichen Würdigung – dem sogenannten „Wie" der Handlung. Charakterisiert ist die naturalistisch geprägte Strafrechtsdogmatik durch eine krasse Gegenüberstellung der Handlung als einem naturalistischen Faktum und der Tatbestandsmäßigkeit als einem Normativum[591]. Das Sollen wurde im klassischen Straftatsystem als Gegenstand identifiziert, der analysierend in seine Elemente zerlegt werden sollte und der empirisch- deskriptiven Realität als normative Ordnung gegenüberstand[592].

2. Zur Verankerung der sozialen Handlungslehren im klassifikatorischen Denken

Inwieweit sind nun die sozialen Handlungslehren von diesem klassifikatorischen Denken geprägt? Ein sogenanntes „blutleeres Gespenst" der Handlung im Sinne BELINGS wollen die sozialen Handlungslehren gerade nicht konstruieren, wollen sie sich ihrer Intention nach doch gerade von den Ungereimtheiten des naturalistischen Handlungsbegriffes distanzieren, indem sie den Begriff der Handlung im Strafrecht bereits durch eine soziale Dimension zu charakterisieren versuchen. Denn seit dem Aufkommen des teleologischen Denkens, von dem auch die sozialen Handlungslehren beeinflußt sind, wurde üblicherweise davon ausgegangen, daß in einem Sozialgebiet wie dem Recht ein bewußt wertfreier, die Wertvorstellungen der sozialen Umwelt außer Betracht lassender Handlungsbegriff dem Strafrechtssystem nicht zugrunde gelegt werden konnte (die strafrechtliche Wertung kann nicht an natürliche Ereignisse anknüpfen). Die Ausgangsposition – Handlung als naturalistisches Faktum – mußte revidiert werden und wurde auch revidiert.

Allerdings, und hier sind die verwandtschaftlichen Beziehungen zum klassifikatorischen Denken erkennbar, wurden die vorgefundenen Kategorien, d. h. die Begrifflichkeiten des klassischen Systems, deren Funktionen und systematische Stellung, somit auch die Unterscheidbarkeit von Handlung und Tatbestandsmäßigkeit, mit aller Vehemenz beibehalten und nur inhaltlich umgeformt[593]. Im Zusammenhang mit der Frage nach der Abgrenzung des Be-

---

589 *v. Liszt*, ZStW 6 (1886), S. 663, 686–689.

590 Die Trennung von Handlung und Tatbestand verlief wissenschaftlich über *v. Liszt*, Deliktsobligationen ihren Ursprung, *Beling*, Die Lehre vom Verbrechen, S. 13 (zu der Ausarbeitung seiner rein formalen Betrachtungsweise siehe auch *Schweikert*, S. 28 m.w.N) und *Radbruch*, Handlungsbegriff, S. 68–104. Sie stieß aber später wegen der ihr zugrundeliegenden naturalistischen Betrachtungsweise weitgehend auf Ablehnung, und wurde später von *Radbruch* selbst aufgegeben. Vgl. dens., Frank–FG I, S. 158, 161 ff.

591 Vgl. dazu *Otter*, Funktionen des Handlungsbegriffes, S. 198; *E. Wolf*, Typen der Tatbestandsmäßigkeit, S. 16. *Wolf* geht davon aus, daß die Unaufhebbarkeit der Strukturverschlingung wertbezogener und wertfreier Begriffe beim Aufbau der gesetzlichen Tatbestände eine reinliche Scheidung dieser Vorgänge verhindere.

592 Siehe auch AK–*Schild*, Vor § 13 Rn 9.

593 Siehe auch *v. Bubnoff*, Entwicklung, S. 146; *Castaldo*, Objektive Zurechnung S. 7; *Schünemann*, Einführung, S. 31: Obwohl das neukantianische Denken im Vergleich zum strafrechtlichen Naturalismus System und Methode der Strafrechtswissenschaft geradezu revolutioniert habe, sei der Stufenbau des Strafrechtssystems erhalten geblieben:„Handlung, Tatbestandsmäßigkeit, Rechtswidrigkeit und Schuld sind als Basiselemente des Strafrechtssystems als

reiches des Vorstrafrechtlichen von der Tatbestandsmäßigkeit wird darauf verwiesen, daß der Handlungsbegriff nur so seine Funktionen erfüllen könne[594]. Die Handlung soll mit solchen Funktionen ausgestattet werden, die unerläßlich sind, um die Handlung als gemeinsame Grundlage aller Erscheinungsformen des Verbrechens, insbesondere der Vorsatz- und Fahrlässigkeitstaten, erkennen zu lassen und es vermeiden, den Handlungsbegriff mit Merkmalen zu belasten, die die Natur der Handlung als gemeinsame Basis in Frage stellen und daher erst zur weiteren Charakterisierung des Verbrechens, sei es im Rahmen des Tatbestandes oder der Schuld, zu dienen haben[595]. Die Handlung sei das Grundelement, der Eckstein, der Systemoberbegriff. Sie erscheine als das Subjekt, dem die Prädikate wie tatbestandsmäßig, rechtswidrig, schuldhaft und strafbar nur noch beigelegt werden müßten[596]. Auch die sozialen Handlungslehren erachten es für notwendig, die Handlung als genus proximum näher herauszuarbeiten. Daneben soll die Handlung als Verbindungselement der einzelnen Wertungsstufen wirken und die absolut untere Schwelle strafrechtlicher Betrachtung abstecken (Grenzfunktion): Diese Schwelle müsse so hoch sein, daß strafrechtlich völlig irrelevante Verhaltensweisen bereits durch diesen Grenzbegriff von jeder weiteren strafrechtlichen Betrachtung ausgeschlossen werden, sie müsse andererseits so niedrig sein, daß jedes unter irgendeinem für das Strafrecht in Betracht kommende Geschehen von ihm erfaßt und nicht schon von einem vorbewerteten Handlungsbegriff von dem systematischen Bewertungsvorgange ausgeschlossen wird[597].

3. Zur Kritik an den Funktionen des Handlungsbegriffes

Dieser Verweis auf die Funktionen des Handlungsbegriffes, aus denen der Inhalt des Handlungsbegriffes deduziert werden soll[598], kann aber in mehrfacher Hinsicht nicht überzeugen. Die mit einem argumentativen Rückgriff auf die Funktionen des Handlungsbegriffes verbundenen Schwierigkeiten sind im klassifikatorischen System, zum Beispiel im Modell v. LISZTS, konzeptionell angelegt. Sie resultieren aus der gleichzeitigen Forderung nach Neutralität des Handlungsbegriffes und seiner Vermittlungsfunktion, die bereits bei v. LISZT neben der Rolle der Handlung als genus proximum betont wurde: Der Handlungsbegriff soll demnach mit der Wertung des Objekts nicht inhaltlich deckungsgleich sein, soll aber gleichzeitig imstande sein, zu den nachfolgenden Wertungsstufen hinzuleiten. Damit gerät die Entwicklung des Gattungsbegriffes, in dem die Artmerkmale schon angelegt sein mußten, da schließlich auch die Handlung zur Wertung hinführen sollte, an ihre natürliche Grenze. Soll die Handlung nämlich ihrem Charakter als Grundbegriff gerecht werden, muß sie als Substrat eine Ableitung auch ihrer Attribute ermöglichen[599], d. h. der Handlungsbegriff muß einen gewissen sachlichen Gehalt aufweisen, da sich ansonsten Tatbestandsmäßigkeit, Rechtswidrigkeit und Schuld nicht anlagern können[600], wozu sie aber aufgrund ihrer „Blutleere" nicht im-

---

solche und in dieser Reihenfolge bestehen geblieben und auch in ihrer Abgrenzung zueinander unbeschadet der vorstehend angesprochenen punktuellen Verschiebungen – nur wenig verändert worden".

594 So z. B. *Maihofer*, Handlungsbegriff, S. 6 ff.

595 Statt vieler vgl. nur *Maurach/Zipf* AT/1, § 16 Rn 12.

596 Vgl. zu dieser Frage nur *Armin Kaufmann*, Funktion des Handlungsbegriffes, S. 23.

597 *Maihofer*, Handlungsbegriff, S. 9.

598 So auch *Jescheck*, Schmidt–FS, S. 139 ff.; *Kindhäuser*, Intentionale Handlung, S. 203; *Maihofer*, Handlungsbegriff, S. 6 ff.; *Otter*, Funktionen des Handlungsbegriffes.

599 Siehe auch *Hohmann*, Personalität und strafrechtliche Zurechnung, S. 244.

600 Vgl. dazu auch *Bloy*, ZStW 90 (1978), S. 609, 631: „Ein wirklich neutraler Handlungsbegriff ist zwar denkbar, wäre aber ohne sachlichen Gehalt, mithin ohne Aussagekraft über seinen Gegen-

stande ist. Das in Rede stehende System enthält also auf der Handlungsebene in Wahrheit keine Verbindungselemente zur Verbrechenslehre: Weder die Willkürlichkeit noch die Erfolgsverursachung weisen auf eine Einbindung in rechtliche Vorgegebenheiten hin. Bei der Handlung im sozialen Sinne ist aufgrund ihrer sozialen Immanenz zwar nicht die Vermittlungsfunktion problematisch, sondern vielmehr ihr Gegenpart – die sogenannte Neutralität. Hier offenbart sich die Schwierigkeit, wie ein sinngeladener, d. h. das Soziale betonender Handlungsbegriff in der Lage sein soll, zu Tatbestandsmäßigkeit, Rechtswidrigkeit und Schuld hinzuleiten, ohne diese Merkmale zugleich in sich aufzunehmen, wie also das Erfordernis der Neutralität erfüllt werden kann.

Letztlich verstrickt sich die herkömmliche Meinung mit einer solchen „Doppelforderung", der Handlungsbegriff solle eine Vermittlungsfunktion ausüben und gleichzeitig neutral sein[601], in unüberwindliche Schwierigkeiten: Entweder wird ein abstrakter, neutraler Handlungsbegriff konstruiert[602], der durch Eliminierung all derjenigen Elemente gewonnen wird, der die Handlung als konkrete Erscheinung inhaltlich kennzeichnet. Wird der konkrete Inhalt ausdrücklich aus dem Gattungsbegriff Handlung ausgeschieden, so besteht zwischen dem Handlungsbegriff und den Verbrechensmerkmalen eine unüberbrückbare Kluft, so daß die Vermittlungsfunktion leerläuft. Oder aber der Handlungsbegriff wird so gebildet, daß eine Ableitung der Verbrechensmerkmale möglich wird, was jedoch auf Kosten seiner Neutralität geschieht[603].

Wenn außerdem der Handlungsbegriff eine negative Ausschlußfunktion ausüben soll, bestimmt er damit notwendigerweise, was als Mindestvoraussetzung gegeben sein muß, um von einer Handlung im strafrechtlichen Sinne sprechen zu können, so daß die Argumentation BELINGS nicht greifen kann. Zum Beispiel: Soll mit Hilfe des Handlungsbegriffes alles von strafrechtlicher Wertung unberührt bleiben, was auf eine fehlende Handlungsfähigkeit zurückzuführen ist, also Äußerungen eines Bewußtlosen usw., so wird umgekehrt das Vorhandensein von Handlungsfähigkeit zur positiven Voraussetzung. Zum Problem wird dann, wie der Begriff der Handlungsfähigkeit zu verstehen ist.

Zudem wurde von den sozialen Handlungslehren versäumt, ihre dogmatische Ausgangsposition, den Handlungsbegriff im Strafrecht ausgehend von dem ihm zukommenden Funktionen zu entwickeln, zu begründen. Es erscheint aber als dogmatischer Ausgangspunkt verfehlt, von Funktionen eines Begriffes auszugehen, die dieser Begriff niemals erfüllen kann. Es ist auch in strafrechtlicher Hinsicht kein Grund ersichtlich, der die Zugrundelegung dieser Funktionen

---

stand. Er könnte nur das systematische Bedürfnis befriedigen, einen einheitlichen Oberbegriff zu finden". In diesem Sinne ebenfalls *Jescheck*, Schmidt–FS, S. 139 ff.

601 Diese Forderung wird aufgestellt, damit weiter die Unterscheidung zwischen dem Objekt der Wertung, nämlich der Handlung, und der Wertung des Objekts vorgenommen werden kann – eine Forderung, die zwar fallprüfungstechnisch sinnvoll sein mag, aber jedenfalls nicht substantialisiert werden darf.

602 Eine Rückkehr zu den sogenannten naturalistischen Handlungslehren würde zwar besagte Neutralität gewähren, so *Reyes*, ZStW 105 (1993), S. 108, 110, was aber aufgrund der sonstigen Schwierigkeiten des naturalistischen Denkens abzulehnen ist.

603 In der Literatur gewinnt die Ansicht an Anhängern, daß ein neutraler wertfreier Handlungsbegriff sinnlos ist, die an ein strafrechtlich relevantes Verhalten gestellten Anforderungen sich nicht ohne Heranziehen der Kriterien rechtlicher Verhaltensbewertung überzeugend lösen lassen, so *Freund* AT, § 1 Rn 58; *Herzberg*, GA 1996, S. 1, 6; in diese Richtung auch *Gallas*, ZStW 67 (1955), S. 1, 14 Fn 40a.

erzwingt[604]. Insgesamt kann der Verweis auf die Funktionen des Handlungsbegriffes aber weder die Bedeutung einer vorstrafrechtlichen Handlung für das Strafrechtssystem begründen, noch diese mindern, da die Funktionen der Handlung dieser zwar allgemein zugeschrieben werden, ihrerseits aber nirgends begründet worden sind[605].

4. Das Erfordernis eines einheitlichen Straftatbegriffes

Schwerer wiegt der Vorwurf, daß durch die Beibehaltung des klassifikatorischen Denkens die sozialen Handlungslehren mit den Problemen des naturalistischen Handlungsbegriffes bei der Begründung eines einheitlichen Straftatbegriffes behaftet bleiben: Die Handlung erhält erst von den begrifflichen Merkmalen des Tatbestandes Bedeutung, womit eine Kluft zwischen den Begriffen und der Wirklichkeit aufgerissen ist[606]. Die Frage der Anschmiegung der Rechtsbegriffe an das vorrechtliche Substrat, in Gestalt der Handlung, wird zum Problem[607], da ein gemeinsamer Nenner zwischen beiden Kategorien fehlt. Die Elemente der Straftat sind also infolge dieses analytischen Denkens in sich geschlossen und weisen keine Gemeinsamkeit auf. Ein logischer Zusammenhang wird lediglich im Wege der Abstraktion hergestellt[608]. Die Methode der Abstraktion wurde deshalb gewählt, um eine Hinführung der Merkmale von abstrakten zu konkreteren Bestimmungen zu ermöglichen, was insbesondere in der argumentativen Fallprüfung vorteilhaft sein mag. Dieses abstrakte Trennungsdenken kann aber jedenfalls dann nicht mehr überzeugen, wenn der Handlungsbegriff mehr leisten soll als die Erleichterung der Fallprüfung, nämlich eine komplette Theorie strafrechtlich relevanten Verhaltens[609]. Es wäre nämlich ein Irrglaube, anzunehmen, es lasse sich ein sinnvolles Ganzes durch eine bloße Häufung sinnfremder Einzelteile gewinnen, und die Bedeutung des Verbrechens sei damit erfaßt, daß ein naturalistischer Handlungsbegriff und ein wertblinder Tatbestand mit einem davon getrennten Unrechts– und Schuldurteil nachträglich verkoppelt würden. Es ist unmöglich, einen geistigen Sinnzusammenhang aus Elementen zusammenzusetzen wie einen Körper aus mechanischen Teilen[610]. Das Dilemma eines solchen abstrakten Trennungsdenkens besteht demnach darin, die für die strafrechtliche Zurechnung notwendige Einheit der Straftat nicht begreifen zu können: Allein die Tatsache, daß etwas geschehen ist, läßt sich dem Handelnden nicht zum Vorwurf machen. Zwischen Handlung und Verbrechen besteht damit kein Zusammenhang, beides steht vielmehr unvermittelt nebeneinander[611].

Ein sogenannter abstrakter Handlungsbegriff ist demnach nur von heuristischem Wert. Denn selbst wenn wir davon ausgehen, daß ohne ein gedankliches Auseinanderhalten sachlicher Momente eine Gegenstandserkenntnis für das menschliche Erkennen überhaupt unmöglich

604 In diesem Sinne ebenfalls *Otter*, Funktionen des Handlungsbegriffes, S. 89.
605 So auch *Kahlo*, Unterlassung, S. 19; *Michaelowa*, S. 20 f.
606 Kritisch zum naturalistischen Handlungsbegriffes insoweit *Welzel*, Naturalismus, S. 75: „Da das vortheoretische Sein als eine sinnfreie–mechanisch–kausal zusammenhängende Realität galt, bildete es lediglich den zufälligen Träger der eigentlichen juristischen Begriffswelt. (...) Nur in seiner methodologischen Umformung zu einem Produkt der juristischen Begriffswelt kam es für das Recht in Betracht".
607 Dazu *Welzel*, Naturalismus, S. 62.
608 Eingehend zu dieser Problematik AK–*Schild*, Vor § 13 Rn 22.
609 Dazu ausführlich *Jakobs*, Handlungsbegriff, S. 13.
610 Insoweit kritisch bereits die Vertreter der Kieler Schule, wie z. B. *Dahm*, Tätertyp, S. 60.
611 Vgl. dazu auch AK–*Schild*, Vor § 13 Rn 23; *Hohmann*, Personalität und strafrechtliche Zurechnung, S. 245; *Schild*, Merkmale der Straftat, S. 51.

sein soll[612], auf einen sogenannten abstrakten Handlungsbegriff also zurückgegriffen werden muß, um die Reichweite strafrechtlicher Zurechnung zu bestimmen, würde dies nicht der Maßgeblichkeit einer ganzheitlichen Betrachtungsweise entgegengehalten werden können[613]. Ein analytischer Straftatbegriff kann also nicht als *Begriff* des Strafrechts verstanden werden, wenngleich er als Objekt der Analyse stets vorausgesetzt ist[614]. Warum das Strafrecht funktioniert und um welches Strafrecht es sich handelt, dafür liefert ein abstrakter Handlungsbegriff keinen Anknüpfungspunkt[615].

5. Fazit:

Aufgrund ihrer Verwurzelung im klassifikatorisch–analytischen Denken ist den sozialen Handlungslehren gegenüber der Vorwurf der Inkonsequenz zu erheben: Zwar haben diese Lehren versucht, die naturalistische Handlungsdoktrin zu überwinden. Mit ihrer Verhaftung im klassifikatorischen Denken – als einem Wesensmerkmal des naturalistischen Denkens – müssen sie sich in Widersprüchlichkeiten verstricken. Infolgedessen gelingt es auch den sozialen Handlungslehren letztlich nicht, ein wirkliches Verständnis der Handlung als Straftat zu rekonstruieren. Auch der soziale Handlungsbegriff bleibt Grundbegriff innerhalb einer abstrakten Systematik[616].

II) Zur Rückführung des Strafrechts auf eine Seinsgrundlage (sozialontologische Vorgegebenheiten)

Schließlich wird die Konstituierung eines vorstrafrechtlichen Handlungsbegriffes damit legitimiert, mit Hilfe des Begriffes der Handlung eine „Seinsgrundlage“ ins Strafrecht einzuführen und damit sozusagen eine Verbindung zwischen der Wirklichkeit und den Werten des Strafrechts zu stiften. Die Lehre von der objektiven Zurechnung in ihrer modernen Lesart widmet sich dagegen vor allem der Deduzierung genuin strafrechtlicher Zurechnungskriterien, mit deren Hilfe bestimmt werden soll, was als „Werk des Täters“ zu gelten hat, und begreift sich in der Tradition einer teleologischen Strafrechtsdoktrin.

1. Schutz vor frühzeitiger Normativierung des Strafrechts

Die Trennung von Handlung und tatbestandsmäßigem Unrecht wird im allgemeinen damit zu rechtfertigen versucht, das Strafrecht müsse sich davor hüten, auf allzu früher dogmatischer Stufe dem Normativismus Eintritt ins Strafrecht zu verschaffen. Sollten strafrechtliche Begriffe wenigstens annähernd einen mit dem Lebenssprachgebrauch übereinstimmenden Sinn aufweisen, dürfe der Begriff der Handlung nicht auf das Rechtsgebiet beschränkt werden[617]. Eine strafrechtliche Handlungslehre müsse die Handlung nach ihrer vorfindbaren Wirklichkeit beschreiben[618], womit dem Begriff der Handlung ein absoluter Charakter verliehen wer-

612 In diesem Sinne beispielsweise *Welzel*, ZStW 58 (1939), S. 491.

613 *Radbruch*, Handlungsbegriff, S. 90, 91 hält diese Tatsache für ausschlaggebend, einen allgemeinen, nicht–juristischen Handlungsbegriff zu bevorzugen.

614 So auch AK–*Schild*, Vor § 13 Rn 23.

615 Vgl. in diesem Sinne *Jakobs*, Handlungsbegriff, S. 21.

616 Dies wurde bereits von AK–*Schild*, Vor § 13 Rn 80; *Schild*, Merkmale der Straftat, S. 18, 19 hervorgehoben.

617 *Armin Kaufmann*, Dogmatik der Unterlassungsdelikte, S. 50.

618 *Engisch*, Natur der Sache, S. 204 ff.; *Gössel*, Miyazawa–FS, S. 317, 323 ff.; *Hirsch*, ZStW 93 (1981), S. 831 ff.; ders., UniKöln–FS, S. 399, 402; *Armin Kaufmann*, Dogmatik der Unter-

den soll. Dabei soll durch die Fundierung des Handlungsbegriffes im Ontologischen der angeblich zwischen der ontologischen Struktur und der strafrechtlichen Wertung bestehende Zusammenhang hervorgehoben werden[619]. Bildlich gesprochen: Die Handlung ist das Holz, aus dem die Unrechtstypen geschnitzt werden[620]. Es sei unzulässig, diesen zentralen Punkt der Strafrechtsdogmatik von der Beliebigkeit der Standpunkte und Wertaspekte abhängig zu machen[621], die von vornherein Kontingenz, Beliebigkeit oder zumindest Variabilität[622] beinhalteten.

Vorliegender Ansatz basiert auf der Überlegung, daß die Rechtsordnung durch ihre Forderungen und Wertungen nicht etwas entstehen lassen könne, was ansonsten nicht existiere: „Der Wertakzent macht nicht aus einem Nichts ein Etwas, sondern er kann lediglich aus einem Etwas ein gewertetes Etwas machen"[623]. Prinzipiell werde der Strafrechtsordnung zwar die Möglichkeit eröffnet, bei ihrer Begriffsbildung den jeweiligen vorrechtlichen Gegenstand unter rechtlichen Aspekten zu spezifizieren, was allerdings für die Konstituierung des Handlungsbegriffes nicht zutreffen soll. Hier sei die Rechtsordnung an das vorrechtliche Phänomen des Handelns gebunden[624], es sei ihr jegliche Modifizierungsmöglichkeit entzogen. HIRSCH, ein Vertreter des Finalismus, sagt: „Was einem Kausalverlauf den Charakter eines menschlichen Handelns verleiht, ist eine Frage, auf welche die Rechtsordnung keine Antwort gibt. Die Rechtsordnung spielt hier nur insoweit eine Rolle, als sie durch den rechtlichen Bezugspunkt markiert, auf welches vorrechtliche Phänomen es ankommt"[625].

Übertragen auf das Verhältnis der Handlung im vorrechtlichen Sinne und der strafrechtsrelevanten Handlung im Bereich der Tatbestandsmäßigkeit haben die Einsichten der Lehre von der „Natur der Sache" folgende Konsequenz, die anhand eines Beispiels von HIRSCH deutlich wird: „Eine Tötungs- und eine Urkundenfälschungshandlung unterscheiden sich sicherlich in ihrem spezifischen Inhalt: die eine ist ein Tun, das sich gegen das menschliche Leben, die andere ein Tun, das sich gegen die Sicherheit des Rechtsverkehrs richtet. Gleichwohl

---

lassungsdelikte, S. 50; *Arthur Kaufmann*, Mayer–FS, S. 79, 84, 85: Die Feststellung aber, was Handlung sei, bedeute nicht dasselbe „wie die Vereinbarung eines Elternpaares, daß ihre Tochter Angelika heißen solle", sondern sie solle eine echte Sacherklärung, eine Seinsfeststellung enthalten. Ebenso ders., Ontologische Struktur des Rechts; *Küpper*, Grenzen der normativierenden Strafrechtsdogmatik, S. 34 ff.; *Otter*, Funktionen des Handlungsbegriffes, S. 198: „Die Handlungslehre ist ein rein ontologisches Problem".; so auch *Welzel*, Um die finale Handlungslehre, S. 10; ders., Naturrecht und materiale Gerechtigkeit, S. 197. Ausführlich zur Thematik auch *Moreno Hernández*, Roxin–FS, S. 69 ff.

619 *Hirsch*, ZStW 93 (1981) S. 831, 846; *Armin Kaufmann*, Dogmatik der Unterlassungsdelikte, S. 17.

620 *Armin Kaufmann*, Funktion des Handlungsbegriffes, S. 32. *Kaufmann* betont, daß diese Aufgabe nur vorrechtliche, ontologische Handlungsbegriffe erfüllen könnten.

621 *Armin Kaufmann*, Dogmatik der Unterlassungsdelikte, S. 21.

622 *Armin Kaufmann*, Dogmatik der Unterlassungsdelikte, S. 18.

623 *Armin Kaufmann*, Dogmatik der Unterlassungsdelikte, S. 50.

624 *Hirsch*, ZStW 93 (1981), S. 831, 846.

625 *Hirsch*, ZStW 93 (1981), S. 831, 846. In diese Richtung auch *Moreno Hernández*, Roxin–FS, S. 69, 83, 86; so auch der ursprüngliche Ansatz von *Jakobs*, Studien, S. 1 Fn 2: Das Primat der grundsätzlichen Wertentscheidung betrifft nur die Auswahl der rechtlich relevanten Sachzusammenhänge. Deren vom Recht isolierte Strukturierung, heiße sie Finalität oder Risikoerhöhung, wird bei der Bezugnahme vom Recht gerade vorausgesetzt. Selbst der Oberbegriff der personalen Zurechenbarkeit soll nur durch Rückgriff auf ein Subjekt mit vorrechtlich gegebenen Eigenschaften und Verhaltensmöglichkeiten Konturen gewinnen können.

stimmen sie in ihren generellen Strukturerfordernissen überein, nämlich in der willentlichen Verwirklichung eines objektiven Geschehens. Daß dieses Geschehen im Falle der Urkundenfälschung seine Bedeutung erst durch die soziale Sinndimension der Urkunde erhält, betrifft nicht die allgemeine Handlungsstruktur, sondern den spezifischen Inhalt"[626]. In der Lehre von der „Natur der Sache" findet sich also die schon im frühen klassifikatorischen Denken entwickelte Unterscheidung zwischen dem „Ob" und „Wie" einer Handlung wieder.

Nach der klassischen Lehre von der „Natur der Sache" kann das Strafrecht die Funktionsbedingungen der Gesellschaft also nicht ohne weiteres normieren, vielmehr ist die Normierung ihrerseits an vorgesellschaftliche Gegebenheiten geknüpft. Es geht diesem Ansatz darum, durch Sinneserfassung zu erschließen, welche Gesetzlichkeiten, Bestimmtheiten und Ordnungselemente in den Gegenständen als vorhanden erkannt, d. h. also vorgefunden werden. Die sinnhaften Gehalte und Zusammenhänge sollen nicht durch das Denken erzeugt werden, sondern durch eine phänomenologische Betrachtungsweise erforscht und bewußt gemacht werden[627].

Der Ansatz von der „Natur der Sache" verfolgt damit das Ziel, die Bedeutung der Zurechnungsstrukturen nicht ohne Blick auf die „Wirklichkeit" zu erklären. Damit verbleibt in ihr die Forderung des naturrechtlichen Denkens bestehen, das höchste Rechtskriterium nicht im Willen des Gesetzgebers zu verankern, sondern in einem Objektivum, das unveränderliche Geltung besitzt. Auf diese Weise sollen die Rechtsprädikate eine objektive Basis erhalten und der Rechtserkenntnis soll Orientierungssicherheit geboten werden. Aufgrund der Verwurzelung der „Wirklichkeit des Rechts" im sogenannten „realontologischen" Bereich kann ein solcher Ansatz von der vorrechtlichen Gesellschaft lediglich das begreifen, was naturalistische Kategorien zulassen. Schon konzeptionell bleibt eine solche Perspektive auf die atomisierte Summe der unverbundenen einzelnen beschränkt, die durch keine vorhandene gesellschaftliche Bindung gehemmt sind[628]; der Bereich des Sozialen wird also gar nicht erreicht, sondern muß erst noch durch das Recht gestiftet werden.

2. Über die sozialontologisch fundierte Natur der Sache

Wie der Finalismus will die Mehrzahl der sozialen Handlungslehren diese Verbindung zum „Sein" mit Hilfe der Rechtsfigur der „Natur der Sache", die auch als Maßstab zur Bestimmung der sozialen Sinnhaftigkeit fungiert, herstellen[629]. Die Notwendigkeit der Bezugnahme auf die Seinsdimension soll sich daraus ergeben, daß man das sogenannte „Sinnhafte" ansonsten weder denken, erkennen noch aussprechen und erst recht nicht verwirklichen könne. Denn Sinn und Werte existierten nicht als transzendente substantielle Gebilde, sondern wiesen eine ontologische Basis auf[630]. Insoweit unterscheidet sich die soziale Handlungslehre nicht vom finalistisch geprägten Ansatz der Lehre von der „Natur der Sache". Anders als im realontologischen Seinsverständnis des Finalismus wird aber auf einen sogenannten sozialontologischen Ansatz der „Natur der Sache" zurückgegriffen. Der Begriff des Ontologischen

626 *Hirsch*, ZStW 93 (1981), S. 831, 846.

627 *Küpper*, Grenzen der normativierenden Strafrechtsdogmatik, S. 33.

628 Insoweit kritisch bereits *Radbruch*, Rechtsidee und Rechtsstoff, S. 5, 10.

629 *Engisch*, Vom Weltbild des Juristen, S. 9 ff.; *Arthur Kaufmann*, Mayer–FS, S. 79, 86; *Lampe*, Hirsch–FS, S. 83, 86; *Maihofer*, ARSP 44 (1958), S. 145, 172 ff.; *Schmidt*, Engisch–FS, S. 339, 351 ff.

630 *Arthur Kaufmann*, Mayer–FS, S. 79, 86.

wird hier nicht in seiner Beschränkung auf die realontologischen, anthropologischen Phänomene interpretiert. Im Gegensatz zum Finalismus, in dem der einzelne im Vordergrund steht, soll er den Bereich des Sozialen, des Gesellschaftlichen umfassen. Recht basiere nämlich nicht nur auf einer naturalistischen, sondern im wesentlichen auf der sogenannten sozialen Realität. Maßgeblich für das Verständnis des Sozialen im Rahmen des sozialontologischen Ansatzes ist, daß sich die soziale Realität nicht auf Sachen, verstanden als isolierte Einzeldinge oder Gegenstände bezieht, sondern auf komplexe Sachverhalte des menschlichen Lebens, also auf menschliches Verhalten zur Welt, mit deren Vorzeichnung, damit Sicherstellung und notfalls Durchsetzung sich alle Ordnung des Rechts und der Sitte beschäftigen[631]. Gemeint sind also menschliche Interaktionen in einer Gesellschaft. Denn bereits der Blick auf die einfachsten Rechtsphänomene wie Besitz und Versprechen verdeutliche, daß eine auf die bloßen Naturtatsachen und –gesetzlichkeiten gerichtete Interpretation die eigentliche Bedeutung der Lebenssachverhalte nicht erfassen könne[632]. Die vorgefundene Wirklichkeit stehe nicht völlig gestaltlos da, mit der Folge, daß ihr erst die Rechtsordnung mit den ihr immanenten Sinnbezügen und Begriffsbildungen eine Ordnung verleihe, vielmehr habe die Wirklichkeit als Sozialwelt insbesondere im Hinblick auf die zwischenmenschlichen Beziehungen bereits eine Vorformung erfahren[633]: „Als ontologisch vorgegebene Natur des Menschen wurde (...) seine Seinsverfassung und Seinsbestimmung erfaßt, in den menschlichen Sozialbeziehungen kehren die wesenhaften Strukturen der Gemeinschaft, Gesellschaft, Organisation und Machtbeziehung wieder. Die im Sozialleben vorherrschenden Wertungen gelten als maßgeblich und bestimmte soziale Einrichtungen (Institutionen) zeichnen bestimmte Sinn– und Zweckgehalte der rechtlichen Regelung vor“[634].

Die sozialen Handlungslehren differenzieren hier zwischen zwei Typen des „Ontologischen“: Die sogenannten ontologischen Gesetzlichkeiten seien dem Menschen konstant und unveränderlich vorgegeben. Die vom Menschen in ihrer Sinn– und Werthaftigkeit selbst geschaffenen kulturell–soziologischen Vorgegebenheiten hingegen seien wandelbare Strukturen der sozialen Situationen, Beziehungen und Einrichtungen[635], würden vom einzelnen aber bei seinem Eintritt in die Sozialwirklichkeit vorgefunden. Anders als nach der klassischen Lesart der „Natur der Sache“ ist mit dem Bereich des Sozialontologischen gerade nicht ein unabänderliches ontisches Kriterium impliziert. Beschrieben werden vielmehr Geschehensabläufe in einer konkreten Gesellschaft und deren Funktionsweise, jedoch – und das ist kennzeichnend für eine sogenannte Lehre der „Natur der Sache“– ohne Blick auf das normierte Recht. Deutlich herausgearbeitet ist dieser Ansatz bei MAIHOFER, der im Gegensatz zu den übrigen Vertretern der sozialen Handlungslehren eingehend zur Thematik der Lehre von der „Natur der Sache“ Stellung bezogen hat: Nicht die Sollenssätze des positiven Rechts prägten das gesellschaftliche Leben wie nach rechtspositivistischer Auffassung, sondern die sogenannten Sollensgesetze des außerpositiven Rechts, die sich niederschlügen in den berechtigten Erwartungen und Interessen, den gerechten Forderungen und Pflichten, die den einzelnen in seiner jeweiligen Rolle und Lage beträfen. Diese natürlichen Interessen und Pflichten seien der Grund der rechtlichen Güter und Normen, in denen die abstrakte Rechtsordnung in der kon-

631 *Maihofer*, ARSP 44 (1958), S. 145, 157.
632 *Maihofer*, ARSP 44 (1958), S. 145, 159.
633 *Henkel*, Rechtsphilosophie, S. 198 ff., 236 ff.; dazu auch *Schünemann*, Grund und Grenzen, S. 125.
634 *Henkel*, Rechtsphilosophie, S. 377.
635 *Henkel*, Rechtsphilosophie, S. 378.

kreten begründet sei[636]. Ein Recht, das diese „außergesetzlichen" Erwartungen unbeachtet lasse, sei ein „Niemandsrecht". Für Gesetzgeber und Richter sei es nämlich sinnlos, Erwartungen zu befriedigen, die überhaupt nicht gesellschaftlich erhoben würden. MAIHOFER versucht dies beispielhaft zu verdeutlichen: Von Rechts wegen könne es nur um die Aufgabe gehen, die von einem vernünftigen Käufer oder Verkäufer, Arzt oder Patienten, Arbeitgeber oder Arbeitnehmer gehegten Erwartungen an den anderen, auf ein seiner Rolle entsprechendes und darum angemessenes Verhalten zu erfüllen. Alles Recht werde aus dem Horizont dieser Erwartungen entwickelt[637]. Stoff des Rechts sind nach den sozialen Handlungslehren also die mittels sozialer Begriffe vorgeformten Gegebenheiten[638], die als solche vom Begriff des Rechts unterscheidbar sein sollen.

Den gegen die Lehre von der Natur der Sache erhobenen Kritikpunkt des naturalistischen Fehlschlusses (von einem Sein kann nicht auf ein Sollen geschlossen werden) versucht MAIHOFER abzuschwächen, indem er auf eine das Sein im Sinne der gesellschaftlichen Erwartungen mit dem Verhaltensollen des positiven Recht verbindende „Brücke" verweist: Der in der alltäglichen Rechtswelt lebende Laie, „existiere" aus dem Sinnverständnis dessen, was zu den einzelnen Lebensgestalten und Lebenslagen gehöre, er lebe also aus dem Verständnis des Seins heraus[639]. Mit den Worten von MAIHOFER:„Wir müssen uns jeweils in die Rolle oder Lage des anderen versetzen und uns fragen, was wir als Solcher vom anderen als Solchen erwarten und darum als berechtigt fordern würden. Alles Recht ist so gedacht, aus der Rolle und Lage des anderen."[640]. Daraus leite sich die „goldene Regel als grundsätzlich für alle wahre Ordnung" ab[641]. Das praktische Leben richte sich also nicht – wie nach positivistischer Auffassung – nach den sogenannten Sollenssätzen des positiven Rechts sondern „nach jenen als Naturrecht verleugneten Sollensgesetzen des außerpositiven Rechts"[642].

Der sozialontologische Ansatz erkennt also an, daß positives Recht und Naturrecht nicht unverbunden, als zwei voneinander zu trennende Pole gegenüberstehen, sich vielmehr gegenseitig ergänzen und durchdringen. Betont wird dabei dennoch die Unabhängigkeit der ontologischen Strukturen von der abstrakten Gesetzesordnung.

Ist es den sozialen Handlungslehren zwar ansatzweise gelungen, eine Selbstbeschreibung der gesellschaftlichen Wirklichkeit vorzunehmen, so ist ihr Rückgriff auf den Topos der „Natur der Sache" nicht das richtige Medium zur Rekonstruktion gesellschaftlich verankerter Zurechnungsstrukturen, was anhand einer kritischen Analyse der Lehre von der „Natur der Sache" offenbar werden wird.

636 *Maihofer*, ARSP 44 (1958), S. 145, 171.
637 *Maihofer*, ARSP 44 (1958), S. 145, 165.
638 *Engisch*, Vom Weltbild des Juristen, S. 10.
639 *Maihofer*, ARSP 44 (1958), S. 145, 166.
640 *Maihofer*, ARSP 44 (1958), S. 145, 167.
641 *Maihofer*, ARSP 44 (1958), S. 145, 169.
642 *Maihofer*, ARSP 44 (1958), S. 145, 171.

3. Zur Kritik an der Lehre von der Natur der Sache

a) Zur These der Abhängigkeit des Sollens von einem Seinssachverhalt

Zunächst ist bereits die im Vordergrund der Lehre von der Natur der Sache stehende These der Abhängigkeit des Sollens von einem Sein zweifelhaft. Wie nämlich STRATENWERTH nachgewiesen hat, ergibt sich aus einer Unabhängigkeit des Seins noch keine Abhängigkeit der Wertung vom Sein[643]: „Der Charakter menschlicher Zwecktätigkeit oder die sachlogische Struktur der Schuld können die gesetzliche Regelung nur dann binden, wenn sie mit einer bestimmten Rechtsfolge an menschliche Handlungen oder an Schuld anknüpfen will. Ob sie das will oder nicht, diese Vorfrage vermag häufig erst an Hand der Einzelausgestaltung der gesetzlichen Regelung selbst entschieden zu werden"[644]. Dieses Phänomen bedarf noch der Verdeutlichung: Eine die Heiratsfähigkeit auf 16 Jahre festsetzende Norm (§ 1 II EheG) scheint zwar prima facie von der Natur der Sache in der Gestalt der physischen Verfassung der betreffenden Personen abgeleitet zu sein. Legt man aber eine Gesellschaft zugrunde, die der Ehe beispielsweise ein wirtschaftliches Moment zuschreibt, so kann die Altersgrenze nach oben variieren. Im Ergebnis erweist sich damit die „Natur der Sache" als Mittel, das man zur Erreichung eines gewissen Normzweckes geeignet hält – im konkreten Fall der die Ehe kennzeichnende Normzweck[645].

Der gleiche Kern ist bei der strafrechtsdogmatischen Frage nach dem Verhältnis von Wertung des Objekts und Objekt der Wertung (dieses wird herkömmlicherweise im vorstrafrechtliche Handlungsbegriff gesehen) betroffen. Daß eine Abgrenzung des sogenannten Objekts der Wertung von der Wertung des Objekts nicht trennscharf möglich ist, verdeutlicht bereits die Überlegung, daß, wenn jede juristische Begriffsbildung Bewertungsvorgängen in der Rechtsanwendung dienen und selbst ihren normativen Charakter niemals vollständig verlieren soll, sie ihr Wesen als linear abgrenzbare Begrifflichkeit nicht erfüllen kann[646]. Selbst wenn das Strafrecht eines Objekts der Wertung bedürfte, was durchaus fraglich ist, könnte dieses also niemals völlig frei von strafrechtlicher Wertung gelesen werden. Die an ein strafrechtlich relevantes Verhalten gestellten Anforderungen lassen sich ohne Heranziehen der Kriterien rechtlicher Verhaltensbewertung nicht überzeugend lösen[647]. Demzufolge entbehrt auch das vielfach erwähnte Argument, der vorrechtliche Handlungsbegriff solle sicherstellen, daß ein geeignetes Objekt strafrechtlicher Bewertung (das menschliche Verhalten überhaupt) vorhanden sei, bevor die Bewertung anfange, jeglicher Grundlage: Eine sachgerechte Bestimmung des Objekts der Wertung ist immer davon abhängig, welche Bewertung ansteht. Insoweit existiert nichts für die Bewertung fertig Vorfindbares; erst die anstehende Bewertung kann etwas darüber aussagen, was genau aus der unendlichen Vielfalt möglicher Objekte der Wertung bewertungsrelevant ist[648].

---

643 *Stratenwerth*, Natur der Sache, S. 12.

644 *Stratenwerth*, Natur der Sache, S. 11.

645 In diesem Sinne auch *Bobbio*, Über den Begriff der „Natur der Sache", S. 95.

646 So bereits *Grünhut*, Begriffsbildung, S. 16.

647 Vgl. dazu *Freund* AT, § 1 Rn 60; *Rudolphi*, Gleichstellungsproblematik, S. 43 f. So auch *E. Wolf*, Typen der Tatbestandsmäßigkeit, der auf eine Strukturverschlungenheit wertbezogener und wertfreier Begriffe hinweist.

648 Ähnlich kritisch *Freund* AT, § 1 Rn 60; *Hardwig*, Zurechnung, S. 106 (Bei der Fallprüfung interessiere von vornherein nur, ob ein Verhalten im Rechtssinne gegeben sei). Insoweit kann auch die Differenzierung *Hruschkas*, Strukturen der Zurechnung; ders. ZStW 96 (1984), S. 661, 672 zwischen imputatio facti und imputatio iuris, die er unter Bezugnahme auf *Pufendorf* und

Auf die Problematik des Handlungsbegriffes übertragen: Bestimmte körperliche und seelische Vorgänge beim Menschen scheiden zutreffenderweise nicht „von Natur aus" als Gegenstand strafrechtlicher Bewertung und damit als tauglicher Handlungsbegriff aus. Wenn herkömmlicherweise die Entscheidungen unter anderem Vorzeichen getroffen werden, so deshalb, weil sich in diesen Fällen evident ergibt, daß die betreffende Person für das in Rede stehende Geschehen nicht verantwortlich gemacht werden kann[649], und rechtliche Evidenz mit Natürlichkeit gleichgesetzt wird. Die häufig als aus der Lehre von der Natur der Sache resultierend deklarierte Tatsache, daß Angriffe eines Tieres oder Bewußtlosen nicht als Handlungen im strafrechtlichen Sinn gelten, ist also bereits ein durch und durch strafrechtliches Urteil: Tiere und Bewußtlose sollen jedenfalls strafrechtlich nicht verantwortlich gemacht werden[650]. Ontologische Ansätze in Reinkultur existieren also schlechthin nicht, es sind vielmehr überall mit ontologischen Ansätzen wertende Elemente anzutreffen[651]. Selbst wenn sogenannte Seinsgrundlagen existieren sollten, sind diese für das Strafrecht nicht aus sich heraus bindend. Im Ergebnis entscheidet eine rechtliche Zuschreibung, welche Gegebenheiten als wesentlich berücksichtigt werden sollen, so daß diese wechselnde Wertperspektive die Relativität der sachlogischen Einsicht nach sich zieht. „Die ontologische Suche verirrt sich (...) alsbald im Dschungel des Normativen"[652].

Letztlich kann also nur eine rechtlich–normative Lehre die richtige Lösung für Zurechnungsfragen bieten[653]. „Zurechnung ist damit kein dem Recht vorgegebenes Phänomen, das in allen Rechtsepochen zu identischen Lösungen führen müßte, sondern die jeweiligen Zurechnungsergebnisse unterliegen stets normativ den Strömungen der Zeit und den Veränderungen der Gesellschaft"[654]. Sie ist von der Funktion abhängig, die der sie bedingenden Verantwortlichkeit zugewiesen wird[655]. Wie – übertragen auf den hiesigen Problembereich – der Begriff der Handlung im strafrechtlichen Sinne zu fassen ist, richtet sich also nach dem Stand der Gesellschaft[656].

---

sprachtheoretischen Überlegungen entwickelt, nicht überzeugen. Zwar unterliegt *Hruschka* nicht dem Fehler der Lehre von der Natur der Sache, die Handlung als Vorgegebenes zu begreifen (Strukturen der Zurechnung, S. 3 ff.), läßt aber die Tatsache der Abhängigkeit des Objekts der Wertung von der Wertung unberücksichtigt.

649 In diesem Sinne ebenfalls *Herzberg*, GA 1996, S. 1, 7.

650 So ausdrücklich *Herzberg*, GA 1996, S. 1, 7: Es sei nicht unplausibel, über einen Stier zu sagen, daß er gehandelt habe, als er den Matador auf die Hörner nahm (was wiederum *Schild*, GA 1995, S. 103 behauptet). Auch Tiere haben erkennen und antizipieren Kausalzusammenhänge und können dies zielstrebig nutzen. Entscheidend sei allerdings, daß das tierische Verhalten kein deliktisches sei. Jedoch ist diese Evidenz der Wertung kein Grund, sie außerhalb des Gesetzes zu treffen. Vgl. zu dieser Problematik auch *Bayertz*, Herkunft der Verantwortung, S. 6 f., der betont, daß bis in das Mittelalter Tiere strafrechtlich verantwortlich gemacht wurden.

651 So auch *Freund*, Erfolgsdelikt und Unterlassen, S. 14.

652 *Schöne*, Unterlassene Erfolgsabwendungen, S. 18.

653 So auch ausdrücklich *Mir Puig*, Zurechnung, S. 225, 226 f.

654 *Schieffer*, Strukturen der Erfolgszurechnung, S. 274.

655 Zu diesem Problemkreis auch *Mir Puig*, Zurechnung, S. 225 , 228; *Schulz*, ARSP Beiheft 75, S. 175, 182. Würde in strafrechtlicher Hinsicht das sogenannte Sündenbockprinzip verfochten, so könnte beispielsweise das Prinzip der Kausalität überflüssig werden.

656 In diesem Sinne *Jakobs*, Handlungsbegriff, S. 16.

b) Zu den Defiziten des methodendualistischen Denkens

Dem Ansatz von der Natur der Sache ist eine weitere ebenfalls zu kritisierende Annahme, nämlich die einer grundsätzlichen Trennbarkeit von Sein und Sollen, immanent. Die Lehre von der Natur der Sache verbleibt damit gedanklich an einer theoretisch unlösbaren Problemstellung haften, nämlich der Voraussetzung des unabhängigen Bestehens der Welt der Wirklichkeit (der Welt der Tatsachen) und der Welt der Werte[657].

Ein auf einem solch strikten Dualismus basierender Ausgangspunkt kann nicht erklären, weshalb eine Abhängigkeit der ideellen Geltung des Rechts von dessen tatsächlicher kommunikativer Maßgeblichkeit besteht, selbst wenn der Begriff des Seins schon normativ durchzogen sein sollte. Es kann nicht ohne weiteres von einer tatsächlichen Kommunikation in der Gesellschaft auf ein Verhaltensollen im strafrechtlichen Sinn geschlossen werden. Insofern führt das Zugrundelegen von ontologischen Vorgegebenheiten damit in das Dilemma des Zirkelschlusses oder des naturalistischen Fehlschlusses[658]. Das mit der Annahme einer logischen Kluft zwischen Sein und Sollen verbundene Problem liegt darin, daß bei einem logischen Schluß der Gehalt der Konklusionen nicht über den der Prämissen hinausgehen kann. Es kann also bei einer Ableitung aus einer rein deskriptiven Prämisse keine präskriptive Aussage gewonnen werden. Von dem, was ist, kann nicht unmittelbar auf das, was sein soll, geschlossen werden[659]. PAWLIK bringt dieses Dilemma auf den Punkt: „Ist die kategoriale Verschiedenheit beider das letzte Wort, (...) so schneidet man sich damit von vornherein die Möglichkeit ab, die beiden genannten Momente auf einer ihnen übergeordneten Ebene zu synthetisieren(...)“[660]. Die geistige Einheit des konstitutiven Prinzips des Rechts bleibt damit unerkennbar[661].

Die Frage nach der Gegenüberstellung von Sein und Sollen ist auch nicht die maßgebliche. Es geht nicht darum, aus einem Sein ein Sollen zu entwickeln, sondern um die Entschlüsselung des Sollens in der konkreten Gesellschaft, d. h. – weniger abstrakt gesprochen – um die Bedeutung des Strafrechts für das gesellschaftliche Zusammenleben[662]. Zudem haben weder eine logische Analyse noch eine empirische Beobachtung bislang ergeben, daß Norm und Wirklichkeit grundsätzlich getrennt voneinander zu behandeln sind. Jedenfalls stünde noch ein Nachweis aus, wie diese rigorose Trennbarkeit für die soziale Welt sinnvoll und praktikabel rekonstruiert werden kann[663].

---

657 Vgl. dazu eingehend *Baratta*, Natur der Sache, S. 104, 132. Für eine methodenmonistische Perspektive verfehlt die Lehre von der Natur der Sache den Begriff der Wirklichkeit. Vgl. dazu *Ellscheid*, Das Naturrechtsproblem, S. 143, 197.

658 Dazu siehe nur *Lampe*, Hirsch–FS, S. 83, 85; *Neumann*, Schuldprinzip, S. 391, 393. Das Problem des naturalistischen Fehlschlusses wurde schon von *David Hume*, Traktat über die menschliche Vernunft, S. 211erkannt, da sich in den Soll–Aussagen eine neue Behauptung ausdrücke, die folglich einer genuin eigenen Begründung bedürfe.

659 Vgl. dazu nur *Grimmer*, S. 41;*Müller*, Juristische Methodik, S. 78 m. w. N.

660 *Pawlik*, Rechtstheorie 25 (1994), S. 451, 468.

661 Vgl. dazu *Baratta*, Natur der Sache, S. 132.

662 So auch *Derksen*, Handeln auf eigene Gefahr, S. 174; *Müssig*, Schutz abstrakter Rechtsgüter, S. 76.

663 Instruktiv insoweit *Müller*, Juristische Methodik, S. 78. Ebensowenig wie die Lehre von der Natur der Sache vermag eine Normentheorie, die das Wesen des positiven Rechts allein durch die deontische Form zu erklären sucht, die Frage, wie die gesellschaftliche Struktur des Rechts aussieht, zu lösen. Als Bestandteil einer Normwissenschaft, die eben die logische Differenz von Sein und Sollen als erkenntnistheoretische Apriori voraussetzt, kann auch *Kelsens* Grundnorm-

Kann damit der Rückgriff auf das reale Sein die Funktionsweise des Rechts nicht begründen, so daß es als solches für das Verbrechen irrelevant ist, welchen Sinn hat es dann, ihm die Aufgabe der Ausfüllung des Handlungsbegriffes zukommen zu lassen? Ein solcher Handlungsbegriff wäre nicht mehr als ein formaler Ordnungsbegriff im Verbrechenssystem. Jedenfalls könnte er über den Sinn strafrechtlicher Zurechnung nichts aussagen und hätte damit seine ihm von der Lehre von der „Natur der Sache" beigelegte maßgebliche Aufgabe verfehlt.

c) Zu den erkenntnistheoretischen Defiziten des Begriffes der sogenannten ontologischen Vorgegebenheiten

Ein Rückgriff auf die sogenannten Vorgegebenheiten nach dem Verständnis der herkömmlichen Handlungslehren bleibt auf ein rein empirisches Wirklichkeitsverständnis (Wirklichkeit als: Schau nur hin!) beschränkt und ist damit auch aus erkenntnistheoretischer Perspektive problematisch. Das Verständnis eines vorgeformten Handlungsbegriffes würde nämlich voraussetzen, daß eine a priorische Wirklichkeit existierte, die unabhängig von den sie wahrnehmenden Menschen oder Beobachtern bestünde. Daß die „Wirklichkeit" nicht als vorgefundene existieren kann, es dabei vielmehr um einen Begriff geht, den der Mensch innerhalb seiner Kultur verwendet[664], bestätigen Überlegungen zur Kommunikationstheorie: „Die Überprüfung des Erkenntniswissens vollzieht sich nicht in oder an einer Wirklichkeit, die vom Beobachter getrennt besteht, in die der Beobachter durch einen Apparat von außen hineinschaut. (...) Der Prozeß der Erkenntnis orientiert sich nicht an einer objektiv vorgegebenen Wirklichkeit, sondern an der kulturellen Realität"[665]. Nur oberflächlich betrachtet erscheint das Beobachtungssystem eingebettet in eine schon immer vorhandene Realität, in umfassendere Handlungszusammenhänge. Erkenntnistheoretisch gesprochen entsteht die Welt, während das System entsteht[666]. Demnach ist die Rede von einer objektiv gültigen Realität unzutreffend, das Sein wird überhaupt erst durch Kommunikation konstituiert[667]: Es geht um eine „gesellschaftliche Konstruktion der Wirklichkeit"[668]. Gesellschaftliche Sachverhalte und Normen existieren außerhalb einer Beobachtung nicht, sie sind Ergebnis einer zwischenmenschlichen Setzung, Konstitution und Vereinbarung. Diese Setzungen oder Vereinbarungen sind zwar auf Dauer gestellt und können nicht widerrufen werden, ihre Ergebnisse können sich bis hin zu gesellschaftlichen Institutionen verfestigen. Sie sind aber nicht – und darauf kommt es an – ontisch vorgegebene Sachverhalte, sondern gesellschaftlich erzeugt[669].

---

theorie nicht die Frage nach der gesellschaftlichen Bedeutung und Funktion von Normativität beantworten; ausführlich dazu auch *Müssig*, Schutz abstrakter Rechtsgüter; *Pawlik*, Rechtstheorie 25 (1994), S. 101, 106.

664 Vgl. dazu aus konstruktivistischer Perspektive *Jensen*, Erkenntnis – Konstruktivismus – Systemtheorie, S. 220; aus dem Bereich des Strafrechts so auch *Derksen*, Handeln auf eigene Gefahr, S. 171.

665 *Jensen*, Erkenntnis – Konstruktivismus – Systemtheorie, S. 332.

666 So ausdrücklich *Jensen*, Erkenntnis – Konstruktivismus – Systemtheorie, S. 354.

667 Grundlegend der Ansatz von *Maturana*, Erkennen, S. 264; aus strafrechtlicher Perspektive siehe auch *Lesch*, Sukzessive Beihilfe, S. 257 Fn 1.

668 Eingehend zu dieser Fragestellung *Berger/Luckmann*, Die gesellschaftliche Konstruktion der Wirklichkeit; *Derksen*, Handeln auf eigene Gefahr, S. 170 f.; *Hassemer*, Person, Welt und Verantwortlichkeit, S. 350, 351.

669 In diesem Sinne ebenfalls NK–*Hassemer*, Vor § 1 Rn 147 ff.; *Schünemann*, Roxin–FS, S. 1, 27 (Der Ausgangspunkt des Strafrechts besteht in normativen Prinzipien).

Wenn die Wirklichkeit aber nicht als Vorgegebene existiert, dann können Handlungen ebensowenig einen ontologischen Gehalt aufweisen. Die Handlung im strafrechtlichen Sinne unreflektiert als Gegebenes zu betrachten, würde voraussetzen, daß sie ohne weiteres– jedenfalls im Rahmen einer allgemeinen Erkenntnistheorie– als solche festgemacht werden könnte. Die Handlung ist aber nicht durch bloße Wahrnehmung aus den ihr zugrundeliegenden faktischen Ereignissen und Vorgängen zu erkennen. Der betreffende Vorgang ist vielmehr als Handlung zu deuten[670], wobei sich die Bedeutung der Handlung aus der sozialen Praxis ihrer Verwendung ergibt[671]. Bei der Handlung geht es also nicht um einen naturwüchsigen Prozeß, er ist vielmehr Gegenstand und Ergebnis gesellschaftlicher Verarbeitungs– und Herstellungsprozesse. Maßgeblich für das Begreifen der Handlung ist dabei die Kommunikation. Denn der einzelne kann sich nicht als handelndes Subjekt annehmen, wenn er gänzlich auf sich selbst gestellt ist, sondern nur dann, wenn er auch die anderen als handelnde Subjekte begreift[672]. Insofern haben Handlungen keinen ontologischen Charakter, sondern werden als sinnhaft aufeinander beziehbare Einheiten durch Kommunikation konstituiert[673], womit aber noch *nicht* dargelegt ist, wie sich diese Kommunikation vollzieht. „Alle sozialen Systeme, die sich innerhalb der Gesellschaft bilden, sind (...) gehalten, ihre Letztelemente als Kommunikationen zu bilden. Auch das Rechtssystem besteht nur aus kommunikativen Handlungen, die Rechtsfolgen auslösen, nicht zum Beispiel aus physischen Ereignissen und auch nicht aus isoliertem Einzelverhalten, das niemand sieht und hört; sondern nur aus der Thematisierung solcher und anderer Ereignisse in einer Kommunikation, die sie als rechtlich relevant behandelt und sich selbst und dem Rechtssystem zuordnet"[674]. Die sozialen Handlungslehren in ihrer herkömmlichen Fassung haben demnach fälschlicherweise dem Begriff der Handlung einen ontologischen Gehalt zugemessen. Ein Defizit der sozialen Handlungslehren besteht also darin, sich nicht vom Fundament eines erkenntnistheoretisch unzureichenden Denkens gelöst zu haben.

4. Die Autonomie des Rechts in einer ausdifferenzierten Gesellschaft

Insgesamt, und das ist neben den genannten Ungereimtheiten letztlich entscheidend, geht es bei der Frage nach der Bedeutung der Rechtswirklichkeit um eine komplexere Problemstellung als eine solche der Differenzierung zwischen Sein und Sollen. Die Konstituierung der Zurechnungsvoraussetzungen betrifft nicht einen naturwüchsigen Prozeß, er ist vielmehr Ge-

---

670 Dazu auch *Hruschka*, Strukturen der Zurechnung, S. 3 ff.; *Kindhäuser*, Intentionale Handlung, S.163, 200; *Larenz/Canaris*, Schuldrecht II, S. 361.

671 Eingehend dazu *Bayertz*, Herkunft der Verantwortung, S. 20 ff.; *Kindhäuser*, Intentionale Handlung, S. 32 ff.; *Müssig*, Manuskript, S. 151 f.

672 So auch *Hruschka*, Strukturen der Zurechnung, S. 15.

673 Zu dieser Problematik ausführlich *Luhmann*, Soziale Systeme, S. 191. So bereits *Parsons*, The structure of Social Action, S. 43. Aus der strafrechtlichen Literatur in diese Richtung *Kindhäuser*, Gefährdung als Straftat, S. 24, 25, 42 Fn 3 (Der Begriff der Handlung verweise immer auf die Frage nach dem Sinn des Verhaltens, so daß jede Handlungszuschreibung auf einen entscheidungserheblichen Kontext verweise); *Lesch*, Sukzessive Beihilfe, S. 253; *Sánchez–Vera*, Pflichtdelikt, S. 59; *Strawson*, Einzelding S. 111 f.; *Vogel*, Norm und Pflicht, S. 67: Dem Verhalten muß also eine Bedeutung zugeschrieben werden; das Verhalten muß als die Norm desavouierende Handlung interpretiert werden. *Vogel* bleibt aber insofern konservativ, als er davon ausgeht, daß die Interpretation eines Verhaltens als Handlung im allgemeinen dadurch geschieht, daß dem sich Verhaltenden die Intention zugeschrieben werde, das Verhalten wirklich zu wollen.

674 *Luhmann*, Rechtstheorie 14 (1983), S. 137.

genstand und Ergebnis gesellschaftlicher Verarbeitungs– und Herstellungsprozesse[675]. Der die naturrechtlichen Lehren tragende Gedanke der Wahrheitsfähigkeit des Rechts ist nur in einer Gesellschaft denkbar, in der die Sozialwissenschaften, die Religion[676], die Moral und das Recht für dieselben Inhalte kompetent sind, mit der Folge, daß nur in einer solch einheitlichen Vorstellungswelt, Teile nicht ohne Rückwirkung auf andere geändert werden können[677] und sich in dieser Konsequenz, die einzelnen Subsysteme gegenseitig beeinflussen. Der heutigen Welt ist die Idee einer vorgegebenen Naturordnung fremd, „in der die „menschenwesensgerechten" Sozialformen ein für allemal fixiert wären, keine unveränderlichen Naturrechtsprinzipien, an denen die verbindlichen Regeln menschlichen Zusammenlebens ohne weiteres abgelesen werden könnten"[678]. Denn wenn die Gesellschaft in Fluß gerät, reichen die vorgegebenen Ordnungen nicht mehr aus, sondern bedürfen der Anpassung an die neuen veränderten und sich fortschreitend wandelnden Prozesse[679]. Den Ewigkeitscharakter bestimmter Strukturzusammenhänge zu behaupten, wie die klassische Lehre von der Natur der Sache, steht bereits im Widerspruch zu Erkenntnissen der modernen Ontologie und der Erkenntnis von der Geschichtlichkeit alles Seienden[680]. Das Verständnis der modernen Welt als einer entzauberten, das davon ausgeht, daß eine Orientierung stiftende kosmologische Ordnung obsolet geworden ist, läßt also einen Rückgriff auf sogenannte ontologische Sachstrukturen nicht zu. Eine Sichtweise von naturgegebenen Vorgegebenheiten paßt also nicht in die heutige moderne Gesellschaft, die sich gerade dadurch auszeichnet, daß sich das Recht von religiösen, moralischen und sozialwissenschaftlichen Begründungszusammenhängen abgekapselt hat[681].

III) Handlung und objektive Zurechnung als strafrechtsimmanente Begriffe?

Beinhaltet die Rede von der Autonomie des Rechts die völlige Ablösung von gesellschaftlichen Interaktionszusammenhängen, so daß von vornherein und ausschließlich nur auf den genuin strafrechtlichen Zurechnungszusammenhang abgestellt werden darf? Oder gewinnen gesellschaftliche, sogenannte vorrechtliche Zurechnungsstrukturen, wie diese bei MAIHOFER aufgezeichnet worden sind, auch im Strafrecht prägende Kraft, mit der Folge, daß strafrechtliche Normen nur im Zusammenhang mit der gesellschaftlichen Zurechnungspraxis ihren eigentlichen Gehalt aufweisen?

Die sozialen Handlungslehren und die Lehre von der objektiven Zurechnung legen hier jedenfalls prima facie jeweils entgegengesetzte Prämissen zugrunde: Weisen die sozialen Handlungslehren rein gesellschaftlichen Erwartungen für das Recht die maßgebliche Interpretationskompetenz zu, ohne darzulegen, was das genuin Strafrechtliche an der Zurechnung aus-

675 Vgl. dazu *Müssig*, Schutz abstrakter Rechtsgüter, S. 276; *Pawlik*, Rechtstheorie 25 (1994), S. 451, 455 f.

676 Wie beispielsweise in den altorientalischen Rechtsordnungen, in denen Recht nicht ohne religiöse Rückbindung verstanden werden kann, im römischen oder biblischen Denken, dazu der Abschnitt Recht in Historisches Wörterbuch der Philosophie.

677 Eingehend zu dieser Problematik *Luhmann*, Grundrechte als Institution, S. 39; ders., Ausdifferenzierung, S. 35 ff.; 113 ff.; ausführlich *Patterson*, Recht und Wahrheit.

678 *Lesch*, Verbrechensbegriff, S. 18; so auch *Hassemer*, Person, Welt und Verantwortung, S. 350, 351; *Schünemann*, Roxin–FS, S. 1, 32.

679 In diesem Sinne ebenfalls *Ryffel*, Rechtssoziologie, S. 142.

680 Vgl. dazu *Derksen*, Handeln auf eigene Gefahr, S. 171; *Würtenberger*, Geistige Situation, S. 15.

681 Siehe auch *Habermas*, Faktizität und Geltung, S. 137; *Luhmann*, Grundrechte als Institution, S. 39, 40. Verantwortlich für die Rechtsinhalte sind die politischen Institutionen, dazu wiederum *Pawlik* Rechtstheorie 25 (1994), S. 101, 110.

machen soll, warum also in bestimmten Fällen auf die Verletzung einer gesellschaftlichen Erwartung strafrechtlich reagiert wird und in anderen nicht, legt ein Teil der Lehre von der objektiven Zurechnung sein Hauptaugenmerk gerade auf die Konstituierung genuin strafrechtlicher Zurechnungskriterien und folgt damit einer Tradition, die davon ausgeht, daß der Strafgesetzgeber in seiner Begriffsbildung frei ist[682]. Beide Ansätze beschränken ihren Ausgangspunkt damit aber zu einseitig auf jeweils nur *eine* Facette der strafrechtlichen Zurechnungsproblematik:

Zunächst ist das Strafrecht aufgrund fehlender Normierungen jedenfalls begrifflich, d. h. in formeller Hinsicht darauf angewiesen, auf den „Zurechnungsstrukturen“ des alltäglichen Lebens „aufzubauen“, da es als solches – abstrakt betrachtet – nicht über solche Strukturen verfügt. „Die dürren Gesetzesbegriffe des Besonderen Teils (besitzen) so gut wie keine Aussagekraft“[683]. So fehlt bereits eine positive Normierung, was überhaupt Zurechnung ist, es existiert nur eine Regelung einiger Gründe, unter welchen Umständen strafrechtliche Verantwortlichkeit jedenfalls nicht gegeben sein soll. Ein Mustergebiet ist auch der hier in Rede stehende Bereich der objektiven Zurechnung: Bei der Bestimmung des unerlaubten Risikos vermag die Lehre von der objektiven Zurechnung nämlich nicht darauf zu verzichten, auf sogenannte „außerstrafrechtliche“ Normen oder Erwartungsstrukturen zu verweisen[684]. Denn Tatbestände, in denen das unerlaubte Risiko ausdrücklich durch den Gesetzgeber definiert wird, sind in unserem gegenwärtigen Strafrechtssystem äußerst selten. Im gesamten Bereich der Erfolgsdelikte hat der Gesetzgeber nur einen generellen Rahmen vorgegeben, mit der Folge, daß es der Anknüpfung an bestimmte Metaregeln des jeweils betroffenen Lebensbereiches bedarf – z. B. Rechtsnormen, technische Normen oder leges artes der Berufsausbildung[685]. So ist auch in der Lehre von der objektiven Zurechnung anerkannt, daß bei Fehlen dieser Grenzziehungen diese im Wege der Aufarbeitung eines bestimmten Sachverhaltes durch Konkretisierung der die Primärordnungen beherrschenden Prinzipien entwickelt werden sollen[686]. Der sogenannte Bereich der „außerstrafrechtlichen Erwartungen“, der insbesondere von MAIHOFER in den Vordergrund seiner Betrachtung genommen worden war, wird insofern für die Bestimmung der Handlung als auch von der Lehre von der objektiven Zurechnung zur Definition des unerlaubten Risikos herangezogen. Trotz dieser offensichtlichen Bezugnahme auf die „außerstrafrechtlichen Erwartungen“ im Strafrecht ist bislang nicht präzise herausgearbeitet worden, ob und inwieweit außerstrafrechtliche Strukturen für das Strafrecht tatsächlich prägend werden

682 So z. B. *Roxin*, ZStW 74 (1962), S. 515 ff. Einen solchen Ansatz hatte das teleologische Rechtsdenken vertreten. Vgl. dazu ausführlich schon oben S. 27 ff.

683 *Freund*, Erfolgsdelikt und Unterlassen, S. 12 ff. In diesem Sinne auch *Derksen*, Handeln auf eigene Gefahr, S. 170 f.; *Frisch*, Tatbestandsmäßiges Verhalten, S. 83, 236.

684 Dies wird von *Baumann/Weber/Mitsch*, § 16 Rn 34 f. aufgrund ihres positivistischen Ansatzes abgelehnt. Die Mitglieder der Gesellschaft akzeptierten sozialadäquates Verhalten allgemein und mißbilligten es nicht als verbots– und strafwürdige Störung des Zusammenlebens. Größtenteils gelinge dem Gesetzgeber die Übertragung der materiellen Verhaltensbewertung in das positive Gesetz. Problematisch sei der Fall, daß ein Straftatbestand zwar das Verhalten, nicht aber die die Sozialadäquanz begründenden Umstände erfasse und diese auch nicht Gegenstand einer Rechtfertigungsnorm seien. Scheitere in solchen Fällen der Versuch einer restriktiven Auslegung, müsse die formelle Rechtswidrigkeit anerkannt sein; nur der Gesetzgeber könne Abhilfe schaffen, was nicht in der Schaffung eines generalklauselartigen Rechtfertigungsgrundes, sondern in einer Reduktion und einer Präzisierung des Tatbestandes bestehe.

685 Vgl. dazu statt vieler: *Frisch*, Gegenwartsprobleme der Tatbestandslehre, S. 72; *Lesch*, Verbrechensbegriff, S. 238.

686 In diesem Sinne *Freund*, Erfolgsdelikt und Unterlassen, S. 28 ff., 51 ff., 80 ff., 113 ff.; ders., Legitimationsfunktion, S. 43, 46 f.; *Frisch*, Tatbestandsmäßiges Verhalten, S. 90 ff., 112 ff.

können. Gegen einen direkten Rückgriff auf sozialethische, rein gesellschaftliche Erwartungen spricht prima facie der Einwand, daß damit der Sozialethik eine prägende Kraft über das Strafrecht zugestanden und die Autonomie des Rechtssystems untergraben wird. Im folgenden soll versucht werden, diese für die Grundlagen des Strafrechts wesentliche Fragestellung[687] systematisch in drei Schritten aufzuarbeiten. Zunächst soll die Bedeutung von Erwartungen im gesellschaftlichen Zusammenleben beleuchtet werden, daran anschließend das in diesem Zusammenhang für einen vorstrafrechtlichen Zurechnungsbegriff fruchtbar gemachte Argument der Einheit der Rechtsordnung, um die Problematik schließlich zuletzt aus systemtheoretischer Perspektive einer Lösung zuzuführen.

1. Zur Existenz und Bedeutung von Verhaltenserwartungen im gesellschaftlichen Alltagsleben

Alltägliches Leben vollzieht sich in Kommunikationen und nicht symbolischen Interaktionen mit–, gegen– und untereinander[688]. Allerdings sind fehlerfreie Interaktionen nur dann möglich, wenn der einzelne nicht jederzeit mit jedem erdenklichen Verhalten des anderen rechnen muß. Eine gewisse Prognosesicherheit muß vorhanden sein, da ansonsten das Entscheiden unmöglich gemacht würde. Diese Prognosesicherheit wird mit Hilfe von Verhaltenserwartungen erleichtert, die einen komplexen Sachverhalt umschreiben: Der einzelne stellt also gewisse Erwartungen an sein Gegenüber, sich in bestimmten Situationen in bestimmter Weise zu verhalten, wobei die Erwartung als Bestandteil und Strukturelement jeglichem zwischenmenschlichem Verhalten zugrunde liegt[689]. Die zunehmende Komplexität und Kontingenz der Verhaltensmöglichkeiten bedarf zwecks Erleichterung der Orientierung im täglichen Miteinander einer ordnenden Generalisierung, um so einen für Jedermann geltenden und von Jedermann erkennbaren allgemeinen Verhaltensspielraum zu schaffen. Neben diesen „Sollensanforderungen" im Alltäglichen verfügt der rein gesellschaftliche Bereich wie das Recht über Ordnungsmechanismen, die auf abweichendes Verhalten reagieren.

Aufgrund dieser parallelen Aufgabenstellung gesellschaftlicher und rechtlicher Zuschreibungsmechanismen liegt zunächst die Annahme nahe, daß Garantenpflichten auf sogenannten außerrechtlichen Pflichten bzw. Pflichtsystemen beruhen[690]. Aus der Fülle von Verhaltenserwartungen würde der Strafgesetzgeber dann bestimmte herausgreifen, stabilisieren und generalisieren und so das Bewußtsein des Individuums in Komplexität und Kontingenz entlasten[691]. Insofern seien Strafrechtsnormen lediglich ein besonders ausdifferenziertes und for-

---

687 Die Thematik ist bei den Unterlassungsdelikten besonders wichtig, da hinsichtlich der Ausgestaltung des Prinzips der Garantenstellung mit § 13 StGB nur ein äußerer Rahmen vorgegeben ist, ansonsten aber jegliche Positivierung fehlt. Diese Grundfrage der strafrechtlichen Zurechnungslehre kommt aber auch in anderen Bereichen zum Tragen, etwa bei Fragen der Abgrenzung von Verbots– und Tatbestandsirrtum, im Bereich der Blankettstrafgesetze und anderen Verweisungsnormen. Auf Einzelheiten der Entstehung strafrechtlicher Garantenstellungen kann hier natürlich nicht eingegangen werden. Diese sind für die Fragestellung des Verhältnisses von außerstrafrechtlichen Verhaltenserwartungen und rein strafrechtlichen auch nicht hilfreich.

688 Vgl. dazu aus der Rechtssoziologie *Dux*, Rechtssoziologie; S. 32, *Luhmann*, Ausdifferenzierung, 92; aus strafrechtlicher Perspektive Brammsen, Garantenpflichten, S. 95 ff.

689 Vgl. *Dux*, Rechtssoziologie S. 37; *Luhmann*, Rechtssoziologie, S. 32 ff.; aus strafrechtlicher Sicht Brammsen, Garantenpflichten, S. 96.

690 In diesem Sinne *Brammsen*, Garantenpflichten, S. 114.

691 *Brammsen*, Garantenpflichten, S. 116.

malisiertes Teilsystem allgemein geltender Verhaltensnormen[692]. Darüber hinaus dürfe das Strafrecht als Teil des Systems sozialer Kontrolle nicht als isoliertes Phänomen betrachtet werden[693]. Zwischen den einzelnen Gesellschaftssystemen bestehe eine „Wechselbezüglichkeit". Das Funktionieren der sozialen Kontrolle sei neben dem Strafrecht auch auf die übrigen Bereiche angewiesen, da „Sozialisation und Entkulturation" nicht allein oder auch nur vorwiegend vom Strafrecht geleistet, sondern primär durch das persönliche Umfeld beeinflußt werde[694]. Das Strafrecht hebe sich von den anderen Reaktionsweisen bei Normabweichungen lediglich dadurch ab, daß es sich mit den schwerwiegendsten Konflikten befasse, bei denen weniger einschneidende Verfahren der Konfliktverarbeitung versagten[695].

Zwar ist auffällig, daß im Alltag wie im Recht die Abgrenzung von Freiheitssphären für ein Funktionieren des Zusammenlebens im Vordergrund stehen. Allerdings wird durch einen unmittelbaren Rückgriff auf diese alltäglichen Erwartungen das Faktische zur Norm erklärt, worüber die Argumentation, „Verkehrserwartungen basieren auf Ordnungsvorstellungen und sind als solche selbst Wertverwirklichung, nicht hinwegzutäuschen vermag"[696]. Es fehlt also eine genuin normative Begründung wie auch die Beantwortung des „Warum" gerade einer strafrechtlichen Zurechnung. So wird für die Lehren, die zur sogenannten Wertausfüllung des Verhaltensbegriffes auf die Sozialethik Bezug nehmen wollen, die Notwendigkeit offenbar, zunächst das Wesen des Strafrechtsbegriffes erfassen zu müssen. Denn es ist offensichtlich, daß nicht alle sozialethischen Pflichten strafrechtliche Relevanz besitzen, von einer Identität der Zurechnungsregeln also keineswegs ausgegangen werden kann. Beispielhaft: Auch in den Fällen, in denen ein Partner durch rücksichtsloses Verhalten den anderen zum Suizid treibt, in denen also eine erhebliche moralische Schuld zu bejahen ist, kann trotz dieser Verantwortungszuschreibung im Alltag ein ernsthaftes Strafverlangen fehlen[697]. Für die Auswahl unter den sozialethischen Pflichten muß also zunächst der strafrechtliche Unrechtsbegriff geklärt werden[698].

Die Wertungen und Zurechnungsstrukturen im alltäglichen Leben sind also entgegen den sozialen Handlungslehren nicht ohne weiteres solche des Strafrechts. Ansonsten würde die Besonderheit gerade genuin strafrechtlicher Zurechnung, die im Gegensatz zur gesellschaftlichen Zurechnung eine Strafe nach sich zieht, nicht erfaßt. Eine strafrechtliche Zurechnungslehre muß erklären können, warum auf gewisse Verhaltensweisen eine strafrechtliche Reaktion folgt und auf andere nicht. Die Anknüpfung an außerrechtliche Maßstäbe allein hilft also bei der Frage nicht weiter, wann ein Geschehen in strafrechtlicher Hinsicht als „Werk" des Täters oder als bloßer „Zufall" einzuordnen ist. Zur Beantwortung dieser Problematik vorausgesetzt ist vielmehr ein System von normativen Gründen, anhand dessen nachzuweisen ist, warum eine Person mit einem Ereignis in der Außenwelt derart in einen Zusammenhang

---

692 *Brammsen*, Garantenpflichten, S. 99; *Freund*, Erfolgsdelikt und Unterlassen, S. 28; in diese Richtung auch schon *Mayer* AT, S. 54.

693 *Hassemer*, Einführung, S. 316 ff.

694 *Hassemer*, Einführung, S. 313 f, 319 f.

695 *Hassemer*, Einführung, S. 318 f.; NK-*Hassemer*, Vor § 1 Rn 299 f., 310.

696 *Grünewald*, Garantenpflichten, S. 33.

697 In diesem Sinne ebenfalls *Neumann*, Zurechnung und Vorverschulden, S. 274.

698 So auch *Bärwinkel*, Garantieverhältnisse, S. 54 f.; *Brammsen*, Garantenpflichten, S. 97: „Es muß jedoch nachdrücklich betont werden, daß sowohl Erwartungssicherung wie auch Verhaltenssteuerung immer auch eine Auswahl und Entscheidung voraussetzen, somit auch auf Wertsetzungen beruhen und der Frage nach der richtigen Entscheidung nicht ausweichen können". Vgl. dazu auch *Otto*, ZStW 87 (1975), S. 539, 550 Fn 54.

zu bringen ist, daß sich daraus das Recht ableiten läßt, diese Person zu bestrafen, sie also unter staatlich eingerichteten Zwang, unter Rechtszwang zu setzen[699].

2. Das Argument der Einheit der Rechtsordnung

Die sogenannte Vor*strafrechtlichkeit* des Handlungs– bzw. Zurechnungsbegriffes wird außerdem damit begründet, daß nur so ein gemeinsamer Oberbegriff in Zivil–, Straf– und Öffentlichem Recht garantiert werden könne[700]. Diese Überlegung ist wiederum Ausfluß der – in der Rechtswissenschaft nicht unumstrittenen – Idee der Einheit der Rechtsordnung[701]. Diese besagt, daß es zwischen den gesetzlichen Verhaltensnormen, „welche derselbe Mund verkündet und derselbe Wille aufrechterhält, keinen inneren Widerspruch geben"[702] dürfe. Zwar berücksichtigten die einzelnen Rechtsdisziplinen die zu regelnden Lebenssachverhalte unter verschiedenen Aspekten, die Frage nach der Unterscheidung von Recht und Unrecht bedürfe jedoch einer „die Teilnatur der einzelnen Rechtszweige überwindenden und zum Ganzen hinstrebenden Betrachtungsweise"[703]. In diesem Sinne NIPPERDEY: „Die Rechtsordnung bildet eine in sich geschlossene Einheit. Die ihr zugehörigen Grundbegriffe von Recht und Unrecht sind daher allgemeingültige Begriffe, die nicht für jedes Rechtsgebiet (Zivilrecht, Strafrecht, Verwaltungsrecht) einen anderen Inhalt haben können. Das Werturteil der Rechtsordnung (...) gilt für das ganze Recht, weil es nur unter Berücksichtigung aller Wertungen der Rechtsordnung und aller in Betracht kommenden Interessen gefällt werden kann"[704]. Der Ansatz von der Einheit der Rechtsordnung geht außerdem davon aus, daß die Rechtsordnung ihre originäre Aufgabe, ein geregeltes Zusammenleben in der Gemeinschaft zu ermöglichen, verfehle, wenn sie es zulasse, daß Verbote und Gebote verschiedener Rechtsgebiete einander widersprächen[705].

Die Idee einer für die verschiedenen Rechtsgebiete einheitlichen Handlungs– bzw. Zurechnungslehre läßt sich aber nur dann aufrechterhalten, wenn die jeweiligen Vorschriften in ihrer Zwecksetzung übereinstimmen. Nur eine Übereinstimmung der gefundenen Zwecke kann die nach der normativen Lehre bestehende Relativität der Rechtsbegriffe wieder aufheben[706]. Gegen die Annahme einer Einheit der Rechtsordnung[707] spricht zum einen das bereits von

---

699 Ähnlich kritisch insoweit *Hassemer*, Person, Welt und Verantwortlichkeit, S. 350, 352 f.

700 *Hirsch*, Lenckner–FS, S. 119, 132.

701 So die herrschende Ansicht im Strafrecht, die auf folgende Überlegung *Merkels*, Abhandlungen I, S. 3 zurückgeht „Liegt nicht auch in dem nur von Zivilfolgen begleiteten Rechtsverletzungen, wie überhaupt in jedem Unrechte, eine Störung jenes ideellen Verhältnisses, auf welches wir die Strafe bezogen haben? Ja, ist nicht diese Störung mit dem Wesen allen Unrechts identisch?" *Bockelmann* AT, S. 89 f.; *Engisch*, Einheit der Rechtsordnung, S. 46 ff.; ders., Lenckner–FS, S. 119, 132; *Jescheck* AT, S. 293; LK–*Hirsch*, Vor § 32 Rn 10; *Maurach/Zipf* AT/1, S. 364 ff.; *Nagler*, Frank–FG I, S. 339, 340; *Roeder*, Sozialadäquates Risiko, S. 90 f.; *Welzel*, Deutsches Strafrecht, § 10 II.

702 *Löffler*, ZStW 21 (1901), S. 537, 569.

703 *Beling*, Grenzlinien, S. 14.

704 Enneccerus/Nipperdey AT, S. 1278 f.

705 *Engisch*, Einheit der Rechtsordnung, S. 53.

706 So auch *Kramer*, AcP 171 (1971), S. 422, 425; *Schieffer*, Strukturen der Erfolgszurechnung, S. 275.

707 Eine differenzierende Position war vor allem von *Hegel* und den Hegelianern vertreten worden. In ihrer Nachfolge *Bruns*, Die Befreiung des Strafrechts vom zivilistischen Denken; *Engels*, GA 1982, 109, 120; *Kratzsch*, NJW 1974, S. 1546 f.; *Lesch*, Verbrechensbegriff, S. 190 ff.;

BINDING genannte Argument der Verschiedenartigkeit der Unrechtsfolgen: „Die (...) fundamentale Verschiedenheit beider Rechtsfolgen ist mit der Einheit des Unrechts schlechthin unverträglich“[708] und zum anderen die Tatsache, daß für die verschiedenen Rechtsgebiete unterschiedliche Zwecke prägend sind[709]. So sind im Öffentlichen Recht und Strafrecht die Beziehungen des Staates zum Bürger thematisiert, während das Zivilrecht die Beziehungen der Bürger untereinander regelt – ausschlaggebend ist hier das sogenannte Ausgleichsprinzip[710].

Ist es zwar abstrakt möglich, zwischen den Voraussetzungen der Zurechnung und denen der Haftung zu unterscheiden, mit der Folge, einen in allen Rechtsgebieten einheitlichen Begriff der Unrechtsbegründung zu propagieren, der erst auf Rechtsfolgenseite eine Spezifizierung erfahren würde, so spricht gegen ein solches Vorgehen aber der notwendige Begründungszusammenhang beider Ebenen[711]. Würde den verschiedenen Rechtsgebieten also ein einheitlicher Unrechtsbegriff zugrunde gelegt, müßte der funktionale Zusammenhang zwischen Unrecht und Rechtsfolge entweder im Straf– oder Zivilrecht zerschnitten werden[712]. Demnach können nur solche Aspekte für maßgeblich herangezogen werden, die gerade einen sachlich berechtigten Grund für das „Zur–Verantwortung–Ziehen“ abgeben. Maßgeblich kann deshalb immer nur die Verantwortlichkeit des Normbrüchigen für den Normbruch bzw. dessen eventuell zu beseitigenden Folgen sein. Handlungs– und Zurechnungsbegriff müssen also bereits den spezifisch *strafrechtlichen* Voraussetzungen entsprechen.

3. Die Lösung der Problematik aus systemtheoretischer Sicht

Steht als Ausgangspunkt fest, daß sich weder aus den Wortlauttatbeständen des Besonderen Teils die Straftatbestandsmäßigkeit eines Verhaltens ableiten läßt[713] noch aus einem bloßen Verstoß gegen eine gesellschaftliche Norm, so bleibt offen, ob eine strafrechtliche Zurechnungslehre möglicherweise einer Kombination beider Elemente bedarf und wenn ja, wie eine solche Kombination rechtstheoretisch auszugestalten ist. Notwendig ist eine theoretische Auseinandersetzung mit dem Verhältnis des Rechtssystems, insbesondere des Strafrechtssystems[714], zu gesellschaftlichen, vorrechtlichen Zurechnungsstrukturen.

Paeffgen, JZ 1978, S. 738, 742; *Wolff–Reske*, S. 61 f.; *Zielinski*, Handlungs– und Erfolgsunwert, S. 296 f.

708 *Binding*, Normen I, S. 291.

709 So bereits *Bierling*, Prinzipienlehre I, S. 141 ff.; *v. Bar*, Gesetz und Schuld III; *Bruns*, Die Befreiung des Strafrechts vom zivilistischen Denken, S. 6; *Günther*, Strafrechtswidrigkeit, S. 91 f.; *Hegler*, ZStW 36 (1915) S. 19, 29; ders., Frank–FG I, S. 251, 274; *Schaffstein*, ZStW 57 (1938), S. 295, 325 f.

710 Statt vieler *Larenz*, Schuldrecht AT § 6 I.

711 Dieses durchschlagende Argument wurde für die gleiche Thematik explizit hervorgehoben von *Grünewald*, Garantenpflichten, S. 65. Vgl. auch *Frisch*, Stree/Wessels–FS, S. 69, 81; *Köhler*, Zusammenhang von Strafbegründung und Strafzumessung, S. 26 ff.; NK-*Hassemer*, Vor § 1 Rn 429, 437; *Seelmann*, Privatrechtlich begründete Garantenstellungen?, S. 85, 93 f.; *Stratenwerth*, ZStW 105 (1993), S. 679, 686 f. Für eine Unterscheidung von Haftungsbegründung und Rechtsfolgenseite spricht sich dagegen *Schieffer*, Strukturen der Erfolgszurechnung, S. 288 aus.

712 Vgl. dazu *Lesch*, Verbrechensbegriff, S. 196.

713 Insoweit kritisch ebenfalls *Freund*, Erfolgsdelikt und Unterlassen, S. 13.

714 Während im germanischen und römischen Recht die Bereiche von Schadensersatz und Strafe noch ineinander übergehen, wird seit dem Hochmittelalter das Strafrechtssystem von den anderen Rechtsgebieten ausdifferenziert. In der Zeit vom 11. bis zum 13. Jahrhundert trat an die Stelle des privatrechtlichen Bußenstrafrechts die Verstaatlichung der Strafrechtspflege, wodurch Verbrechen und Strafe einen öffentlich–rechtlichen, die Allgemeinheit betreffenden Charakter

Die Bedeutung der Autonomie rechtlicher Prozesse in der Gesellschaft ist insbesondere von der Systemtheorie thematisiert worden, so daß diese möglicherweise einen Lösungsansatz für vorliegende Problematik bieten kann. Dabei geht LUHMANN als einer der führenden Vertreter der Systemtheorie davon aus, daß die moderne Gesellschaft durch eine funktionale Differenzierung ihrer Bereiche beherrscht wird, für die verschiedene Systeme ausgebildet worden sind. Eine Basisannahme der Systemtheorie ist, daß das jeweilige System als geschlossenes System die Grenzen seiner Umwelt mit Hilfe rechtlicher Regeln selbst definiert, indem es mit Hilfe eigener Operationen seine Umwelt entwickelt, mit der Folge, „daß die Einheit des Systems nur mit eigenen Operationen reproduziert werden kann“[715]. Diese sogenannte selbstreferentielle Geschlossenheit beinhaltet, daß deren systemimmanente Kommunikationen gerade nicht von irgendwelchen Umweltgesichtspunkten, zu denen auch die gesellschaftliche Funktion gehört, abhängen[716]. Diese Abhängigkeit der Interpretation der Kommunikation vom jeweiligen System bestätigt die Tatsache, daß sich alle Erkenntnisgegenstände, wenngleich hochgradig selektiv, aus dem Blickwinkel eines bestimmten Systems, beispielsweise des Rechts, der Politik, der Kunst usw. betrachten lassen. Anhand eines Beispiels verdeutlicht: Über das Waldsterben kann aus wirtschaftlicher, politischer, rechtlicher sowie wissenschaftlicher Perspektive kommuniziert werden. Sobald die Kommunikation einen bestimmten „Code“ zugrundelegt, werden alle weiteren Gesichtspunkte irrelevant, was auf den Fall des Waldsterbens bezogen bedeutet, daß für eine wissenschaftliche Beantwortung der Ursachen des Waldsterbens die wirtschaftlichen, politischen und rechtlichen Aspekte außer Acht gelassen werden[717].

Übertragen auf die Frage nach dem Verhältnis des Rechtssystems zu anderen gesellschaftlichen Systemen heißt dies, daß die Strukturen des Rechts nur durch Operationen des Systems erzeugt oder fallengelassen werden. Es soll deshalb auf systemeigene Begrifflichkeiten zurückgegriffen werden, da ansonsten die Identität des Rechtssystems durch äußere Einflüsse ausgehöhlt zu werden drohe. Gesichtspunkte aus anderen Teilsystemen sollen nicht die codeförmige Ausrichtung der eigenen Kommunikationszusammenhänge stören dürfen. Aus dieser normativen Geschlossenheit resultiert die Abschottung gegen eine unmittelbare Geltung von Moralnormen, aber auch rein gesellschaftlichen Normen im Recht. Die Systemtheorie geht davon aus, daß die Koexistenz rechtlichen Entscheidens mit dem Pluralismus moralischer Wertvorstellungen in der Gesellschaft nicht vereinbar ist. Würden vorrechtliche Handlungsstrukturen zur Begründung des Rechtssystems herangezogen oder sollten diese gar in Form des Handlungsbegriffes die Struktur des Rechtssystems bedingen, so gelangte man „an einen Punkt in der Argumentationskette, in dem rechtliche Aussagen einen außerrechtlichen Argumentationsmodus benötigen; es wird nicht mehr rechtlich bzw. dogmatisch argumentiert, es werden Prinzipien benutzt, die aus einem außerrechtlichen Bereich, nämlich der Psychologie oder aus der Moral, stammen“[718]. Die Wertungen und Zurechnungsstrukturen des alltäglichen

bekamen. Vgl. zu dieser Fragestellung auch *Grünewald*, Garantenpflichten, S. 101; *Schieffer*, Strukturen der Erfolgszurechnung, S. 35.

715 *Luhmann*, Recht der Gesellschaft, S. 440. Eingehend zur Bedeutung der Systemtheorie im Strafrecht auch *González*, Strafrechtliche Zurechnung, S. 207 ff.; *Pawlik*, Das unerlaubte Verhalten beim Betrug, S. 42 f.

716 Vgl. dazu *Schimank*, Theorien gesellschaftlicher Differenzierung, S. 155.

717 Das Beispiel stammt von *Schimank*, Theorien gesellschaftlicher Differenzierung, S. 157, 158.

718 *González*, Strafrechtliche Zurechnung, S. 105 zur Frage, inwieweit das Rechtssystem eines Grundsatzes der Gerechtigkeit bedarf. Diese Erwägungen sind ohne weiteres auch auf die hiesige Fragestellung übertragbar.

Lebens, der sozialen Wirklichkeit sind also nach systemtheoretischen Erwägungen nicht ohne weiteres diejenigen des Strafrechts. Um zu überprüfen, ob eine Kommunikation zum Rechtssystem gehört oder nicht, ist immer festzustellen, ob es überhaupt um die Zuordnung von Recht und Unrecht, also um die Domäne des Rechtscodes geht[719]. Was mit diesem Kontrollschema Recht/ Unrecht nicht erfaßt wird, gehört nicht zum Rechtssystem, sondern zu seiner Umwelt[720].

Auf der anderen Seite ist das Strafrecht aufgrund fehlender eigener Normierungen darauf angewiesen, auf die Zurechnungsstrukturen des alltäglichen Lebens zurückzugreifen, da es aus sich heraus – rein formell betrachtet – nicht über solche Strukturen verfügt, so daß die Anforderungen der Systemtheorie auf den ersten Blick nicht denen der Wirklichkeit zu genügen scheinen. Insoweit scheint das systemtheoretische Denken zwar einen Ansatz zu bieten, die Autonomie des Rechts erklären zu können, die Bedeutung der sozialen Wirklichkeit, wie sie von den sozialen Handlungslehren betont wurde, hingegen zu vernachlässigen. Die von der Systemtheorie umschriebenen strafrechtsinternen Kriterien dürfen den Erwartungen außerhalb des Rechts nicht unvermittelt entgegenstehen, da das Rechtssystem ansonsten in das Dilemma geriete, gesellschaftliche Erwartungen zu verspielen und so seine praktische Verbindlichkeit verlöre[721]. Die soziale Umwelt des Rechts muß mit diesem Recht leben können. Dies wird dadurch erreicht, daß gesellschaftliche Erwartungen in Kriterien des Rechtssystems transformiert werden und dadurch Anschlußmöglichkeiten eröffnet werden[722]. Jedes System ist damit darauf angelegt, für andere Systeme eine so geartete Umwelt zu bilden, daß diese anderen Systeme wiederum für das System selbst eine optimale Umwelt bilden. Für das Strafrechtssystem heißt dies, daß es die Kontexte all derer Systeme zu berücksichtigen hat, von deren Bestand sein Bestand abhängt[723]. Die Rede von der Autonomie des Rechtssystems meint damit nichts anderes, als daß das Rechtssystem auch die externen gesellschaftlichen Realitätskonstruktionen immer nur für die Rekonstruktion von Rechtswirklichkeit benutzen kann[724]: „Auch wenn das Rechtssystem natürlich nicht die Wirklichkeit abbildet und nur mit seinen Entscheidungen operieren kann, so muß es sie doch auf die Selbstmodifikationsprozesse einstellen, die ständig in anderen Systemen erzeugt werden“[725]. Der Begriff der „Wirklichkeit“ kann demzufolge anders aufgefaßt werden als nach der überkommenen Meinung, nämlich als immanente Wirklichkeit des Rechtssystems, d. h. als von vornherein durch den strafrechtlichen Code bestimmte rechtliche und nicht faktische soziale Lebenswirklichkeit. Das Recht ist die notwendige Gestalt der Gesellschaft und diese wiederum bedarf der sozialen Wirklichkeit, so daß beide Facetten des Rechtsbegriffes in wechselseitiger Verwiesenheit zueinander stehen: „Es ist also ausgeschlossen, Gesellschaft und Strafrecht auseinanderzureißen; das Strafrecht stellt eine sehr aussagekräftige Visitenkarte der Gesellschaft dar, wie sich umgekehrt aus anderen Teilen der Gesellschaft einigermaßen verläßlich auf das Strafrecht schließen läßt“[726]. Das Recht existiert im Medium seiner Anwendung und ist diese

719 *Luhmann*, Recht der Gesellschaft, S. 60.
720 *Luhmann*, Recht der Gesellschaft, S. 61.
721 *González*, Strafrechtliche Zurechnung, S. 208. Das soziale Leben muß sich nämlich durch Berufung auf die Rechtsordnung mehr oder weniger erklären lassen, vgl. dazu eingehend *Habermas*, Faktizität und Geltung, S. 241; *Luhmann*, Recht der Gesellschaft, S. 321.
722 Vgl. dazu *Pawlik*, Das unerlaubte Verhalten beim Betrug, S. 42.
723 Eingehend dazu *Jakobs*, Strafrechtliche Zurechnung, S. 57, 64 Fn 11; *Loos*, ZStW 110 (1998), S. 350 ff., 369 ff., 384.
724 So auch *Ladeur*, Rechtstheorie, S. 157.
725 *Ladeur*, Rechtstheorie, S. 162.
726 *Jakobs*, ZStW 107 (1995), S. 843, 846.

Welt selbst[727]. Ein solches Verständnis von der Wirklichkeit des Rechts impliziert also nicht ein Sollen „für eine more geometrico entworfene rechtliche Welt“, es geht vielmehr um ein gesellschaftstheoretisch fundiertes Sollensverständnis[728]. Das positive Recht nur einen Grund, soweit technokratische Regelungen in Rede stehen oder um einen Machtspruch zur Überwindung der inneren Zerrissenheit der Gesellschaft bezüglich einer Rechtsfrage, während es ansonsten lediglich Folge bzw. Überbau eines Grundes ist[729], der in der Funktionsweise der Gesellschaft begründet liegt.

Insoweit hat eine Lehre von der strafrechtlichen Zurechnung auf dasjenige zu achten, das in der Gesellschaft unter Zurechnung erlebt wird. Die Lehre von der strafrechtlichen Zurechnung darf sich also von den alltäglichen gesellschaftlichen Zurechnungsprozessen nicht derart weit entfernen, daß sie diese Prozesse nicht mehr erreicht oder ihre Verbindung mit ihnen in Struktur und Inhalt vollständig löst[730]. Es bleibt also dabei, daß die allgemeinen Prinzipien der Zurechnung nicht unabhängig von den Kommunikationsbedingungen der Gesellschaft entwickelt werden[731].

IV) Fazit:

Aus diesem Befund ergibt sich, daß – in der herkömmlichen Terminologie gesprochen – bestimmte soziale Wertungen und Zurechnungsprinzipien der gesellschaftlichen Zurechnungspraxis dem Strafrechtssystem immanent sind. Im Ergebnis werden „außerstrafrechtliche“ Normen nicht einfach übernommen oder beeinflussen von sich aus das strafrechtliche Zurechnungssystem. Sie werden vielmehr durch einen strafrechtlichen Code transformiert. Letztlich handelt es sich bei den alltäglichen Erwartungen, auf die die Lehre von der objektiven Zurechnung Bezug nimmt, nicht mehr um alltägliche im eigentlichen Sinne, sie sind durch den strafrechtlichen Code schon zu strafrechtlichen geworden. Insofern setzt das Strafunrecht immer einen Verstoß gegen eine spezifisch strafrechtliche Norm voraus, so daß die Rede von einer vor– bzw. außerstrafrechtlich begründeten Normwidrigkeit unzutreffend ist[732]. Damit ist die vielfach diskutierte durch Notwehr gerechtfertigte Tötung eines Menschen im Verhältnis zur bereits (herkömmlich tatbestandslosen) Tötung einer Mücke strafrechtlich betrachtet gleichwertig. Der nicht zu leugnende Unterschied in der sozialen Tragweite vermag an der mangelnden strafrechtlichen Relevanz des Geschehens nichts zu ändern[733]. Insoweit ist

---

727 Vgl. dazu *González*, Strafrechtliche Zurechnung, S. 139; *Pawlik*, Rechtstheorie 25 (1994), S. 451, 455.

728 In diesem Sinne ebenfalls *Pawlik*, Rechtstheorie 25 (1994), S. 101, 109.

729 In diesem Sinne *Jakobs*, Hirsch–FS, S. 45, 48.

730 So auch *Hassemer*, Person, Welt und Verantwortlichkeit, S. 350, 353 f.; *Neumann*, Schuldprinzip, S. 391, 404.

731 Siehe auch *Jakobs*, Armin Kaufmann–GedS, S. 271, 276; dens., Norm, Person, Gesellschaft, S. 64.

732 Vgl. dazu auch *Lesch*, Sukzessive Beihilfe, S. 261. Im Bereich der Pflichtdelikte können die sogenannten „außerstrafrechtlichen“ Pflichten *Roxins*, vgl. *Roxin*, Täterschaft und Tatherrschaft, S. 354; so auch *Blauth*, Handeln für einen anderen, S. 77 f.; Sch/Sch/*Cramer*, Vor § 25 Rn 61 also nicht Gegenstand der Pflichtverletzung sein. Auch bei den Blankettatbeständen, die zwar auf außerstrafrechtliche Erwartungen verweisen, wird nicht gegen die außerstrafrechtliche Norm verstoßen, diese wird vielmehr zum Gegenstand der strafrechtlichen (*Lesch*, Sukzessive Beihilfe, S. 261, auch Fn 1).

733 Eingehend zu dieser Problematik *Lesch*, Verbrechensbegriff, S. 264 ff.; vgl. auch *Kremer–Brax*, Das personale Verhaltensunrecht, S. 39. Zur a. A. statt vieler vgl. nur *Welzel*, ZStW 67 (1955),

der Aussage BINDINGS Recht zu geben, daß für den Juristen nur die rechtlich relevante Handlung als Handlung interessiert. „Was außerhalb des Rechts Handlung ist oder heißt, ist für dessen Bereich völlig gleichgültig“[734]. Auf das Verhältnis von sozialen Handlungslehren und objektiver Zurechnungslehre übertragen bedeutet dieser Befund die Bejahung des schon oben angedeuteten Ergebnisses: Die objektive Zurechnung kommt nicht als ergänzende Haftungsbegründung zum Handlungsbegriff hinzu. Handlung ist nur das zurechenbare Bewirken[735].

F) Das Prinzip der Zuständigkeit als maßgeblicher Haftungsgrund

Sind nun die Beziehungen zwischen gesellschaftlichen und strafrechtlichen Zurechnungsregeln offengelegt, ist die Frage zu beantworten, wie diese strafrechtlichen Zurechnungskriterien ausgestaltet sein müssen. Sie müssen in zweifacher Hinsicht überzeugen, dürfen den Kommunikationsbedingungen der modernen Gesellschaft nicht widersprechen und müssen gerade den Anforderungen einer strafrechtlichen Zurechnungslehre genügen.

Charakterisiert sind moderne Gesellschaften vor allem durch ein hohes Maß an Komplexität, das sich daraus ergibt, daß dem einzelnen die Freiheit eingeräumt wird, die Welt, in der er lebt, frei zu gestalten bzw. zu organisieren, womit wiederum das Prinzip der Arbeitsteilung[736] verbunden ist. Aus diesem Bestandsprinzip der modernen Gesellschaft leitet sich als wichtigste Institution das Prinzip von Verhaltensfreiheit versus Folgenverantwortung[737] ab. Der Preis für die eigene Verhaltensfreiheit ist es, den eigenen Bereich der freien Organisation in einem für andere Personen gefahrlosen Zustand zu halten[738]. Da den Personen in der Gesellschaft die Fähigkeit zugeschrieben wird, die Welt, in der sie leben, zu gestalten, ist eine Erwartung notwendig, daß alle ihren Organisationskreis in Ordnung halten und somit Auswirkungen ausbleiben, durch die andere geschädigt werden können. Mit den Worten JAKOBS`: „Die Stabilität dieser Erwartung ist nicht nur unumgänglich, weil niemand alle Organisationskreise zusammen beherrschen kann, sondern auch weil wegen des Rechts auf je eigene Organisation niemand solchermaßen umfassend herrschen darf“[739]. Da der einzelne organisieren kann, indem er selbst tätig wird, aber auch, indem er andere an seiner Stelle für sich arbeiten läßt[740], meint der Bereich der Organisation nicht den dinglichen und räumlichen Bereich, den der einzelne unmittelbar beherrschen kann, sondern charakterisiert den Bereich der gesellschaftlich zugeschriebenen Verantwortung. Maßgeblich ist also, wie die sozialen Handlungslehren und die objektive Zurechnungslehre richtigerweise hervorgehoben haben, nicht das Faktum der Herrschaft, sondern die gesellschaftliche Zuordnung zu einem Bereich[741]. Aus

---

S. 196, 211; im Anschluß an diesen *Tiedemann*, Tatbestandsfunktionen, S. 76 Fn 18; *Vogel*, Norm und Pflicht, S. 37 Fn 61.

734 *Binding*, Handbuch, S. 565. Vgl. auch dens., Normen II, S. 41/42.

735 So bereits ausdrücklich *Jakobs*, Handlungsbegriff, S. 29.

736 Zum Verhältnis von Arbeitsteilung und Verantwortlichkeit aus historischer Perspektive eingehend *Bayertz*, Herkunft der Verantwortung, S. 30 ff.

737 Dazu eingehend *Jakobs*, Unterlassen, S. 19 ff.; *Sánchez–Vera*, Pflichtdelikt, S. 67 ff.

738 Siehe dazu *Jakobs*, Unterlassen, S. 21.

739 *Jakobs* AT, 1/7.

740 Vgl. zu dieser Problematik ausführlich *Jakobs*, Handlungsbegriff, S. 32; *Philipps*, Handlungsspielraum, S. 140 ff.; *Timpe*, Strafmilderungen, S. 167 ff.

741 Das Prinzip der Garantenstellung ist der maßgebliche Zurechnungsfaktor: *Derksen*, Handeln auf eigene Gefahr, S. 81 f.; *Jakobs* AT, 7/66; *Lesch*, Sukzessive Beihilfe, S. 268 ff.; *Wolff–Reske*, Berufsbedingtes Verhalten, S. 157 ff.

dem Prinzip der Organisationsfreiheit und dem Gedanke der Arbeitsteilung resultiert weiterhin, daß der einzelne nur für die Fehler seiner eigenen Organisation zur Verantwortung gezogen werden kann. Er bleibt also von strafrechtlicher Zurechnung unbelastet, wenn er sich auf seinen eigenen Organisationskreis beschränkt (nicht jeden geht alles an). Der Konflikt in der Welt kann also prinzipiell so gedeutet werden, daß er nicht Folge seines Handelns ist, sondern den Rettungsfähigen nichts angehenden Welt[742]. Moderne Gesellschaften organisieren sich in der Regel außer über den Gedanken der Zuständigkeit aus personaler Organisation auch mit Hilfe institutioneller Zuständigkeiten. Es geht hier um Institutionen, die wegen ihrer besonderen Funktion für die Konstitution der Gesellschaft eine besondere staatliche Garantie erfahren, zum Beispiel das Eltern–Kind–Verhältnis, mit der Folge, daß Verantwortung unabhängig von der Organisation des einzelnen zugeschrieben werden kann[743]. Die Grenzen der Zuständigkeit des einzelnen für die eigene Organisation sind wiederum in Abhängigkeit zum Sinn gerade strafrechtlicher Zurechnung zu bestimmen, die im Gegensatz zu den übrigen Rechtsgebieten aufgrund der spezifischen Rechtsfolge „Strafe" dem Schuldprinzip Genüge tun muß. Damit ist schon die wesentliche Problematik des kommenden Kapitels angesprochen, nämlich die Frage nach der Bedeutung des einzelnen Zurechnungssubjekts in der strafrechtlichen Zurechnungslehre – gemeint ist die subjektive Seite strafrechtlichen Unrechts.

---

742 Für das Unterlassungsdelikt ist diese Annahme unbestritten. Dazu nur *Jakobs*, ZStW 87 (1975), S. 1 ff.

743 Eingehend zur Frage der Zuständigkeit kraft Institution *Sánchez–Vera*, Pflichtdelikt.

§ 6 Das Problem der Standardisierung im Rahmen der strafrechtlichen Zurechnungslehre: Soziale versus personale Zurechnungslehre?

Ist bislang nur die Frage beantwortet, wie die Voraussetzungen aussehen müssen, um von einer prinzipiellen Zuständigkeit der Person für ein Geschehen in der sozialen Wirklichkeit zu sprechen, wann also die Bedingungen der sogenannten „objektiven" Zurechenbarkeit erfüllt sind, soll im folgenden Teil der Frage nach der Notwendigkeit einer Personalisierung der Zurechnungslehre nachgegangen werden: Bedarf das Strafrecht des Rückgriffs auf ein *personales* Schuldprinzip und wenn ja, wie ist dieses zu fassen? Wann kann also von einer im Sinne des Strafrechts zurechenbaren Handlung gesprochen werden? Müssen insoweit in der strafrechtlichen Zurechnungslehre die individuellen Besonderheiten des jeweiligen Täters Berücksichtigung finden? Außerdem ist zu problematisieren, ob die *objektive* Zurechnungslehre in ihrer herkömmlichen Formulierung ohne Einbeziehung des Schuldprinzips einen eigenständigen Aussagegehalt besitzt. Anders formuliert: Kann in strafrechtlicher Hinsicht bereits dann von einer „sozialen Störung" ausgegangen werden, wenn die Voraussetzungen der objektiven Zurechnungslehre erfüllt sind, oder setzt dies eine schuldhafte Handlung voraus, mit der Konsequenz, daß eine strafrechtliche Zurechnungslehre nicht mehr sinnvoll zwischen Unrecht und Schuld differenzieren kann?

Dabei soll der Ausgangspunkt zur Beantwortung dieser Problematik wiederum bei den beiden Protagonisten, der sozialen Handlungslehre und der objektiven Zurechnungslehre, und ihrer Interpretation des einzelnen im Rahmen der strafrechtlichen Zurechnungslehre genommen werden. Bei der Frage nach dem Verständnis der Konstituierung des „Handlungssubjekts" bzw. des Subjekts der objektiven Zurechnung zeichnen sich zwischen sozialen Handlungslehren und objektiver Zurechnungslehre Parallelen ab. So lassen es die sozialen Handlungslehren genügen, wenn eine Normalperson das Handlungsvermögen standardmäßig besitzt. Die Handlungssteuerung wird also objektiv–generalisierend ermittelt. Dies hat die Konsequenz, daß der individuellen Person die Handlung normativ zugerechnet wird, selbst wenn sie physisch oder psychisch zur Vornahme oder Unterlassung eines bestimmten Verhaltens nicht in der Lage ist. Zur Ermittlung dieses objektiv–generalisierenden Maßstabes wird auf den „objektiv erkennbaren Sinngehalt aus der Perspektive der sozialen Gemeinschaft"[744] abgestellt, auf die „objektiven, für einen Einsichtigen zu erwartenden Folgen"[745] oder auf das „objektiv Menschenmögliche"[746]. Im Rahmen der Lehre von der objektiven Zurechnung soll es um eine Würdigung der Handlung unter dem Gesichtspunkt der abstrakten Strafbedürftigkeit gehen. Auch hier wird die Handlung also unabhängig von der Person des konkreten Täters für strafbar erklärt[747]. Das unerlaubte Risiko soll dabei im Gegensatz zur Stufe des soge-

---

744 *Schmidt*, Engisch–FS, S. 339, 345.

745 *Engisch*, Kohlrausch–FS, S. 141, 160.

746 *Maihofer*, Schmidt–FS, S. 156, 177.

747 Vgl. dazu Fn 459 sowie die Vertreter eines objektiven Fahrlässigkeitsmaßstabes (statt vieler: *Kaminski*, Der objektive Maßstab; *Kamps*, Ärztliche Arbeitsteilung, S. 76; *Lorenz*, Der Maßstab des einsichtigen Menschen; *Schünemann*, Schaffstein–FS S. 159, 167 f.; *Wolter*, Zurechnung, S. 30, 76 (Fn 36): Sorgfaltswidrig ist eine Handlung schon dann, wenn ein gedachter, und mit bestimmten Kenntnissen ausgestatteter Beurteiler die Handlung als für das Schutzobjekt gefährlich erkannt hat. Für die objektive Sorgfaltswidrigkeit kommt es auf das Leitbild des einsichtigen Menschen in der Lage des Täters an, wobei es sich um einen gedachten besonnenen und umsichtigen Teilnehmer des Verkehrskreises handelt, in dem der Täter handelt; ders., GA 1977, S. 257, 267 f.) Dagegen: *Castaldo*, Objektive Zurechnung; ders., GA 1993, S. 495 ff.; *Jakobs*,

nannten subjektiven Tatbestandes objektivierend ex ante aus der Perspektive eines abstrakten Mustermannes, also ebenfalls einer standardisierten Figur bestimmt werden, wobei allerdings zumeist dieses Urteil der Maßstabsperson um das Sonderwissen des konkreten Täters aufgestockt wird[748]. Die Lehre von der objektiven Zurechnung nimmt eine Normativierung in zweifacher Richtung vor, zum einen im Rahmen der Konstituierung der ex ante urteilenden Maßstabsfigur und zum anderen bei der Grenzbestimmung von unerlaubtem und erlaubtem Risiko[749]. Für den Bereich der Schuld soll jedoch nach beiden Ansätzen nicht die durch die gesellschaftliche Betrachtungsweise konstituierte *Sozialperson* Bedeutsamkeit erlangen. Als maßgebliches Zurechnungssubjekt soll hier vielmehr der einzelne als *Individualperson* gelten.

Die vorliegende Arbeit beschäftigt sich zunächst mit der Frage, ob sich eine solche in *zweifacher* Weise standardisierende Lehre mit dem herkömmlichen Verständnis des einzelnen im Strafrecht und dem der Normen als verhaltenssteuernder Instrumente verträgt. In einem weiteren Schritt soll – über das scheinbar auch die Lehre von der objektiven Zurechnung und die sozialen Handlungslehren tragende überkommene Normenmodell hinausgehend – überdacht werden, ob diese Leitlinien für das Strafrecht einer komplexen Gesellschaft einschlägig sein können. Es geht um zweierlei: Haben die beiden Lehren erstens ihren Ansatz der Standardisierung konsequent verfolgt, wenn sie für den Bereich der Schuld von der im Unrecht präferierten *Sozialperson* Abstand nehmen und hier auf die *Individualperson* rekurrieren? Beschreibt zweitens die hier vorgenommene Standardisierung, d. h. eine standardisierende Betrachtung der Grenzen des unerlaubten Risikos und zusätzlich der Person des handelnden Täters (Urteilsperson), den für das Strafrecht spezifischen „objektiven Bereich" der Lehre von der objektiven Zurechnung? Dabei wird sich zeigen, daß die sozialen Handlungslehren und die Lehre von der objektiven Zurechnung zutreffend erkannt haben, daß die Grenzbestimmung des erlaubten/ unerlaubten Risikos nur mit Hilfe eines normativen Maßstabes festgelegt werden kann. Allerdings darf – anders als die beiden Ansätze unterstellen – die Definition der urteilenden Person nicht standardisierend erfolgen. Hier müssen vielmehr die individuellen Konstitutionsmängel des konkret handelnden Täters Berücksichtigung finden, da nur auf diese Weise die kommunikative Ebene der Straftat erreicht wird: Nur der Zurechnungsfähige ist imstande, der Normgeltung zu widersprechen. Um diese hier schon angedeutete Antwort argumentativ zu stützen, wird es im Laufe der Abhandlung notwendig werden, sich mit den Grundstrukturen der strafrechtlichen Zurechnungslehre und der Aufgabe des Strafrechts in einer komplexen Gesellschaft zu beschäftigen.

A) Zur Vereinbarkeit einer standardisierenden Betrachtungsweise mit dem überkommenen Strafrechtsmodell

I) Zum Verschwinden des einzelnen im Handlungsstandard

Die sozialen Handlungslehren und die objektive Zurechnungslehre sind der Kritik einer für die Zurechnungslehre zu weitgehenden Normativierung ausgesetzt. Eine gesellschaftliche Deutung der Handlung bzw. Zurechnungsvoraussetzungen berge die Gefahr einer heterono-

---

Studien, S. 64 ff.; *Kremer–Brax*, Das personale Verhaltensunrecht; *Mir Puig*, Armin Kaufmann–GedS. S. 253, 265; SK–*Samson*, Anh. zu § 16 Rn 13 ff.; *Stratenwerth* AT Rn 1098.

748 Vgl. dazu Fn 462.

749 Auf diese doppelte Objektivierung weist ausdrücklich *Jakobs*, Hirsch–FS, S. 45 Fn 2, 55 hin.

men oder autoritären Deutung des einzelnen in sich[750]. Die sozialen Handlungslehren bildeten ein gutes Beispiel für die vorschnelle Normativierung in der Strafrechtswissenschaft. Ihr Ansatz verstoße gegen das Prinzip „Können impliziert Sollen“, wonach das Recht dem einzelnen zwar eine Haftung für das Unterschreiten von Sollensstandards auferlegen dürfe, jedoch niemals die Einhaltung dieser Standards „ultra vires“ zur Pflicht machen dürfe[751]. Handlungsnormen seien nämlich an die Grenzen des individuellen Handlungsvermögens gebunden. „Nur wenn ein äußerer Geschehensablauf auf einem menschlichen Willensbildungsprozeß beruht, ist er als eine Äußerung menschlichen Seins Ausdruck der Persönlichkeit dieses Menschen“[752]. Rechne man dessen ungeachtet bestimmte Verhaltensweisen als Handlung zu, so werde damit gleichzeitig der Handlungsbegriff verdoppelt. Die Zurechnung zur Handlung impliziere dann eine andere Bedeutung als die Handlung selbst[753].

Diese Bedenken basieren im wesentlichen auf zwei die herkömmliche Strafrechtsdoktrin stützende Basisannahmen. Die Rede ist hier vom Verständnis des einzelnen als einem vorrechtlichen Individuum und dem der Normen als verhaltenssteuernden Lenkungsmechanismen. Im folgenden ist zu überprüfen, ob das von den sozialen Handlungslehren und der objektiven Zurechnungslehre herangezogene Modell der Standardisierung mit diesen überkommenen Fundamenten kompatibel ist.

1. Zum Verständnis des einzelnen im Strafrecht als Individuum

Das Verständnis des einzelnen als einem vorrechtlichen Handlungssubjekt kommt in der strafrechtlichen Auseinandersetzung vor allem in zwei verschiedenen Ansätzen zum Ausdruck.

Die klassische Auffassung der Beziehung von Recht und Individualität ist in Nachfolge der rechtsphilosophischen Annahmen HOBBES davon geprägt, daß das Individuum und dessen Individualität in der Gestalt eines absoluten Prinzips erscheint, vom Recht abgetrennt und für sich stehend, als aller rechtlichen Regelung vorausgehend[754], mit der Folge, daß eine Zurechnung, die den einzelnen nicht in seiner Position als psychophysisches Subjekt erfaßt, erstens als Verstoß gegen das Verschuldensprinzips und damit zweitens auch als Freiheitsverletzung des einzelnen eingeordnet wird[755].

Der insbesondere von Vertretern der sogenannten FRANKFURTER SCHULE[756] unter Berufung auf KANT und FICHTE herausgearbeitete „freiheitsgesetzliche Strafrechtsbegriff“ betrachtet den einzelnen durchaus in das gesellschaftliche Miteinander eingebunden. Für die Ermittlung der Bedingungen des gesellschaftlichen Zusammenlebens und demzufolge auch der

---

750 *Dedes*, Roxin–FS, S. 187, 188; *Hoerster*, ZRP 1999, S. 215 gegen den gesellschaftlich vermittelten Handlungsbegriff von *Jakobs*.

751 *Lampe*, Hirsch–FS, S. 83, 92; *Schünemann*, Roxin–FS, S. 1, 25.

752 *Triffterer* AT 7/13.

753 *Lampe*, Hirsch–FS, S. 83, 93.

754 So ausdrücklich *Schünemann*, Roxin–FS, S. 1, 24: Inhaber des Schutzanspruches ist das Individuum, nicht die Person.

755 Anschaulich beschrieben ist diese klassische Lesart bei *Meder*, Schuld, S. 226.

756 Wichtige Vertreter sind *Köhler*, Begriff der Strafe, S. 44 ff.; ders., Hirsch–FS, S. 65, 74; *Schürer–Mohr*, Erlaubtes Risiko, S. 47 ff.; *E. A. Wolff*, ZStW 97 (1985), S. 805 ff.; *Zaczyk*, Unrecht der versuchten Tat, S. 40, 103, 128 f., 147 und jüngst *Kahlo*, Unterlassung.

Zurechnungskriterien wird aber auf einen Rückgriff auf das sogenannte *vorrechtliche* Individuum nicht verzichtet.

Im Vordergrund dieses freiheitstheoretischen Ansatzes steht das einzelne Subjekt, dem sich das Recht in einem autonomen, subjektiven Vernunftschluß erschließen soll[757]. Das eigentliche Sein als Ich soll dem Recht nicht entzogen, sondern dessen konstitutiver Bestandteil sein[758]. Damit ist auch der Begriff der Gesellschaft in einem solchen System notwendigerweise an das Selbstbewußtsein der je einzelnen rückgebunden[759]. Für einen solchen Ansatz ist es dann auch konsequent, den Begriff des strafrechtlichen Unrechts in Abhängigkeit zur Selbstbestimmung des einzelnen zu stellen. „Denn unter den Voraussetzungen des modernen selbstberechtigten Subjekts ist der ein Unrechtshandeln sanktionierende Eingriff in die Rechtssphäre des Subjekts in einem ausgezeichneten Sinne nur rechtens, wenn er seinerseits in der Bestimmung des Selbstseins für das Subjekt steht"[760]. KANT:„Der Nutzen vieler gibt ihnen kein Recht gegen einen"[761]. Werde der Mensch als freies vernunftbestimmtes Wesen begriffen, so sei er in seiner relativen Freiheit dazu berechtigt, sich nicht fremdbestimmte Ziele zu setzen und die zu deren Erreichung geeigneten Verhaltensweisen zu erkennen und zu verwirklichen[762]. Soll aber Selbstbestimmung, individuell verstanden, für die Handlungskonstitution maßgeblich sein, so erscheint jegliche rein gesellschaftlich vermittelte Zurechnung sowie standardisierende Betrachtungsweise als heteronomer Zwang und Instrumentalisierung des einzelnen. Ein solcher Glaube an ein heteronomes Regelungssystem, welches mit Verbindlichkeit Recht für den einzelnen bestimmen könnte, bedeute ein vordemokratisches unfreiheitliches Denken[763]. „Denn auf diese Weise wird das Recht als eine dem einzelnen äußerlich bleibende Macht verstanden; ihre Autonomie fordert es aber, das Recht aus ihrer Selbstbindung heraus zu begründen, d. h. also in einem inneren Zusammenhang mit Autonomie stehend zu begreifen. Der einzelne muß einsehen können, wie weit er mit seiner Freiheit gehen darf"[764].

Sieht man den Normadressaten als psychophysisches Subjekt, so kann von ihm nur das seinem individuellen Können entsprechende Verhalten verlangt werden[765]. Und auch für die auf KANT und FICHTE zurückgehenden freiheitstheoretischen Lehren reicht der Bereich der eigenen Verantwortung lediglich so weit, wie die tatsächliche Freiheit des Täters geht[766]. Das strafrechtliche Sollen wird also bei einer solchen Sichtweise zwingend durch das individuelle Können des einzelnen limitiert.

---

757 *Köhler*, Begriff der Strafe, S. 38.

758 *Zaczyk*, Unrecht der versuchten Tat, S. 112 im Rahmen der Kritik an der Unrechtslehre *Maihofers*.

759 *Zaczyk*, Der Begriff der Gesellschaftsgefährlichkeit, S. 113, 122.

760 *Köhler*, Bewußte Fahrlässigkeit, S. 133.

761 *Kant*, Reflexion zur Moralphilosophie Nr. 6586.

762 *Schürer–Mohr*, Erlaubte Risiken, S. 48.

763 *Schürer–Mohr*, Erlaubte Risiken, S. 54.

764 *Zaczyk*, Unrecht der versuchten Tat, S. 147.

765 In diesem Sinne *Armin Kaufmann*, Dogmatik der Unterlassungsdelikte, S. 3.

766 So ausdrücklich *Zaczyk*, Strafrechtliches Unrecht, S. 65; dazu wiederum kritisch *Jakobs*, Hirsch–FS, S. 45, 48: Die Selbstverantwortung ende nicht mit dem Ende des aktuellen Wissens, sondern mit der Freiheit des Entscheidenden. Daß der Begriff der Freiheit im Strafrecht nur als gesellschaftlich gebundener relevant wird, wie die Aussage *Jakobs* suggeriert, wird sich im Laufe der Arbeit als richtig bestätigen.

Jedenfalls für die herkömmliche Sichtweise, nach der dem einzelnen als vorrechtlichem Subjekt auch im Strafrecht eine eigenständige, a priori Bedeutung zukommen soll, sind prima facie die Bedenken gerechtfertigt, daß bei einer Standardisierung die Bedeutung des konkreten Handlungssubjekts zu sehr aus dem Blick gerät. Im Rahmen der sozialen Handlungslehren bzw. der Lehre von der objektiven Zurechnung wird nämlich nur gefragt, welches Interpretationsschema die Gesellschaft für maßgeblich erachtet. Die sozialen Handlungslehren setzen damit das Phänomen Handlung mit dem sozialen Prozeß gleich[767], womit das vorrechtliche Subjekt jedenfalls für den Bereich des Unrechts seines Thrones enthoben wird. Die Vorgehensweise der sozialen Handlungslehren bzw. der Lehre von der objektiven Zurechnung erscheint prima facie insbesondere deshalb problematisch, als sich ja auch das *individuelle* Zurechnungssubjekt an der durch die Standardperson festgelegten Handlung bzw. objektiven Zurechnung festhalten lassen muß.

2. Zur Vereinbarkeit des standardisierenden Ansatzes mit dem Modell verhaltenssteuernder Normen

In Verbindung mit dem gerade skizzierten Verständnis des einzelnen als psychophysischem Subjekt und der Vorstellung, das Strafrecht habe die Aufgabe, Rechtsgüterschutz zu garantieren, ist in der Strafrechtsdogmatik in FEUERBACHscher Tradition[768] das Verständnis der Norm als verhaltensleitendem Instrument überkommen – ein Ansatz, den auch die objektive Zurechnungslehre zugrunde legt. Normen sollen die Aufgabe besitzen, den einzelnen zur Erfolgsvermeidung zu motivieren[769]. Die Normen sind in einem solchen Modell „Befehle, mit denen sich die Rechtsordnung an die Normunterworfenen richtet, um den Ordnungszustand zu realisieren, der von der Rechtsordnung als erstrebenswert beurteilt wird“[770].

In der Konsequenz dessen übernimmt das Kriterium der Handlungssteuerung notwendigerweise eine für die Konstituierung des strafrechtlichen Handlungsbegriffes prägende Funktion. Denn Verhaltenssteuerung kann nach diesem Ansatz nur über die Motivation des einzelnen wirken[771]. Der beeinflußbare menschliche Bereich sei nämlich allein in der Motivation des Menschen zu finden[772]. Mit den Worten BINDINGS: „Alle Gesetze wenden sich an die Seelenkräfte der Menschen – davon überzeugt, daß diese allein im Stande sind, ihrer Träger praktisches Verhalten zu bestimmen und so zwischen ihnen und dem Willen des Gesetzes eine Brücke zu schlagen“[773]. Eine motivationsunabhängig gestaltete rechtliche Entscheidung sei demnach zwecklos und deshalb nicht zu rechtfertigen. In einem solchen Fall gehe es um eine bloße „passiv–ästhetische Betrachtung und Bewertung des Weltverlaufs“, die aber weder

---

767 Dies kritisiert *Lampe*, Hirsch–FS, S. 83, 93. Er versteht die menschliche Handlung a priori individuell im Gegensatz zum standardisierten sozialen Prozeß, der von normativen Sollenserwartungen konkretisiert werde.

768 *Feuerbach*, Revision, S. 149 ff. Zu der Straftheorie *Feuerbachs* eingehend *Lesch*, Verbrechensbegriff, S. 57 ff.; *Müssig*, Manuskript, 30 ff., 41 f.

769 Statt vieler: *Binding*, Normen I, S. 108 ff.; ders., Normen IV, S. 341; *Frisch*, Tatbestandsmäßiges Verhalten S. 71 f.; *Armin Kaufmann*, Normentheorie, S. 105 ff.; *Maihofer*, Rittler–FS, S. 141, 149; *Mir Puig*, Jescheck–FS, Bd. 1, S. 337, 339 ff.; NK–*Puppe*, Vor § 13 Rn 17 f.; *Wolter*, Zurechnung, S. 46 ff.

770 *Zielinski*, Handlungs– und Erfolgsunwert, S. 122 f. So auch *Armin Kaufmann*, Normentheorie, S. 67 ff. 78 ff., 90 ff.

771 Statt vieler: *Jakobs*, Studien, S. 1 ff.; *Mir Puig*, Armin Kaufmann–GedS, S. 253, 265.

772 *Kremer–Brax*, Das personale Verhaltensunrecht, S. 72.

773 Normen II 1, S. 5.

zur Vermeidung eines Erfolges noch zur Verhängung einer Strafe führe und deshalb strafrechtlich uninteressant sei[774]. Bei dieser Ausgangslage findet die Wirksamkeit der Norm notwendigerweise in der Motivation des Normadressaten ihre natürliche Grenze[775].

Dies bedingt die Unmöglichkeit, ein Konzept der Standardisierung mit einem solchen der Verhaltenssteuerung verknüpfen zu können. Beide Modelle sind schlicht inkompatibel: Denn eine Norm, die ihrer Zwecksetzung nach das Verhalten des Normadressaten lenken will, muß von der ihr immanenten Verbotsmaterie an das Vermögen des angesprochenen Normadressaten gebunden sein[776]. Ein auf die Verhaltenssteuerung abzielendes Recht kann also nur innerhalb der Grenzen des Intellekts und der Fähigkeiten des Normunterworfenen wirken, womit die objektivierte Maßstabsfigur als für das Strafrecht maßgebliche Urteilsperson zwingend ausscheiden muß[777]. In der Tat ist das Verhalten eines abstrakten Mustermannes als Leitbildverhalten für den konkreten Täter ungeeignet, da der konkret Handelnde niemals in der Lage sein wird, diesem Verhalten zu genügen: Für einen solchen Ansatz fällt das Mindestmaß an Verantwortung mit dem Höchstmaß an Lenkungsmöglichkeit zusammen[778]. Anhand eines Beispiels von SAMSON verdeutlicht: „Warum die Sorgfaltswidrigkeit eines 50 jährigen kurzsichtigen, farbenblinden Autofahrers, der erst kürzlich die Fahrerlaubnis erworben hat und an übergroßer Schreckhaftigkeit leidet, an dem Leitbild eines durchschnittlichen, besonnenen Teilnehmers am Straßenverkehr gemessen werden soll, läßt sich kaum begründen“[779]. Nur ein Täter, der eine durchschnittliche Leistungsfähigkeit besitzt, erhält von einer standardisierten Urteilsperson ein Leitbild; für ihn fallen objektive und subjektive Zurechnung in eins[780]. Für den abstrakten Mustermann bzw. die ideale Vernunftperson ist eine solch standardisierte Norm hingegen überflüssig, da sie ohnehin Rechtsgüter nicht zu verletzen pflegen. Die vernünftige Person ist schon kraft ihrer vorgegebenen Vernunft, also unabhängig von einem Verbot, an der Vermeidung der Verletzung eines Rechtsgutes interessiert, sie delinquiert per se nicht[781].

Ausgehend von einem solchen Normenverständnis ist das wirkliche Handlungselement für das strafrechtliche Unrecht konstitutiv, da ansonsten „die spezifische Tat–Täter–Beziehung des Strafrechts, wonach die Tat dem Täter als sein Werk in besonderem Maße zugehört, im Unrechtstatbestand nicht wirklich zum Ausdruck gebracht wird“[782]. Eine Theorie, die die Verhaltenssteuerung zum maßgeblichen Begriff erhebt, muß also konsequenterweise individualisieren, wenn sie nicht bei der Aufstellung einer sozialpsychologischen Statistik enden will[783]. Diese Unvereinbarkeit einer Generalisierung mit dem Leitbild einer individualisierenden Wirkungsperspektive der strafrechtlichen Norm war schon frühzeitig dem Modell FEUERBACHS vorgeworfen worden: „Was für ein Individuum das Ziel rastloser Thätigkeit ist, vermag kaum, das andere zu bewegen und nicht selten ist ein Vortheil welcher die Mehrheit der Menschen kaum zu einer gleichgültigen Handlung bestimmen könnte, in dem Indivi-

774 *Kremer–Brax*, Das personale Verhaltensunrecht, S. 73.
775 Ausführlich zu dem Verhältnis von Norm und Motivation *Jakobs*, Studien, S. 2 ff.
776 *Armin Kaufmann*, Normentheorie, S. 106 f.; *Otto*, ZStW 87 (1975), S. 539, 570.
777 Vgl. dazu *Jakobs*, Studien, S. 68.
778 In diesem Sinne schon *Jakobs*, Studien, S. 53; So auch *Castaldo*, Objektive Zurechnung, S. 78.
779 SK–*Samson*, Anh. Zu § 16 Rn 13.
780 Dazu eingehend *Jakobs*, Studien, S. 54.
781 Vgl. *Lesch*, Verbrechensbegriff, S. 233.
782 *Jakobs*, Studien, S. 70.
783 In diesem Sinne auch *Müssig*, Manuskript, S. 42.

duum der Erzeuger der scheußlichsten Thaten und darum nothwendig der Gegenstand, welcher dessen ganzes sinnliches Interesse fast einzig beschäftigte“[784].

II) Fazit

Mit dieser Kritik soll eine standardisierende Betrachtungsweise im Strafrecht nicht von vornherein verworfen werden, es soll hier nur auf die Unvereinbarkeit mit dem herkömmlichen Normenverständnis hingewiesen werden. Soll der strafrechtlichen Zurechnungslehre das überkommene Verständnis der Normen als verhaltenssteuernder Instrumente zugrunde gelegt werden, so kann das Vorgehen der sozialen Handlungslehren und der Lehre von der objektiven Zurechnung jedenfalls nicht überzeugen. Sollte sich aber die von den sozialen Handlungslehren und der objektiven Zurechnungslehre vorgenommene Standardisierung für die strafrechtliche Zurechnungslehre als richtig erweisen, müßte notwendigerweise ein anderes Normenmodell entwickelt werden.

B) Das Dilemma der Vermittelbarkeit von Subjektivem und Normativem im überkommenen Strafrechtssystem

I) Zu den Einwänden der finalistischen Lehre

Die finalen Handlungslehren wollen nicht nur das Kriterium der Handlungssteuerung individualisierend betrachten, sie halten darüber hinaus schlichtweg jeden Rückgriff auf das Modell der objektiven Zurechnung für entbehrlich[785]. Denn die Fallkonstellationen der objektiven Zurechnungslehre ließen sich ohne weiteres durch Integration in den Bereich der Handlungssteuerung oder des Vorsatzes lösen: Handle der Täter in den Grenzen des erlaubten Risikos, fehle bereits eine Erfolgsverwirklichungs*handlung*. Wenn in einer Gesellschaft bestimmte Verhaltensweisen für sorgfaltskonform erachtet würden und sie sich damit im Rahmen sozialer Normalität hielten, so seien sie kein *Mittel*, mit dem sich zu einer steuernden Beherrschung des Kausalverlaufes ansetzen ließe[786]. In diesen Fallkonstellationen könne dem Täter aber auch kein Vorsatz unterstellt werden. Denn der Vorsatz sei Verwirklichungswille. Er setze die Steuerbarkeit oder Tatherrschaft voraus, woran es aber fehle, wenn sich die Vorstellung des Täters auf das „gewöhnliche, allgemeine Risiko des Soziallebens“[787] beziehe. So wird im sogenannten Erbonkelfall der Mangel an Strafbarkeit mit dem fehlenden Verletzungsvorsatz verneint, da sich die „Vorstellung(...) lediglich auf das gewöhnliche, allgemeine Risiko des Soziallebens“ beziehe. Es gehe lediglich darum, „Opfer eines Unglücksfalles zu werden“, was aber strafrechtlich unbeachtlich sei. Oder auf eine Fallkonstellation übertragen, die die objektive Zurechnungslehre typischerweise mit der Verneinung des Rechtswidrigkeitszusammenhangs löst: Ist der Tod nach der Schußverletzung infolge einer Infektion im Krankenhaus eingetreten, liege kein tauglicher Tatvorsatz vor. Der Täter habe nämlich zum Tatzeitpunkt nicht

---

784 *Grolman*, Grundsätze der Criminalrechtswissenschaft, S. 74.

785 *Hirsch*, UniKöln–FS, S. 399, 405; ders., Lenckner–FS, S. 119 ff.; *Armin Kaufmann*, Jescheck–FS, Bd. 1, S. 251, 261 ff.; *Küpper*, Grenzen der normativierenden Strafrechtsdogmatik, S. 93 ff., 100 ff.; so auch schon *Welzel*, Deutsches Strafrecht, § 13 I 2.

786 *Hirsch*, Lenckner–FS, S. 119, 137.

787 *Hirsch*, Lenckner–FS, S. 119, 137. Zur Interpretation des Modells von *Hirsch* ausführlich *Jakobs*, Hirsch–FS, S. 45 ff.

einmal an das Krankenhaus gedacht, sondern lediglich daran, den Tod unmittelbar durch den Schuß herbeizuführen[788].

Zudem machen die Finalisten gegen die Objektivierungen im Bereich der Tatbestandsmäßigkeitsprüfung geltend, daß sich die aus der Sicht der objektiven Zurechnungslehre im Objektiven zu lösenden Fragen der Schaffung eines unerlaubten Risikos in Wirklichkeit nicht ohne Rückgriff auf die Person des konkreten Täters, d. h. dessen Wissens– und Informationsstand beantworten ließen. Sobald der Täter nämlich mehr wisse als ein Beobachter seines Verhaltens sei dieses Sonderwissen strafrechtlich auch zu berücksichtigen. Die Würfel über die Reichweite strafrechtlicher Zurechnung fielen damit erst nach der Prüfung des subjektiven Tatbestandes[789].

II) Die gesellschaftliche Gebundenheit des unerlaubten Risikos

1. Die Defizite eines verhaltenssteuernden Normmodells

Wird zwar von den Verfechtern der finalen Handlungslehre auf die Entbehrlichkeit einer Standardisierung verwiesen, so fragt sich, wie ein solcher Ansatz strafrechtliches Unrecht ohne Rückgriff auf einen objektivierten Ausgangspunkt zu erklären vermag. Eine ausschließliche Ausrichtung des strafrechtlich gesollten Verhaltens an den aktuellen Anlagen des Handelnden verbietet sich nämlich bereits aus normlogischen Gründen: „Niemand kann mit sich selbst als Maß gemessen werden“[790]. Ebensowenig kann bei der Normbildung die Befolgung der Vorschrift berücksichtigt werden, so daß der Maßstab im Motiv der Erfolgsvermeidung objektiv sein muß[791]. Es läßt sich wohl kaum ernsthaft die These vertreten, die aktuelle Konstitution des einzelnen Täters zur Grundlage des Inhalts von Strafrechtsnormen zu machen.

Eine Theorie, die schlichtweg die individuelle Handlungssteuerung, also Präferenzen des Begehrens oder Schemata der Lustbefriedigung, als strafrechtlichen Maßstab der Normbefolgung zugrunde legen möchte, müßte bereits konzeptionell den gesellschaftlichen Schaden für unbeachtlich erklären. Die mißliche Konsequenz wäre dann, daß es ihr nicht gelänge, das Strafrecht in der Wirklichkeit der Gesellschaft zu verankern. Genauer: Eine konsequent durchgeführte Imperativentheorie hat Schwierigkeiten mit der Einbeziehung eines objektiven Verhaltensstandards wie des erlaubten Risikos. Eigentlich dürfte sie bei der Formulierung ihres Unrechtsbegriffes nicht über die Lozierung des Finalzusammenhanges hinauskommen[792]. Bei einer Berücksichtigung allein der Täterperspektive müßte konsequenterweise trotz sozialadäquaten Verhaltens bestraft werden – ein befremdendes Ergebnis[793]. Im Erbonkelfall müßte der Neffe also allein aufgrund seines inständigen Hoffens und Dafürhaltens, daß der Onkel vom Blitz erschlagen wird, bestraft werden. Ein skrupelhafter Autofahrer, der ständig über die Gefährlichkeit seines Verhaltens siniert und immer an die Möglichkeit einer

---

788 *Armin Kaufmann*, Jescheck–FS, Bd. 1, S. 251, 261.

789 *Hirsch*, Lenckner–FS, S. 119 ff.; *Armin Kaufmann*, Jescheck–FS, Bd. 1, S. 251, 260; *Küpper*, Grenzen der normativierenden Strafrechtsdogmatik passim; *Samson*, ZStW 99 (1987), S. 617, 633; *Struensee*, GA 1987, S. 97, 99 f., 101, 105.

790 *Jakobs*, Studien, S. 48 unter Verweis auf *Münzberg*, Verhalten und Erfolg, S. 222; so auch *Duttge*, Handlungsunwert, S. 103.

791 Vgl. dazu *Jakobs*, Studien, S. 65 Fn 88.

792 In diesem Sinne *Lesch*, Verbrechensbegriff, S. 231.

793 Vgl. dazu *Jakobs*, ZStW 107 (1995), S. 843, 845: „Der nur interne Blick lehrt, daß sich Tatbestandsverwirklichung und Sozialadäquanz entgegen der internen Theorie nicht ausschließen“.

Tötung eines anderen Verkehrsteilnehmers denkt, müßte trotz Einhaltens aller Verkehrsvorschriften bestraft werden, wenn es zum tödlichen Unfall kommt. Die Bestrafung hinge einzig von der individuellen Beziehung des einzelnen zur strafrechtlichen Norm ab. Der vom Opfer oder Dritten der Tat beigelegte Sinn bliebe bei der Feststellung des Unrechts außen vor[794].

Ein solches Ergebnis läßt sich nicht ohne Verlust des Bezuges zur gesellschaftlichen Wirklichkeit durchhalten, da es in der Konsequenz auch heißen würde, die Verbindlichkeit der Norm letztlich vom faktischen Einverständnis des je einzelnen abhängig zu machen[795]. Daß das Funktionieren moderner Gesellschaften und die Verbindlichkeit strafrechtlicher Normen nicht in Abhängigkeit zur rein individuellen Sinngebung des einzelnen gestellt werden kann, illustriert ein Blick auf die Grundlagen der Normentheorie: Versteht man Normen als in ständiger Beziehung zum subjektiven Willen der je einzelnen stehend, d. h. die einzelnen durch ein „geistiges Band" hinsichtlich des Vertrauens auf die Erwartungen miteinander verbunden, so daß die Art der Erwartung sozusagen von ihrer Willkür abhängt, so bedeutet der individuell willentliche Verstoß gegen die Norm die einzig denkbare Form der Enttäuschung. Im Ergebnis kann bei der Unterstellung eines solchen Normenmodells die Verbindlichkeit in Abhängigkeit zum faktischen Einverständnis des je einzelnen gestellt werden. Eine solche grenzenlose Berücksichtigung des individuellen Sinns kann jedoch nur in einer Gesellschaft gelten, deren Angehörige sich voll und ganz aufeinander einlassen. Sie müssen dann auch akzeptieren, daß es nicht immer um die erfahrbare Welt geht, sondern zum Teil Intuitionen ausschlaggebend sein dürfen, wie bei Gruppen mit totaler intellektueller Konformität, was aber dem Bild einer modernen komplexen Gesellschaft zuwiderläuft[796]. Denn eine Prognose, was der jeweils andere individualpsychologisch in die jeweilige Situation einbringt, ist nicht möglich. Sozialität wäre nicht mehr denkbar, wenn jeder alle erdenklichen Folgen eines sozialen Konflikts berücksichtigen müßte, was letztlich die Konsequenz einer völlig gelähmten, in Überwachungs- und Hilfsaufgaben aufgelösten Gesellschaft bedingen würde: Autos und Waffen könnten nicht mehr produziert, Alkohol nicht mehr ausgeschenkt werden.

Will eine Gesellschaft ihren Mitgliedern weiterhin die Freiheit ihres Verhaltens gewähren und den nutzbaren Raum in mannigfacher Weise von dem Verhalten der anderen abhängig machen, bedarf sie eines bestimmten Mediums, in dem die permanenten Verbindungen und Abgrenzungen der Verhaltensweisen dargestellt und berechnet werden können[797]. Aus diesem Umstand erklärt sich die Notwendigkeit der Institutionalisierung von objektiv generalisierten und kontrafaktisch stabilisierten Erwartungen als Voraussetzung einer raschen und gegen Wechsel resistenten Kommunikation unter Menschen[798]. Normen haben im Strafrecht also nicht die Aufgabe der Verhaltenssteuerung, sondern müssen vielmehr Erwartungen sichern[799].

Gegen eine individualpsychologisch vermittelte Normentheorie spricht ein weiteres: Gesellschaft definiert sich nicht als bloße Ansammlung von Individuen, sondern ist eine staatlich verbundene integrale „Allgemeinheit"[800]. Für die Unabhängigkeit der Norm vom Bewußtsein

---

794 Dies kritisiert *Jakobs*, Armin Kaufmann–GedS, S. 271, 274 an dem Modell *Armin Kaufmanns*.

795 So auch *Schürer–Mohr*, Erlaubte Risiken, S. 56.

796 Vgl. auch *Jakobs*, Armin Kaufmann–GedS, S. 271, 274; *Lesch*, Sukzessive Beihilfe, S. 209.

797 In diesem Sinne *Jakobs*, Armin Kaufmann–GedS, S. 271, 279.

798 Dazu *Lesch*, Verbrechensbegriff, S. 189.

799 Diese Dimension der Normen ist in der Rechtssoziologie mittlerweile allgemein anerkannt. Dazu *Luhmann*, ARSP Beiheft 8, S. 31 ff.

800 Vgl. auch *Schürer–Mohr*, Erlaubte Risiken, S. 106.

der im Staat Lebenden sprach sich auch KELSEN aus: „Die heteronome Natur des Rechtes läßt eine (...) subjektivistische Auffassung seiner Normen nicht zu. Wenn auch der Zweck der Rechtsnormen in der menschlichen Psyche, d. h. in der Erzeugung eines Impulses zum rechtlichen Verhalten zu erblicken ist, so ist doch diese Wirkung keine wesentliche, und der Rechtssatz behält auch seine Qualität, wenn er im Bewußtsein des Subjekts eine solche Wirkung nicht auslöst“[801]. Die Geltung einer Norm ist somit nicht davon abhängig, daß sie tatsächlich in das individuelle Bewußtsein der Personen aufgenommen wird, der einzelne muß nicht tatsächlich sein Einverständnis zur Norm erklärt haben[802]. Die Personen werden vielmehr in einem System dadurch miteinander verbunden gedacht, daß sie so beurteilt werden, als ob sie mit der sie verbindenden gemeinsamen Erwartung einverstanden wären[803]. Soll im Strafrecht die Bedeutung der gesellschaftlichen Wirklichkeit hinreichend gewürdigt werden, darf nicht ein Verständnis zugrunde gelegt werden, das Normen eine verhaltenssteuernde Funktion beimißt. Normen haben vielmehr eine erwartenssichernde Aufgabe. Eine strafrechtlich relevante Situation ist nicht vom Innenleben des Täters ausgehend bestimmbar, sondern ist Resultat eines Kommunikationsprozesses in der Gesellschaft[804]. Will eine vom einzelnen ausgehende Normentheorie axiologisch unbefriedigende Ergebnisse vermeiden, vermag sie letztlich nicht ohne einen objektiven Bezugspunkt auszukommen. Sie leidet dann aber an dem Defizit, diesen objektiven Bezugspunkt nicht in ihre Normentheorie der Verhaltenssteuerung integrieren zu können.

2. Der notwendig gesellschaftlich gebundene Ausgangspunkt

Daß eine solche Interpretation der individuellen Handlungsmacht auch von den Finalisten nicht ernstlich gemeint sein kann und diese letztlich in ihrem System auf Normativierungen nicht verzichten können, zeigt ein näherer Blick auf die von ihnen verwendeten Kriterien der „Tatmacht“ bzw. „objektiven Beherrschbarkeit“[805]. Wenn die Tatherrschaft als „ausreichend gestaltete Einwirkungsmöglichkeit“ auf den Eintritt des konkreten Erfolges in den Fällen des erlaubten Risikos abgelehnt wird oder von einem fehlenden Verletzungsvorsatz die Rede ist, da die Vorstellung des Täters lediglich auf das gewöhnliche, allgemeine Risiko des Soziallebens bezogen ist, so ist der „Mangel an objektiver Beherrschbarkeit (...) nichts als die objektive Spiegelung eines tatohnmächtigen Vorsatzes, wie dieser wiederum nichts als die subjektive Spiegelung der objektiven Tatohnmacht ist“[806]. Selbst wenn die subjektive Tatseite den Umfang des Täterbewußtseins festlegen soll, kann diese rein individuell verstanden nichts

801 *Kelsen*, Hauptprobleme der Staatsrechtslehre, S. 115.

802 Dazu *Jakobs*, Norm, Person, Gesellschaft, S. 40. Er wendet gegen die sogenannten Anerkennungstheorien ein, daß sich Normen nicht vertraglich erklären ließen. Gesellschaft lasse sich nicht als bloße Addition von Bewußtseinsvorgängen begreifen, sondern erst auf einer vom Individuum gelösten Ebene.

803 Vgl. dazu auch *Vehling*, Die Abgrenzung von Vorbereitung und Versuch S. 74 Fn 123, der den Hauptkritikpunkt an der Anerkennungstheorie darin sieht, daß sie das Recht oder die Rechtsgeltung lediglich als Reflex einer konkreten Rechtspflicht konkretisieren könne (*Kelsen*, Reine Rechtslehre, S. 133). Die Anerkennungstheorie habe aber richtigerweise erkannt, daß die Wirksamkeit einer Norm für den Einzelfall konkretisiert werden müsse. Die generelle Norm sei zunächst ganz abstrakt und bedürfe in der konkreten, verpflichtenden Situation der Transformation durch das Individuum.

804 In diese Richtung auch *Bustos Ramírez*, Armin Kaufmann–GedS, S. 213, 228.

805 Dazu eingehend *Frisch*, Roxin–FS, S. 213, 219 ff.,226 ff.; *Jakobs*, Hirsch–FS, S. 45 ff. m. w. N.

806 *Jakobs*, Hirsch–FS, S. 45, 47; so auch *Frisch*, Gegenwartsprobleme der Tatbestandslehre, S. 53. Dies bereits anerkennend *Hirsch*, Lenckner–FS, S. 119, 123.

über das Vorliegen einer Freiheitsüberschreitung aussagen und vermag Defizite im Objektiven nicht zu kompensieren[807]. Zum Beispiel: Auch wenn der Täter sich im mehrfach erwähnten Erbonkelfall vorstellen würde, eine aus tatsächlichen oder rechtlichen Gründen ausreichende Einwirkungskraft auf das Geschehen zu haben, so würde dies doch nur zu einem Wahndelikt oder abergläubischen Versuch führen können[808]. Das Argument der Filterfunktion des Vorsatzes greift bei nur individuellem Handlungssinn auch deshalb nicht, weil durchaus Fälle denkbar sind, in denen der Täter gerade das in seine Vorstellung aufgenommen hat, was die objektive Zurechnungslehre auszufiltern versucht[809]. Wollen die Finalisten also an dem Argument der Filterfunktion des Vorsatzes festhalten, so müssen sie die Täterperspektive notwendigerweise normativierend begreifen.

Die Notwendigkeit eines „normativierenden" Verständnisses des Kriteriums der objektiven Beherrschbarkeit zeigt auch dessen Funktion, bei der Interpretation des objektiven und dann auch subjektiven Tatbestandes zu helfen. Ein Abstellen auf den Wissenshorizont des je einzelnen muß damit ausscheiden und es wird eine Ausrichtung an dem gemeinsamen gesellschaftlichen Medium erforderlich[810]: Was ein unerlaubtes Risiko ist, ist anhand rechtlicher Regeln unabhängig von der Person des Handelnden festgelegt, mit der Folge, daß sich die Allgemeinheit auf solche Regeln einstellt und sozialkonforme Handlungsweisen nicht als Handlungen im strafrechtlichen Sinne begreift[811]. Wollen die Finalisten weiterhin die personalen Strukturen des Tatvorsatzes oder der Tatmacht zum Ausgangspunkt ihres Systems nehmen, müssen die gesellschaftlichen Institutionen von dieser Lehre in besagte personale Strukturen übertragen werden[812].

Daher überrascht es nicht, daß sich auch innerhalb der Gruppe der Finalisten ein Wandel in der Argumentation abzeichnet. So erkennt HIRSCH die Notwendigkeit gewisser objektiver Erfordernisse bei der Definition des Vorsatzdelikts an, indem er betont, daß von einem Täterhandeln im Sinne der einzelnen Tatbestände nur dann geredet werden könne, wenn die spezifischen *objektiven* Anforderungen erfüllt seien[813]. Das von der überkommenen Lehre herangezogene Bild des Normadressaten als psychophysischem Subjekt hat sich damit also als überholt erwiesen. In Wirklichkeit müssen die personalen Handlungslehren ihren Begriff der Person bereits an strafrechtlichen Kriterien ausrichten. Bei dieser Sachlage reduziert sich der strafrechtsdogmatische Unterschied der in Rivalität zueinander stehenden Ansätze zunächst auf die Verwendung unterschiedlicher Kriterien. Einigkeit besteht hingegen jedenfalls in der Frage, daß die Grenzbestimmung des erlaubten Risikos aus einer genuin normativen Perspektive erfolgen muß.

3. Zur Leitbildfunktion des objektiven Verhaltensmaßstabes

Die sozialen Handlungslehren und die Lehre von der objektiven Zurechnung messen dem Begriff des genuin Sozialen eine weitergehende Bedeutung zu. Nach ihrer Ansicht soll nicht

---

807 *Frisch*, Roxin–FS, S. 213, 226.

808 *Roxin*, Armin Kaufmann–GedS, S. 237, 240.

809 *Frisch*, Roxin–FS, S. 213, 227.

810 So auch *Jakobs*, Hirsch–FS, S. 45, 50; *Schünemann*, GA 1999, S. 207, 227 ff.; ders., Roxin– FS, S. 1, 22 f.

811 In diesem Sinne ebenfalls *Hirsch*, Lenckner–FS, S. 119, 137; *Roxin*, Armin KaufmannGedS, S. 237, 246.

812 Vgl. *Jakobs*, Hirsch–FS, S. 45, 51.

813 *Hirsch*, Lenckner–FS, S. 119, 131 ff.

nur die Grenzbestimmung des erlaubten Risikos standardisierend erfolgen. Anders als nach der Auffassung der personalen Lehren wird auch die Urteilsbasis nicht ausgehend von der Person des konkreten Täters bestimmt, vielmehr wird als urteilende Person eine objektive Maßstabsperson herangezogen. Zur Garantie von Orientierung in der Gesellschaft soll an einem objektiven Verhaltensmaßstab als Richtpunkt für die Verhaltensplanung des Normadressaten[814] festgehalten werden.

Dies hat die Konsequenz, daß unabhängig vom konkreten Erfahrungswissen dem einzelnen bei Vorliegen der objektiven Voraussetzungen die Tat zugerechnet wird. Diese rein objektive Ausrichtung des Verhaltensmaßstabes wird allerdings im Falle eines individuellen Sonderwissens nicht stringent durchgehalten[815], wobei die Einbeziehung des Sonderwissens von den Vertretern der objektiven Zurechnungslehre nicht als eine „Verwirrung zwischen dem Objektiven und dem Subjektiven“[816] eingeschätzt wird. Der Grund für die Einbeziehung des Sonderwissens in die objektivierte Urteilsbasis soll nämlich wiederum ein gesellschaftlicher sein: Die Aktivierung von Sonderwissen soll erwartet werden dürfen, weil der Täter in der gedachten Situation des Opfers dies auch erwarte[817] und zur Aufrechterhaltung der Gesellschaft seine bestmöglichen Fähigkeiten zur Verfügung stellen müsse[818].

Die von den sozialen Handlungslehren und der objektiven Zurechnungslehre zugrunde gelegte strikt standardisierende Interpretation hat in der konkreten Situation Schwierigkeiten mit der Einhaltung des Grundsatzes „ultra posse nemo obligatur“. Anhand eines krassen Beispiels verdeutlicht: A ist mit seinem Auto auf der Landstraße unterwegs. Aufgrund eines akuten Ohnmachtsanfalles, der erstmalig auftritt und für den es vor Fahrtantritt keinerlei Anhaltspunkte gab, kann er sein Fahrzeug für einen Augenblick nicht mehr in seiner Gewalt halten und kollidiert mit einem anderen Wagen auf der Gegenfahrbahn. Würde in dieser Situation tatsächlich strafrechtlich von A erwartet, die Straßenverkehrsordnung zu beachten? Soll der Grundsatz „ultra posse nemo obligatur“ nicht verletzt werden[819], ist bereits bei der Formulierung des unerlaubten Risikos auf die individuellen Gegebenheiten der Person Rücksicht zu nehmen. Wenn aber die individuellen Besonderheiten des Täters in der konkreten Situation Relevanz erlangen können, wie ist dann dem Einwand der Rückkehr zur alten Imperativentheorie „auf verstecktem Wege zu entrinnen“, daß letztlich strafrechtliches Unrecht doch nur zwischen Norm und Täter stattfinde? Einer Lösung der Problematik soll an dieser Stelle nicht vorgegriffen werden. Das in Rede stehende Problem wird nämlich ebenfalls im Rahmen der Frage nach der Identität des Zurechnungssubjekts relevant und soll in diesem Kontext vertieft

---

814 Dazu *Frisch*, Gegenwartsprobleme der Tatbestandslehre, S. 63.

815 Zur Zurechnung von Sonderwissen siehe schon Fn 462, vgl. aber auch *Kaminski*, Der objektive Maßstab, S. 86 ff. *Frisch*, Tatbestandsmäßiges Verhalten, S. 71, behauptet auch, daß für denjenigen, der über ein Sonderwissen verfügt, strengere Normen gelten würden. Wenn dies tatsächlich zutreffen würde, würde die Geltung der Norm von einem individualpsychologischen Faktum abhängig gemacht und die allein interessierende Ebene des Rechts nicht erreicht. Derjenige, der ein höheres Wissen hat, ist höchstens eher in der Lage ist, Fehleinschätzungen zu vermeiden. Im Strafrecht interessiert aber nicht der hohe Grad an Vermeidefähigkeit – nicht jeder hat sein Optimum zu leisten, sondern nur das, was von Rechts wegen gefordert ist und das ist dasjenige, was in den Bereich des unerlaubten Risikos fällt.

816 Kritisch insbesondere *Burkhardt*, Tatbestandsmäßiges Verhalten, S. 99 ff.

817 *Frisch*, Roxin–FS, S. 213, 230.

818 Vgl. *Oehler*, Eb. Schmidt–FS, S. 232, 235.

819 Die Bedeutung des Grundsatzes „ultra posse nemo obligatur“ betonend: *Castaldo*, GA 1993, S. 495, 497; *Jakobs*, Studien, S. 65 f.; *Kindhäuser*, Gefährdung als Straftat, S. 48; *Kremer–Brax*, Das personale Verhaltensunrecht, S. 91 ff.; *Stratenwerth* AT Rn 1097.

behandelt werden. Festgestellt werden kann hier nur ein negativer Befund: Die Bedeutung des einzelnen innerhalb der objektiven Zurechnungslehre ist nach wie vor ungeklärt.

4. Fazit

Zugespitzt formuliert weisen die herkömmlichen Modelle das Defizit auf, daß Gesellschaft und Zurechnungssubjekt als zwei Pole unverbunden gegenüberstehen. Beide sind aufeinander angewiesen, ohne daß diese Angewiesenheit jedoch vermittelt würde: Eine vom Subjekt ausgehende Zurechnungslehre darf nicht an den Vorstellungen des Einzelsubjekts gemessen werden, sie muß allerdings den subjektiven Tatbestand bzw. die Schuld durch Normativismen limitieren, ohne daß sie die Rechtsfigur des erlaubten Risikos erklären könnte. Die die Gesellschaft in den Vordergrund stellenden Theorien der objektiven Zurechnung bzw. der sozialen Handlung vermögen zwar die normativen Zurechnungskriterien bereitzustellen, sind indessen aber mit dem überkommenen Modell der Verhaltenssteuerung inkompatibel und müssen konzeptionell ohne Bezugnahme auf das reale Subjekt auskommen[820]. Wie ist nun eine strafrechtliche Zurechnungslehre normentheoretisch zu fassen, die die gesellschaftliche Gebundenheit des erlaubten Risikos berücksichtigt, gleichzeitig aber die Rolle des einzelnen legitimationstheoretisch nicht verkürzt?

C) Die „Revision“ der sozialen Handlungslehren

Die bisher gewonnenen Ergebnisse verdeutlichen die Notwendigkeit, die Fundamente der herkömmlichen Strafrechtsdoktrin auf ihre Tauglichkeit zur Begründung einer strafrechtlichen Zurechnungslehre zu überprüfen. Im Rahmen der Auseinandersetzung mit den kritischen Stimmen zur Lehre von der objektiven Zurechnung und zu den sozialen Handlungslehren hat sich gezeigt, daß diese jedenfalls mit einem Modell der Verhaltenssteuerung nicht kompatibel sind und auch mit der Annahme des einzelnen als vorrechtlichem Individuum kollidieren[821]. Gleichzeitig war im Rahmen der Behandlung der Problematik der Rechtsfigur des erlaubten Risikos erkannt worden, daß das Recht notwendigerweise auf einem gesellschaftlich vermittelten Ausgangspunkt basiert[822]. Soll die strafrechtliche Zurechnungslehre ausgehend von personalen Handlungsstrukturen entwickelt werden, so darf nicht mehr der einzelne als psychophysisches Subjekt als maßgeblicher Normadressat herangezogen werden, vielmehr sind in den Begriff der Person gesellschaftliche Zurechnungsstrukturen zu übertragen.

Soziale Handlungslehren und objektive Zurechnungslehren hatten diese spezifisch gesellschaftliche Betrachtungsweise, die sich zur Begründung gesellschaftlicher Institutionen im Bereich des erlaubten Risikos als vorteilhaft erwiesen hat, für einen Teilbereich der strafrechtlichen Zurechnungslehre – die Handlung bzw. die objektive Zurechnung – in den Vordergrund gestellt. Gleichzeitig hatten sie den einzelnen als objektive Maßstabsfigur bzw. Vernunftperson herangezogen, hatten also den Begriff der Person nach genuin gesellschaftlichen Erfordernissen konstituiert. Im folgenden ist zu überprüfen, ob dieser Ansatz nicht konsequenterweise erweiternd auf den Bereich der Schuld übertragen werden müßte, so daß im

820 So hat auch *Duttge* herausgearbeitet, daß im Rahmen der Fahrlässigkeitsdelikte in Wirklichkeit niemals ein rein subjektives bzw. objektives Konzept durchgehalten wurde, Unrecht vielmehr als Konglomerat objektiver und subjektiver Gegebenheiten begriffen wurde, *Duttge*, Handlungsunwert, S. 103 f.

821 Vgl. S. 142 ff., 145 ff.

822 Vgl. S. 151 ff.

Strafrecht insgesamt nur von einer sogenannten „Sozialperson“ die Rede sein würde. Eine solche Lösung soll in kritischer Auseinandersetzung mit den Überlegungen der herkömmlichen Doktrin und denjenigen der sozialen Handlungslehren bzw. der Lehre von der objektiven Zurechnung erarbeitet werden. Im Ergebnis wird sich die Erkenntnis der sozialen Handlungslehren und der objektiven Zurechnungslehre, daß der Begriff der Person nur gesellschaftlich vermittelt begreifbar ist, als zutreffend herausstellen. Beide Ansätze haben es jedoch erstens versäumt, ihre Normativierung auf die Ebene der Schuld zu übertragen, und können zweitens aufgrund ihres Festhaltens an einem standardisierenden Verständnis der urteilenden Person zum Wesentlichen strafrechtlichen Unrechts, dem Normwiderspruch auf kommunikativer Ebene, nicht vordringen.

Der im Rahmen der Arbeit statt dessen vorgeschlagene Personenbegriff wird sich als ein spezifisch strafrechtlicher erweisen. Er definiert den einzelnen nicht als Individuum, sondern als kraft rechtlicher Zuschreibung entstandene Person. Diese strafrechtliche Person ist aber nicht mit der objektiven Maßstabsfigur der sozialen Handlungslehren und der Lehre von der objektiven Zurechnung identisch.

I) Die Person im Strafrecht als Sozial- oder Individualperson?

Die Notwendigkeit einer sozialen Interpretation der Handlung war von den sozialen Handlungslehren mit dem Argument der Aufrechterhaltung einer objektiven Friedensordnung gestützt worden[823]. Recht wird weder durch übereinstimmende Willkür einzelner begründet, noch kann es durch eine solche in Frage gestellt werden. Damit verknüpft ist die These, daß der einzelne als im Recht maßgebliche Person erst durch Einlassung in die soziale Wirklichkeit, d. h. durch gesellschaftliche Vermittlung, konstituiert werde. Gegen eine derartige Deutung rechtlicher Verbindlichkeit hatten wiederum die „Individualisten“ auf die Gefahr der Aushöhlung der Bedeutung des Handlungssubjekts und dessen Autonomie verwiesen[824]. Die Bedeutung des Individuums werde zugunsten staatsutilitaristischer Erwägungen geopfert. Dieser Einwand ist aber nur dann plausibel, wenn dem einzelnen im Strafrechtssystem tatsächlich eine vorrechtliche Position zugemessen wird, so daß Ausübung von Freiheit notwendigerweise mit der Ausübung rein individueller Freiheit identifiziert werden muß und sich nicht nachweisen läßt, daß auch ein freiheitsrechtlich ausgestalteter Personenbegriff in Wirklichkeit nicht ohne Einbettung in das System der konkreten Gesellschaft denkbar ist.

1. Das strafrechtliche Handlungssubjekt als vorrechtliches isoliertes Individuum

Ein instrumentelles Denken, das den einzelnen als isoliertes Wesen mit einer a priori vorhandenen Ausstattung an Freiheitsrechten und die Gesellschaft bzw. die soziale Wirklichkeit als äußere Wirklichkeit begreift, hat Schwierigkeiten damit, ein Ereignis in der äußeren Welt dem einzelnen als seine Tat zuzurechnen. Aufgrund dieses Dualismus steht die Tat immer getrennt vom Täter. Der Begriff der Zurechnung erscheint als fremdbestimmte Zuschreibung an den einzelnen Täter und läßt sich schwerlich mit dem von diesem Ansatz selbst herangezogenen Autonomieprinzip vereinbaren[825]. Eine solche Theorie krankt daran, daß Ge-

823 Vgl. S. 76 ff.
824 Vgl. dazu die Ausführungen oben S. 142 ff.
825 Dazu *Köhler* AT, S. 18.

sellschaftlichkeit und Recht – statt Bedingungen der Möglichkeit von Freiheit zu sein –, zwangsläufig eine subjektsexterne Veranstaltung bleiben[826].

Dies verdeutlicht ein Blick auf das Modell von HOBBES, bei dem der Dualismus von Sozialität und Subjekt sich insbesondere im Verhältnis des Leviathan und der Subjekte widerspiegelt. HOBBES' rational handelnde Individuen, die im Naturzustand zwar jeweils für sich von Natur aus Freiheit beanspruchen, aber unter der ständigen Angst leiden, vom anderen getötet oder ausgebeutet zu werden und ihre Freiheit zu verlieren („homo homini lupus est"), erzeugen im Gesellschaftsvertrag den großen Leviathan und unterwerfen sich ihm, so daß er fortan die Beziehungen der Menschen untereinander autoritativ regelt.

Bei HOBBES begründet aber nicht der Vertrag, also die Übereinstimmung willkürlich handelnder Individuen, eine normative Verbindlichkeit, sondern das mit ihm verbundene oder vorausgehende Faktum der Unterwerfung, das nicht rückgängig zu machen ist – also Macht[827]. Auch wenn die gesellschaftlichen Institutionen, deren Funktion in Bezug auf die Erwartungsverläßlichkeit überaus nützlich ist, individualistisch gestiftet sind, der Staat aus der Selbsterhaltungsnot der einzelnen Individuen deduzierbar ist[828], gewinnen sie in Bezug auf das gesellschaftliche Zusammenleben eine Eigendimension, die nicht ohne weiteres revidierbar ist. Seine rational handelnden Individuen bleiben aber auch nach der Entstehung des Staates vorrechtliche und stehen in ihrem rationalen Bedürfnisstreben dem anderen im wesentlichen negativ gegenüber. Recht und strafrechtliche Zurechnung erfährt der einzelne immer negativ als Beschränkung seiner eigenen Handlungsfreiheit, nicht aber als dessen Begründung, so daß sie notwendig heteronom bleiben[829]. Anschaulich illustriert dies HOBBES Bild des Rechts als Anordnung von Hecken: „Denn Gesetze, die nur autorisierte Regeln sind, werden nicht dazu verwendet, um das Volk von allen willentlichen Handlungen fernzuhalten, sondern um es zu lenken und so in Bewegung zu halten, daß sie sich durch ihre heftigen Begierden, Voreiligkeiten und Unbesonnenheiten nicht selbst verletzen, so, wie Hecken nicht gepflanzt werden, um die Reisenden anzuhalten, sondern auf dem Weg zu halten"[830]. Insoweit trifft hier die kritische Aussage ROUSSEAUS: Der Mensch ist frei geboren und überall liegt er in Ketten[831].

2. Freiheitsgesetzliches Strafrechtsverständnis versus gesellschaftlich vermittelte Zurechnungslehre?

Die Bedeutung der vorrechtlichen Position des einzelnen war ebenfalls in Verbindung mit dem Verständnis von Normen und Recht als auf der Selbstgesetzgebung des einzelnen beruhend betont worden. Ein Blick auf die philosophische Auseinandersetzung mit dem Entstehen des praktischen Subjekts zeigt, daß eine solche Annahme eines vorrechtlichen, isolierten Individuums für das Verständnis einer modernen Gesellschaft jedenfalls voreilig, wenn nicht verfehlt ist. Unbestritten ist für das Verständnis des Begriffes Individuum charak-

---

826 Eingehend dazu *Pawlik*, Das unerlaubte Verhalten beim Betrug, S. 21.
827 Dazu *Jakobs*, Verbindlichkeit, S. 22.
828 *Kargl*, ZStW 107 (1995), S. 54.
829 So auch *González*, Strafrechtliche Zurechnung, S. 115; *Köhler* AT, S. 18; *Pawlik*, Das unerlaubte Verhalten beim Betrug, S. 21.
830 *Hobbes*, Leviathan, 30. Kapitel.
831 *Rousseau*, Contrat Social I 1.

teristisch, daß es ungeteilt und von anderen unterscheidbar ist[832]. Legt man diese Erkenntnis als Ausgangspunkt zugrunde, so beinhaltet Identität bereits die Unterscheidbarkeit von anderen, so daß das eine nicht denkbar ist ohne das andere, von dem es sich unterscheidet[833]. Für ein einzelnes Individuum verhält sich nämlich alles gleich, so daß es seine Eigenheit nicht erkennen kann, es fehlt der Hintergrund, vor dem sich das für das praktische Subjekt essentielle Selbstbewußtsein abheben kann[834]. „Nichts begreift sich im strengen Sinne selbst, sondern begriffen wird immer nur etwas vom Begreifenden Getrenntes, was nicht heißt, es könne nicht abgesehen vom Begreifen eine innige Verbindung bestehen“[835]. Ein Bezug des Bewußtseins auf sich selbst würde also nur die rein individuelle Ordnung reformulieren[836]. Diesen Gedanken bringt schon FICHTE auf den Punkt: „Kein Du, kein Ich; kein Ich, kein Du“[837]. „Der Mensch (...) wird nur unter Menschen ein Mensch; (...) sollen überhaupt mehrere Menschen sein, so müssen mehrere sein“[838]. Identität erlangt der einzelne also immer erst durch die Möglichkeit zur Distanzsetzung.

Ist der andere demnach für die Konstituierung des eigenen Selbstbewußtseins jedenfalls konstitutiv und besteht auch bezüglich der Selbstgesetzgebung des praktischen Subjekts Einigkeit, so unterscheiden sich die rechtsphilosophischen Ansätze allerdings bei der Frage, ob das praktische Subjekt nur mit einem positiven Bezug zu seiner sozialen Umwelt verständlich wird[839].

a) KANTS Vernunftsubjekt als Selbstzweck

Bei KANT wird Rechtszwang in Zusammenhang mit der Freiheitsgesetzlichkeit des Rechts eingeführt. Recht ist für ihn der Inbegriff der Beschränkungen des individuellen Freiheitsgebrauchs. Recht wird definiert als der „Inbegriff der Bedingungen, unter denen die Willkür des einen mit der Willkür des anderen nach einem allgemeinen Gesetz der Freiheit zusammen vereinigt werden kann“[840]. Es geht bei KANT um die Herleitung des vernunftgeleiteten Zwangs und der ebenfalls vernunftabgeleiteten Pflicht, den äußeren Freiheitsgebrauch an den Bedingungen gesetzlicher Freiheit zu orientieren. KANT entwickelt die praktische Autonomie des Vernunftsubjekts, des Menschen als intelligiblem Wesen, im Sinne einer Selbstgesetzgebung. Es geht um die Idee des Willens eines jeden vernünftigen Wesens, als allgemein–gesetzgebenden Willens[841]. „Der Wille wird also nicht lediglich dem Gesetze unterworfen, sondern so unterworfen, daß er auch als selbstgesetzgebend, und eben um deswillen allererst dem Gesetze (davon er selbst sich als Urheber betrachten muß) unterworfen, angesehen werden muß“[842].

---

832 Statt vieler: *Angehrn*, Geschichte und Identität, S. 239; *Pawlik*, Das unerlaubte Verhalten beim Betrug, S. 8.
833 Eingehend dazu *Pawlik*, Das unerlaubte Verhalten beim Betrug, S. 8.
834 Vgl. *Jakobs*, Norm, Person, Gesellschaft, S. 33.
835 *Jakobs*, Norm, Person, Gesellschaft, S. 34.
836 *Jakobs*, ZStW 107 (1995), S. 843, 869.
837 *Fichte*, Wissenschaftslehre, Werke Bd. 1, S. 189.
838 *Fichte*, Naturrecht, S. 39. Im Anschluß daran *Zaczyk*, Unrecht der versuchten Tat, S. 39.
839 Zu dieser Fragestellung eingehend *Pawlik*, Das unerlaubte Verhalten beim Betrug, S. 19 ff.
840 *Kant*, Metaphysik der Sitten A 33, B 33, 34.
841 *Kant*, Grundlegung zur Metaphysik der Sitten, BA 71.
842 *Kant*, Grundlegung zur Metaphysik der Sitten, BA 70 f.

Da es aber bei KANT immer um die Abgrenzung von Freiheitssphären geht, ist nicht nur die subjektive Zwecksetzung auf ihre Vernunftgemäßheit zu überprüfen, sondern gleichermaßen ist das freie Dasein der gleichberechtigten Rechtssubjekte mitzudenken. Im Hinblick auf ein intaktes Zusammenleben ist der einzelne bei der Verwirklichung eigener Ziele gezwungen, die eigenen Handlungen so auszuführen, daß andere daneben noch bestehen können. KANT wörtlich: „Handle äußerlich so, daß der freie Gebrauch deiner Willkür mit der Freiheit von jedermann nach einem allgemeinen Gesetze zusammen bestehen könnte“[843]. Übertragen auf das rechtliche Verhältnis zu anderen Menschen bedeutet das, daß das in das „Sich–richtig–Verhalten“ gleichzeitig das freie Dasein anderer integriert wird. Das Rechtsverhältnis soll bei KANT daher durch das freie Dasein der einzelnen begründet werden und nicht erst durch regelnde Normen. Diese sollen lediglich die Bedeutung der Sicherung und Beschränkung von Rechtsverhältnissen, nicht aber deren Begründung besitzen[844]. Das Verhältnis von Recht und Freiheit bleibt hier auf ein bloßes Außenverhältnis bezogen[845], mit der Folge, daß das Vernünftige sich nur als Beschränkung dieser Freiheit und nicht als ihr immanenter Bestandteil auszeichnen kann[846].

Damit erhält Normativität bei KANT einen im Ansatz konstitutiv individualistischen Sinn, die Sozialdimension von Normen schimmert lediglich als eine formale, in der Allgemeinheit des Gesetzes, durch[847]. Aufgrund dieser Verkürzung auf das Individualistische vermag KANTS Modell normative Rechtsverbindlichkeit nicht zu begründen. Er selbst will Rechtsverbindlichkeit im Prinzip der Selbstbindung verankern, wie er am Beispiel des Verwahrers, der einen zu verwahrenden Gegenstand unterschlägt, illustrieren möchte. KANT argumentiert folgendermaßen: Würde die betreffende Handlungsmaxime zum allgemeinen Gesetz erhoben, so hätte das zur Folge, daß niemand mehr Sachen zur Aufbewahrung weitergeben würde und die Institution des Depositums leerliefe[848]. Gegen diese Argumentation hatte aber bereits HEGEL eingewendet, daß es das Depositum dann eben nicht mehr gebe[849]. KANTS Ansatz könne nicht erklären, warum es notwendig sei, daß eben diese Institution existiere[850]. Eine solche Bewertung setzt ihrerseits positive Zusatzannahmen, nämlich die Vernünftigkeit sozialer Praktiken und Institutionen voraus, die aber nicht durch bloßen Rückgriff auf das autonome Vernunftsubjekt KANTS legitimierbar sind[851]. In KANTS Modell wird der Verwahrer zwar nicht unbedingt abstreiten, sich in der Vergangenheit so verhalten zu haben, also auch auf die Geltung des kategorischen Imperativs vertraut zu haben, wird aber verneinen, an diese Vergangenheit noch gebunden zu sein[852]. Die Notwendigkeit einer staatlichen Institution müßte aber auch schon konsequenterweise in dem Modell KANTS angelegt sein. Denn besteht ein Recht, in seiner Freiheit nur durch allgemeine Regeln eingeschränkt zu werden, dann beinhaltet eben dieses Recht einen Anspruch auf die Bedingungen, unter denen diese allgemeinen Regeln formuliert und durchgesetzt werden können, d. h. ein Recht auf Verfahren, das aber nur in einem staatlichen Gemeinwesen existiert. „Daher impliziert das jedem Menschen als Menschen a

843 *Kant*, Metaphysik der Sitten, Einleitung in die Rechtslehre, § C, A 34, 35, B 35.

844 Darauf weist *Schürer–Mohr*, Unerlaubtes Risiko, S. 57, in Nachfolge *Kants* hin.

845 Ebenfalls kritisch dazu *Böckenförde*, Recht, Staat, Freiheit, S. 45.

846 *Hegel*, Grundlinien der Philosophie des Rechts § 29 Anm.

847 In diesem Sinne auch *Müssig*, Manuskript, S. 185.

848 *Kant*, Kritik der praktischen Vernunft, A 49.

849 *Hegel*, Über die wissenschaftlichen Behandlungsarten des Naturrechts, S. 462.

850 *Hegel*, Über die wissenschaftlichen Behandlungsarten des Naturrechts, S. 459.

851 In diesem Sinne *Kindhäuser*, ZStW 107 (1995), S. 703, 705; *Müssig*, Manuskript, S. 187; *Pawlik*, Das unerlaubte Verhalten beim Betrug, S. 26.

852 Vgl. dazu *Jakobs*, Verbindlichkeit, S. 5, 9.

priori zukommende Freiheitsrecht das Recht auf Staat; und die diesem Recht korrespondierende Pflicht enthält folglich auch die Pflicht zum Staat“[853]. KANTS Autonomiemodell kann damit in Wirklichkeit nur bei der Unterstellung der Existenz einer sozialen Ordnung überleben.

b) FICHTES Prinzip intersubjektiver Anerkennung

Wie bereits für KANT ist für FICHTE die Autonomie der Vernunft der letzte Geltungsgrund praktischer Normen. Anders als bei KANT setzt aber nach FICHTE[854] die Konstituierung des Selbstbewußtseins die Anerkennung der einzelnen Subjekte als ebenbürtig auf einer *intersubjektiven* Ebene voraus. Autonomie beschränkt sich im Gegensatz zu KANT also nicht in der Selbstsetzung des Ich, sondern bedarf der Bezugnahme auf einen anderen, der ebenso autonom ist. Selbstbewußtsein ist also bei FICHTE nur interpersonal denkbar.

In der „Grundlage des Naturrechts nach den Prinzipien der Wissenschaftslehre“ beschreibt FICHTE in den §§ 1- 4, wie sich die Genese des Selbstbewußtseins durch Reflexion auf das eigene Ich vollzieht. Selbstreflexion bedeutet, sich selbst zum Gegenstand des Denkens zu machen, was eine Abwendung von der Erkenntnis der Gegenstände in der Außenwelt zu einer Rückwendung auf sich selbst impliziert. Die Besonderheit der Selbstreflexion liegt darin, daß der Gegenstand der Betrachtung ein Vernunftwesen ist. Das Objekt der Reflexion ist also nichts anderes als diese Reflexion selbst[855]. Ausgangspunkt des Ansatzes FICHTES ist die Überlegung, daß das Vernunftwesen zugleich ein endliches ist und als solches auf „nichts anderes reflektieren kann, außer auf ein Begrenztes“[856]. Dem Modell FICHTES ist damit die Notwendigkeit der Setzung einer der Tätigkeit entgegengesetzten Objektwelt immanent[857]. Allerdings kann ein Objekt als Gegenstand der äußeren Welt nur erfaßt werden, wenn man sich von ihm getrennt stehend begreift. Hier besteht aber das Dilemma, daß sich das Bewußtsein in einer ständigen Kreisbewegung nach seinem eigenen Grund begreift und sich nicht aus der Isolation des Verhältnisses Ich–Objekt lösen kann, um sich zu sich selbst zu verhelfen[858]. „Wir finden keinen möglichen Punkt, in welchem wir den Faden des Selbstbewußtseins, durch den alles Bewußtsein erst möglich wird, anknüpfen könnten(...).“[859].

Es bedarf also eines äußeren Anstoßes an das Bewußtsein, um sich aus dieser Isolation zu befreien, „einer Aufforderung an dasselbe, sich zu einer Wirksamkeit zu entschließen“[860]. FICHTE verlagert hier den Widerspruch von Subjekt und Objekt auf nunmehr zwei Subjekte, von denen das eine bereits vernunftbegabte Subjekt das andere noch vernunftlose auffordert, Selbstbewußtsein zu erwerben[861]. Die Genese von Selbstbewußtsein ist also bei FICHTE nur möglich, wenn es andere vernünftige Wesen gibt. Der einzelne kann sich nur als Ich begrei-

853 *Kersting*, Die politische Philosophie, S. 148.
854 *Fichte*, Naturrecht, Bd. III, S. 1 ff.
855 *Fichte*, Naturrecht, S. 22 f. ; vgl. auch *Zaczyk*, Strafrecht in der Rechtlehre Fichtes, S. 20.
856 *Fichte*, Naturrecht, S. 17 f.
857 *Fichte*, Naturrecht, S. 24 ff., S. 28; dazu *Zaczyk*, Strafrecht in der Rechtslehre Fichtes, S. 21.
858 *Fichte*, Naturrecht, S. 30 ff.; zur Auslegung eingehend *Zaczyk*, Strafrecht in der Rechtslehre Fichtes, S. 22 f.
859 *Fichte*, Naturrecht, S. 31.
860 *Fichte*, Naturrecht, S. 33.
861 *Fichte*, Naturrecht, S. 36; zur Interpretation vgl. weiterführend *Zaczyk*, Strafrecht in der Rechtslehre Fichtes, S. 26.

fen, wenn er gleichursprünglich ein Du annimmt[862]. Anders als bei KANT, der den Begriff des Selbstbewußtseins noch als den eines vorrechtlichen Individuums verstanden hatte und den anderen erst bei der Konstitution von Recht einbeziehen wollte, ist bei FICHTE Selbstbewußtsein von vornherein nur interpersonal vermittelt vorstellbar. Ist der andere für die Entstehung des Rechtsverhältnisses zwar konstitutiv, so soll Recht für FICHTE seinen Ausgang dennoch gedanklich beim je einzelnen Bewußtsein nehmen. Recht bleibt also gedanklich als Leistung des Subjekts zu werten: Das Vernunftsubjekt beschränkt die in der formalen Freiheit möglichen Handlungen selbst[863]. Das Selbstbewußtsein verliert also durch seine interpersonal vermittelte Konstitution nicht seine Ich–Bezogenheit. Selbstbewußtsein soll also nicht so gedeutet werden, daß zunächst von einem gemeinsamen Bewußtsein auszugehen ist, das dann jeweils die einzelnen als solche aus sich entlasse, vielmehr soll die Identität des einzelnen durch Bezugnahme auf die äußere Wirklichkeit entstehen, die als Entstehungsbedingung und Erhaltungsbedingung Teil von mir selbst ist[864]. Der einzelne konstituiert sich also nur durch wechselseitige Anerkennung als vernünftig und bleibt nur bei Aufrechterhaltung dieses Anerkennungsverhältnisses bestehen.

Allerdings vermag FICHTE letztlich das Rechtsverhältnis nicht überzeugend aus dem für–sich seienden Selbstbewußtsein zu deduzieren. Denn erstens begründet das Modell FICHTES durch die Erklärung eines Selbstbewußtseins durch ein anderes die Gefahr eines infiniten Regresses. Wenn nämlich jedes Selbstbewußtsein die Existenz eines anderen voraussetzt, kann es ein erstes Selbstbewußtsein nicht geben – denn wer hätte dieses zu seinem Dasein erweckt[865]? FICHTE will diesen infiniten Regreß mit einem Verweis auf die Bibel unterbrechen, indem er Gott als den ersten Erzieher des Menschengeschlechts ausgibt[866]. Er nimmt dafür aber als Argumentationstopos einen Bereich in Anspruch, der von der Wissenschaftslehre nicht mehr erfaßt wird und demzufolge im Rahmen der Deduktion des Rechtsbegriffes nicht hätte verwendet werden dürfen[867]. Mit diesem Rückgriff auf die Autorität Gottes bringt FICHTE sich also letztlich um die Plausibilität seines ganzen Systems[868]. Schwerer im hiesigen Zusammenhang wiegt ein zweites Defizit, daß nämlich erst eine Zusatzannahme dem Intersubjektivismus FICHTES den Hintergrund verschaffen kann, vor dem sich das einzelne Selbstbewußtsein als normativ relevant konstituieren kann[869]. Denn da FICHTE letztlich bei der empirischen Besonderheit des einzelnen stehen bleibt, besitzen FICHTES Subjekte wie diejenigen KANTS nur in formeller Hinsicht Vernünftigkeit, so daß sie ihrem Gegenüber nur die formelle Vernünftigkeit zusprechen können. Das notwendige Differenzbewußtsein zur Erlangung von Selbstbewußtsein wird durch seinen intersubjektiven Ansatz also nicht erreicht[870]. „Konstitutionell unfähig, das sozial Wirkliche in seiner Vernünftigkeit anzuerkennen, ersetzt der strafrechtliche Intersubjektivismus, um überhaupt Aussagen über Voraussetzungen und Grenzen rechtlicher Zuständigkeit machen zu können, in der Durchführung

862 *Fichte*, Naturrecht, S. 39.
863 *Fichte*, Naturrecht, S. 43; *Zaczyk*, Naturrecht Fichtes, S. 14.
864 *Zaczyk*, Unrecht der versuchten Tat, S. 160.
865 *Hösle*, Intersubjektivität, S. 29, 44.
866 *Fichte*, Naturrecht, S. 39 ff.
867 *Zaczyk*, Strafrecht in der Rechtslehre Fichtes, S. 26.
868 *Hösle*, Intersubjektivität, S. 29, 45.
869 *Pawlik*, Das unerlaubte Verhalten beim Betrug, S. 30.
870 *Jakobs*, Norm, Person, Gesellschaft, S. 34 f.

seines Ansatzes das transzendentale Vernunftsubjekt durch den Rekurs auf die individuelle psychische Befindlichkeit“[871].

Aufgrund dessen ist in FICHTES System nicht angelegt, daß der einzelne den anderen noch nach der Genese seines Selbstbewußtseins als einen Gleichen behandelt[872]. Normgeltung dauerhaft sicherzustellen, wird also offensichtlich durch die gegenseitige Anerkennung nicht erreicht, wie auch FICHTE selbst aufzeigt: „Die Gültigkeit des Gesetzes hängt lediglich davon ab, ob jemand konsequent ist, oder nicht. Konsequenz aber hängt hier ab von der Freiheit des Willens: und es läßt sich nicht einsehen, warum jemand konsequent sein muß(...)“[873]. Ein „Volk von Teufeln“[874] könnte FICHTE jedenfalls nicht durch das System gegenseitiger Anerkennung bändigen. Notwendig für die Durchsetzung von Rechtsverbindlichkeit wird dafür auch für FICHTE die Installierung eines staatlichen Zwangsapparates, der die wechselseitige Anerkennung der Rechtsgenossen dauerhaft ermöglicht und notfalls auch erzwingen kann[875]. Im Ergebnis kann FICHTE damit nicht die Frage beantworten, inwieweit das Prinzip der Anerkennung bestimmte Institutionen formt oder seinerseits die Existenz staatlicher Institutionen voraussetzt[876].

---

871 Ausführlich dazu *Pawlik*, Das unerlaubte Verhalten beim Betrug, S. 30; so auch *Jakobs*, Norm, Person, Gesellschaft, S. 34 f.

872 Eingehend dazu *Müssig*, Manuskript, S. 195.

873 *Fichte*, Naturrecht, S. 86.

874 *Siep*, Praktische Philosophie, S. 57.

875 Aus diesem Grund wird in der Literatur teilweise *Fichte* der Vorwurf erhoben, er falle letztlich in *Hobbessche* Überlegungen zurück, so *Wildt*, Autonomie, S. 277 f.; kritisch auch *Siep*, Anerkennung, S. 35 f.

876 Insoweit müssen letztlich alle Ansätze, die versuchen, aus der Idee eines intersubjektiven Diskurses das Funktionieren von Gesellschaft zu deduzieren, um zwischen individuellem und gemeinschaftlichem Handeln vermitteln zu können, scheitern. Dies gilt insbesondere für die neuerlich vertretenen Intersubjektivitätstheorien, die mit Hilfe des Begriffes der Kommunikation die Defizite der alten Subjektsphilosophie zu überwinden versuchen. (Zum Beispiel *Habermas*, Theorie kommunikativen Handelns; ders., KJ 1987, S. 1 ff., dessen Gedankengänge ins Strafrecht übertragen werden. So z. B. von *Günther*, Begründung des Strafrechts, S. 209 ff.; *Kindhäuser*, ZStW 107 (1995), S. 713 ff., 726).Eine Gesellschaft hat sich nämlich nie durch vertragliche Übereinkunft auf ihre institutionelle Struktur geeinigt. Soziales Handeln ist nicht auf die Reziprozität individuellen Handelns rückführbar. Um Verbindlichkeit hinreichend erklären zu können, müßte bereits der Vertragsschluß der Individuen eine soziale Struktur aufweisen, was als erster ausdrücklich *Durkheim*, Über soziale Arbeitsteilung, S. 272, nachgewiesen hat: „Zusammenfassend können wir sagen, daß der Vertrag sich nicht selber genügt; er ist nur möglich dank einer Reglementierung des Vertrages, die sozialen Ursprungs ist. Er setzt diese voraus. (...) Die Rolle der Gesellschaft kann also in keinem Fall darauf reduziert werden, die Verträge passiv auszuführen; sie besteht auch darin, zu bestimmen, unter welchen Bedingungen sie rechtskräftig sind, und ihnen wenn nötig, ihre normale Form wiederzugeben. Die Verständigung der Parteien kann eine Klausel nicht gerecht machen, die es aus sich selber nicht ist, und es gibt Rechtsnormen, deren Verletzung das soziale Recht unterbinden muß, selbst wenn die beteiligten Interessen ihnen zugestimmt haben“. Kritisch auch *Kersting*, Die politische Philosophie, S. 39 f., der betont, daß der Vertrag seinerseits von einem effektiven Sanktionensystem und einem das vertragliche Schuldnerverhältnis ausdifferenzierenden vertragsrechtlichem Regelwerk und nicht zuletzt von einer etablierten moralischen Wertordnung geltungs- und wirkungsabhängig ist. Soziale Verbindlichkeit entsteht nicht aus Unternehmungen von Einzelheiten, sondern erst als genuin soziales Deutungsschema. (So wie hier *Jakobs*, Verbindlichkeit, S. 28).

c) Die soziale Ordnung als Grund des Selbstbewußtseins im System HEGELS

Bei HEGEL entsteht der einzelne als praktisches Subjekt wie bei FICHTE erst durch die Reflexion auf den anderen als einem ihm grundsätzlich Gleichen und tritt so aus der Sphäre des bloßen Begehrens heraus[877]. Da die Fähigkeit des Selbstbewußtseins zur Selbsterkenntnis begrenzt ist, das isolierte Erkenntnissubjekt sich selbst also immer verborgen bleibt, ist die Mitwirkung anderer erforderlich. Der radikale Beweis der eigenen Freiheit ist nämlich nur möglich, wenn die einzelnen Selbstbewußtseine ihre Isoliertheit aufheben. Sie müssen sich als „das setzen und sich als das anerkennen, was sie an sich oder ihrem Begriff nach sind – nämlich nicht bloß natürliche, sondern freie Wesen"[878]. Wie sich Anerkennung vollzieht, behandelt HEGEL in dem Abschnitt über „Herrschaft und Knechtschaft"[879]. Dieser Kampf um Anerkennung gestaltet sich als ein Prestigekampf, der keinen Sinn macht, wenn sich die Beteiligten töten. Eine einseitige „Anerkennung" als Herr bzw. Knecht weist das Defizit auf, nicht zu einer wahren Anerkennung führen zu können, da diese voraussetzt, daß der eine den anderen in Analogie zu seiner Ich–Identität entwirft und umgekehrt[880]: Der Herr wird in seinem „Herrsein" nur durch den Knecht bestätigt, der vom Herrn aber seinerseits nicht gleichermaßen als ein selbständiges Ich anerkannt wird, so daß das Anerkanntsein des Herrn notwendigerweise unvollkommen ausfällt.

Die für die Konstituierung von Selbstbewußtsein maßgebliche Anerkennung kann nicht durch ein anderes Subjekt geleistet werden, so daß insoweit die Aussage von JAKOBS: „zwei Schiffe können nicht aneinander ankern"[881] zutrifft. Das noch „asymmetrische" Anerkennungsverhältnis HEGELS wird erst dadurch überwunden, daß die einzelnen Selbstbewußtseine im allgemeinen Selbstbewußtsein „reelle Allgemeinheit" erreichen und ihre Eingebundenheit mit anderen Selbstbewußtseinen erkennen. Diese Eingebundenheit wird nun auf der Stufe des objektiven Geistes deutlich, in der sich Anerkennung als Rechtsverhältnis verwirklicht[882]. Der einzelne wie auch sein Gegenüber entstehen also nicht aus sich heraus, sondern aus dem gleichen logischen Grund, nämlich einer zwischen ihnen befindlichen Norm[883]. „Wenn ich mich nur als Teil einer umfassenderen Ordnung begreifen kann; wenn der Mensch als das vernunftbegabte Tier tatsächlich genau der ist, der sich dieser Ordnung rational bewußt ist, dann bin ich mir nur dann meiner selbst wirklich bewußt und verstehe mich nur dann selbst, wenn ich mich vor diesem Hintergrund betrachte und als in ihn eingefügt begreife"[884].

Dieser soziale Hintergrund läßt sich aber seinerseits nicht als vernünftig begründen. Er wurzelt in dem Vorverständnis dessen, was in einer existierenden Gesellschaft rational ist[885]. Entscheidend ist immer das die Gesellschaft konstituierende Medium, d. h. das Medium, in dem Gesellschaft passiert: „Der elementare, Soziales als besondere Realität konstituierende Pro-

877 *Hegel*, Phänomenologie, S. 148 ff.; *Hösle*, Hegels System II, S. 379; *Hohmann*, Personalität und strafrechtliche Zurechnung, S. 169 ff.
878 *Hegel*, Enzyklopädie § 431.
879 *Hegel*, Phänomenologie, S. 148 ff.
880 *Kaiser*, Widerspruch und harte Behandlung, S. 105.
881 *Jakobs*, Norm, Person, Gesellschaft, S. 37; so auch *González*, Strafrechtliche Zurechnung, S. 116.
882 *Siep*, Recht und Anerkennung, S. 162 ff.
883 *González*, Strafrechtliche Zurechnung, S. 115; *Jakobs*, ZStW 107 (1995), S. 843, 851.
884 *Taylor*, Negative Freiheit, S. 249.
885 In diesem Sinne *Böckenförde*, Recht, Staat, Freiheit, S. 48; *Pawlik*, Das unerlaubte Verhalten beim Betrug, S. 30 f.; *Taylor*, Quellen des Selbst, S. 149 f.

zeß, ist ein Kommunikationsprozeß“[886]. Die Bedeutung dieses sozialen Hintergrundes wird auch in HEGELS Zurechnungslehre deutlich, die nicht ohne ihr Eingeordnetsein in die Sittlichkeit, d. h. die in einer Gesellschaft vorhandenen Institutionen, verstanden werden kann, so daß das praktische Subjekt als Besonderung eines Gemeinschaftswesens begreifbar wird. „Wer Subjekt sein will und schlechthin selbständig, widerspricht sich“[887]. Freiheit im Sinne von Selbstbestimmung läßt sich bei HEGEL also anders als bei KANT nicht auf eine bloß vorgesellschaftlich vorhandene Autonomie und auch nicht auf die intersubjektiv vermittelte Gemeinsamkeit von Bewußtseinsinhalten (FICHTE) reduzieren. Freiheit existiert bei HEGEL nicht losgelöst von einer konkreten geschichtlichen Ordnung[888]. Das autonome Subjekt kann also nicht als vorgesellschaftliches Wesen begriffen werden, so daß es als solches letztlich auch nicht den Geltungsgrund einer Rechtsordnung abgeben kann[889].

3. Schlußfolgerungen:

Die vielfach auffindbare vereinfachte Gegenüberstellung von Individuum und Gesellschaft erweist sich also als verfehlt. Der einzelne ist nicht als ein von der Gesellschaft abgespaltenes Individuum zu verstehen, sondern „ist genau in dem Maß präsent, in dem er kommunikativ vermittelt wird“[890]. Der einzelne existiert nicht als Person ohne funktionierende Gesellschaft, was aber nicht dahingehend mißverstanden werden darf, daß der Gesellschaft der Vorrang vor dem einzelnen zukommen soll. Die Frage der Vorrangstellung ist in diesem Zusammenhang auch deplaziert. Subjektivität ist nur vor dem Hintergrund einer normativ verstandenen Gesellschaft denkbar[891]. Bei einem solchen Befund wird Subjektivität nicht geleugnet bzw. wird der einzelne nicht zum Objekt gesellschaftlicher Bedürfnisse degradiert, vielmehr erfährt er erst auf diese Weise die ihm zukommende Behandlung. „Die beschränkte Definitionsmacht der Person über ihren rechtlichen Status ist Bedingung der Möglichkeit ihres Personseins. Ich bin nur Ich, weil ich auf mich alleine gestellt nicht wissen kann, was ich bin. Recht ist nicht, was Subjekte zwecks Sicherung ihrer Koexistenzbedingungen aushandeln oder als vernünftig erkennen. Recht ist diejenige soziale Struktur, die das Subjekt als Person überhaupt erst möglich macht“[892]. Insofern wird Gesellschaft auch nicht als eine dem einzelnen gesichtslos gegenüberstehende Struktur verstanden, wenn der einzelne als Sozialperson herangezogen wird[893]. Die Unvereinbarkeit von Freiheitsdenken und Funktionalismus wurde also als Scheinproblem offengelegt[894]. Insofern wurzelt das strafrechtliche Unrecht nicht in der vorrechtlichen, faktischen Selbstbestimmung des einzelnen, vielmehr ist eine jegliche Sinnäußerung des einzelnen im Bereich des Strafrechts von vornherein gesellschaftlich vermittelt

---

886 *Luhmann*, Soziale Systeme, S. 193.

887 Ausführlich dazu *Jakobs*, Norm, Person, Gesellschaft, S. 39. Dazu wiederum krit. *Seelmann*, Rechtsphilosophie, S. 62 Fn 101. Er kritisiert an dem Modell von *Jakobs*, zu verkennen, daß es ohne wechselseitige Anerkennung keinen Grund für die Anerkennung von Normen gebe. Damit setzt *Seelmann* allerdings seinerseits voraus, daß sich aus einer wechselseitigen, bloß intersubjektiv vermittelten Anerkennung Verbindlichkeit ableiten lasse, was allerdings wie oben dargelegt nicht der Fall ist.

888 So auch *Müssig*, Manuskript, S. 212.

889 Vgl. dazu *Pawlik*, Das unerlaubte Verhalten beim Betrug, S. 36, 39; *Schild*, Begriff der Zurechnung, S. 445, 456; ähnlich *Seelmann*, Zurechnung als Deutung und Zuschreibung, S. 105.

890 *Jakobs*, ZStW 107 (1995), S. 843, 850.

891 Dazu *Jakobs*, ZStW 107 (1995) S. 843, 851, 852; ders., Jakobs, Norm, Person, Gesellschaft, S. 38, 42.

892 *Kaiser*, Widerspruch und harte Behandlung, S. 111.

893 So aber die Kritik *Zaczyks*, Unrecht der versuchten Tat, S. 172 an *Maihofer*.

894 In diesem Sinne *Pawlik*, Das unerlaubte Verhalten beim Betrug, S. 20.

zu interpretieren. Die sozialen Handlungslehren und die objektive Zurechnungslehre haben jedenfalls im Ansatz die gesellschaftliche Gebundenheit des einzelnen richtig herausgearbeitet, so daß insoweit die Kritik der individualisierenden Strafrechtslehren nicht zutreffend ist.

II) Das Problem der „Identität" des Zurechnungssubjekts

Hatten die sozialen Handlungslehren bzw. die Lehre von der objektiven Zurechnung zwar für den Bereich des Unrechts die Bedeutung einer normativierenden gesellschaftlichen Betrachtungsweise richtig herausgearbeitet, lassen sie im Bereich der Schuld die eben gewonnene Normativierung leerlaufen, so als ob es sich bei Unrecht und Schuld um zwei verschiedene Zurechnungsstufen mit jeweils anderen Zurechnungssubjekten handeln würde, die einer jeweils unterschiedlichen Aufgabenstellung gerecht werden müßten. Ausdrücklich bekennt sich MAIHOFER zu einer solchen Aufspaltung der Zurechnungslehre und verneint, „daß die Person in Unrecht und Schuld die gleiche (ist)". Er führt weiter aus: „Im Unrecht ist Adressat der Bestimmungs– wie der Gestattungsnorm, sowie Maßstab der Bewertungsnorm die Person als *Sozialperson*, in der Schuld dagegen ist Adressat der Bestimmungs– wie der Gestattungsnorm, ebenso wie Maßstab der Bewertungsnorm die Person als *Individualperson*"[895].

Für eine solche Vorgehensweise liegt aber folgende Fragestellung auf der Hand: Wenn zunächst nicht der Mensch in seiner jeweiligen Individualität, sondern allein seiner allgemeinen Art nach als zur Selbstbestimmung und Beherrschung des Kausalgeschehens fähiges vernünftiges Wesen strafrechtlich angesprochen wird, warum soll es zur Begründung strafrechtlichen Unrechts neben der objektiven Zurechnung zur Person überhaupt noch eine weitere subjektive Zurechnung zu dem als Normadressaten ja gar nicht mehr angesprochenen konkreten Menschen geben[896]? Oder umgekehrt gefragt: Warum wird zunächst eine objektive Maßstabsfigur konstruiert, wenn auf der Ebene der Schuld die strafrechtliche Zurechnung letztlich die maßgebliche Korrektur in individueller Hinsicht erfahren soll?

1. Das Argument der sozialen Konfliktlösung auf Unrechtsebene

Ungeachtet des Grundsatzes „ultra posse nemo obligatur" wird von den sozialen Handlungslehren, Vertretern der Lehre von der objektiven Zurechnung sowie Anhängern eines objektiven Sorgfaltspflichtbegriffes die Aufrechterhaltung eines standardisierten Verhaltensmaßstabes in der konkreten Situation gefordert[897]. Selbst wenn im Rahmen der Schuld auf die indivi-

---

895 *Maihofer*, Rittler–FS, S. 141, 164 (Hervorhebung stammt von mir).

896 Ebenfalls kritisch *Lesch*, Verbrechensbegriff, S. 9, S. 234. Einen ähnlichen Einwand hatten *Jakobs*, Studien, passim und *Stratenwerth*, Jescheck–FS, Bd. 1, S. 285 ff. gegen den sogenannten doppelten Maßstab beim Fahrlässigkeitsdelikt erhoben.

897 Ähnlich *Kindhäuser*, Gefährdung als Straftat, 18, 29 ff., der zwischen Verhaltens– und Sanktionsnormen differenzieren will: Der Grundsatz des „ultra posse nemo obligatur" impliziere nur, daß der Adressat im Rahmen seines Könnens an die Norm gebunden sei (Ebene der Sanktionsnorm) nicht aber gleichzeitig, daß die Beurteilung des Verhaltens als normwidrig vom Können abhängig gemacht werden soll (Ebene der Verhaltensnorm). Siehe auch den Ansatz von *Müssig*, Manuskript, S. 139 f., der aufbauend auf einem kommunikationstheoretischen Strafrechtssystem an einer Trennung von Unrecht und Schuld festhalten will, wobei das Unrecht die sogenannte *semantische* Perspektive der Garantieerklärung, bezogen auf die besondere Gestalt des Rechtsverhältnisses beinhalte und erst die Schuld die eigentlich *normative* Perspektive, nämlich die der Rechtsgeltung impliziere. Der Ansatz *Müssigs* teilt mit dem hiesigen die Prämisse, daß erst mit der Feststellung der Schuld die Würfel der strafrechtlichen Zurechnung fallen. *Müssig* geht allerdings davon aus, daß das strafrechtliche Unrecht eine eigenständige Funktion ausüben

duelle Vermeidbarkeit der Tat durch den konkreten Täter abgestellt werde, müsse auf der Unrechtsebene die *Urteils*basis für die Bestimmung des strafbaren Verhaltens eine standardisierte sein. Denn der Zweck der Unrechtsebene sei die *soziale* Konfliktlösung, der Zweck der Schuld hingegen die Materialisierung der Strafzwecklehre[898].

Unabhängig vom Können des einzelnen bringe der Interaktionspartner in den gesellschaftlichen Kontakt die Erwartung mit ein, daß der andere sich den gesellschaftlichen Normen entsprechend verhalte. Wer sich beispielsweise im Straßenverkehr bewegt und dort als Fußgänger den Zebrastreifen passiert, für den ist sozialpsychologisch betrachtet nur interessant, ob die anderen Verkehrsteilnehmer die Straßenverkehrsordnung beachten, unabhängig davon, ob sie beispielsweise geisteskrank sind oder an einer Sehschwäche leiden. Auch wenn das Verhalten letztlich aufgrund individueller Defizite des jeweiligen Täters strafrechtlich nicht zugerechnet wird, soll nach dieser Lesart die in die Situation miteingebrachte Erwartung nicht strafrechtlich vernachlässigt werden dürfen. Die Konstituierung eines objektiven Maßstabes diene dazu, für potentielle Täter ein allgemeingültiges Verhaltensmuster bereitzustellen. Solle die gesellschaftliche Ebene der Straftat nicht unbeachtet bleiben, müsse das Strafrecht ein festes Orientierungsmuster für die einzelnen Gesellschaftsmitglieder stiften können. Denn der Sinn der Standardisierung bestehe darin, „für gewisse Lebensbereiche ein bestimmtes Minimum an richtiger Einschätzung und richtigem Verhalten zu gewährleisten“[899]. Eine generalpräventiv wirksame Norm müsse plakativ formuliert sein und für alle Rechtsunterworfenen den gleichen Verbotsbereich festlegen, wenn sie allgemein anerkannt werden solle[900].

Eine derartige Interpretation basiert aber, wie sich im folgenden zeigen wird, auf einem nur vordergründigen Verständnis des „Sozialen“ im Strafrecht, das „Soziale“ interpretiert als sozialpsychologisch vermitteltes Interaktionsverhältnis.

a) Strafrechtliches Unrecht als bloße Nichterfüllung eines Verhaltensmaßstab?

Für die Beurteilung strafrechtlichen Unrechts als bloße Nichterfüllung eines Verhaltensmaßstabes und die Interpretation des einzelnen auf Unrechtsebene als standardisierten Bürger scheint zunächst zu sprechen, daß sich die Teilnehmer der Interaktion im alltäglichen Leben jeweils in verschiedenen Rollen[901] begegnen, zum Beispiel als Arzt, Handwerker oder Polizist, so daß sie ein bestimmtes Verhalten in Standardgestalt, nämlich entsprechend dieser Rolle, vom Gegenüber erwarten. Der Begriff der Rolle begrenzt und konstituiert hiermit sogleich

---

soll. In eine solche Richtung gehen die Überlegungen von *Cancio Meliá*, Algunas reflexiones sobre lo objetivo y lo subjetivo, der aufgrund der Filterfunktion der bisherigen objektiven Zurechnung an zwei getrennten Zurechnungsstufen festhalten will. Das Festhalten an den strafrechtlichen Erwartungen trotz individuellen Nichtkönnens betont auch *Vehling*, Die Abgrenzung von Vorbereitung und Versuch, S. 88, 97, 111, wobei dieser seinem Modell den Ansatz der positiven Generalprävention im Sinne der Einübung von Rechtstreue zugrunde legt.

898 *Roxin*, Kriminalpolitik, S. 16 ff., 24 ff., 33 ff.; *Schünemann*, Schaffstein–FS, S. 159, 168.

899 *Frisch*, Vorsatz und Risiko, S. 132 f.

900 *Jescheck/Weigend* AT, S. 286 f., 565; LK–*Schroeder*, § 16 Rn 146; *Mynolopoulos*, Handlungs- und Erfolgsunwert, S. 106 ff.; *Schünemann*, Schaffstein–FS, S. 159, 163; *Triffterer*, Bockelmann–FS, S. 201, 208 ff.; *Wolter*, GA 1977, S. 197f., 265f.; ders., Zurechnung, S. 72, 156. Auf den Zusammenhang einer Standardisierung im Bereich des Unrechts mit der Lehre von der positiven Generalprävention hinweisend auch *Frisch*, Vorsatz und Risiko, S. 129.

901 Zur Präzisierung aus sozialwissenschaftlicher Perspektive *Dahrendorf*, Homo sociologicus, passim.

die Reichweite der Verantwortung in einer bestimmten Situation[902]. Die individuelle Subjektivität eines Menschen bleibt auch, wie die Frage zur gesellschaftlichen Gebundenheit des erlaubten Risikos verdeutlicht, schon rein begrifflich im Bereich des Unzugänglichen. Das strafrechtlich interessierende Verhalten kann nur bei Kenntnis von der Vita des einzelnen nach dem subjektiven Sinn interpretiert werden[903]. Demzufolge müßte sich die durch das Strafrecht garantierte Norm auf die Einhaltung des im Interaktionszusammenhang existierenden Standards, der sozialen Rolle, beziehen. Generell erwartet würde dann eine Leistung nach solidem Standard. Eine solche Konzeption müßte davon ausgehen, daß der Inhalt strafrechtlicher Erwartungen durch konstitutionelle Mängel des einzelnen an Bewußtsein und Körper nicht modifiziert werden kann. Allein entscheidend wären die Fähigkeiten eines Rollenträgers, wobei der Begriff der Rolle ein von wechselnden Individuen besetzbares System normativ umrissener Positionen beinhaltet – eine personenorientierte Institution. Als vom Strafrecht angesprochenes Handlungssubjekt käme demnach eine standardisierte Person in Betracht. Der Begriff des Unrechts beschränkte sich nach einem solchen Modell auf die bloße Rollen– bzw. Standardverletzung[904]. Anhand eines Beispiels erklärt: Wer seinen Pkw zur Reparatur in eine Werkstatt bringt, darf erwarten, daß der Schaden am Getriebe fachgerecht behoben wird – und zwar unabhängig davon, ob die Reparatur eines solchen Schadens in dieser Werkstatt vielleicht noch nie durchgeführt worden ist und deshalb ein hohes Risiko des Mißlingens birgt. Denn mit der Rolle Reparaturwerkstatt wird generell die Fähigkeit verbunden, solche Reparaturen sachgerecht durchzuführen[905]. Gegenstand einer solchen Betrachtungsweise sind also die nur intersubjektiven Beziehungen der Interaktionspartner untereinander, d. h. es geht um die gegenseitigen Erwartungen, die die beiden Partner der Interaktion in den Kontakt einbringen.

Würde der Begriff des Unrechts lediglich die Verletzung intersubjektiver Beziehungen beinhalten, könnte auch der Maßstab der Konstituierung der Person in Abhängigkeit zu den intersubjektiv vermittelten Erwartungen der Interaktionspartner gebildet werden. Ein derartiges Unrechtsverständnis entspricht dem Vorgehen des Zivilrechts, welches eine Berufung auf individuelle Defizite nicht zuläßt[906]. Nach § 276 Abs. 2 BGB, der von einer „im Verkehr erforderlichen Sorgfalt" spricht, hat sich der Fahrlässigkeitsmaßstab nach generalisierenden Faktoren zu bestimmen[907], so daß nur noch berufstypische Kenntnisstände Berücksichtigung finden können[908]. Im Zivilrecht bestimmt also bis auf wenige Ausnahmen (§§ 257, 847 BGB a. F. und beim Handeln im Fremdinteresse)[909] nicht die individuelle Vorhersehbarkeit des je-

902 Dazu *Jakobs*, ZStW 101 (1989), S. 516, 518, der davon ausgeht, daß der Mangel an Erfüllbarkeit der Rolle nichts am Versagen in der Rolle ändert; weniger streng ders., Handlungsbegriff, S. 37.

903 In diesem Sinne auch *Jakobs*, ZStW 105 (1995), S. 843, 860.

904 Zu diesem Problemkreis auch *Jakobs* AT, 6/25.

905 Das Beispiel stammt von *Vehling*, Die Abgrenzung von Vorbereitung und Versuch, S. 111.

906 Diese heute fast unbestrittene Annahme im Zivilrecht wurde ursprünglich kontrovers diskutiert. Es wurde vertreten, daß auch das Zivilrecht an einem individuellen Maßstab festzuhalten habe, so *Enneccerus/Nipperdey* AT, § 213 III 2 S. 1321; *v. Liszt*, Deliktsobligationen, der aufgrund des Grundsatzes „ultra posse nemo obligatur" einen individuellen Maßstab auch im Zivilrecht anwenden will.

907 BGHZ 24, 21 ff.; Grundlegend *Deutsch*, Fahrlässigkeit und erforderliche Sorgfalt, passim; *Larenz*, Wilburg–FS, S. 119, 123 ff.; aus rechtsvergleichender Perspektive vgl. auch *Schieffer*, Strukturen der Erfolgszurechnung, S. 153 ff.

908 BGHZ 39, 281, 283.

909 *Larenz*, Schuldrecht AT § 20 III.

weils Handelnden, sondern die einer besonnenen und gewissenhaften Person in der Rolle des Täters unter Beachtung der im Verkehr erforderlichen Sorgfalt die Perspektive des Handelns[910].

Eine derartige Standardisierung der Person ist auch mit Blick auf die zivilrechtliche Rechtsfolge, den Schadensersatz, legitim. Die zivilrechtliche Rechtsfolge besitzt weder eine ethisch–rechtliche Vergeltungsfunktion noch eine unmittelbare Präventionsfunktion, sondern lediglich die des ökonomischen Ausgleichs für den Schaden[911]. Dieser Ausgleich ist in materieller Form, also regelmäßig Schadensersatz in Geld, direkt an den Geschädigten zu leisten, wobei er nicht unbedingt aus dem Vermögen des Schädigers zu erbringen ist, sondern auch von dessen Versicherung erbracht werden kann. Die Höhe des Schadensersatzes steht in Abhängigkeit zum geschehenen Schaden, sie bestimmt sich nach dem Erfolgsprinzip, und nicht etwa nach dem Ausmaß des Fehlverhaltens des Schädigers[912]. Die zivilrechtliche Zurechnungslehre darf also auf einen standardisierten Personenbegriff zurückgreifen. Anders geht das Strafrecht vor: Die Strafsanktionen werden an der Person des Täters in seiner konkreten Gestalt vollzogen und bemächtigen sich dessen Organisationsmittel entweder in Form der persönlichen Fortbewegungsfreiheit (Freiheitsstrafe) gemäß §§ 38 f. StGB oder Geldstrafe gemäß §§ 40 f. StGB[913].

Diese Unterscheidung in den Rechtsfolgen schlägt sich in der Differenzierung von zivilrechtlichem und strafrechtlichem Unrecht und damit der Formulierung der Personenbegriffe nieder. Denn während sich das Zivilrecht auf die Ebene der Interaktion der Gesellschaftsmitglieder beschränkt (Grundsätze der Sicherung von Person und Besitz und des interpersonalen Austauschs sowie grundlegende Regeln der Privatrechtseinräumung), setzt das Strafrecht mit seinem Sanktionssystem auf einer anderen Ebene an: Es setzt voraus, daß der Allgemeingeltungsanspruch der Norm in Frage gestellt worden ist, daß der Täter das Recht als Recht in Abrede gestellt hat[914]. Demzufolge darf auch das Zurechnungssubjekt im Strafrecht nicht in Abhängigkeit zu den intersubjektiven Erwartungen gebildet werden. Der Maßstab zur Konstituierung der Person im Strafrecht bedarf vielmehr einer institutionellen Vermittlung[915].

910 *Jauernig*, § 276 Rn 29; *Larenz*, Wilburg–FS, S. 119ff . Dies hat die Konsequenz, daß im Zivilrecht die Berechtigung einer Vorwurfskomponente immer mehr in Frage gestellt wird, da man neben der situationsbezogenen Normativierung immer auch die generalisierte Voraussehbarkeit als personale Beziehung ins Unrecht vorverlagern könnte, *so daß die bisherige Aufteilung in Unrecht und Schuld zivilrechtlich nicht mehr sinnvoll erscheint*, *Laufs*, Gernhuber–FS, S. 245 ff.; *Schieffer*, Strukturen der Erfolgszurechnung S. 155; *Wiethölter*, Verkehrsrichtiges Verhalten, S. 33.

911 *Mir Puig*, Zurechnung, S. 225, 228.

912 *Larenz*, Schuldrecht AT § 27 I.

913 *Kaiser*, Widerspruch und harte Behandlung, S. 125 f.

914 Diese Unterscheidung von nur zivilrechtlichem Unrecht und dem genuin strafrechtlichen Unrecht ist bereits bei *Hegel* im Ansatz gesehen, vgl. *Hegel*, Grundlinien der Philosophie des Rechts § 85, §§ 95 ff.; aus der hegelianisch orientierten Strafrechtslehre *Hälschner*, GS 21 (1869), S. 81, 94 ff.; ders., GS 28 (1876) S. 401, 412 ff.; *Abegg*, Lehrbuch, § 4 S. 4 ff.; § 63 S. 93 ff.

915 Weiterführend S. 168 ff.

b)Festhalten an der Leitbildfunktion des Tatbestandes als Folge eines generalpräventiven Ansatzes

Das Festhalten an der sogenannten Leitbildfunktion des Tatbestandes zur Gewährung von Orientierungssicherheit in der Gesellschaft kommt weiterhin im Anliegen eines generalpräventiven Ansatzes[916] – Generalprävention im Sinne von Einübung in Rechtstreue – zum Tragen[917]. Nach generalpräventivem Verständnis werden solche Verhaltensweisen als strafrechtlich relevante Enttäuschungen thematisiert, die gegen diejenigen Erwartungen verstoßen, deren Enttäuschungsfestigkeit die Ordnung – als Inbegriff der sozialpsychologisch vermittelten Beziehungen der Gesellschaftsmitglieder – zu ihrem Erhalt braucht[918]. Die strafrechtliche Ordnung wird hier als auf den wechselseitigen Erwartungen der einzelnen Gesellschaftsmitglieder beruhend interpretiert.

Zum einen ist aber schon fraglich, ob die Aufstellung eines solchen objektiven Maßstabes zur Begründung der Urteilsbasis tatsächlich generalpräventiven Überlegungen genüge tut. Denn es gibt keine empirischen Erkenntnisse, daß gerade ein an der Standardperson ausgerichteter Verhaltensmaßstab die Rechtstreue der übrigen Gesellschaftsmitglieder besonders fördert. Möglicherweise ist ein solcher Verhaltensmaßstab wirksamer, der von vornherein das Prinzip des „ultra posse nemo obligatur" beachtet[919]. Entscheidend im hiesigen Zusammenhang ist aber, daß die Lehre von der positiven Generalprävention konzeptionell auf die Ebene der sozialpsychologisch vermittelten Beziehungen der einzelnen Interaktionspartner untereinander beschränkt bleibt und damit nicht die darüber hinausgehende wesentliche Bedeutung der Allgemeinheit der Norm erfassen kann. Mit einer solchen Interpretation des Sozialen wird allerdings nicht die für das Strafrecht maßgebliche kommunikative Ebene erreicht. Denn strafrechtliches Unrecht betrifft in erster Linie nicht den Streit des Täters mit den anderen, die nur intersubjektiv vermittelten Anerkennungsbeziehung, sondern den mit dem Rechtssystem als solchem. Es geht darum, daß der Täter den Geltungsgrund des Rechts herabgesetzt hat[920].

Wie bereits in anderem Zusammenhang herausgearbeitet widerspricht es einem freiheitlichen Rechtsverständnis, den einzelnen nur aufgrund des sozialen Nutzens der anderen Gesellschaftsmitglieder strafrechtlich verantwortlich zu machen[921]. Strafrechtliches Unrecht darf nicht auf eine staatsutilitaristische Nutzenmaximierung verkürzt werden. Was soll es dann aber legitimieren, die Freiheitsrechte des Täters von den Bedürfnissen der Bewußtseinsbildung Dritter in Abhängigkeit zu stellen, wenn grundsätzlich davon auszugehen ist, daß diese Dritten als eigenverantwortliche Personen für ihre Bewußtseinsbildung selbst verantwortlich sind? Strafrecht würde bei einer solchen Lesart auf eine sozialpsychologisch vermittelte In-

---

916 *Jescheck*, ZStW 98 (1986), S. 1, 14; *Maiwald*, Dreher–FS, S. 437, 452 ff.; *Mynolopoulos*, Handlungs- und Erfolgsunwert, S. 107; *Schünemann*, Schaffstein–FS, S. 159, 165;

917 So *Derksen*, Handeln auf eigene Gefahr, S. 175; so auch die ursprüngliche Auffassung von *Jakobs*, Schuld und Prävention, S. 10 ff.; *Müller–Dietz*, Jescheck–FS, Bd. 2, S. 813, 823; *Roxin*, Bockelmann–FS, S. 279, 306; *Streng*, ZStW 92 (1980), S. 637, 642; *Zipf*, Bruns–FS, S. 205, 212, 215 f.

918 So der ursprüngliche Ansatz von *Jakobs*, Schuld und Prävention, S. 24.

919 In diesem Sinne *Castaldo*, GA 1993, S. 495 ff.

920 Vgl. dazu AK–*Schild*, Vor § 13 Rn 66; *Jakobs*, Handlungsbegriff, S. 33 f., 43 f.; *Kindhäuser*, ZStW 107 (1995), S. 701, 722; *Köhler* AT, S. 37 ff.; *Zaczyk*, Unrecht der versuchten Tat, S. 186 ff.

921 Siehe auch *Schürer–Mohr*, Erlaubte Risiken, S. 107.

strumentalisierung des einzelnen reduziert[922]. Ein solches präventives Strafrecht genügt also den Anforderungen der Legitimationsbedingungen einer strafrechtlichen Zurechnungslehre nicht, die die Bedeutung der Tat für das Recht zu würdigen hat[923]. Es träfe der Vorwurf HEGELS zu, daß der Verbrecher wie ein Hund behandelt wird, gegen den man seinen Stock erhebt[924].

c) Strafrechtliches Unrecht als Normwiderspruch

Wird der Begriff des Sozialen auf das bloß sozialpsychologisch vermittelte Verhältnis der Gesellschaftsmitglieder untereinander reduziert, wird die genuin strafrechtliche Ebene des Konflikts nicht erreicht. Zwar haben die sozialen Handlungslehren und die Lehre von der objektiven Zurechnung richtig erkannt, daß Gesellschaft in Interaktionen der einzelnen Gesellschaftsmitglieder oder – rechtsphilosophisch gesprochen – in den konkreten Anerkennungsbeziehungen wirklich wird. Allerdings beschränkt sich die Bedeutung des Sozialen im Strafrecht nicht auf diese intersubjektive Ebene. Denn im Gegensatz zum Polizei- und Zivilrecht hat das Strafrecht nicht die Aufgabe, Gütersicherheit zu gewähren, es soll vielmehr Norm*geltung* garantieren, d. h. der Bestand der eine Gesellschaft konstituierenden Normen soll aufrechterhalten werden. Verbrechen und Strafe stehen dabei in einem kommunikativen Zusammenhang der Rede und Gegenrede. Rechtsverletzung ist in diesem Sinne ein Verhalten, das den strafrechtlich relevanten Normen widerspricht, das also zur konkreten Gestalt der Gesellschaft einen Gegenentwurf beinhaltet: Die Gesellschaft, so wie sie ist, soll nicht gelten. Demgegenüber widerspricht die Strafe als Antwort der der Rechtsverletzung beigelegten Bedeutung und impliziert eine Selbstvergewisserung des konkreten Gesellschaftsbestandes[925]. Die Strafe verhütet die Erosion der wirklichen normativen Gestalt der Gesellschaft[926]. Für die Feststellung von strafrechtlichem Unrecht ist demzufolge die kommunikative Ebene des Konflikts entscheidend.

Dementsprechend greift die strafrechtliche Zurechnungslehre zu kurz, wenn sie auf Unrechtsebene nur die sozialpsychologischen Beziehungen der miteinander in Interaktion stehenden Gesellschaftsmitglieder in den Blick nimmt und nach der sozialpsychologischen Beeinflußbarkeit der Gesellschaftsmitglieder fragt. Unter den genannten Prämissen darf nämlich nur dann von strafrechtlichem Unrecht gesprochen werden, wenn sich hinter dem Verhalten bereits ein strafrechtlich relevanter Normwiderspruch verbirgt, also der *Geltungsgrund* der strafrechtlichen Norm in Abrede gestellt wird, was schon HEGEL gesehen hat, wenn er betont, daß Gegenstand des Strafrechts nicht das „unbefangene Unrecht" sein kann, sondern Fälle einer qualifizierten Störung des gemeinsamen rechtlichen Verhältnisses betroffen sind[927]. Strafrechtliches Unrecht liegt also nicht bereits in der gestörten Interaktion von Täter und Opfer, sondern setzt voraus, daß der strafrechtlichen Norm durch eine strafrechtlich relevante

---

922 Dazu *Frisch*, Positive Generalprävention, S. 125, 137; *Müssig*, Manuskript, S. 122. Weiterführend zur Kritik an der Lehre von der positiven Generalprävention vgl. *Lesch*, Verbrechensbegriff, S. 95 ff.; 175 ff., 189 ff., 190 ff.

923 In diesem Sinne *Frisch*, Positive Generalprävention, S. 125 ff., 140; *Köhler*, Über den Zusammenhang von Strafrechtsbegründung und Strafzumessung, S. 29 ff.; ders., Begriff der Strafe, S. 47 ff.; *Mir Puig*, ZStW 102 (1990), S. 914, 922 ff.; *Seelmann*, Anerkennungsverlust und Selbstsubsumtion, S. 66 ff.; *E. A. Wolff*, ZStW 97 (1985), S. 785 ff.

924 *Hegel*, Grundlinien der Philosophie des Rechts, § 99 Zusatz.

925 Dazu *Müssig*, Manuskript, S. 131 f.

926 Eingehend dazu *Jakobs*, Straftheorie, S. 29, 32.

927 *Hegel*, Grundlinien der Philosophie des Rechts § 85, §§ 95 ff.

Person widersprochen wurde, d. h. eine solche, die den Geltungsbedingungen des Rechts zu widersprechen fähig ist. Denn geht man davon aus, daß die Norm ein Gebilde des verbindenden Geistes, eine Ordnung von Pflichten von Personen ist[928], so kann ihre Geltung nur durch einen kommunikativ relevanten Gegenentwurf in Frage gestellt werden, was nur durch eine zur Anerkennung fähige Person möglich ist, also eine solche, die auch zurechnungsfähig ist[929]. Diese Fähigkeit wird nicht zusätzlich zum Vorliegen des strafrechtlichen Unrechts geprüft, sondern ist der Zurechnung selbst immanent[930].

Die Überlegung, daß es für die Annahme eines strafrechtlichen Unrechts einer qualifizierten Störung bedarf, wird bestätigt, wenn wir uns die Bedingungen der Konstitution der rechtlichen Person vergegenwärtigen. Auch hier reicht es nicht hin, wenn die Partner der Interaktion sich in ihrer intersubjektiven Beschränkung gegenseitig anerkennen. Die Person entsteht erst bei Hinzuziehung der sozialen Ordnung. Wenn also die Wirklichkeit der Normen und damit der Wirklichkeit der Person sich nicht als eine Summe individualpsychologischer Akte (auch nicht sozialpsychologischer) begreifen läßt, sondern als eine genuin soziale verstanden werden muß, so wird das Recht als Allgemeinheit umgekehrt erst dann angegriffen, wenn nicht nur die sozialpsychologischen Beziehungen, sondern die Bedeutung der institutionellen Beziehung zwischen Person und Staat in Frage gestellt wird[931].

Die Aufgabe des Strafrechts besteht also nicht in der Aufrechterhaltung der normativen Identität des Rechtssystems dergestalt, daß die übrigen Gesellschaftsmitglieder einem Orientierungsmuster folgen könnten (Schutz des Interaktionssystems)[932], es geht vielmehr um die Erhaltung des Rechtssystem als solche[933]. Dabei handelt sich hier auch nicht um die Kehrseiten ein und derselben Medaille, denn Rechtssystem und Interaktionssystem fallen nicht notwendigerweise in eins[934]. Dies darf allerdings auch nicht heißen, daß keine Wechselbeziehungen zwischen beiden Systemen bestehen können und den konkreten Interaktionen im Rechtssystem keinerlei Bedeutung zukommen soll: Ohne Interaktionen ist das Strafrechtssystem nicht wirklich, aber die Interaktionen spielen aus sich heraus im Strafrecht nicht die entscheidende Rolle: Denn das Strafrecht ist eingebettet in die soziale Wirklichkeit, die ohne Existenz von konkreten Interaktionen der einzelnen nicht vorstellbar ist. Die Verletzung der institutionellen Beziehung ist in der Regel nur durch die Verletzung einer interpersonalen Beziehung denkbar. Es gilt ein weiteres: Wird durch die Verhängung der Strafe die Existenz des Rechtssystems stabilisiert, so kommt dies natürlich auch dem Funktionieren der Interaktion von verschiedenen Gesellschaftsmitglieder untereinander zugute. Allerdings, und das ist das wesentliche, spielt der Schutz von Orientierungssicherheit im Gesellschaftssystem aus sich heraus nicht die maßgebliche Rolle[935].

---

928 Vgl. *Jakobs*, Nishihara–FS, S. 105, 110.

929 So im Ergebnis auch *Frisch*, Straftat, S. 135, 194.

930 In diesem Sinne auch *González*, Strafrechtliche Zurechnung, S. 131.

931 Vgl. dazu *Kaiser*, Widerspruch und harte Behandlung, S. 115.

932 Anders noch *Jakobs* AT, 17/3, 1/4; ders., Schuldprinzip, S. 24 f., 27.

933 In diesem Sinne *Jakobs*, ZStW 107 (1995), S. 843.

934 *Luhmann*, Soziale Systeme, S. 551 ff.

935 Allerdings geht die generalpräventive Komponente nicht völlig unter, sie spielt nur nicht die tragende Rolle: Wer nicht bereit ist, eine für den Fall der Verletzung folgenlose Rechtsordnung zu beachten, wird sich vielfach von der Unerwünschtheit der bekräftigenden Folgen, der Strafe motivieren lassen. Vgl. auch *Frisch*, Positive Generalprävention, S. 125, 140 ff.; *Jakobs*, Straftheorie, S. 29, 39, der psychische Vorgänge als Folge der Bestätigung der Norm durch die

Nochmals: Strafrechtliches Unrecht liegt nur dann vor, wenn eine zurechnungsfähige Person der Normgeltung widersprochen hat. Eine soziale Störung im Sinne des Strafrechts kann demnach nur durch schuldhaftes Handeln hervorgebracht werden. Die der herkömmlichen Strafrechtsdoktrin immanente Aufspaltung der strafrechtlichen Zurechnungslehre in eine objektive und subjektive Zurechnungslehre widerspricht somit den Anforderungen des Strafrechts in einer modernen Gesellschaft. Die gerade herausgearbeitete Annahme, daß eine Aufspaltung der Zurechnungslehre nicht substantialisiert werden darf, betrifft ebenfalls die Behandlung des der Zurechnungslehre zugrundeliegenden Zurechnungssubjekts. Dieses darf nicht länger in seiner Trennung in objektive Maßstabsperson und Individuum relevant werden. Diese Überlegung soll im folgenden durch eine kritische Auseinandersetzung mit der aus rechtsphilosophischer Perspektive problematischen Fragestellung, ob das Strafrecht in seiner Zurechnungslehre auf zwei unterschiedlich gelagerte Ich–Identitäten zurückgreifen kann oder auf die Identität des Zurechnungssubjekts angewiesen ist, untermauert werden.

2. Exkurs: Historische Versuche der Differenzierung zwischen zwei verschiedenen Ich–Identitäten

Historisch gesehen gibt es zwar durchaus Versuche einer Differenzierung zwischen zwei unterschiedlich gelagerten Ich–Identitäten, die letztlich aber einer für die Zurechnungslehre überzeugenden Argumentation entbehren.

a) KANTS Unterscheidung von homo phaenomenon und homo noumenon

Die eine Differenzierung wurde von KANT vorgenommen: KANTS Verdoppelung der Ich–Identitäten gründet auf seinem Entwurf des transzendentalen Idealismus, der es ihm erlaubt, sowohl am absoluten Realismus, also einer von einem Beobachter unabhängig existierenden Welt festzuhalten, als auch den Verstand der Welt seine Gesetze vorschreiben zu lassen, mit der Konsequenz einer Verdoppelung der Wirklichkeitssphären[936]. Diese Sichtweise KANTS von der Verdoppelung der Welt führt dabei gleichzeitig zu einer Verdoppelung des Subjekts[937]: die Unterscheidung KANTS in seiner Metaphysik der Sitten in den homo phaenomenon und den homo noumenon, für die er zwei unterschiedliche Theorien der Handlung entwerfen muß. In der für den homo phaenomenon entwickelten Handlungslehre geht es um die Aufstellung von Kriterien für die kluge Verwaltung eigener Interessen[938] (Schema von Lust/Unlust). Impliziert ist damit eine finale Handlungslehre, bei der Vernünftigkeit nicht ohne Blick auf die individuell präferierten Zwecke gesehen werden kann. Als Teil der Erscheinungswelt unterliegt der homo phaenomenon einer durchgängig kausalen Determination. Seine Ziele kann er nicht beeinflußen, so daß auch der Sadist rational handelt. Die hier beschriebene Handlungstheorie des homo phaenomenon vermag die für das Strafrecht interessante Frage der Verantwortlichkeit nicht zu beantworten. Denn nach KANT kann der Grund der Verbindlichkeit moralischer Gesetze nicht in der Natur des Menschen oder den Um-

öffentliche Strafe zwar für erwünscht hält, aber betont, daß diese nicht dem *Begriff* der Strafe unterfallen.

936 *Kant*, Kritik der reinen Vernunft, A 370 ff.; vgl. weiterführend, *Kaiser*, Widerspruch und harte Behandlung, S. 53 ff.

937 *Kant*, Grundlegung zur Metaphysik der Sitten, BA 107–109. Zu dieser Thematik vgl. eingehend *Kaiser*, Widerspruch und harte Strafe, S. 58 ff.

938 *Kant*, Grundlegung zur Metaphysik der Sitten, BA 63.

ständen der Welt gesucht werden, sondern es ist vielmehr a priori auf die Gesetze der reinen Vernunft zurückzugreifen. „Wenn ich (...) ein Strafgesetz gegen mich als einen Verbrecher abfasse, so ist es in mir die reine rechtlich–gesetzgebende Vernunft (homo noumenon), die mich als einen des Verbrechens Fähigen, folglich als eine andere Person (homo phaenomenon) samt allen übrigen in einem Bürgerverein dem Strafgesetze unterwirft“[939]. Gleichzeitig kann „ich als Mitgesetzgeber, der das Strafgesetz dictiert, (...) unmöglich dieselbe Person sein, die als Unterthan nach dem Gesetz bestraft wird; denn als solcher, nämlich als Verbrecher kann ich unmöglich eine Stimme in der Gesetzgebung haben (der Gesetzgeber ist heilig)“[940].

Auf den ersten Blick scheint KANT damit vor folgendem Dilemma zu stehen: Allein der homo noumenon kommt als Subjekt der Zurechnung in Frage, da nur er die dafür notwendige transzendentale Freiheit aufweist, während demgegenüber nur der homo phaenomenon fähig zu sein scheint, Unrecht begehen zu können. Denn ein Vernünftiger wie der homo noumenon delinquiert per se nicht[941]. Zurechnung wird bei KANT allerdings nicht auf gute oder erlaubte Taten beschränkt, er erkennt beispielsweise ausdrücklich die Zurechenbarkeit einer boshaften Lüge an[942], so daß ihm nicht der Vorwurf der Unzurechenbarkeit rechtswidriger Taten gemacht werden kann[943]. Es ist aber fraglich, ob KANT das Dilemma ohne Friktionen auflösen kann, was nur möglich ist, wenn die Vernunft frei von natürlicher Kausalität sein kann und gleichzeitig kausale Wirkungen in der Natur hervorrufen kann. KANT will das Problem folgendermaßen lösen: „Eine solche intelligible Ursache (...) wird in Ansehung ihrer Kausalität nicht durch Erscheinungen bestimmt, obzwar ihre Wirkungen erscheinen. (...) Sie ist samt ihrer Kausalität außer der Reihe; dagegen ihre Wirkungen in der Reihe der empirischen Bedingungen angetroffen werden“[944]. Diese Stelle, d. h. seine Lehre vom Übergang bestimmter Gründe, die der einzelne als homo noumenon anführen kann, zu Ursachen, welche das Individuum zur Ausführung einer bestimmten Handlung bestimmen[945], ist auch die, an dem die getrennten Ich–Identitäten bei KANT zusammentreffen. Wie Gründe zu Ursachen werden, bleibt bei KANT jedoch ungelöst[946]. Er muß das Faktum der sittlichen Handlung ohne weiteres mit dem Bewußtsein der Freiheit des Willens identifizieren[947] – eine Vorgehensweise, für die sein dualistisches Modell aber keine Grundlage bereitstellen kann. Es fehlt die zwischen homo noumenon und homo phaenomenon vermittelnde Kategorie (ein Standpunkt jenseits von praktischer und theoretischer Vernunft). KANT läßt es damit unversucht, die Identität des empirischen Willens mit einem reinen Willen prinzipiell zu begreifen. Soll Zurechnung bei KANT funktionieren, so muß die Vernunft aufgehört haben, reine Vernunft zu sein und sich zugleich entfremdet, „sinnlich affiziert“ und empirisch eingeschränkt haben[948]. Indem die praktische Vernunft zwar auf die Realität bezogen wird, aber als ideal gesetzt gedacht wird, d. h. als Realität vernichtet wird, wird nur eine „relative Identität“ der Person erreicht. Dadurch, daß KANT das Vernichten des Bestimmten zu Gunsten des rein abstrakt ge-

939 *Kant*, Metaphysik der Sitten, A 203, B 232, 233.
940 *Kant*, Metaphysik der Sitten, A 203, B 232, 233.
941 *Kaiser*, Widerspruch und harte Behandlung, S. 78.
942 *Kant*, Kritik der reinen Vernunft, B 582.
943 *Kaiser*, Widerspruch und harte Behandlung, S. 82.
944 *Kant*, Kritik der reinen Vernunft, A 537.
945 Eingehend *Kaiser*, Widerspruch und harte Behandlung, S. 83.
946 Ausführlich dazu *Kroner*, Von Kant bis Hegel I, S. 197.
947 *Kant*, Kritik der praktischen Vernunft, A 74–75.
948 *Kroner*, Von Kant bis Hegel I, S. 198.

dachten Unendlichen in den Vordergrund rückt, wird kein konkretes Einssein der Person erreicht[949].

Letztlich muß KANTS Modell scheitern, da er zwei Beschreibungsarten miteinander identifiziert, ohne daß die Schlucht zwischen homo noumenon und homo phaenomenon übersprungen werden könnte[950]. „Kants Subjekte sind schizophren. Der Mensch ist bei KANT homo phaenomenon und homo noumenon zugleich, ohne daß die beiden Identitäten als Beobachter und Teilnehmer aufeinander bezogen oder plausibel vermittelt wären“[951].

b) LARENZ Differenzierung von objektiver und subjektiver Zurechnung

LARENZ greift nach der objektiven Zurechnung auf eine sogenannte subjektive Zurechnung zurück, die die individuellen Tätereigenschaften berücksichtigen soll, was aus dem dialektischen Charakter des Personenbegriffes abzuleiten sei[952]. Damit konstruiert LARENZ – geprägt von der Idee verschuldensunabhängigen Unrechts – ein allgemeines Zurechnungssubjekt, das vom sogenannten Verschuldensprinzip des Strafrechts unabhängig bestehen soll. In dem Versuch, den Unzurechnungsfähigen in den strafrechtlichen Personenbegriff integrieren zu wollen, kommt das Anliegen zu Tage, zunächst einen von den Aufgaben des Strafrechts abgelösten Unrechts- und Personenbegriff zu konstruieren. Auch können Erwägungen der Fallprüfung eine Rolle gespielt haben, bei der die Unterscheidung von objektiver und subjektiver Zurechnung sinnvoll werden kann. Sie zu substantialisieren, wie es LARENZ versucht, widerspricht aber gerade dem Anliegen der HEGELschen Zurechnungslehre[953], von der LARENZ seinen Ausgang nehmen wollte.

3. Zu den Legitimationsbedingungen der strafrechtlichen Zurechnungslehre

Auffällig an den genannten Legitimationsversuchen ist die seit KANT übliche Spaltung in ein den Trieben zugängliches Individuum und eine vernunftgesteuerte Person, durch die im Vergleich zur praktischen Philosophie vor KANT ein Legitimationsvorsprung in der strafrechtlichen Zurechnungslehre erzielt wird[954]. Zurechnung setzt nämlich voraus, daß sich der einzelne Täter von der Welt distanzieren kann, was weder möglich ist, wenn als maßgebliche Welt allein das gilt, was der einzelne erfassen kann, noch, wenn er nur als funktionierender

---

949 *Kroner*, Von Kant bis Hegel II, S. 243. *Kroner* betont, daß damit in Wahrheit die Trennung zwischen dem absoluten Vernünftigen und dem Empirischen nicht überwunden werde, sondern vielmehr verabsolutiert werde. So auch *Lesch*, Verbrechensbegriff, S. 76.

950 Ausführlich dazu *Kaiser*, Widerspruch und harte Behandlung, S. 84; *Willaschek*, S. 149.

951 *Kaiser*, Widerspruch und harte Behandlung, S. 85.

952 *Larenz*, Hegels Zurechnungslehre, S. 93 ff. In diese Richtung gehen auch die Ausführungen von *Lorenz*, Der Maßstab des einsichtigen Menschen, S. 23; *Mayer*, Strafrecht, S. 131.

953 So auch *Schild*, Merkmale der Straftat, S. 65, 69: Als personal kann nur eine Unrechtslehre bezeichnet werden, die die Person in der Fülle ihres Wesens erfaßt, d. h. die die Person nur gemeinsam mit Freiheit (Zurechnungsfähigkeit) denkt, weshalb ein bloßes personales „Unrecht“ nur im uneigentlichen Sinn (z. B. als terminologische Abgrenzung vom klassischen Erfolgsunrecht) vertretbar ist. Ganz deutlich wird der methodische Hintergrund dieser Sprechweise, wenn z. B. mit *Maihofer* die Person in eine Individual- und in eine Sozialperson aufgespalten wird. Ein echtes, eigentliches personales Unrecht kann nur als Moment des Ganzen der Straftat begründet werden, d. h. das Unrecht muß stets in notwendigem Vermittlungszusammenhang mit der Schuldhaftigkeit stehen.

954 Eingehend dazu *Kaiser*, Widerspruch und harte Behandlung, S. 79.

Mechanismus in der Welt erscheint. Will eine Zurechnungslehre Zwang aus Freiheit legitimieren, dürfen sich in ihr Zwang und Freiheit nicht ausschließen, staatliche Macht darf sich also nur noch unter Berufung auf die personale Freiheit des Verbrechers rechtfertigen lassen[955]: „Alle Strafe im Staat geschieht wohl zur correction und zum Exempel, aber sie muß allererst um des Verbrechens an sich selbst willen gerecht sein, *quia peccatum est*. Der Verbrecher muß nicht über Unrecht klagen können“[956].

Die Möglichkeit der Differenzsetzung ist in KANTS Unterscheidung von homo noumenon und homo phaenomenon enthalten. Allein diese Distanzierungsfähigkeit reicht aber nicht hin. Denn ein derart streng dualistisches Trennungsdenken kann die Bedeutung des Zurechnungssubjekts in der strafrechtlichen Zurechnungslehre nicht erklären. Für einen solchen Ansatz bleibt nämlich folgende Problematik ungelöst: Wenn grundsätzlich zwischen dem konkreten Subjekt – dem Verbrecher – und der Vernunftperson unterschieden werden soll, wie soll dann die Vermittlung zwischen beiden Kategorien geschehen, um letztlich zu *einem* Zurechnungsbegriff gelangen zu können, was ja notwendig ist, um ein „einheitliches Zurechnungssubjekt“ begründen zu können. Die strafrechtliche Sanktion – als Pendant strafrechtlicher Zurechnung – wird ja auch nur an dem konkreten Subjekt vollzogen, ist dementsprechend praktisch gesehen gar nicht aufspaltbar. Sollen Strafe und strafrechtliche Zurechnung auf der gleichen Ebene stattfinden und soll der Begriff der strafrechtlichen Zurechnung den Zusammenhang zur Bestrafung des einzelnen herstellen können[957], was in der Strafrechtsdogmatik unstrittig sein dürfte, soll also zwischen beiden ein funktionaler Zusammenhang bestehen, so ergibt sich daraus bereits notwendigerweise die Einheit des Zurechnungsbegriffes und damit auch des Zurechnungssubjekts. Denn die Strafe wird auch nicht nur gegenüber dem „abstrakten Mustermann“ ausgesprochen, sondern auf Kosten des bestimmten Täters in seiner konkreten Verfassung vollzogen[958]. In diesem Sinne HEGEL: „Das Aufheben des Verbrechens ist insofern Wiedervergeltung, als sie dem Begriffe nach Verletzung der Verletzung ist und dem Dasein nach das Verbrechen einen bestimmten qualitativen und quantitativen Umfang, hiermit auch dessen Negation als Dasein einen ebensolchen hat. (...) Die qualitative und quantitative Beschaffenheit des Verbrechens und seine Aufhebung fällt (...) in die Sphäre der Äußerlichkeit“[959]. Es geht also nicht an, daß der Verbrecher seinen Status als Person verliert, aber allein „die Person dasjenige Subject (ist), dessen Handlungen einer Zurechnung fähig sind“[960], wie in den genuin dualistischen Lehren.

Bedarf eine Zurechnungslehre also der „Identität“ der Person, die allerdings nicht als ununterscheidbar in die Natur aufgeht wie bei HOBBES, sondern sich von der Welt distanzieren können muß, so gelingt eine solche Konstruktion nur auf der Prämisse einer unmittelbaren Wechselwirkung von praktischer Vernunft und Welt. Es bedarf dazu des Hintergrundes einer sogenannten anti–dualistischen Ontologie[961]. Gibt es für den Dogmatismus nur das strenge Entweder–Oder und heißt es demgemäß z. B. die Welt ist entweder endlich oder unendlich, aber nur eines von beiden, ist für das spekulative Denken charakteristisch, daß es keine solch

---

955 Vgl. dazu *Kaiser*, Widerspruch und harte Behandlung, S. 53.

956 *Kant*, Reflexionen zur Rechtsphilosophie, S. 586.

957 Daß ein positiver Zusammenhang zwischen Zurechnungs– und Sanktionssubjekt bestehen muß, ist heute unbestritten. Dazu *Freund*, Erfolgsdelikt und Unterlassen, S. 107 ff.; *Grünewald*, Garantenpflichten, S. 65; *Lesch*, Verbrechensbegriff, S. 185 Fn 57 m. w. N.

958 So auch *Lesch*, Verbrechensbegriff, S. 235, 251.

959 *Hegel*, Grundlinien der Philosophie des Rechts § 101.

960 *Kant*, Metaphysik der Sitten, AB 22.

961 Vgl. dazu *Kaiser*, Widerspruch und harte Behandlung, S. 94.

einseitige Bestimmung in sich trägt. Es wird also nicht dadurch erschöpft, sondern enthält als Totalität diejenigen Bestimmungen in sich vereinigt, welche dem Dogmatismus in ihrer Trennung als ein Festes und Wahres gelten. „Die Antwort trennt und verknüpft nämlich das urteilende Subjekt und die Tätigkeit seines Urteilens so, als ob beide feste Beziehungspunkte wären, als ob die Tätigkeit des Verstandes eine gegenständliche, durch den Verstand setzbare, in einem Satze ansprechbare wäre“[962]. Die strafrechtliche Zurechnung bezieht sich also nicht auf den Begriff des Täters auf der Ebene des natürlichen Menschseins und ebensowenig allein auf denjenigen auf der Ebene der intelligiblen Vernunftperson[963]. Sie muß vielmehr in ihren Begriff die Aufhebung der gegensätzlichen Momente von Subjektivität und Objektivität integrieren können. Nur solange beide Elemente beachtet werden, lassen sich Zurechnung und Strafe rechtfertigen. Aufgrund ihrer Aufspaltung der Zurechnungslehre in einen objektiven und subjektiven Teil können die sozialen Handlungslehren und die objektive Zurechnungslehre die Bedeutung der „Identität“ des Zurechnungssubjekts nicht hinreichend vermitteln. Wie soll aber die Vermittlung von homo phaenomenon und homo noumenon stattfinden und gleichzeitig der sozialen Dimension des Verbrechens Rechnung getragen werden?

4. Die Einheit des Zurechnungssubjekts im Verbrechensbegriff HEGELS

Indem das Recht die Allgemeinheit der Anerkennungsbeziehungen in einer Gesellschaft vermittelt, erhebt es den Anspruch, „die in seiner Gesellschaft normativ relevante Ordnung der Freiheit zu sein: So *soll* gelebt werden“[964], beinhaltet also einen Weltentwurf. Unrecht versteht sich demzufolge zwingend als Widerspruch gegen die Allgemeinheit der Norm, ihm muß eine kommunikative Bedeutung zukommen. Derjenige begeht Unrecht, der gerade die Allgemeinheit in Frage stellt und für sich einen anderen Sinn als den des bestehenden Weltentwurfes beansprucht, sozusagen für sich eine neue Welt entwirft und dadurch die bestehende Norm negiert[965]. Seine Tat gilt als Ausbruch aus der bestehenden Strafrechtsordnung.

Wie kann nun der Verbrecher diese Allgemeinheit in Frage stellen und die Strafe, als Reaktion auf das Unrecht, nicht als Zwang empfinden? Denn wer Person ist, handelt per definitionem vernünftig und damit normgemäß, wer aber unvernünftig handelt und Verbrechen begeht, der ist keine Person. Aus der Tatsache des Verbrechens – also der Verweigerung der Anerkennung – könnte der Schluß zu ziehen sein, daß der Verbrecher seinen Status als Person verliert, welcher Personalität gewährleistet. Die Straftat wäre dann als normative Selbstschädigung zu betrachten. Diese Lösung, mit der eine Verkleinerung der Gesellschaft verbunden wäre, verbietet sich allerdings für HEGEL. Dem Täter fehlt die Definitionsmacht über sein Selbst[966].

HEGEL und in dessen Nachfolge JAKOBS antworten auf diese Problematik mit der Aufspaltung des Begriffes der Person in eine materielle und in formelle Person. In § 97 der Rechtsphilosophie bestimmt HEGEL: „Die geschehene Verletzung des Rechts als Recht ist zwar eine positive, äußerliche Existenz, die aber in sich nichtig ist. Die Manifestation dieser ihrer Nichtigkeit ist die ebenso in die Existenz tretende Vernichtung jener Verletzung – die

962 *Kroner*, Von Kant bis Hegel II, S. 287.
963 In diesem Sinne ebenfalls *González*, Strafrechtliche Zurechnung, S. 135.
964 *Pawlik*, Das unerlaubte Verhalten beim Betrug, S. 56.
965 Dazu *Jakobs* AT, 1/9; ders., ZStW 107 (1995), S. 843, 844.
966 *Kaiser*, Widerspruch und harte Behandlung, S. 117.

Wirklichkeit des Rechts, als seine sich mit sich durch Aufhebung seiner Verletzung vermittelnde Notwendigkeit". Das Verbrechen ist zwar materiell nichtig, aber Ausdruck eines formell vernünftigen Konzepts[967]. Die inhaltlich in sich nichtige Handlung trägt als Tun eines Vernunftwesens den Schein einer vernünftigen Gestaltung der Wirklichkeit in sich[968], ist also jedenfalls der Form nach ein „Vernünftiges und Allgemeines". Während materielle Personalität mit normgemäßem Verhalten zu identifizieren ist, handelt es sich bei der Normwidrigkeit um formelle Personalität insofern, als der Normbrecher zwar einerseits wegen seiner Bindung an das individuelle Schema die wirkliche Person verfehlt, aber andererseits seine Eignung zur Teilnahme am Sollensschema nicht verloren hat[969]. Denn wenn der einzelne durch Anerkennung zur Person geworden ist, so ist er sich so lange der Anerkennung aller gewiß, so lange er sich rechtens verhält. Das Verbrechen des einzelnen ist in der Umkehrung dieses Gedankens formell allgemeingültig: Wessen Ja allgemeine Bedeutung genießt, dessen Nein kann nicht zur Privatsache werden. „Der wirkliche Mensch mitsamt seinen Leidenschaften ist eine vernünftige Person. Auch wer delinquiert, wird deshalb nicht als Vieh, als Hund, als Stück Holz, kurz als Gegenstand des Sachenrechts, sondern als vernünftige Person behandelt"[970]. Wer als Person handelt, der handelt formell vernünftig, ob er will oder nicht[971]. Mit den Worten HEGELS: „In seiner als eines Vernünftigen Handlung liegt, daß sie etwas Allgemeines, daß durch sie ein Gesetz aufgestellt ist"[972]. Beispielsweise durch eine Tötung bringt er zum Ausdruck und gibt als Allgemeines aus, daß es erlaubt sei zu töten, er entwirft also in dem Sinne ein neues Gesellschaftsmodell.

Der Zurechnungslehre HEGELS kann nur dem erstem Anschein nach der bei KANT kritisierte Bruch im Zurechnungssubjekt durch seine Trennung der materiellen und formellen Person vorgeworfen werden. Zwar bedarf HEGELS Lehre eines gewissen Dualismus – HEGEL kann also mitnichten als ontologischer Monist bezeichnet werden[973] – was aufgrund der Legitimationsbedingungen staatlichen Zwanges auch vonnöten ist, er bleibt aber nicht bei diesem Dualismus stehen, so wie KANT diesen als Prinzip festgeschrieben hatte, vielmehr sind in seiner Theorie des „vollkommenen Ausdrucks" beide Momente aufgehoben.

III) Zu den „Grenzen" des strafrechtlichen Personenbegriffes?

Steht bislang fest, daß der Begriff der Person im Strafrecht nicht in eine Sozial- und Individualperson aufgespalten werden darf, im Strafrecht vielmehr nur die Person, der Schuldfähigkeit zugeschrieben wird, interessiert, so bleibt der Begriff der Person inhaltlich zu präzisieren: Wird der einzelne im Strafrecht als objektive Maßstabsperson relevant oder können gegebenenfalls individuelle Defizite Berücksichtigung finden? Die bisher erzielten Ergebnisse zeigen bereits die Leitlinien der Interpretation der Person im Strafrecht auf: Aus dem Begreifen des einzelnen als „Rechtsperson", der Definition von Unrecht und systemtheoretischen Erwägungen folgt zugleich, daß für das Strafrecht die konstitutionellen Schwächen des einzelnen

967 *Jakobs*, Straftheorie, S. 32, *Lesch*, Verbrechensbegriff, S. 83.
968 *Lesch*, Verbrechensbegriff, S. 84; *Zaczyk*, GA 1993, 381, 383.
969 *Jakobs*, Norm, Person, Gesellschaft, S. 81.
970 *Lesch*, Verbrechensbegriff, S. 77.
971 Dazu *Jakobs*, Norm, Person, Gesellschaft, S. 71; *Kaiser*, Widerspruch und harte Behandlung, S. 126.
972 *Hegel*, Grundlinien der Philosophie des Rechts § 100; *Jakobs*, Norm, Person, Gesellschaft, S. 102; *Kaiser*, Widerspruch und harte Behandlung, S. 117.
973 Dazu eingehend *Kaiser*, Widerspruch und harte Behandlung, S. 94/95; vgl. auch *Taylor*, Hegel, S. 70 ff.

aus sich heraus nicht strafrechtlich bedeutsam werden können. Der Begriff der Person im Strafrecht ist vielmehr Resultat einer sozialen Konstruktion[974]. Hielte man die individuellen Besonderheiten des einzelnen in ihrer Funktion als menschliche Eigenschaften für bedeutsam, so würden diese – systemtheoretisch gesprochen – aus Sicht des Strafrechtssystems aus deren Umwelt entnommen und nicht als rechtliche Regeln verstanden[975]. Es ist also verfehlt, bei der strafrechtlichen Zurechnung den einzelnen in seiner Funktion als psychophysisches System als Normadressaten heranzuziehen. Als solches interessiert er rechtlich gesehen schlichtweg nicht. Eine auf ein empirisches Wesen zugeschnittene Zurechnung kann schon nicht die Aufgabe der Zurechnung in der heutigen Zurechnung leisten, da ein empirisches Wesen als Natur definiert wird und Natur schon qua Definition nicht delinquieren kann[976]. Der Begriff der Rechtsperson ist ein genuin rechtlicher, normgeprägter Begriff – eine „Konstruktion spezifisch normativer Betrachtung"[977]. Mit den Worten von KELSEN: „Person sein (...) ist identisch mit Rechtspflichten und subjektive Rechte haben. Die Person (...) ist nicht etwas von den Rechtspflichten und subjektiven Rechten Verschiedenes, (sie) ist diese Rechtspflichten und subjektiven Rechte. (...) Die Person ist nur die Personifikation dieser Einheit"[978].

Wenn also individuelle Besonderheiten des konkreten Täters strafrechtliche Relevanz erlangen können, dann nur als originär strafrechtliche. Aus sich heraus spielt das Individuum im Strafrechtssystem keine Rolle, es ist in die Umwelt des Rechtssystems verwiesen, womit auch die „Handlungen des Individuums" für das Strafrechtssystem unmaßgeblich sind. Wenn die moderne Gesellschaft nur bei Rückgriff auf objektive Generalisierungen zu funktionieren vermag und der einzelne nicht als psychophysisches System für das Strafrecht interessant wird, stellt sich die Frage, ob bei der Ausfüllung des strafrechtlichen Personenbegriffes auf die Vorschläge der sozialen Handlungslehre und objektiven Zurechnungslehre zurückzugreifen ist, die den einzelnen in der konkreten Situation ganz und gar gesellschaftlich vermittelt begreifen wollen, also auch hinsichtlich seiner körperlichen und geistigen Fähigkeiten. Dies hätte die Konsequenz, daß derjenige, der in der konkreten Situation individuell nicht schuld– bzw. handlungsfähig ist, trotz dieser individuellen Defizite als Person im strafrechtlichen Sinne zu gelten hätte. Für die Fallgruppe der actio libera in causa würde der Rückgriff auf die sogenannten Ausnahme– oder Vorverlagerungsmodelle entbehrlich. Eine solche Standardisierung des strafrechtlichen Personenbegriffs hätte des weiteren die Konsequenz, die Strafbarkeit nicht auf natürliche Personen beschränken zu müssen, vielmehr auch die Strafbarkeit juristischer Personen in die strafrechtliche Zurechnungslehre integrieren zu können.

Wenn also die individuellen Besonderheiten des einzelnen Täters aus sich heraus im Strafrecht keinerlei Relevanz zu begründen vermögen, können diese höchstens rechtlich vermittelt Bedeutsamkeit erlangen. Gibt es also spezifisch rechtliche Gründe, nach denen die Besonderheiten des konkreten Täters in körperlicher und geistiger Hinsicht diesen unter gewissen Umständen entlasten können, so daß eine Zurechnung in der konkreten Situation nicht stattfinden

---

974 So auch *Bayertz*, Herkunft der Verantwortung, S. 22.

975 Dies kritisiert *González*, Strafrechtliche Zurechnung, S. 121 an dem Verständnis der Zurechnungsfähigkeit durch die überkommene Lehre. In diese Richtung schon *Bockelmann*, Studien II, S. 158: Er hebt hervor, daß dem Nur–Individuellen gegenüber, das lediglich ein Bündel biophysisch bedingter Anlagen ist, kein Schuldvorwurf erhoben werden kann; *E. Wolf*, Vom Wesen des Täters, S. 19 ff.

976 *Jakobs*, Norm, Person, Gesellschaft, S. 99.

977 *Kelsen*, Hauptprobleme der Staatsrechtslehre, S. 142.

978 *Kelsen*, Reine Rechtslehre, S. 177.

kann oder läßt eine normativ verstandene Zurechnungslehre keinerlei „Individualisierung" zu?

1. Die Standardisierung von körperlicher und geistiger Konstitution als Konsequenz eines generalpräventiven Ansatzes?

Die sozialen Handlungslehren und die Lehre von der objektiven Zurechnung hatten die Idee des standardisierenden Unrechtsverständnisses mit der Notwendigkeit einer sozialpsychologisch funktionierenden Internalisierung von Verhaltensnormen verknüpft[979]. Eine Lehre, die die positive Generalprävention als einzigen Bezugspunkt nimmt, besitzt von sich gesehen keinen Anknüpfungspunkt, auf individuelle Besonderheiten des Täters zurückzugreifen. Denn um wirksam der Herbeiführung des tatbestandlich umschriebenen Erfolges vorzubeugen, muß sich das Strafgesetz an die Allgemeinheit richten. Auch der Täter wird für das Gesetz unter dem Gesichtspunkt der Prävention daher nur als Mitglied der Gesellschaft gesehen, ohne daß die besonderen Umstände seiner konkreten Situation relevant werden könnten. Für eine konsequent verstandene Lehre der positiven Generalprävention wäre es damit folgerichtig, die objektive Maßstabsfigur der sozialen Handlungslehren oder der Lehre von der objektiven Zurechnung als das im Strafrecht allein maßgebliche Zurechnungssubjekt heranzuziehen. Die Lehre von der positiven Generalprävention hält aber den Legitimationsbedingungen der strafrechtlichen Zurechnungslehre nicht stand[980], so daß sie auch keinen Maßstab für die Grenzbestimmung der strafrechtlichen Person abzugeben vermag.

2. Das Zurechnungsmodell von GONZÁLEZ

Einen anderen Weg wählt GONZÁLEZ: Aus der dem einzelnen im Strafrecht zugeschriebenen Rolle als Rechtsperson will GONZÁLEZ ableiten, daß der einzelne als Inhaber eines Organisationskreises für dessen Gestalt einzustehen habe. Diese Zuschreibung beinhalte nicht nur, daß die Person als ständig motiviert begriffen werde, sie müsse ebenfalls die Kompetenz aufweisen, die dominante Motivation zu realisieren. Der einzelne habe sein eigenes Können zu verantworten[981], „das konkrete Nicht–Vorhandensein der Fähigkeiten ist also grundsätzlich strafrechtlich schlicht unbeachtlich"[982]. Niemand dürfe nur nach Belieben als Zurechnungssubjekt auftreten. Im Fall der „actio libera in causa" soll derjenige, der im betrunkenen Zustand eine Tat begeht, zum Zeitpunkt der Ausführungshandlung als weiterhin handlungs– und schuldfähig gelten – eine Überlegung, die in Bezug auf die Handlungsfähigkeit schon von MAIHOFER geäußert worden war[983]. Die bisher in der Strafrechtsdoktrin vertretenen Konzepte, das Vorverlagerungs– und das Ausnahmemodell, die die Notwendigkeit einer Bestrafung bestätigten, werden damit nach dem Modell von GONZÁLEZ überflüssig.

GONZÁLEZ stützt ihren Ansatz auf das Argument, nur mit Hilfe einer derartigen Normativierung der Person könne der Bestand der rechtlichen Ordnung garantiert werden. Denn eine Ordnung, die ihre Existenz vom individuell zufälligen Können des Täters abhängig mache, sei

---

979 Dazu S. 76 ff.

980 Siehe dazu oben § 6 C, S. 163 ff., 172 ff.

981 *González*, Strafrechtliche Zurechnung, S. 140; so auch *Rudolphi*, Unrechtsbewußtsein, S. 7 f.; *Timpe*, GA 1984, S. 65 ff.

982 *González*, Strafrechtliche Zurechnung, S. 141.

983 Zu der Theorie *Maihofers* ausführlich S. 61 ff.

in ihrer Geltung gefährdet[984]. Habe der Täter einmal die Rolle als zurechnungsfähige Person von Rechts wegen zugeschrieben bekommen, so sei er ein für allemal an diese gebunden. Eine Berücksichtigung der individuellen Besonderheiten zum Zeitpunkt der Tat impliziere demzufolge eine Verleugnung des subjektiven Rechts des Täters, als Person betrachtet zu werden[985]. Ihr Modell der Zurechnung weise gegenüber anderen Zurechnungsmodellen insbesondere bei der „actio libera in causa“ den Vorteil auf, nicht in Konflikt mit dem Koinzidenzprinzip[986] zu geraten, das die Gleichzeitigkeit aller Elemente der strafrechtlichen Handlung verlangt. Denn werde der Täter auch im Fall der individuellen Schuldunfähigkeit weiterhin als strafrechtliche Person behandelt, zeige sich darin nur die „Einheit des Willens mit sich selbst in seiner Tat“[987]. Dem im aktuellen Zeitpunkt individuell betrachtet Orientierungslosen soll also strafrechtlich sein Person–Sein zugeschrieben werden. GONZÁLEZ bringt ein weiteres Argument ins Spiel: Würden bei der Bestimmung der Zurechnungsfähigkeit individuelle Besonderheiten des Täters verrechnet, so ergäben sich systematische Ungereimtheiten mit den übrigen im Strafrechtssystem vorhandenen Regeln der Zuständigkeitsverteilung. Ganz deutlich werde dies bei einer Gegenüberstellung des Kriteriums der Zurechnungsunfähigkeit mit demjenigen der Unzumutbarkeit. So werde die Unzumutbarkeit gemäß § 35 StGB immer mit Blick auf die Aufrechterhaltung der Ordnung definiert. Rechtserheblich sei, wie § 35 I 2 StGB beweise (Einschränkung der Zumutbarkeit in Fällen der Verursachung der Notlage), immer die kontextuelle Einbettung des Leibes. Die Frage nach den Kompetenzen eines Subjektes stelle sich immer erst beim Vorliegen eines situativen Kontextes[988].

Demzufolge sei entgegen JAKOBS das „Prinzip der Gleichheit“ [989] der Person keine Voraussetzung strafrechtlicher Zurechnung. JAKOBS Modell leide daran, mit dem Prinzip der Gleichheit der Person statt eines innerstrafrechtlichen ein vorstrafrechtliches Kriterium, nämlich das vom Bewußtsein der Bevölkerung Akzeptierte der Zuschreibung von Schuld, in die strafrechtliche Zurechnungslehre eingeführt zu haben[990].

GONZÁLEZ will ihre Normativierung nicht so weit führen wie die sozialen Handlungslehren. Die gegen diese erhobene Kritik, daß das Subjekt im Standard verschwinde und nur noch als Phantom des normalbegabten Trägers des sozialen Kontakts in Rede stehe[991], könne dann auch nicht gegen ihren Ansatz vorgebracht werden. Denn das für ihre Zurechnungslehre maßgebliche Kriterium der Zuständigkeit werde nicht, wie bei den sozialen Handlungslehren,

---

984 *González*, Strafrechtliche Zurechnung, S. 140.

985 *González*, Strafrechtliche Zurechnung, S. 142.

986 *González*, Strafrechtliche Zurechnung, S. 156 ff.

987 *González*, Strafrechtliche Zurechnung, S. 151.

988 *González*, Strafrechtliche Zurechnung, S. 80.

989 *Jakobs* AT, 17/48. Das Prinzip der Gleichheit der Person bei *Jakobs* besagt, daß eine Norm im strafrechtlichen Sinne erst durch ein schuldhaftes Verhalten tangiert werde, wobei das Kriterium der Gleichheit in Abhängigkeit zur gesellschaftlichen Akzeptanz gestellt wird. (*Jakobs* AT, 17/56). Dieser Ausgangspunkt hat für *Jakobs* die Konsequenz, daß in den Fällen des Verlustes der Schuldfähigkeit ein ansprechbares Subjekt fehlen soll, so daß die daraus resultierende Tat nicht auf fehlender Normtreue, sondern aus einem Subjektsverlust resultiere. Der *Jakobssche* Ansatz bedingt, daß die Straftat auf den Zeitpunkt vorverlagert werden muß, in dem die Subjektivität noch vorhanden ist. *Jakobs* AT, 17/50; ders., Handlungsbegriff, S. 41 ff. Soweit es an der Gleichheit fehle – sei es wegen der psychischen Entwicklung oder wegen der Verhaltenssituation – könne auf die Stabilisierung der normativen Erwartung, die vom Täter enttäuscht wurde, verzichtet werden. Dazu wiederum eingehend *González*, Strafrechtliche Zurechnung, S. 76 f.

990 *González*, Strafrechtliche Zurechnung, S. 79.

991 *Jakobs* AT, 7/24 f.

allein objektiv– generalisierend verstanden. Nach ihrem Merkmal der Zuständigkeit könnten nämlich die Besonderheiten des Individuums immerhin dann Berücksichtigung finden, wenn dadurch die rechtliche Ordnung nicht gestört werde[992]. Das Modell soll also nicht so weitgehend wie die sozialen Handlungslehren den einzelnen unabhängig vom Kontext als objektive Maßstabsfigur begreifen. Mit dem Verweis auf die Aufrechterhaltung der rechtlichen Ordnung gerät GONZÁLEZ aber in einen Zirkel und vermag letztlich den Unterschied zu der ihrer Ansicht nach zu weitgehenden Normativierung der sozialen Handlungslehren nicht begreiflich zu machen. Der Ansatz von GONZÁLEZ hat folgende Konsequenz: Wer vorwerfbar bestimmte Fähigkeiten nicht erwirbt, müßte trotzdem als zu den Verrichtungen befähigt behandelt werden, wer vorwerfbar seine Körperkraft ruiniert, gälte als noch stark, wer sich vorwerfbar betrinkt, als nüchtern – dies bis hin zu der wohl grotesken Annahme, derjenige, der sich vorwerfbar ums Leben bringt, sei noch als lebendig anzusehen[993]. Damit tritt an die Stelle der Enttäuschung darüber, daß eine Person eine Norm nicht befolgt, diejenige, daß eine Person die Reichweite des von ihr kontrollierbaren Verhaltens reduziert[994].

Eine solche Zuschreibung von Zuständigkeit im Zeitpunkt der Orientierungslosigkeit widerspricht aber den gesellschaftlichen Vorstellungen von Zurechnung, die den Rahmen der strafrechtlichen Zurechnung bilden. „Denn sollte dieser Grundsatz nicht gelten, so müßte auch ansonsten in der Gesellschaft dem aufgrund eigener Zuständigkeit Orientierungslosen noch aktuell angesonnen werden, den rechten Weg zu finden“[995], was allerdings nicht der Fall ist. Darüber hinaus verbietet es der Grundsatz des „ultra posse nemo obligatur“, vom Handelnden oder Unterlassenden etwas zu verlangen, wozu er selbst nicht in der Lage ist. Dieser Grundsatz findet im sozialen Bereich Anerkennung, wo niemand von einem kleinwüchsigen Menschen verlangen würde, eine nicht in seiner Reichweite befindliche Sache zu ergreifen oder von einem Nichtschwimmer, einen Ertrinkenden durch Nachschwimmen zu retten, von einem Gefesselten ein Handeln oder einen Warnruf von einem Stummen[996].

GONZÁLEZ selbst hält für ihr Modell ausgehend von der LUHMANNschen Systemtheorie gerade diese Bezugnahme auf die gesellschaftliche Wirklichkeit für entbehrlich. Das Strafrecht bilde sein genuin eigenes System, so daß die Bildung des Begriffes der Person im Strafrecht nicht von demjenigen in der Wirtschaft, der Wissenschaft oder Religion bedingt werde. Der Begriff der Person, der durch das Kriterium der Zuständigkeit seinen Inhalt erhalte, hänge von Grund und Zweck des Strafrechts in der Gesellschaft ab. Der strafrechtliche Personenbegriff präjudiziere also nicht die Definition dieses Begriffes innerhalb anderer Gesellschaftsbereiche[997]. Allerdings hat sich im Rahmen der Entwicklung der Begriffes der Wirklichkeit im Strafrechtssystem gezeigt, daß sich das Rechtssystem zu den übrigen Systemen der Gesellschaft adäquat verhalten muß, da es ansonsten seine Existenz gefährden würde. Die Bedingungen der Zurechnung im Strafrecht können also nicht völlig losgelöst von der jeweiligen Kultur und Rechtskultur konstruiert werden[998]. Insofern darf der einzelne im Strafrecht zwar

992 *González*, Strafrechtliche Zurechnung, S. 120, 145.
993 *Timpe*, GA 1984, S. 51, 65.
994 *Timpe*, GA 1984, S. 51, 65.
995 *Jakobs*, Lee–FS, S. 917, 928. *Jakobs* erklärt dies beispielhaft: Wer sich beispielsweise zurechenbar in vermintes Gebiet begibt, muß es sich selbst zuschreiben, wenn er verunglückt; aber niemand erwartet von ihm, er werde allen Minen ausweichen.
996 *Kremer–Brax*, Das personale Verhaltensunrecht, S. 60, 66. Die Beispiele zum Grundsatz des „ultra posse nemo obligatur“ stammen von *Gallas*, Studien, S. 65.
997 *González*, Strafrechtliche Zurechnung, S. 209.
998 *Hassemer*, Person, Welt und Verantwortlichkeit, S. 350, 354.

in der konkreten Situation nicht als vorgesellschaftliches Wesen herangezogen werden, jedoch muß das Strafrecht die Konstituierung der Rechtsperson so vornehmen, daß diese zumindest für die übrigen Systeme in der Gesellschaft plausibel ist.

3. Zur Bedeutung der Garantie der Kommunikationsbedingungen in der Gesellschaft

Die von GONZÁLEZ aufgestellte These wäre nur dann haltbar, wenn das Strafrecht tatsächlich einer derart weiten Zuschreibung bedürfte. Daß dem nicht so ist, soll ein Blick auf die Grundlagen des Strafrechts verdeutlichen. Dabei wird sich zeigen, daß die von GONZÁLEZ angeführte These vom Bestand der Ordnung ohne die Berücksichtigung individueller Besonderheiten irreal bleibt.

a) Das Prinzip der Vermeidbarkeit als Voraussetzung eines strafrechtlich relevanten Normwiderspruches

Die für das gesellschaftliche Zusammenleben grundlegenden Normen zeichnen sich dadurch aus, daß die Gesellschaft in ihrer jeweiligen Gestalt immer auch anders vorstellbar ist, mit der Folge eines offenen und prinzipiell änderbaren Rechtssystems[999]. Die soziale Wirklichkeit ist ihrerseits also im Bereich der gesellschaftlichen Normen durch deren Zerbrechlichkeit gekennzeichnet, an deren Stelle jederzeit jeder einzelne einen anderen Sinn setzen kann, den er nur behaupten, nicht aber beweisen muß. „Bei dieser Fragilität des Sinns ist Freiheit als Selbstverwaltung mit einer konsistenten Gesellschaft nur verträglich, wenn eine Garantie besteht, daß schlechthin alle Freien den gesetzten Sinn anerkennen oder daß anderenfalls die Bedeutung ihres Verhaltens durch Strafe marginalisiert wird, anders gesprochen, wenn die durch die Sinnsetzung etablierten Normen gelten“[1000]. Diese Normen bedürfen also der Stabilisierung gegen die Möglichkeit willkürlicher Veränderung. Der dem einzelnen eingeräumten Freiheit zur Selbstverwaltung korrespondiert also die Notwendigkeit, zur Aufrechterhaltung der Bestandsbedingungen des Rechts dem einzelnen die Pflicht aufzuerlegen, sich selbst um ausreichende Normbefolgung zu kümmern. In Rede steht hier die bereits in anderem Zusammenhang angesprochene Institution von Selbstverwaltung und Folgenverantwortung. Die Definition des einzelnen als gesellschaftlich gebundenes Wesen bedingt also gleichzeitig die Definition als Person, die für Rechtstreue selbst zuständig ist[1001].

Ebenfalls prägend für das Verständnis von den Bestandsbedingungen des Rechts ist das Begreifen der Gesellschaft als *entzauberte Welt*, was mit den Worten von MAX WEBER so viel bedeutet, „daß es prinzipiell keine geheimnisvollen unberechenbaren Mächte gebe, die da hineinspielen, daß man vielmehr alle Dinge – im Prinzip – durch Berechnen beherrschen könne“[1002]. Als Pendant dazu kann das Verhalten des einzelnen bzw. die strafrechtliche Zurechnung nicht als Vollzug eines festgelegten Schicksals eingeordnet werden. Sein gesellschaftliches Eingebundensein führt nicht dazu, daß er wie ein Rädchen im Uhrwerk funktionieren muß und im Gesamtmechanismus der sozialen Wirklichkeit untergeht, sondern vielmehr sein Schicksal selbst in die Hand nimmt und sich durch Beherrschenkönnen des gesell-

---

999 Diese Thematik wurde bereits im Rahmen der Auseinandersetzung mit dem Begriff der Wirklichkeit des Strafrechtssystems eingehend behandelt. Zum Zusammenhang mit der Problematik der Standardisierung eingehend *Jakobs*, ZStW 101 (1989), S. 516, 526, 527.

1000 *Jakobs*, Strafrechtliche Zurechnung, S. 57, 68.

1001 *Jakobs*, ZStW 101 (1989), S. 516, 527; vgl. auch *Dux*, Der Täter hinter dem Tun, S. 57 f.

1002 *Max Weber*, Wissenschaftslehre, S. 594.

schaftlichen Lebens auszeichnet. Aus dem für die soziale Wirklichkeit prägenden Bild der Beherrschbarkeit der gesellschaftlichen Wirklichkeit folgt, daß die *Vermeidbarkeit* des Geschehensablaufs zur positiven Voraussetzung der Zurechnung wird[1003]. Kann der einzelne durch für ihn nicht vorhersehbare oder beherrschbare Umstände den Geschehensablauf nicht beeinflussen, so ist das Geschehen als Werk der Natur zu begreifen[1004].

Ist das Maß an abzuverlangender Orientierung bzw. der Person zuzuschreibender Desorientierung auch letztlich ein nach strafrechtlichen Kriterien zu bestimmendes, so darf die subjektive Fehlerhaftigkeit nicht auf der Unvermeidbarkeit[1005] von Handlungsfolgen beruhen.

b) Die Bedeutung der Kommunikation im gesellschaftlichen Zusammenleben

Für eine Berücksichtigung der täterbezogenen individuellen Gegebenheiten spricht auch das der strafrechtlichen Zurechnungslehre zugrunde liegende Verständnis von Kommunikation. Die strafrechtliche Zurechnungslehre muß, will sie nicht den Anschluß an die gesellschaftliche Wirklichkeit verlieren, die Grundlagen der Kommunikation beachten. Die im gesellschaftlichen Zusammenleben maßgebliche Kommunikation vollzieht sich, wie bereits in anderem Zusammenhang erörtert, nicht auf einer rein geistigen, abstrakten Ebene, d. h. die Straftat findet nicht in einer von der Wirklichkeit abgehobenen Wertsphäre statt, sondern bedarf immer des Rückgriffs auf die gegenständliche Welt. Kommunikation bzw. die Äußerung von Sinn sind sogar immer nur unter Hinzuziehung der gegenständlichen Welt denkbar[1006]. Insofern darf auch die Zurechnungsfähigkeit nicht als reine Sollgestalt verstanden werden[1007]. Zwar will GONZÁLEZ vom Ansatz her auch die Besonderheiten des einzelnen berücksichtigt wissen, jedoch nur so weit, wie das der Bestand der Ordnung zuläßt, mit der Folge, daß dieser Anspruch in Wirklichkeit leerläuft. Die Normativierung darf also entgegen GONZÁLEZ nicht dahingehend überzogen werden, zu übersehen, daß Personen Leib und Bewußtsein zugeschrieben ist, die auch in der konkreten Situation Beachtung finden können. Denn – wie GONZÁLEZ selbst betont – ist mit der handelnden Person immer auch der Leib eines Individuums betroffen, was hinsichtlich der Beziehung von Person und Individuum heißt, daß das Individuum innerhalb der Ordnung der Personen sein Auskommen finden muß, um die personale Ordnung nicht zu einem kontrafaktischen Deutungsschema zu degradieren[1008]. Daher werden dem einzelnen von Rechts wegen Bewußtsein und Körper zugeschrieben, ohne die Kommunikation nicht ablaufen könnte[1009]. Mit dieser Zuschreibung wird das Vorliegen von Recht und Unrecht nicht direkt von den Bewußtseinsinhalten abhängig gemacht – die psychischen Systeme und auch das Rechtssystem bleiben ihrerseits operativ geschlossen[1010], so daß sie auch nicht die Operationen des Bewußtseinssystems übernehmen können, sind aber kon-

1003 *Hassemer*, Person, Welt und Verantwortlichkeit, S. 350, 354; *Jakobs*, Strafrechtliche Zurechnung, S. 57, 67.

1004 Davon ausgehend auch *González*, Strafrechtliche Zurechnung..

1005 Von *Kahrs*, Vermeidbarkeitsprinzip, S. 37 f., wird allerdings das vom Recht Geforderte mit der Vermeidbarkeit als Kriterium der Zurechnung verbunden.

1006 *Jakobs*, Strafrechtliche Zurechnung, S. 57, 63.

1007 So auch die Argumentation von *González*, Strafrechtliche Zurechnung, S. 137, die jedoch trotz dieser Überlegung an ihrem streng normativen Konzept festhält.

1008 *González*, Strafrechtliche Zurechnung, S. 136 f.

1009 *Jakobs*, Norm, Person, Gesellschaft, S. 42 ff.; *Lesch*, Verbrechensbegriff, S. 252. Vgl. auch *Hruschka*, Strukturen der Zurechnung, S. 5 ff. Daß Kommunikation ohne Bewußtsein zum Erliegen käme, wird auch von *Luhmann*, Soziologische Aufklärung Bd. 6, S. 37, betont.

1010 *Luhmann*, Soziologische Aufklärung Bd. 6, S. 25, 32.

stitutiv aufeinander bezogen: „Ohne Individuen gibt es keine Kommunikation, (...); mehr noch, ohne Kommunikation gibt es keine Subjekte[1011]. Insgesamt läßt sich damit feststellen: „Die Person ist die Benennung des logischen Orts, an dem sich ein soziales System von einem der psychischen Systeme in seiner Umwelt 'stören' läßt"[1012].

Die Notwendigkeit dieser Zuschreibung von Bewußtsein und Körper für das Funktionieren der Kommunikation im Strafrechtssystem impliziert damit: Nur eine Person, der ein kommunikativ kompetentes Selbstbewußtsein zugeschrieben wird, kann sich schuldhaft verhalten[1013]. Denn nur derjenige, der als Träger der Kommunikation in Betracht kommt, kann deren Funktionsbedingungen in Frage stellen. Bedingt die Garantie des Aufrechterhaltens der Kommunikationsbedingungen, daß strafrechtliche Person immer nur derjenige ist, der zum Zeitpunkt seines Verhaltens in individueller Hinsicht handlungs– und schuldfähig ist, damit also nur das Verhalten eines Handlungs– und Schuldfähigen als Handlung im strafrechtlichen Sinne zu gelten hat, so ergibt sich gleichzeitig, daß das Strafrecht nicht die Einhaltung eines Mindeststandards garantieren kann, sondern nur hinreichende Rechtstreue.

4. Zur Rolle des rechtstreuen Bürgers

Diese Zuschreibung von Bewußtsein und Körper darf nicht dahingehend interpretiert werden, daß der Rückgriff auf einen objektiven Maßstab in der konkreten Situation entbehrlich wird und letztlich allein die individuellen Gegebenheiten über die Reichweite der Zuständigkeit des einzelnen bestimmen können. Ist die Urteilsperson zwar der konkrete individuelle Täter, so ist er es doch in seiner Rolle als gesellschaftlich vermittelte Person. Dementsprechend heißt es bei JAKOBS und LESCH: Strafrechtlich wird immer nur die Erwartung stabilisiert, daß das konkrete individuelle Subjekt, dem der Wille zur Normbefolgung zugeschrieben ist, in der Tatsituation die allgemeine Norm zur leitenden Maxime seines Verhaltens erhebt[1014], womit auch das normativ Erwartbare stets von der individuellen physischen und intellektuellen Konstitution der Person abhängen soll.

Auf den ersten Blick scheint diesem Ansatz vom zugeschriebenen Willen zur Erfolgsvermeidung aber eine normative Begrenzung zu fehlen[1015], die JAKOBS an anderer Stelle im Rahmen der Grenzbestimmung des erlaubten Risikos ausdrücklich gefordert hat[1016]. Denn die

1011 *Müssig*, Manuskript, S. 128 Fn 5.

1012 *Hutter/Teubner*, Der Gesellschaft fette Beute, S. 110 ff, 117.

1013 *Jakobs*, Lüderssen–FS, S. 559, 568 ff.

1014 *Jakobs*, Hirsch–FS, S. 45, 57 ff.; *Lesch*, Verbrechensbegriff, S. 252; vgl. auch *Stein*, Gewißheit, S. 233, 236. Vom Ergebnis ähnlich auch der Ansatz von *Frisch*, Straftat, S. 135, 194, der dem Kriterium der individuellen Erkennbarkeit der risikobegründenden Umstände eine Doppelfunktion beimißt: Bezogen auf das Unrecht allgemein soll sich die individuelle Nichterkennbarkeit als Ausschluß der Schuld auswirken, bezogen auf das qualifizierte Kriminalunrecht lasse sie bereits dessen materiales Wesensmerkmal entfallen. Wenn für das Strafrecht von vornherein nur das Vorliegen von Kriminalunrecht entscheidet, was Frisch ebenfalls bejaht, welchen Sinn hat es dann, einen Begriff des allgemeinen Unrechts zu konstituieren?

1015 *Burkhardt*, Tatbestandsmäßiges Verhalten, S. 99, 119.

1016 *Jakobs* AT, 9/26: „Es ist auch (...) insoweit ein erlaubtes Risiko anzuerkennen, als es um das Maß des Interesses an der Erfolgsvermeidung geht. Dieses Risiko ist zwischen einer nur theoretisch möglichen Höchstleistung und dem Verzicht auf sozialen Kontakt auszutarieren. So wie bei der Erkennbarkeit nur Risiken zählen, die den Rahmen des Erlaubten überschreiten, so auch nur Erkenntnisse (bzw. Fehleinschätzungen), die sich mit einem generell noch verhältnismäßigen Aufwand gewinnen (bzw. beseitigen) lassen; denn es besteht kein rechtliches Interesse

Vermeidbarkeit bestimmt JAKOBS mit Hilfe der Hypothese, daß der Täter, hätte er das dominante Motiv zur Vermeidung einer bestimmten Aktion, diese Aktion real vermeiden würde[1017]. Die Problematik wird anhand eines Beispiels deutlicher: Kann offensichtlich gegenüber einem sehschwachen Autofahrer in der konkreten Situation nicht die Erwartung erhoben werden, rechtzeitig zu bremsen und ist es vom Ergebnis ebenso offensichtlich, daß Autofahren trotz unzureichenden Sehvermögens ein unerlaubtes Risiko darstellt[1018], so kann dieses Urteil keineswegs aus der bloßen Unterstellung eines dominanten Motivs zur Erfolgsvermeidung abgeleitet werden. Es bedarf vielmehr eines Rückgriffs auf die Zurechnungspraxis der konkreten Gesellschaft.

In welcher Beziehung stehen nun die urteilende Person des konkreten Täters und die objektive Grenzbestimmung des erlaubten Risikos? Wie ist also das Prinzip der individuellen Vermeidbarkeit mit demjenigen der objektiv bestimmten Norm in Einklang zu bringen? Eine Lösung zeichnet sich ab, wenn folgende Überlegungen hinzugezogen werden: Muß jedenfalls die Grenzbestimmung des erlaubten Risikos objektiv vorgenommen werden, wie bereits oben herausgearbeitet wurde[1019], und geht man gleichzeitig davon aus, daß das erlaubte Risiko bzw. die Handlung im sozialen Sinne niemals abstrakt bestimmt werden kann, vielmehr die konkrete Handlungssituation beachtet werden muß – zu der auch die Person des Handelnden gehört[1020] –, kann die Lösung nicht darin liegen, die Frage des Norminhaltes von dem Material der urteilenden Person kategorisch trennen zu wollen[1021]. Denn die rechtliche Bedeutungszuschreibung erhält ihren maßgeblichen Inhalt nicht allein durch den abstrakten Normtext, maßgeblich sind auch die Kontexte gesellschaftlicher Zurechnungspraxis, die das Rechtssystem wesentlich gestalten[1022]. Demzufolge gewinnt die „Norm" erst in der konkreten Situation ihre maßgebliche Auslegung („Hin- und Herwandern des Blickes zwischen Norm und Lebenssachverhalt"[1023]). Der beobachtende Blick wandert zwischen der je aufbereitenden Momentaufnahme des zu rekonstruierenden Täterbildes und der Norm so lange hin und her, bis beides zu einer Einheit wird[1024]. Zwar ist die Sorgfaltsnorm nicht unmittelbar auf die Persönlichkeit des Täters zugeschnitten, da es sich ansonsten nicht mehr um eine Norm handeln würde. Die aus der abstrakt- objektiven Norm resultierenden Verhaltenspflichten müssen aber immer situativ anhand der individuell–konkreten Disposition des Täters bestimmt werden[1025]. Die Definition des rechtstreuen Bürgers hat also gleichzeitig die Grenzbestimmung

---

daran, daß alle Menschen ihre Energie restlos zur Schadensvermeidung einsetzen oder sich aber von sozialen Kontakten zurückziehen".

1017 *Jakobs* AT, 6/27, 9/2.

1018 *Lesch*, Verbrechensbegriff, S. 252.

1019 So auch *Jakobs*, Hirsch–FS, S. 45, 58, der das notwendig Objektive dem Norminhalt zuordnen will: „Das Programm, nach dem diese – damit in ihrem Stand beschriebene und in ihren Entwicklungsmöglichkeiten beurteilte – Lage als tatbestandsmäßig oder nicht tatbestandsmäßig bewertet wird, schreibt eine objektiv bestimmte Person, welche die formellen und informellen Normen der Gesellschaft kennt und begreift, was heißt, die dem einzelnen Täter erkennbare Lage werde nach den Rechtsnormen oder den informellen Normen, wie sie von anerkannten Fachleuten anerkannt werden, beurteilt".

1020 In diesem Sinne ebenfalls *Jakobs*, Handlungsbegriff, S. 38; *Lesch*, Verbrechensbegriff, S. 251; *Otto*, ZStW 87 (1975), S. 539, 552.

1021 In diese Richtung aber *Jakobs*, Hirsch–FS, S. 43, 58.

1022 *Müssig*, Manuskript, S. 136.

1023 *Engisch*, Studien zur Gesetzesanwendung, S. 15; vgl. auch *Otto*, Pflichtenkollision, S. 17;dens., ZStW 87 (1975), S. 539, 570.

1024 Vgl. dazu ausführlicher *Müssig*, Manuskript, S. 136 ff.

1025 NK–*Puppe*, Vor § 13 Rn 148.

des erlaubten Risikos zu beachten, was dadurch erreicht wird, daß die informell oder formellen Normen des in Rede stehenden Lebenskreises berücksichtigt werden. Das heißt wiederum, daß dem rechtstreuen Bürger die „Verinnerlichung" ihrer gesellschaftlichen Gestalt, d. h. die die gängige Zurechnungspraxis prägenden Normen zugeschrieben wird[1026]. Soll im Strafrecht letztlich nur die Schuldzurechnung maßgeblich sein, geht es nicht darum, einen objektiven Maßstab entbehrlich zu machen – eine Standardisierung bleibt weiterhin für die Grenzbestimmung des erlaubten Risikos erforderlich. Nur konstituiert sie nicht wie im Rahmen der sozialen Handlungslehren und der objektiven Zurechnungslehre eine eigenständige Zurechnungsstufe. Sie wird erst und ausschließlich im Rahmen der Frage nach dem Inhalt der Rechtstreue relevant.

Dem hiesigen Vorschlag kann insoweit auch nicht der Vorwurf der Inkonsequenz bzw. bloßen Verlagerung der Problematik gemacht werden. Denkbar wäre folgende Kritik: Es mache letztlich keinen Unterschied, ob lediglich die Grenzbestimmung des erlaubten Risikos nach standardisiertem Maß erfolge oder gleichzeitig auch die Konstituierung der Urteilsperson. Würden die informellen und formellen Regeln in die Konstituierung der rechtstreuen Person einbezogen, so werde damit letztlich doch wieder der in anderem Zusammenhang für entbehrlich gehaltene objektive Maßstab festgeschrieben. Es besteht nämlich ein gravierender Unterschied, ob der Aufrechterhaltung des standardisierten Maßes ein eigener Zurechnungsabschnitt mit substantiellem Gehalt zugemessen wird oder wie hier die Bedeutung eines objektivierten Maßes bei der Bildung des Norminhaltes bzw. der Konstituierung des rechtstreuen Bürgers Berücksichtigung findet. Soll das Strafrecht lediglich die Aufrechterhaltung der Normgeltung schützen, garantiert das Strafrecht also lediglich Normtreue[1027], kann die Aufarbeitung der Bedeutung einer rechtlichen Standardisierung nur im Rahmen der Definition des Begriffes der Normtreue im Strafrecht stattfinden. Die hier vorgenommene Differenzierung berücksichtigt auch die Tatsache, daß es prinzipiell zwei Möglichkeiten gibt, die objektive Maßstabsperson im Rahmen der strafrechtlichen Zurechnungslehre fruchtbar zu machen: Die eine ist die Festlegung des für die Gefahrbeurteilung relevanten Wissens, die anderen liegt in der Bestimmung des im Strafrecht nicht mehr tolerierten Risikomaßes. Diese beiden Bereiche dürfen nicht in eins gesetzt werden[1028]. Daß auch an dieser Stelle weder dem Objektiven noch dem Subjektiven im Rahmen der Zurechnung der Vorrang eingeräumt werden kann, findet seinen Ursprung in der bereits von HEGEL erkannten dialektischen Spannung von Subjektiven und Objektiven, die das Wesen der strafrechtlichen Zurechnung bestimmt[1029].

Im Ergebnis werden in der konkreten Situation also letztlich Norm und Täter nicht getrennt betrachtet, womit aber nicht die individuellen Besonderheiten über die Reichweite strafrechtlicher Zurechnung entscheiden können. Der für das Strafrecht relevante Maßstab bleibt immer objektiv bestimmt. Insofern kommt es auf ein objektives Urteil einer Maßstabsfigur für die *Beurteilung* der Lage nicht mehr an; „die höchstens erreichbare Lagebeurteilung abzüglich der dem Täter unzugänglichen Lagebeurteilung ist gleich der dem Täter erreichbaren Lagebeurteilung"[1030].

1026 In diese Richtung wohl auch *Jakobs*, Hirsch–FS, S. 45, 51.
1027 So auch *Kindhäuser*, Gefährdung als Straftat, S. 41.
1028 In diesem Sinne *Burkhardt*, Tatbestandsmäßiges Verhalten, S. 99, 113.
1029 Dazu *Larenz*, Hegels Zurechnungslehre, S. 50 ff.; *Lesch*, Verbrechensbegriff, S. 102 ff.
1030 *Jakobs*, Hirsch–FS, S. 45, 57 f.

5. Zusammenfassung:

Wird der Begriff der strafrechtlichen Person mit der ihr zukommenden „Handlungsfähigkeit" ausgehend vom Begriff des Strafrechts entwickelt, so besteht nicht die Gefahr, daß die Entscheidung über die Reichweite strafrechtlicher Zurechnung dem Täter als Individuum überlassen wird. Im Fall des Versagens von Leib oder Bewußtsein zeigt sich vielmehr die zugunsten des generellen Funktionierens von Kommunikation eingestandene „Schwachstelle" des Strafrechtssystems. Das in der konkreten Situation normativ Erwartbare hängt also stets von der individuellen physischen und intellektuellen Konstitution des einzelnen ab[1031]. Trotz des gesellschaftlichen Eingebundenseins des einzelnen wird im Strafrecht zur Aufrechterhaltung des Funktionierens der Gesellschaft also nicht auf die objektive Maßstabsfigur als Zurechnungssubjekt abgestellt. Bei Vorliegen eines körperlichen Defekts kann folglich nicht die Erwartung weiter aufrechterhalten werden, es würden Leistungen erbracht, die einen defektfreien Körper voraussetzen[1032], so daß die durch das Strafrecht geschützte Erwartung nur dahin gehen kann, sich im Rahmen der vorhandenen Fähigkeiten normgemäß zu verhalten[1033].

Es gilt also der Grundsatz, daß der einzelne nur für ein hinreichendes Maß an Normtreue, nicht aber für Mängel seiner Konstitution einzustehen hat. Das Strafrecht hat nicht die Aufgabe, Standardleistungen zu garantieren, es geht lediglich um die Garantie der Rolle als rechtstreuer Bürger[1034]: „Über die beste mit hinreichender Rechtstreue erreichbare Lagebeurteilung geht die Haftung doch nicht hinaus"[1035]. Im Ergebnis begründet und begrenzt also die als subjektiv zugeschriebene Lagebeurteilung den Umfang der strafrechtlichen Zurechnung[1036].

IV) Konsequenzen für die Zurechnungslehre?

1. Zur Berücksichtigungsfähigkeit von Sonderfähigkeiten und –kenntnissen?

Können individuelle Besonderheiten des Täters als zurechnungshindernde Faktoren im Rahmen der strafrechtlichen Zurechnung eine wesentliche Rolle spielen, so darf das im Umkehrschluß nicht bedeuten, daß individuelle Sonderfähigkeiten oder –kenntnisse als zurechnungsbegründende Faktoren bedeutsam werden. Zum Beispiel: Der Verkäufer eines Messers haftet nicht wegen Beihilfe zum Totschlag, wenn er seinem Kunden ein Messer verkauft, obwohl dieser ihm gesteht, mit diesem in Kürze seinen Nebenbuhler erstechen zu wollen. Oder, um ein viel diskutiertes Beispiel von JAKOBS aufzugreifen: Ein Biologiestudent arbeitet als Kellner in einem Restaurant. Er bemerkt zufällig aufgrund seiner im Studium erworbenen Kenntnisse, daß sich in dem von einem Gast bestellten Essen ein Giftpilz befindet. Serviert er jetzt die Mahlzeit, macht er sich nicht wegen Totschlags gemäß § 212 StGB strafbar, wohl aber unter Umständen wegen unterlassener Hilfeleistung gemäß § 323 c StGB[1037].

Der Grund der fehlenden Haftung ist wiederum ein gesellschaftlicher: Sind moderne Gesellschaften im wesentlichen durch das Prinzip der Arbeitsteilung gekennzeichnet, so schlägt sich

---

1031 *Lesch*, Verbrechensbegriff, S. 252.
1032 *Jakobs*, Handlungsbegriff, S. 37.
1033 *Lesch*, Verbrechensbegriff, S. 252.
1034 *Jakobs*, Handlungsbegriff, S. 37.
1035 *Jakobs*, Hirsch–FS, S. 45, 57.
1036 Vgl. *Jakobs*, Hirsch–FS, S. 45, 56.
1037 Dazu *Jakobs* AT, 7/49 f.; ders., Armin Kaufmann–GedS, S. 283 ff.

diese Idee auch in der strafrechtlichen Zurechnungslehre nieder. Dies hat die Konsequenz, daß nicht jeder alles Wissen aktivieren muß, sondern nur dasjenige, das dem Aufgabenbereich seiner Rolle unterfällt. Der Bereich der Zuständigkeit darf also nicht per se um ein aktiv vorhandenes Wissen erweitert werden, sondern er umfaßt nur das Wissen, für dessen Vorhandensein er rechtlich einzustehen hat[1038]. Ansonsten würde eine objektiv begründete Unzuständigkeit „durch eine in der Luft hängende subjektive Zurechnung übersprungen“[1039]. Etwas anderes gilt für die Behandlung des Sonderwissens allerdings dann, wenn der Täter seine besonderen Kenntnisse oder Fähigkeiten selbst in den Kontext einbringt, da er insoweit besonderes Vertrauen in Anspruch nimmt[1040]. Der Messerverkäufer macht sich also beispielsweise dann strafbar, wenn er seinen Kunden berät, mit welcher Art von Messern man ganz besonders gut zustechen kann. Diese prima facie Ungleichbehandlung von Zurechnungsbegründung und Zurechnungsbeschränkung im Falle individueller Besonderheiten resultiert daraus, daß der Grund der Zurechnung ein durch und durch rechtlicher, gesellschaftlich vermittelter ist: Nicht die subjektive Befindlichkeit des einzelnen gibt den Ausschlag für die Haftungsbegründung, sondern die kommunikative Praxis, die das Vorhandensein von Schuld– und Handlungsfähigkeit voraussetzt.

2. Zur Differenzierung von Vorsatz– und Fahrlässigkeitsdelikten

Werden die Grenzen der strafrechtlichen Zurechnung aus gesellschaftlicher Perspektive gezogen, so hat dies auf die Differenzierung von Vorsatz– und Fahrlässigkeitsdelikt Auswirkungen. Während im Fall der sogenannten Tatsachenblindheit der Täter nach herkömmlichem Verständnis allein aufgrund seines individualpsychologischen Nichtwissens gemäß § 16 StGB privilegiert wird, ohne daß nach den Gründen des Nichtwissens gefragt wird, muß das hiesige Modell nach eben diesen Gründen differenzieren, mit der Folge, daß die aus rechtlichen Gründen belastende Nichtkenntnis dem Vorsatz gleichzustellen ist[1041].

Mit dieser Gleichstellung von tatsachenblindem Täter und Vorsatztäter soll aber nicht generell die Unterscheidung von Vorsatz und Fahrlässigkeit aufgegeben werden. Es mögen in der gesellschaftlichen Zurechnungspraxis Differenzierungsmöglichkeiten vorhanden sein, die eine Unterscheidung des strafrechtlichen Unrechts je nach dem Grad des Wissens oder Wollens legitimieren[1042]. An dieser Stelle ist nur wichtig, daß in diesem Fall der Grund der strafrechtlichen Zurechnung nicht ein in der Hand des einzelnen Individuums liegender ist, sondern ganz und gar gesellschaftlich vermittelt ist.

Bestimmen wir des weiteren das Vorliegen des unerlaubten Risiko in der konkreten Situation mit Blick auf die individuellen Fähigkeiten des konkreten Täters, so fallen unerlaubtes Risikos und Fahrlässigkeitsdelikt in eins, d. h. die Stufe der Prüfung der objektiven Vorhersehbar-

1038 Dazu *Jakobs*, Armin Kaufmann–GedS, S. 271, 283 ff. Anderer Ansicht ist *Roxin*, Tröndle–FS, S. 177, 185 ff., der das Regreßverbot als Unterfall des Vertrauensgrundsatzes behandeln will, welcher allerdings bei erkennbarer Tatgeneigtheit ende. Denn ein geordnetes Sozialleben sei nur möglich, wenn der einzelne grundsätzlich darauf vertrauen dürfe, nicht Opfer vorsätzlicher Straftaten zu werden.

1039 *Müssig*, Manuskript, S. 174 f.

1040 Vgl. *Jakobs* AT, 7/50; *Lesch*, Verbrechensbegriff, S. 261.

1041 Dazu nur: *Jakobs* AT 8/5a; ders., ZStW 101 (1989), S. 517, 529 f.; ders., ZStW 107 (1995), S. 843, 862; *Müssig*, Manuskript, S. 174.

1042 Auf die äußerst komplexe Fragestellung der subjektiven Tatseite kann hier nicht näher eingegangen werden.

keit wird entbehrlich. Vergegenwärtigen wir uns gleichzeitig, daß die Grenzbestimmung des erlaubten/unerlaubten Risikos genuin objektiven Regeln folgt, so daß dieser Bereich des Ausschlusses des Bereiches des Sonderwissens für Vorsatz– und Fahrlässigkeitsdelikte gleichermaßen gilt, hat dies die Folge, daß es sich bei der Unterscheidung von Vorsatz– und Fahrlässigkeitsdelikt nur um Fragen der Quantifizierung des Unrechts handelt. Das Fahrlässigkeitsdelikt ist damit per se im Vorsatzdelikt enthalten[1043].

3. Zur Identität von Haftungsgrund und Personsein im Zeitpunkt der Tat

Die Fälle der selbstverschuldeten individuellen Schuld– bzw. Handlungsunfähigkeit können nach der hiesigen Lösung nicht durch Unterstellung eines defektfreien Körpers in der konkreten Situation gelöst werden. Liegt im Augenblick der „eigentlichen" Ausführungshandlung keine strafrechtlich relevante Person vor, so muß die strafrechtliche Zurechnung strukturell betrachtet an einen anderen Zeitpunkt anknüpfen[1044]. Im Fall der „actio libera in causa" liegt die maßgebliche Tathandlung in der Einnahme berauschender Mittel, durch die sich der Täter selbst zu einem Werkzeug macht[1045]. Da zum Zeitpunkt der Ausführungen der „tatbestandsmäßigen Handlung" bestimmte Voraussetzungen schuldhaften Handelns nicht gegeben sind, droht jedenfalls prima facie eine Kollision mit dem Prinzip der zeitlichen Koinzidenz von Tat und Schuld, d. h. dem Erfordernis des Vorliegens von Schuld bei Begehung der Tat (§ 17 S. 1, § 20 StGB)[1046].

Dies gilt jedoch nur dem ersten Anschein nach, denn die Ausführungshandlung im schuld– bzw. handlungsunfähigen Zustand stellt mangels vorhandener Person keinen Normwiderspruch und damit keine „Tat" im Sinne des Strafrechts dar. Bei näherem Blick auf die Problematik wachsen auch die Zweifel, ob die Konstellation der „actio libera in causa" tatsächlich eine Besonderheit in der strafrechtlichen Zurechnungslehre darstellt[1047]. Es drängt sich die Überlegung auf, daß die Schwierigkeiten mit dieser Konstruktion in Wirklichkeit aus einem Fehlverständnis der strafrechtlichen Handlung resultieren: Formell betrachtet liegen bei der strafrechtlichen Zurechnung die Schaffung des Haftungsgrundes und der Ausführungshandlung niemals gleichzeitig aktuell vor. Dafür besteht auch keine Notwendigkeit, da die gesellschaftliche Zurechnungspraxis dieses strukturelle Auseinanderfallen durch Zuständigkeitsregeln, nämlich die objektive Zurechnungslehre, zu überwinden vermag, so daß aus der allein interessierenden rechtlichen Perspektive eine Handlung angenommen werden kann[1048].
Dieser Gedanke liegt letztlich jedem strafrechtlichen Delikt zugrunde. Zum Beispiel: Es ist unstreitig, daß der Täter während der Tätigkeit des Werkzeugs, sei es ein mechanisches oder

---

1043 So auch *Herzberg*, JR 1986, S. 6 ff.; ders., JZ 1987, S. 536 ff. In diese Richtung auch *Jakobs* AT, 9/4.

1044 *Jakobs*, Handlungsbegriff, S. 41 ff.; ders., Nishihara–FS, S. 105 ff.

1045 *Jakobs*, Nishihara–FS, S. 105 ff.

1046 Kritisch dazu insbesondere die Ausführungen von *González*, Strafrechtliche Zurechnung, S. 156 ff.

1047 *Lesch*, Verbrechensbegriff, S. 255.

1048 *Schild*, Triffterer–FS, S. 203, 205 sieht die „Handlung" als Einheit eines freien und unfreien Teils, der Tathandlung des Sichbetrinkens und der nachfolgenden Ausführungshandlung. Die Konzeption *Schilds* kann aber letztlich nicht überzeugen, da das Vorliegen einer Handlung im strafrechtlichen Sinne die Existenz einer sozialen Störung, die aber mangels Personhaftigkeit im Zeitpunkt der Schuldunfähigkeit nicht mehr gegeben ist, voraussetzen würde.

menschliches, nicht handlungs– oder schuldfähig sein muß[1049]: Installiert ein Terrorist eine Autobombe und legt sich nach exzessivem Alkoholgenuß zum Schlafen, so daß er zum Zeitpunkt der Tat handlungs– und schuldunfähig ist, ist er dennoch wegen vollendeter Tötung zu bestrafen[1050]. Ebensowenig maßgeblich ist, ob der Täter den Erfolg zum Zeitpunkt des Erfolgseintrittes noch *will*, was die Vorschriften über den mißlungenen Rücktritt anschaulich illustrieren: Selbst in den Fällen, in denen der Täter alles unternimmt, um das Opfer zu retten, wird er im Falle des Mißlingens wegen Vollendung bestraft[1051]. Was der Täter während der „unfreien Folgen" seiner Handlung tut, ist also für die Frage der Tatbestandshandlung völlig irrelevant. Rechtlich interessiert allein, daß der Täter diesen Teil aus seiner freien Sphäre herausgegeben hat und sich auf dieses Weise den Kräften seines Werkzeugs ausgeliefert hat. Als Konsequenz des „neminem–laedere" Prinzips muß er sich dann aber auch dessen Tätigkeit zurechnen lassen[1052]. Zur Beantwortung der Frage der strafrechtlichen Verantwortlichkeit ist also nicht wesentlich, ob der Täter aktuell das Geschehen beherrscht, sondern ob er in zurechenbarer Weise einen Grund geschaffen hat, für dessen Verwirklichung im Erfolg er immer noch zuständig ist. In Fällen dieser Art geht es materiell nicht um eine Vorverlagerung der Strafbarkeit vor eine „an sich" tatbestandsmäßige qualifizierte Handlung, „sondern lediglich um eine vom sozialen Kontext und von der konkreten Individualität des Täters – namentlich von seiner Handlungs– und Zurechnungsfähigkeit – abhängige Fixierung des unerlaubten Risikos, das die jeweilige abstrakte Rahmenvorgabe eines Tatbestandes konkretisiert und ausfüllt"[1053].

Geht man davon aus, daß der Täter im Falle der Schuld– oder Handlungsunfähigkeit nicht imstande ist, die Normgeltung anzugreifen, sein Verhalten in diesem Zustand also von vornherein nicht als soziale Störung interpretiert werden kann, handelt es sich bei der Fallgruppe der „actio libera in causa" lediglich um eine spezifische Konstellation des unerlaubten Risikos[1054]. Denn die in den einzelnen Tatbeständen aufgeführten Verhaltensweisen sind mit Ausnahme der eigenhändigen Delikte und der sogenannten Tätigkeitsdelikte[1055] zutreffenderweise so zu lesen, daß der Täter keinen für den Erfolgseintritt ihm zurechenbaren Haftungsgrund schaffen soll.

4. Zur Strafbarkeit juristischer Personen

Erfahren die sozialen Handlungslehren insoweit eine Einschränkung, als für das Strafrecht immer nur das schuldhafte Unrecht maßgeblich werden kann, dem materiellen Schuldprinzip also eine konstitutive Rolle zukommt, so können die von juristischen Personen ausgeführten Verhaltensweisen nicht als Handlung im strafrechtlichen Sinne gelten. Da das Funktionieren

---

1049 *Herzberg*, Spendel–FS, S. 203, 205; LK–*Spendel*, § 323a Rn 30; *Schild*, Triffterer–FS, S. 203, 207.

1050 *Schild*, Triffterer–FS, S. 203, 207.

1051 *Schild*, Triffterer–FS, S. 203, 211.

1052 *Schild*, Triffterer–FS, S. 203, 208. Der Gedanke war schon von *Hegel*, Grundlinien der Philosophie des Rechts in § 116 i.V.m. § 36 formuliert worden.

1053 *Lesch*, Verbrechensbegriff, S. 254.

1054 *Lesch*, Verbrechensbegriff, S. 255; anders allerdings *Neumann*, GA 1985, 389 ff.

1055 Auf diese Fallkonstellationen kann die „actio libera in causa" keine Anwendung finden, BGHSt 42, S. 235, S. 239 f. Denn wenn der Gesetzgeber aus gutem Grund nur den Vollzug einer bestimmten Verhaltenssequenz als Normbruch begriffen haben will, kann der Norm nur durch Vollzug eben dieses Verhaltens widersprochen werden. Vgl. dazu, sowie zum Streitstand, *Jakobs*, Nishihara–FS, S. 105, 112.

von Kommunikation im Strafrechtssystem die Kontinuität eines Bewußtseins voraussetzt, ist eine Einbeziehung juristischer Personen in das Strafrecht nicht möglich[1056].

V) Ergebnis

Bei der Gegenüberstellung von sozialen Handlungslehren und objektiver Zurechnungslehre im Rahmen der Problematik der Standardisierung hat sich gezeigt, daß beide Lehren zutreffend herausgearbeitet haben, daß der Begriff der Person im Strafrecht notwendigerweise nur in seiner gesellschaftlichen Vermittlung erfaßt werden kann und die Grenzbestimmung des erlaubten Risikos anhand objektiver Kriterien vorgenommen werden muß. Allerdings haben beide Ansätze nicht erkannt, daß sich die Lagebeurteilung nach den Fähigkeiten des konkreten Täters zu richten hat, sofern dieser nur als rechtstreu gedacht werden kann. Bei einer solchen Interpretation wird nicht die Psyche des einzelnen maßgeblich, sondern „die Kompetenz über die Relevanz von Bewußtseinsinhalten zu entscheiden, verbleibt dem Recht“[1057]. Die gesellschaftlich vermittelten Ansätze sind also insoweit mit zwei wesentlichen Irrtümern behaftet: Strafrechtliches Unrecht erschöpft sich erstens nicht im Nichterreichen eines Standards und zweitens ist eine Aufspaltung der Zurechnungslehre bzw. des Zurechnungssubjekts nicht überzeugend durchführbar. Entgegen beiden Lehren besteht Unrecht im strafrechtlichen Sinne im Normwiderspruch einer zurechnungsfähigen Person.

1056 *Jakobs*, Juristische Personen.

1057 NK-*Puppe*, § 15 Rn 89, 104.

§ 7 Zusammenfassung der Ergebnisse

Zu § 1: Die Arbeit beschäftigt sich mit der Darstellung und Gegenüberstellung der sozialen Handlungslehren und der Lehre von der objektiven Zurechnung. Insbesondere wird die Frage erörtert, ob die sozialen Handlungslehren eine Frühform der heutigen modernen objektiven Zurechnungslehre darstellen. Darüber hinaus schafft der Vergleich beider Ansätze den Boden für die aktuelle Fragestellung, ob eine strafrechtliche Zurechnungslehre eines genuin gesellschaftlich vermittelten Zurechnungsprinzips bedarf und wenn ja, wo die Grenzen einer gesellschaftlich vermittelten Zurechnungslehre liegen: Wenn im Strafrecht der einzelne als strafrechtliche Person nur gesellschaftlich vermittelt relevant wird, hat dies gleichzeitig die Konsequenz, daß individuelle Besonderheiten des jeweiligen Täters – gemeint sind seine körperlichen und psychischen Fähigkeiten – unberücksichtigt bleiben müssen?

Zu § 2: Die sozialen Handlungslehren und die Lehre von der objektiven Zurechnung finden ihre gemeinsame Wurzel in der Kritik am naturalistischen Strafrechtsdenken, dessen maßgebliches Zurechnungskriterium der Kausalität von beiden Lehren durch im Gesellschaftlichen verankerte Kriterien ersetzt wird. Das naturalistische Strafrechtsdenken hatte insbesondere bei der dogmatischen Erfassung des Unterlassungsdelikts, bei der Einbeziehung sinngeladener Tatbestandsmerkmale und aufgrund der mit der conditio sine qua non Formel verbundenen Uferlosigkeit der Haftung Schwierigkeiten aufgeworfen. Aus diesen Ungereimtheiten des naturalistischen Handlungsbegriffes läßt sich als erstes Ergebnis festhalten: Das bloße Faktum des Ursächlichwerdens kann über den Grund strafrechtlicher Zurechnung keine Aussage treffen. Diese Unzulänglichkeiten des naturalistischen Strafrechtsdenkens konnten auch nicht durch die normativierenden Kausalitätstheorien und das teleologische Rechtsdenken überwunden werden. Die normativierenden Kausalitätslehren begehen den Fehler, die normative Frage mit einem naturalistischen Kriterien gleichzusetzen und damit nicht hinreichend zwischen naturalistischer und normativer Fragestellung zu differenzieren. Dem auf dem Neukantianismus der südwestdeutschen Schule basierenden teleologischen Rechtsdenken gelingt es zwar, erstmals den Blick auf die Sinn– und Geltungsseite des Rechts zu lenken. Der von ihnen zugrunde gelegte Begriff von Sinn verbleibt aber auf einer abstrakten Wertebene und entbehrt jeden Bezuges zur sozialen Wirklichkeit, in die die strafrechtliche Zurechnungslehre eingebettet werden soll.

Ansätze einer gesellschaftlich verstandenen strafrechtlichen Zurechnungslehre zeigen sich erst in den Theorien von LARENZ und WELZEL. Aus einer Rezeption der Zurechnungslehre HEGELS entwickelt LARENZ seine Theorie der objektiven Zurechnung. Mit HEGEL stimmt er darin überein, daß es sich bei dem Problem der Zurechnung nicht um eine Frage des sogenannten Kausalzusammenhanges handle, sondern es vielmehr um eine Verantwortungsbestimmung gehe. Da LARENZ dem Fehler unterliegt, den Willensbegriff HEGELS individualpsychologisch zu interpretieren, gleichzeitig aber davon ausgeht, daß die Person erst als gesellschaftlich vermittelte für das Recht Bedeutsamkeit erlange, kann er die Lösung nicht aus dem Begriff des Willens deduzieren, sondern muß auf einem Umweg das Kriterium der „objektiven Bezweckbarkeit" aus der HEGELschen Philosophie ableiten. Von HEGEL unterscheidet sich LARENZ auch darin, daß er seine Zurechnungslehre in einen objektiven und einen subjektiven Teil aufspaltet. LARENZ geht es also nicht um die Konstituierung eines spezifisch strafrechtlichen Unrechtsbegriffes. Vielmehr kann sein Begriff der objektiven Zurechnung auch im Zivilrecht Geltung erlangen.

WELZEL nimmt seinen Ausgangspunkt bei der Neuschaffung eines ontologisch fundierten Handlungsbegriffes und setzt sich den Anspruch, mit Hilfe des Begriffes der Handlung die Bedeutung der sozialen Wirklichkeit erklären zu können. Dabei legt er zunächst den Begriff der Sinnäußerung anthropologisch aus: Es soll auf die Sinnsetzung des je Handelnden ankommen. Sein Kriterium der Sozialadäquanz hingegen enthält mit seiner Bezugnahme auf die funktionale Welt einen genuin sozialen Charakter. Indem WELZEL dieses Kriterium der Sozialadäquanz gleichermaßen auf Fahrlässigkeits– und Vorsatzdelikte anwendete und dieses nicht nur im Bereich des Faktischen beließ, schuf er einen schon der heutigen objektiven Zurechnungslehre vergleichbaren Ansatz. WELZELS Modell weist aber insoweit eine Schwachstelle auf, als er die personale Sinnhaftigkeit und das im Bereich des Sozialen angelegte Kriterium der Sozialadäquanz nicht miteinander in Einklang bringen kann.

Zu § 3: Erst die sozialen Handlungslehren setzen zur Überwindung der Unzulänglichkeiten des Naturalismus an der Wurzel der strafrechtlichen Zurechnungslehre, nämlich dem strafrechtlichen Handlungsbegriff, an, der fortan gesellschaftlich verstanden werden soll. Auch wenn sich die im Laufe der Zeit entwickelten Lehren im einzelnen voneinander unterscheiden und damit prinzipiell nicht von *einer* sozialen Handlungslehre gesprochen werden kann, können bestimmte, sich wiederholende Topoi als für die sozialen Handlungslehren prägend erachtet werden: Sie legen im Gegensatz zum Finalismus ein Prinzip des genuin Sozialen zugrunde – der Ausgangspunkt der Interpretation der strafrechtlich relevanten Handlung soll nicht beim einzelnen Täter genommen werden, sondern bei der Gesellschaft als Allgemeinheit. In Rede stehen außerdem ihre Verankerung im klassifikatorischen Denken, der Rückgriff auf den Topos der Natur der Sache und damit verbunden die Einordnung des Handlungsbegriffes in den vorrechtlichen Bereich, der von der Stufe des strafrechtlichen Unrechts abgrenzbar bleiben soll. Die Person wird auf der Ebene des Unrechts als Sozialperson begriffen, während auf der für die strafrechtliche Zurechnung letztlich maßgeblichen Ebene der Schuld wiederum die Individualperson relevant werden soll.

Zu § 4: Als Begründer der objektiven Zurechnungslehre gilt HONIG, dessen Zurechnungskriterium der objektiven Bezweckbarkeit von ROXIN durch das der Schaffung eines unerlaubten Risikos substituiert wurde. Im Gegensatz zur heutigen Lehre von der objektiven Zurechnung geht es bei HONIG im wesentlichen um die Schaffung einer Haftungsgrundlage und nicht um das Kreieren strafrechtlicher Kriterien, mit deren Hilfe die Zuständigkeitsbereiche der verschiedenen Personen abgegrenzt werden sollen. Die moderne objektive Zurechnungslehre ist durch zwei Charakteristika gekennzeichnet – das unerlaubte Verhalten und die Verwirklichung dieses unerlaubten Verhaltens im tatbestandsmäßigen Erfolg (sogenannter Rechtswidrigkeitszusammenhang). Sie hat sich vor allem zur Aufgabe gemacht, aus gesellschaftlicher Perspektive, also unter Einbeziehung der Rolle des Opfers und der am gesellschaftlichen Konflikt beteiligten Dritten zu entscheiden, wessen Verantwortungssphäre der strafrechtliche Konflikt zugehört. Dabei steht im überkommenen Modell der objektiven Zurechnungslehre – in der Tradition eines naturalistischen Unrechtsbegriffes – der Erfolgsbezug der Zurechnung im Vordergrund, während sich die moderne Lehre die Aufgabe setzt, die Lehre von der objektiven Zurechnung mit normentheoretischen Erwägungen in Einklang zu bringen. Nach dieser modernen Lesart stehen die Bedingungen zur Konstituierung des unerlaubten Verhaltens als Verhaltensnormwidrigkeit im Vordergrund der Betrachtungsweise. Wie innerhalb der sozialen Handlungslehren gilt auf der Ebene des Unrechts die objektive Maßstabsperson, also eine gesellschaftlich vermittelte Person, als maßgebliche Zurechnungsperson, während auf der Ebene der Schuld die Besonderheiten des Individuums Berücksichtigung finden sollen und damit die auf der Ebene des Unrechts gewonnene Normativierung letztlich wieder außer Kraft gesetzt wird.

Zu § 5: Im Rahmen einer vergleichenden Gegenüberstellung von sozialen Handlungslehren und der Lehre von der objektiven Zurechnungslehre zeigen sich in verschiedener Hinsicht Parallelen: In beiden Lehren soll das Kriterium der Kausalität als das maßgebliche von einem gesellschaftlich gebundenen Prinzip abgelöst werden. Dies darf allerdings nicht die Folge haben, daß dem Prinzip der Kausalität in der Zurechnungslehre keinerlei Relevanz mehr beigemessen wird. Denn soll die strafrechtliche Zurechnungslehre ihren Ausgangspunkt in der sozialen Wirklichkeit behalten, so verlieren auch die Erkenntnisse der modernen Naturwissenschaften nicht an Bedeutung. Kommunikation vollzieht sich in einer realen Welt. Ohne das Prinzip der Kausalität kann strafrechtliche Zurechnung also gar nicht erklärt werden. Im Gegensatz zum naturalistischen Strafrechtsdenken wird dieses aber in einer gesellschaftlich vermittelten Zurechnungslehre als das allein maßgebliche Kriterium entmonopolisiert. Auffällig ist der von sozialen Handlungslehren und frühen objektiven Zurechnungslehren gemeinsame Rückgriff auf das Kriterium der objektiven Bezweckbarkeit, welches auch schon von Vertretern des teleologischen Rechtsdenkens herangezogen worden war. Diese Verwurzelung in einem teleologischen Weltverständnis wird aber den Problemen der heutigen komplexen Gesellschaft, in der es jedem einzelnen anheim gestellt wird, sein Leben frei zu organisieren, nicht gerecht. Legen wir ein personales Organisationsprinzip zugrunde, ist eine objektive Bezweckbarkeit schlichtweg nicht vorstellbar. Die unterschiedliche Rede von Haftungsbegründung und Haftungsbegrenzung im Laufe der Entwicklung der objektiven Zurechnungslehre zeigt sich als Kehrseite ein und derselben Medaille: Was begrenzt, begründet gleichzeitig immer. Mit ihrer normativierenden Betrachtungsweise konkurrieren die sozialen Handlungslehren und die Lehre von der objektiven Zurechnung in Wirklichkeit um ihren Anwendungsbereich und erfassen materiell die gleichen Fallkonstellationen, was auch aufgrund der Parallelität ihrer Leitidee, anhand gesellschaftlich vermittelter Kriterien zu bestimmen, welcher Verantwortungssphäre der Konflikt zugehört, nicht überrascht.

Trotz alledem ist das Selbstverständnis von sozialen Handlungslehren und objektiver Zurechnungslehre ein anderes: In der Tradition überkommener Handlungslehren gehen die sozialen Handlungslehren davon aus, daß der Handlungsbegriff im vortatbestandlichen, außerstrafrechtlichen Bereich und die Kriterien der objektiven Zurechnungslehren im Bereich der Tatbestandsmäßigkeit einzuordnen sind. Die beiden Wurzeln dieses Handlungsverständnisses, die Verankerung der sozialen Handlungslehren im klassifikatorischen Denken und ihr Rückgriff auf die Lehre von der Natur der Sache können diese Unterscheidung aufgrund der ihnen immanenten Ungereimtheiten letztlich aber nicht tragen: Das klassifikatorische Denken krankt hauptsächlich daran, die Einheit der Straftat nicht begründen zu können. Die Lehre von der Natur der Sache vermag mit Hilfe ihres außerstrafrechtlichen Ansatzes kein überzeugendes Bild der Wirklichkeit des Strafrechtssystems zu rekonstruieren. Denn erstens ist das von der Natur der Sache herangezogene Argument der Abhängigkeit der Wertung vom Sein unzutreffend. An erster Stelle der strafrechtlichen Zurechnungslehre steht nicht der Blick auf das Wesen sogenannter ontologischer Vorgegebenheiten, sondern auf den Zweck der Zurechnungsregeln. Zweitens führt der methodendualistische Ausgangspunkt der Lehre von der Natur der Sache in das Dilemma des naturalistischen Fehlschlusses. Drittens belegen Annahmen der Kommunikationstheorie, daß der Begriff der Handlung nicht als ontologisch vorgegebener existiert, vielmehr erst im Wege eines Kommunikationszusammenhanges konstituiert wird. Schließlich widerspricht die Annahme einer vorgegebenen Handlung den Voraussetzungen einer modernen komplexen Gesellschaft: In einer säkularen Gesellschaft gibt es keine a priori vorgegebene Ordnung. Allerdings darf eine moderne Zurechnungslehre auch nicht in einem rein positivistischen Verständnis aufgehen, sie bedarf immer des Rückgriffs auf sogenannte „außerstrafrechtliche Erwartungen", wie das Kriterium des erlaubten Risikos anschaulich beweist. Bei diesen Zurechnungskriterien handelt es sich aber bei richtigem Verständnis nicht um vorstrafrechtliche Topoi, sondern um bereits dem Begriff der Wirklichkeit des Strafrechtssystems immanente Zurechnungsstrukturen. Die strafrechtliche Zurechnungslehre muß also gleichermaßen zwei Voraussetzungen gerecht werden, sie darf nicht in Widerspruch zu den alltäglichen, gesellschaftlichen Zurechnungsmustern stehen und hat gerade den Anforderungen einer genuin strafrechtlichen Zurechnung zu entsprechen. In diesem Zusammenhang haben sich zwei Prinzipien als prägend herauskristallisiert: das Prinzip des „neminem–laedere", d. h. das Prinzip der personalen Organisation, und das der Organisation kraft Institution. Bei der Lehre von der objektiven Zurechnung handelt es sich also in Wirklichkeit um keine zum Handlungsbegriff hinzukommende Haftungsbeschränkung. Die Handlung im sozialen Sinne und die objektive Zurechnung betreffen vielmehr denselben Problemkreis.

Zu § 6: Die Annahmen der sozialen Handlungslehren und der objektiven Zurechnungslehre, im Bereich der Handlung bzw. des Unrechts einen gesellschaftlich vermittelten Personenbegriff zugrunde legen zu wollen (Vernunftperson, objektive Maßstabsfigur), widerspricht fundamentalen Überlegungen der überkommenen Strafrechtsdoktrin: dem Verständnis des einzelnen als einem vorrechtlichen Individuum und dem der Normen als verhaltenssteuernder Instrumente. Wegen dieser Inkompatibilität der gesellschaftlich ausgerichteten Ansätze mit der herkömmlichen Meinung darf jedoch nicht auf die Notwendigkeit einer Ablehnung von sozialen Handlungslehren und objektiver Zurechnungslehre geschlossen werden. Vielmehr sind die Fundamente der überkommenen Zurechnungslehre anzuzweifeln. Würde man nämlich bei einem strikt verhaltenssteuernden Normenmodell stehenbleiben, ließen sich die Rechtsfigur des erlaubten Risikos und die gesellschaftlichen Institutionen nicht begründen. Daß der einzelne notwendig gesellschaftlich gebunden ist, bestätigt sich außerdem bei einem Blick auf die rechtsphilosophische Begründung von Rechtsverbindlichkeit. Die Konzepte von KANT und FICHTE, die auf ein vorrechtliches Individuum rekurrieren wollen, müssen scheitern, da sie letztlich nicht ohne den Hintergrund einer objektiven Ordnung auszukommen vermögen.

Die sozialen Handlungslehren und die Lehre von der objektiven Zurechnung haben diesen richtigen Ausgangspunkt beim gesellschaftlich vermittelten einzelnen einerseits nicht konsequent weiterentwickelt, als in ihren Ansätzen für den Bereich der Schuld wiederum das vorrechtlich angesiedelte Individuum den Ausschlag geben soll, und andererseits zu sehr im strikt Normativen belassen, so daß sie zum wesentlichen des strafrechtlichen Unrechts, dem Normwiderspruch, nicht vordringen können. Entgegen den sozialen Handlungslehren und der objektiven Zurechnungslehre geht es im Strafrecht nicht um die Garantie eines objektiven Orientierungsmusters, sondern um die Garantie von Normgeltung. Strafrechtliches Unrecht setzt damit einen Normwiderspruch voraus. Die Feststellung, daß ein strafrechtlich relevanter Normwiderspruch vorliegt, bedarf wiederum der Äußerung eines zurechnungsfähigen Subjekts und nicht nur derjenigen einer objektiven Maßstabsfigur. Da Kommunikation nur bei der Zuschreibung von Bewußtsein und Physis an den einzelnen funktionieren kann, setzt die Zurechenbarkeit Vermeidbarkeit des Täters voraus. Insoweit soll im Gegensatz zu den Überlegungen von sozialen Handlungslehren und objektiver Zurechnungslehre an der Aufspaltung in objektive und subjektive Zurechnung nicht weiter festgehalten werden. Ein Verhalten ist dem einzelnen nur dann (objektiv) zurechenbar, wenn ein Zurechnungsfähiger der Normgeltung widerspricht.

Literaturverzeichnis:

Abegg, J. Fr.: Lehrbuch der Strafrechts- Wissenschaft, Neustadt 1836.

Alternativ Kommentar: Kommentar zum Strafgesetzbuch, hrsg. von Rudolf Wassermann, Bd. 1, §§ 1–21, Neuwied 1990.

Amelung, Knut: Rechtsgüterschutz und Schutz der Gesellschaft, Frankfurt am Main, 1972.

Angehrn, Emil: Geschichte und Identität, Berlin, New York 1985.

Bärwinkel, Richard: Zur Struktur der Garantieverhältnisse bei den unechten Unterlassungsdelikten, Berlin 1968.

v. Bar, Ludwig: Gesetz und Schuld im Strafrecht,– Fragen des geltenden deutschen Strafrechts und seiner Reform, Berlin 1907.

Baratta, Alessandro: Natur der Sache und Naturrecht, in: Arthur Kaufmann (Hrsg.), Die ontologische Begründung des Rechts, Darmstadt, 1965, S. 104 ff.

Baumann, Jürgen/*Weber*, Ulrich/*Mitsch*, Wolfgang: Strafrecht Allgemeiner Teil, 10. Aufl., Bielefeld 1995.

Bayertz, Kurt: Eine kurze Geschichte der Herkunft der Verantwortung, in: ders. (Hrsg.) Verantwortung: Prinzip oder Problem? Darmstadt 1995.

Behrendt, Hans–Joachim: Die Unterlassung im Strafrecht. Entwurf eines negativen Handlungsbegriffes auf psychoanalytischer Grundlage, Baden- Baden 1979.

Beling, Ernst: Die Lehre vom Verbrechen (Neudruck der Ausgabe 1906), Aalen 1964.

– Grundzüge des Strafrechts, 10. Aufl., Tübingen 1928.

– Grenzlinien zwischen Recht und Unrecht in der Ausübung der Strafrechtspflege, Tübingen 1913.

Berger, Peter L./*Luckmann*, Thomas: Die gesellschaftliche Konstruktion der Wirklichkeit. Eine Theorie der Wissenssoziologie, Frankfurt am Main 1969.

Berner, Albert Friedrich: Lehrbuch des deutschen Strafrechts, Leipzig 1866.

– Lehrbuch des deutschen Strafrechts, 12. Aufl., Leipzig 1882.

Bienenfeld, Rudolf: Die Haftungen ohne Verschulden, Berlin, Wien 1933.

Bierling, Ernst Rudolf: Juristische Prinzipienlehre, Bd. 3, Freiburg im Breisgau und Leipzig 1894.

Binder, Julius/ *Busse*, Martin/ *Larenz*, Karl: Einführung in Hegels Rechtsphilosophie, Berlin 1931.

Binding, Karl: Handbuch des Strafrechts, Leipzig1885.

– Die Normen und ihre Übertretungen, Bd. 1: Normen und Strafgesetze, Leipzig 1922, Bd. 2: Schuld und Vorsatz, Teil 1, Zurechnungsfähigkeit, Schuld, 2. Aufl. Leipzig 1914, Bd. 4: Die Fahrlässigkeit, Leipzig 1919.

Blauth, Peter: „Handeln für einen anderen" nach geltendem und kommendem Strafrecht, Heidelberg 1968.

Blei, Hermann: Strafrecht Allgemeiner Teil, 18. Aufl. München 1983.

Bloy, Rene: Finaler und sozialer Handlungsbegriff, ZStW 90 (1978),S. 609 ff.

Bobbio, Norberto: Über den Begriff der Natur der Sache, in: Die ontologische Begründung des Rechts (hrsg. von Arthur Kaufmann), Darmstadt 1967, S. 87 ff.

Bockelmann, Paul: Studien zum Täterstrafrecht, 2. Teil, Berlin 1940.

– Über das Verhältnis von Täterschaft und Teilnahme, Göttingen 1949.

– *Strafrecht Allgemeiner Teil, 2. Aufl., München 1975.*

Böckenförde, Ernst–Wolfgang: Recht, Staat, Freiheit. Studien zur Rechtsphilosophie, Staatstheorie und Verfassungsgeschichte, 2. Aufl., Frankfurt am Main 1992.

Boehmer, Johann S. F: Observationes selectae ad. Bened. Carpzovij JC. Practicam novam rerum criminalium imperialem Saxioniam, Frankfurt am Main, 1759.

Brammsen, Joerg: Die Enstehungsvoraussetzungen der Garantenpflichten, Berlin 1986.

Bruns, Hans Jürgen: Die Befreiung des Strafrechts vom zivilistischen Denken, Berlin 1938.

– Das Recht der Strafzumessung, 2. Aufl., Köln 1985.

von Bubnoff, Eckhart: Die Entwicklung des strafrechtlichen Handlungsbegriffes von Feuerbach bis Liszt unter besonderer Bedeutung der Hegelschule, Heidelberg 1966.

Burgstaller, Manfred: Das Fahrlässigkeitsdelikt im Strafrecht, Wien 1974.

Burkhard, Björn: Tatbestandsmäßiges Verhalten und ex– ante– Betrachtung– Zugleich ein Beitrag wieder die „Verwirrung zwischen dem Subjektivem und dem Objektiven", in:

Wolter/Freund (Hrsg.), Straftat, Strafzumessung und Strafprozeß im gesamten Strafrechtssystem, Heidelberg 1996, S. 99 ff.

v. Buri: Willensfreiheit – Unterlassung – Causalität und Theilnahme, GS 56 (1899), S. 418 ff.

Bustos Ramírez, Juan: Die objektive Zurechnung – Methodische und systematische Fragen, in: Gedächtnisschrift für Armin Kaufmann, Köln, Berlin, Bonn, München 1989, S. 213 ff.

Bydlinski, Franz: Probleme der Schadensverursachung nach deutschem und österreichischem Recht, Stuttgart 1964.

Cancio Meliá, Manuel: Finale Handlungslehre und objektive Zurechnung – Dogmengeschichtliche Betrachtungen zur Lehre von der Sozialadäquanz, GA 1995, S. 179 ff.

– Opferverhalten und objektive Zurechnung, ZStW 111 (1999), S. 357 ff.

– Algunas reflexiones sobre lo objetivo y lo subjetivo en la teoria de la imputación objetiva, Vortrag in Bogota (Kolumbien) 2002.

Carpzow, Benedikt: Practicae novae imperialis Saxionia rerum criminalium, Frankfurt und Wittenberg 1658.

Castaldo, Andrea R.: Non intelligere quod omnes intelligunt – Objektive Zurechnung und Maßstab der Sorgfaltswidrigkeit beim Fahrlässigkeitsdelikt, München 1992.

– Offene und verschleierte Individualisierung im Rahmen des Fahrlässigkeitsdelikts, GA 1993, S. 495 ff.

Class, Wilhelm: Generalklauseln im Strafrecht, in: Festschrift für Eberhard Schmidt, Göttingen 1961, S. 122 ff.

Dahm, Georg: Der Tätertyp im Strafrecht, Leipzig 1940

Dahrendorf, Ralf: Homo Sociologicus, 15. Aufl., Opladen 1977.

Dedes, Christos: Die Sinndeutung der Handlung, in: Festschrift für Claus Roxin, Berlin, New York 2001, S. 187 ff.

Derksen, Roland: Handeln auf eigene Gefahr, Berlin 1992.

Deutsch, Erwin: Fahrlässigkeit und erforderliche Sorgfalt

– Allgemeines Haftungsrecht, 2. Aufl., Köln, Berlin, Bonn, München 1996.

Dulckeit, Gerhard: Rechtsbegriff und Rechtsgestalt, Berlin 1936.

Durkheim, Emil: Über die soziale Arbeitsteilung,– Studie über die Organisation höherer Gesellschaften, übersetzt von Ludwig Schmidts und Michael Schmid (Titel der Originalausgabe: De la division du travail social, 1930), 2. Aufl., Frankfurt a. Main 1988.

Duttge, Gunnar: Zur Bestimmtheit des Handlungsunwerts von Fahrlässigkeitsdelikten, Tübingen 2001.

Dux, Günther: Rechtssoziologie, Eine Einführung, Stuttgart u. a. 1978.

– Der Täter hinter dem Tun, Frankfurt am Main 1988.

Ebert, Udo/*Kühl*, Kristian: Kausalität und objektive Zurechnung, Jura 1979, S. 561 ff.

Ellscheid, Günter: Das Naturrechtsproblem. Eine systematische Orientierung. In: Arthur Kaufmann/Winfried Hassemer (Hrsg.), Einführung in Rechtsphilosophie und Rechtstheorie der Gegenwart, 5. Aufl. Heidelberg 1989, S. 143 ff.

Engels, Dieter: Der partielle Ausschluß der Notwehr bei tätlichen Auseinandersetzungen zwischen Ehegatten, GA 1982, S. 109 ff.

Engisch, Karl: Die Kausalität als Merkmal der strafrechtlichen Tatbestände, Tübingen1931.

– Die Einheit der Rechtsordnung, Heidelberg 1935.

– Sprechsaal: Der Arzt im Strafrecht, Monatsschrift für Kriminalbiologie und Strafrechtsreform 1939, S. 414 ff.

– Der finale Handlungsbegriff, in: Festschrift für Eduard Kohlrausch, Berlin 1944, S. 141 ff

– Bemerkungen zu Theodor Rittlers Lehre von den subjektiven Tatbestands– und Unrechtselementen, in: Festschrift für Theodor Rittler, Aalen 1957, S. 165 ff

– Logische Studien zur Gesetzesanwendung, 3. Aufl., Heidelberg 1963.

– Zur Natur der Sache im Strafrecht, Ein Diskussionsbeitrag, in: Arthur Kaufmann (Hrsg.), Die ontologische Begründung des Rechts, Darmstadt 1967, S. 204 ff.

– Vom Weltbild des Juristen, 2. Aufl., Heidelberg 1965.

– Logische Überlegungen zur Verbrechensdefinition, in: Festschrift für Hans Welzel, Berlin, New York 1974, S. 343 ff.

Ennerccerus/Nipperdey: Allgemeiner Teil des Bürgerlichen Rechts, begr. v. Ludwig Enneccerus, fortgef. v. Hans Carl Nipperdey, 15. Aufl., Tübingen 1960.

Feuerbach, Paul Johann Anselm: Revision der Grundsätze und Grundbegriffe des positiven peinlichen Rechts, Erfurt 1799.

Fichte, Johann Gottlieb: Grundlage des Naturrechts und Prinzipien der Wissenschaftslehre (1794), Hamburg 1956.

– Über den Begriff der Wissenschaftslehre, mit einer Einleitung hrsg. von E. Braun, Stuttgart 1972.

Fischer, Martin: Wille und Wirksamkeit, Eine Untersuchung zum Problem des dolus alternativus, Frankfurt am Main, Berlin, Bern, New York, Paris, Wien 1993.

Fischer, Hans Albrecht: Die Rechtswidrigkeit mit besonderer Berücksichtigung des Zivilrechts, München 1911.

Frank, Reinhard: Über den Aufbau des Schuldbegriffs, in: Sonderdruck aus der Festschrift der juristischen Fakultät der Universität Giessen, Giessen 1907.

– Das Strafgesetzbuch für das Deutsche Reich, 18. Aufl., Tübingen 1931.

Freund, Georg: Erfolgsdelikt und Unterlassen,– Zu den Legitimationsbedingungen von Schuldspruch und Strafe, Köln u. a. 1992.

– Der Zweckgedanke im Strafrecht, GA 1995, S. 4 ff.

– Strafrecht Allgemeiner Teil, Berlin u. a. 1998.

– Zur Legitimationsfunktion des Zweckgedankens im gesamten Strafrecht; in: Jürgen Wolter/Georg Freund (Hrsg.), Straftat, Strafzumessung und Strafprozeß im gesamten Strafrechtssystem, Heidelberg 1996, S. 43 ff.

Frisch, Wolfgang: Vorsatz und Risiko – Grundfragen des tatbestandsmäßigen Verhaltens und des Vorsatzes, Köln, Berlin, Bonn, München 1983.

– Tatbestandsmäßiges Verhalten und Zurechnung des Erfolges, Heidelberg 1988.

– An den Grenzen des Strafrechts, in: Festschrift für Walter Stree und Johannes Wessels, Heidelberg 1993, S. 69 ff.

– Straftat und Straftatsystem, in: Jürgen Wolter/Georg Freund (Hrsg.), Straftat, Strafzumessung und Strafprozeß im gesamten Strafrechtssystem, Heidelberg 1996, S. 135 ff.

– Schwächen und berechtigte Aspekte der Theorie der positiven Generalprävention. Zur Schwierigkeit des „Abschieds von Kant und Hegel“, in: Schünemann/v. Hirsch/Jareborg (Hrsg.), Positive Generalprävention, Heidelberg 1998, S. 125 ff.

– Faszinierendes, Berechtigtes und Problematisches der Lehre von der objektiven Zurechnung des Erfolges, in: Festschrift für Claus Roxin, Berlin New York 2001, S. 213 ff.

– Gegenwartsprobleme der Tatbestandslehre, Manuskript Freiburg 1995.

Gallas, Wilhelm: Zum gegenwärtigen Stand der Lehre vom Verbrechen, ZStW 67 (1955). S. 1 ff.

– Studien zum Unterlassungsdelikt, Heidelberg 1989.

– Der dogmatische Teil des Alternativ- Entwurfs, ZStW 80 (1968), S. 1 ff.

Gehlen, Arnold: Der Mensch – Seine Natur und Stellung in der Welt, 13. Aufl., Wiesbaden 1986.

Geisler, Claudius: Objektive Bedingungen der Strafbarkeit, Berlin 1998.

Gössel, Karl Heinz: Versuch über Sein und Sollen im Strafrecht, in: Festschrift für Koichi Miyazawa, Baden–Baden 1995, S. 317 ff.

González–Rivero, Pilar: Strafrechtliche Zurechnung bei Defektzuständen, Berlin 2001.

Grimmer, Klaus: Die Rechtsfigur einer „Normativität des Faktischen". Untersuchungen zum Verhältnis von Norm und Faktum und zur Funktion der Rechtsgestaltungsorgane, Berlin 1971.

Grolmann, Karl: Grundsätze der Criminalrechtswissenschaft, Gießen 1798 (Neudruck, Glashütten 1970)

Grünewald, Anette: Zivilrechtlich begründete Garantenpflichten im Strafrecht, Berlin 2001.

Grünhut, Max: Begriffsbildung und Rechtsanwendung im Strafrecht, Tübingen 1926.

– Methodische Grundlagen der heutigen Strafrechtswissenschaft, in: Festgabe für Reinhard von Frank, Bd. 1, Tübingen 1930, S. 1 ff.

Grünwald, Gerald: Das unechtes Unterlassungsdelikt, – Seine Abweichung vom Handlungsdelikt, Göttingen 1956.

Günther, Hans- Ludwig: Strafrechtswidrigkeit und Strafrechtsausschluß, Köln, Berlin, Bonn, München 1983.

Günther, Klaus: Möglichkeiten einer diskursethischen Begründung des Strafrechts, in: Heike Jung (Hrsg.), Recht und Moral, Baden–Baden 1991, S. 205 ff.

Habermas, Jürgen: Wie ist Legitimität durch Legalität möglich? KJ 1987, S. 1 ff.

– Theorie des kommunikativen Handelns, Frankfurt am Main 1988.

– Faktizität und Geltung, Frankfurt am Main 1992.

Hälschner, Hugo : Die Lehre vom Unrecht in seinen verschiedenen Formen, GS 21 (1869), S. 11 ff., 81 ff. und GS 21 (1876), S. 401 ff.

Hardwig, Werner: Die Zurechnung, Ein Zentralproblem des Strafrechts, Hamburg 1957.

Hartmann, Nicolai: Das Problem des geistigen Seins. Untersuchungen zur Grundlegung der Geschichtsphilosophie und der Geisteswissenschaften (1933), 3. Aufl. Berlin 1962.

– Zur Grundlegung der Ontologie (1935), 4. Aufl., Berlin 1965.

–Teleologisches Denken, 2. Aufl., Berlin 1966.

Hassemer, Winfried: Einführung in die Strafrechtswissenschaft, 2. Aufl., München 1990.

– Person, Welt und Verantwortlichkeit – Prolegomena einer Lehre von der Zurechnung im Strafrecht, in: Klaus Lüderssen (Hrsg.), Aufgeklärte Kriminalpolitik oder Kampf gegen das Böse, Bd. 1: Legitimationen, Baden–Baden 1998, S. 350 ff.

Hegel, Georg Wilhelm Friedrich: Grundlinien der Philosophie des Rechts– oder Naturrecht und Staatswissenschaft im Grundrisse, (Berlin 1821), Werke in 20 Bänden, Red. Eva Moldenhauer und Karl Markus Michel auf der Grundlage der Werke von 1832– 1845), Bd. 7, 3. Aufl. Frankfurt am Main 1993.

–Enzyklopädie der philosophischen Wissenschaften im Grundrisse (1830), Werke Bd. 8, 1. Aufl., Frankfurt 1986.

– Phänomenologie des Geistes (1807), Werke Bd. 3, 3. Aufl., Frankfurt am Main 1991.

– Wissenschaft der Logik: Werke Bd. 5, 2. Aufl., Frankfurt am Main 1990.

– Über die wissenschaftlichen Behandlungsarten des Naturrechts, seine Stellung in der praktischen Philosophie und sein Verhältnis zu den positiven Rechtswissenschaften (1802/03), in: Werke Bd. 2 (Jenaer Schriften 1801– 1807), 2. Aufl., Frankfurt am Main 1990, S. 434 ff.

Hegler, August: Die Merkmale des Verbrechens, ZStW 36 (1915), S. 19 ff.

– Subjektive Rechtswidrigkeitsmomente im Rahmen des allgemeinen Verbrechensbegriffs, in: Festgabe für Reinhard von Frank, Bd. 1, Tübingen 1930, S. 251 ff.

Henkel, Heinrich: Einführung in die Rechtsphilosophie, Grundlagen des Rechts, 2. Aufl., München 1977.

Herzberg, Rolf Dietrich: Die Unterlassung im Strafrecht und das Garantenprinzip, Berlin u. New York 1972.

– Die Abgrenzung von Vorsatz und bewußter Fahrlässigkeit – ein Problem des objektiven Tatbestandes, JuS 1986, S. 249 ff.

– Vorsatz und erlaubtes Risiko– insbesondere bei der Verfolgung Unschuldiger (§ 344 StGB, in: JR 1986, S. 6 ff.

– Die Sorgfaltswidrigkeit im Aufbau der vorsätzlichen und fahrlässigen Straftat, JZ 1987, S. 536 ff.

– Gedanken zur actio libera in causa: Straffreie Deliktsvorbereitung als „Begehung der Tat" (§ § 16, 20, 34 StGB), in: Festschrift für Günther Spendel, Berlin, New York 1992, S. 203 ff.

– Gedanken zum strafrechtlichen Handlungsbegriff und zur „vortatbestandlichen Deliktsverneinung", GA 1996, S. 1 ff.

Hirsch, Hans Joachim: Der Streit um Handlungs– und Zurechnungslehre, insbesondere im Spiegel der Zeitschrift für die gesamte Strafrechtswissenschaft, ZStW 93 (1981), S. 831 ff.

– Die Entwicklung der Strafrechtsdogmatik nach Welzel, in: Festschrift der Rechtswissenschaftlichen Fakultät zur 600–Jahr–Feier der Universität zu Köln, Köln, Berlin, Bonn, München1988, S. 399 ff.

– Zur Lehre von der objektiven Zurechnung, in: Festschrift für Theodor Lenckner, München 1998, S. 119 ff.

v. Hippel, Robert: Deutsches Strafrecht, Berlin 1925.

Historisches Wörterbuch der Philosophie: Bd. 8, hrsg. von Joachim Ritter und Karlfried Gründer, Darmstadt 1992.

Hobbes, Thomas: Leviathan, übers. Von Euchner, hrsg. von I. Fetscher, Neuwied, Berlin 1966.

Hoerster, Norbert: Buchbesprechung von Günther Jakobs, Norm, Person, Gesellschaft, ZRP 1999, S. 215.

Hösle, Vittorio: Hegels System, Bd. 2, Hamburg 1988.

– Intersubjektivität und Willensfreiheit in Fichtes „Sittenlehre", in: Michael Kahlo, Ernst Amadeus Wolff, Rainer Zaczyk (Hrsg.), Fichtes Lehre vom Rechtsverhältnis, Frankfurt am Main 1992.

Hohmann, Ralf: Personalität und strafrechtliche Zurechnung, – Die Konstitution des strafrechtlichen Handlungsbegriffes auf der Grundlage der Hegelschen Rechtsphilosophie, Frankfurt am Main u. a. 1993.

Holl, Thomas: Entwicklungen der Fahrlässigkeitsdogmatik im Strafrecht von Feuerbach bis Welzel, Dissertation Bonn 1992.

Honig, Richard: Kausalität und objektive Zurechnung, in: Festgabe für Reinhard von Frank, Tübingen 1930, S. 174 ff.

– Die Einwilligung des Verletzten, Mannheim, Berlin, Leipzig 1919.

Hsü, Yü– Hsiu: Die objektive Zurechnungslehre in Taiwan, in: Festschrift für Claus Roxin, Berlin, New York 2001, S. 239 ff.

Hruschka, Joachim: Strukturen der Zurechnung, Berlin, New York 1976.

– Ordentliche und außerordentliche Zurechnung bei Pufendorf, ZStW 96 (1984), S. 661 ff.

Hume, David: A Treatise of Human Nature, dt. Ein Traktat über die menschliche Vernunft, übers. von Theodor Lipps, Hamburg 1978.

Husserl, Gerhart: Negatives Sollen im Bürgerlichen Recht, Breslau 1931.

Hutter, Michael/ *Teubner*, Gunther: Der Gesellschaft fette Beute. Homo juridicus und homo oeconomicus als kommunikationserhaltende Fiktionen, in: Peter Fuchs, Andreas Göbel (Hrsg.), Der Mensch – das Medium der Gesellschaft, Frankfurt am Main, 1994, S. 110 ff.

Jakobs, Günther: Studien zum fahrlässigen Erfolgsdelikt, Berlin, New York 1972.

– Schuld und Prävention, Tübingen 1976.

– Regreßverbot beim Erfolgsdelikt, ZStW 89 (1977), S. 1 ff.

– Tätervorstellung und objektive Zurechnung, in: Gedächtnisschrift für Armin Kaufmann, Köln, Berlin, Bonn, München 1989, S. 271 ff.

– Über die Behandlung von Wollensfehlern und Wissensfehlern, ZStW 101 (1989), S. 516 ff.

– Strafrecht Allgemeiner Teil, Die Grundlagen und die Zurechnungslehre, 2. Aufl. 1991.

– Der strafrechtliche Handlungsbegriff, München 1992.

– Das Schuldprinzip, Opladen 1993.

– Das Strafrecht zwischen Funktionalismus und „alteuropäischem" Prinzipiendenken, ZStW 107 (1995), S. 843 ff.

– Die strafrechtliche Zurechnung von Tun und Unterlassen, Opladen 1996.

– Die sogenannte actio libera in causa, in: Festschrift für Haruo Nishihara, Baden–Baden 1998, S.105 ff.

– Normkenntnis und Normunkenntnis, in Festschrift für Lee, Seoul 1998, S. 917 ff.

– Zur gegenwärtigen Straftheorie, in: Kritisches Jahrbuch der Philosophie, Beiheft 1/1998: Strafe muß sein! Muß Strafe sein?, Würzburg 1998, S. 29 ff.

– Norm, Person, Gesellschaft, 2. Aufl., Berlin 1999.

– Bemerkungen zur objektiven Zurechnung, in: Festschrift für Hans Joachim, Berlin, New York 1999, S. 45 ff.

– Zur Genese von Rechtsverbindlichkeit, in: Gerhard Höver (Hrsg.),Verbindlichkeit unter den Bedingungen von Pluralität, Hamburg 1999.

– Strafrechtliche Zurechnung und die Bedingungen der Normgeltung, in: Ulfried Neumann/Lorenz Schulz (Hrsg.) Verantwortung in Recht und Moral, Stuttgart 2000, S. 57 ff.

– Personalität und Exklusion im Strafrecht, in: Festschrift für Dionysios Spinellis, Athen 2001.

– Strafbarkeit juristischer Personen ? In: Festschrift für Klaus Lüderssen, Baden–Baden 2002; S. 559 ff.

Jauernig, Othmar (Hrsg.): Bürgerliches Gesetzbuch mit Gesetz zur Regelung des Rechts der Allgemeinen Geschäftsbedingungen, 9. Aufl. München 1999.

Jellinek, Walter: Die sozialethische Bedeutung von Recht, Unrecht und Strafe, 2. Aufl. Berlin 1908.

Jensen, Stefan: Erkenntnis – Konstruktivismus – Systemtheorie, Wiesbaden 1999.

Jermann, Christoph: Die Moralität, in: ders. (Hrsg.), Anspruch und Leistung von Hegels Rechtsphilosophie, Stuttgart 1987, S. 101 ff.

Jescheck, Hans Heinrich: Der strafrechtliche Handlungsbegriff in dogmengeschichtlicher Entwicklung, in: Festschrift für Eberhard Schmidt, Göttingen 1961, S. 139 ff.

– Strafrecht Allgemeiner Teil, 4. Aufl., Berlin 1988.

– Neue Strafrechtsdogmatik und Kriminalpolitik in rechtsvergleichender Sicht, ZStW 98 (1986), S. 1 ff.

–/*Weigend*, Thomas: Strafrecht Allgemeiner Teil, 5. Aufl. Berlin 1996.

v. Jhering, Rudolph: Das Schuldmoment im römischen Privatrecht. Eine Festschrift, Gießen 1867.

Kaiser, Hanno: Widerspruch und harte Behandlung, Zur Rechtfertigung von Strafe, Berlin 1999.

Kahlo, Michael: Das Problem des Pflichtwidrigkeitszusammenhanges bei den unechten Unterlassungsdelikten, Berlin 1990.

– Die Handlungsform der Unterlassung als Kriminaldelikt, Frankfurt am Main 2001.

Kahrs, Hans Jürgen: Das Vermeidbarkeitsprinzip und die conditio–sine–qua–non– Formel im Strafrecht, Hamburg 1968.

Kaminski, Ralf: Der objektive Maßstab im Tatbestand des Fahrlässigkeitsdelikts, Berlin 1992.

Kamps, Hans: Ärztliche Arbeitsteilung und strafrechtliches Fahrlässigkeitsdelikt, Berlin 1981.

Kant, Immanuel: Kritik der reinen Vernunft, in: Weischedel (Hrsg.), Werke in sechs Bänden, Bd. II, (zitiert nach dem Seitenwechsel der Originalausgabe A 1781 und B 1787) Darmstadt 1956.

– Kritik der praktischen Vernunft, in: Weischedel (Hrsg.), Bd. IV /zit. nach dem Seitenwechsel der Originalausgabe A 1785 und B 1786), Darmstadt 1956, S. 107 ff.

– Grundlegung der Metaphysik der Sitten, in: Weischedel (Hrsg.) Bd. IV (zit. nach den Seitenwechsel der Originalausgabe A 1785 und B 1786), Darmstadt 1956, S. 11 ff.

– Die Metaphysik der Sitten, in: Weischedel (Hrsg.) Bd. IV (zit. nach den Seitenwechsel der Originalausgabe A 1797 und B 1789), Darmstadt 1956, S. 309 ff.

– Reflexionen zur Moralphilosophie (handschriftlicher Nachlaß), Akademie Ausgabe, Bd. XIX.

– Reflexionen zur Rechtsphilosophie (handschriftlicher Nachlaß), Akademie Ausgabe, Bd. XIX.

Kargl, Walter: Das Recht der Gesellschaft oder das Recht der Subjekte? Anmerkungen zu den „Rechtsphilosophischen Vorüberlegungen" von Günther Jakobs, GA 1999, S. 53 ff.

Kaufmann, Armin: Lebendiges und Totes in Bindings Normentheorie, Göttingen 1954.

– Die Dogmatik der Unterlassungsdelikte, Göttingen 1959.

– Die Funktion des Handlungsbegriffes im Strafrecht, in: Strafrechtsdogmatik zwischen Sein und Wert, Köln u. a. 1982.

– „Objektive Zurechnung" beim Vorsatzdelikt? in: Festschrift für Jescheck, Bd. 1, Berlin 1985, S. 251 ff.

Kaufmann, Arthur: Die ontologische Struktur der Handlung, in: Festschrift für Hellmuth Mayer, Berlin 1966, S. 79 ff.

– Die ontologische Struktur des Rechts, in: ders. (Hrsg.), Rechtsphilosophie im Wandel: Strukturen eines Weges, Frankfurt am Main 1972, S. 104 ff.

Kaulbach, Friedrich: Einführung in die Philosophie des Handelns, Darmstadt 1982.

Kelsen, Hans: Hauptprobleme der Staatsrechtslehre entwickelt aus der Lehre vom Rechtssatz, Tübingen 1911.

– Reine Rechtslehre: Einleitung in die Rechtswissenschaftliche Problematik, Leipzig u. Wien 1934.

– Kausalität und Zurechnung, ARSP 46 (1960), S. 321 ff.

Kersting, Wolfgang: Die politische Philosophie des Gesellschaftsvertrages, Darmstadt 1996.

Kienapfel, Diethelm: Das erlaubte Risiko im Strafrecht. Zur Lehre vom sozialen Handlungsbegriff, Frankfurt am Main, 1966.

Kindhäuser, Urs: Intentionale Handlung, Berlin 1980.

– Gefährdung als Straftat, Frankfurt am Main, 1989.

–Erlaubtes Risiko und Sorgfaltswidrigkeit – Zur Struktur strafrechtlicher Fahrlässigkeitshaftung, GA 1994, S. 197 ff.

– Zur Rechtfertigung von Pflicht– und Obliegenheitsverletzungen im Strafrecht, in: Jahrbuch für Recht und Ethik, Bd. 2, Berlin 1994, S. 339 ff.

– Rechtstreue als Schuldkategorie, ZStW 107 (1995), S. 701 ff.

– Handlungs– und normentheoretische Grundlagen der Mittäterschaft, in: Verfassung – Philosophie – Kirche, Festschrift für Alexander Hollerbach, Berlin 2001, S. 627 ff.

Kissin, Siegfried: Die Rechtspflicht zum Handeln bei den Unterlassunsgdelikten. Zugleich ein Beitrag zur Lehre von der materiellen Rechtswidrigkeit, Breslau 1933.

Klein, Ernst Ferdinand: Grundsätze des gemeinen deutschen peinlichen Rechts, Halle 1796 (Nachdruck Goldbach 1996).

Klug, Ulrich: Der Handlungsbegriff des Finalismus als methodologisches Problem, in: Philosophie und Recht, in: Festschrift für Carl August Emge, Wiesbaden 1960, S. 33 ff.

– Abschied von Kant und Hegel, in: Baumann (Hrsg.), Programm für ein neues StGB , Frankfurt 1968, S. 36 ff.

Köhler, Michael: Die bewußte Fahrlässigkeit, Heidelberg 1982.

– Über den Zusammenhang von Strafbegründung und Strafzumessung, Heidelberg 1983.

– Der Begriff der Strafe, Heidelberg, 1986.

– Strafrecht Allgemeiner Teil, Berlin, Heidelberg, New York 1997.

– Der Begriff der Zurechnung, in: Festschrift für Hans Joachim Hirsch, Berlin, New York 1999, S. 64 ff.

Kohler, Josef: Studien aus dem Strafrecht, Mannheim 1890.

Koriath, Heinz: Grundlagen strafrechtlicher Zurechnung, Berlin 1994.

Kramer, Ernst: Das Prinzip der objektiven Zurechnung im Delikts– und Vertragsrecht, AcP 171 (1971), S. 422 ff.

Kratzsch, Dietrich: Verfassungsbeschwerde wegen fehlerhafter Anwendung des § 53 StGB, NJW 1974, 1546 f.

– Verhaltenssteuerung und Organisation im Strafrecht, Berlin 1985.

Krauß, Detlef: Die Zurechnung des Erfolges im Unrechtstatbestand. – Dissertation zur Erlangung des Doktorgrades der Juristischen Fakultät der Georg–August–Universität zu Göttingen, Göttingen 1963.

– Erfolgsunwert und Handlungsunwert im Unrecht, ZStW 76 (1964), S. 19 ff.

Kremer–Brax, Alexandra: Das personale Verhaltensunrecht der Fahrlässigkeitstat – Zur Individualisierung des Bewertungsgegenstandes, Frankfurt am Main 1999.

Kries, J. von: Über die Begriffe der Wahrscheinlichkeit und Möglichkeit und ihre Bedeutung im Strafrecht, ZStW 9 (1889), S. 528 ff.

Kroner, Richard: Von Kant bis Hegel, 3. Aufl., Tübingen 1977.

Kühl, Kristian: Anmerkung zu BGH JR 1983, S. 30, JR 1983, S. 32 ff.

– Strafrecht Allgemeiner Teil, 3. Aufl., München 2000.

Küper, Wilfried: Überlegungen zum sogenannten Pflichtwidrigkeitszusammenhang, in: Festschrift für Karl Lackner, Berlin u. a. 1987, S. 247 ff.

Küpper, Georg: Grenzen der normativierenden Strafrechtsdogmatik, Berlin 1990.

Kuhlen: Besprechung von Urs Kindhäuser, Gefährdung als Straftat, GA 1990, S. 477 ff.

Kunz, Karl–Ludwig: Prävention und gerechte Zurechnung, ZStW 98 (1986), S. 823 ff.

Ladeur, Karl–Heinz: Postmoderne Rechtstheorie, 2. Aufl., Berlin 1995.

Lampe, Ernst–Joachim: Das personale Unrecht, Berlin 1967.

– Rechtsgut, kultureller Wert und individuelles Bedürfnis, in: Festschrift für Hans Welzel, Berlin, New York 1974, S. 151 ff.

– Zur ontologischen Struktur des strafbaren Unrechts, in: Festschrift für Hans–Joachim Hirsch, Berlin, New York 1999, S. 83 ff.

Lange, Richard: Literaturbericht: Strafrecht–Allgemeiner Teil, ZStW 63 (1951), S. 456 ff. (505)

– Irrtumsfragen bei der ärztlichen Schwangerschaftsunterbrechung, in: JZ 1953, S. 9 ff.

Lang–Hinrichsen, Dietrich: Zum Handlungsbegriff im Strafrecht. Eine Besprechung der Schrift von Werner Maihofer: Der Handlungsbegriff im Verbrechenssystem, JR 1954, S. 88 ff.

Larenz, Karl: Hegels Zurechnungslehre und der Begriff der objektiven Zurechnung, Leipzig 1927, Aalen 1970.

– Staat und Religion bei Hegel, in: Festgabe für Binder, Berlin 1930, S. 243 ff.

– Über Fahrlässigkeitsmaßstäbe im Zivilrecht, in: Festschrift für Walter Wilburg, Graz 1965, S. 119 ff.

– Lehrbuch des Schuldrechts, Bd. 1, Allgemeiner Teil, 14. Aufl., München 1987.

Larenz, Karl/*Canaris*, Claus–Wilhelm: Lehrbuch des Schuldrechts, Zweiter Bd., 2. Halbband, 13 Aufl., München 1994.

Lask, Emil: Rechtsphilosophie, in: Gesammelte Schriften, Bd.1, hrsg. von Eugen Herrigel, Tübingen 1923, S. 278 ff.

Laufs, Adolf: Deliktische Haftung ohne Verschulden – eine Skizze, in: Festschrift für Joachim Gernhuber zum 70. Geburtstag, Tübingen 1993, S. 245 ff.

Leipziger Kommentar: Großkommentar zum Strafgesetzbuch, hrsg. von Hans–Heinrich Jescheck, Wolfgang Ruß und Günther Willms, 10. Aufl., 1985 ff, soweit erschienen zitiert nach der 11. Aufl., hrsg. von Burkhard Jähnke, Heinrich W. Laufhütte und Walter Odersky, 1992 ff.

Lesch, Heiko Hartmut: Das Problem der Sukzessiven Beihilfe, Frankfurt a. Main, Bern, New York, Paris 1992.

– Dolus directus, indirectus und eventualis, JA 1997, S. 802 ff.

– Der Verbrechensbegriff, Grundlinien einer funktionalen Revision, Köln, Berlin, Bonn, München 1999.

Liepmann, Moritz: Einleitung in das Strafrecht, Berlin 1900.

Liszt, Franz von: Rechtsgut und Handlungsbegriff im Bindingschen Handbuche, ZStW 6 (1886), S. 663 ff.

– Die Deliktsobligationen im System des Bürgerlichen Gesetzbuches, Kritische und dogmatische Randbemerkungen, Berlin 1898.

– Die Aufgaben und die Methode der Strafrechtswissenschaft, In: Franz von Liszt, Strafrechtliche Aufsätze und Vorträge, Bd. 2 (1892– 1904., Berlin 1905), S. 284 ff.

– Lehrbuch des deutschen Strafrechts, 4. Aufl., Berlin 1891.

von Liszt, Franz/ *Schmidt*, Eberhard: Lehrbuch des Deutschen Strafrechts, 26. Aufl., Berlin, Leipzig 1932.

Löffler, Alexander: Unrecht und Notwehr, ZStW 21 (1901), S. 537 ff.

Loening, Richard: Geschichte der strafrechtlichen Zurechnungslehre, Erster Bd.: Die Zurechnungslehre des Aristoteles, Jena 1903.

Loos, Fritz: Zur Wert– und Rechtslehre Max Webers, Tübingen 1970.

–Literaturbericht, ZStW 110 (1998), S. 350 ff.

Lorenz, Dieter: Der Maßstab des einsichtigen Menschen, Bad Homburg, Berlin, Zürich 1967.

Luhmann, Niklas: Grundrechte als Institution, Berlin 1965.

– Zweckbegriff und Systemrationalität, Tübingen 1968.

– Normen in soziologischer Perspektive, in: Soziale Welt 20 (1969), S. 28 ff.

– Institutionalisierung – Funktion und Mechanismus im sozialen System der Gesellschaft, in: Helmut Schelsky (Hrsg.) Zur Theorie der Institution, Düsseldorf 1970, S. 27 ff.

– Die Funktion des Rechts: Erwartungssicherung oder Verhaltenssteuerung? ARSP–Beiheft Nr. 8, 1974, S. 31 ff.

– Ausdifferenzierung des Rechts. Beiträge zur Rechtssoziologie und Rechtstheorie, Frankfurt am Main 1981.

– Rechtssoziologie, 2. Aufl., Opladen 1983.

– Die Einheit des Rechtssystems, Rechtstheorie 14 (1983), S. 137 ff.

– Soziale Systeme, Frankfurt am Main 1987.

– Das Recht der Gesellschaft, Frankfurt am Main, 1993.

–Die operative Geschlossenheit psychischer und sozialer Systeme, Soziologische Aufklärung, Bd. 6: Die Soziologie und der Mensch, Opladen 1995, S. 25 ff.

– Wie ist Bewußtsein an Kommunikation beteiligt? Soziologische Aufklärung Bd. 6: Die Soziologie und der Mensch, Opladen 1995, S. 37 ff.

Lukas, Mathias: „Tatbestandsmäßiges Verhalten" versus „objektive Zurechnung" im Strafrecht, Würzburg, Univ. Diss. 1996.

Maihofer, Werner: Der Handlungsbegriff im Verbrechenssystem, Tübingen 1953.

– Recht und Sein, Frankfurt am Main, 1954.

– Der Unrechtsvorwurf, in: Festschrift für Theodor Rittler, Aalen 1957, S. 141 ff.

– Zur Systematik der Fahrlässigkeit, ZStW 70 (1958), S. 159 ff.

– Die Natur der Sache, ARSP 44 (1958), S. 145 ff.

– Der soziale Handlungsbegriff, in: Festschrift für Eberhard Schmidt, Göttingen 1961, S. 156 ff.

Maiwald, Manfred: Zum Maßstab der Fahrlässigkeit bei trunkenheitsbedingter Fahruntüchtigkeit, in: Festschrift für Eduard Dreher, Berlin, New York 1977, S. 437 ff

– Kausalität und Strafrecht: Studien zum Verhältnis von Naturwissenschaften und Jurisprudenz, Göttingen 1980.

– Zur strafrechtssystematischen Funktion des Begriffes der objektiven Zurechnung, in: Festschrift für Koichi Miyazawa, Baden–Baden, 1995, S. 465 ff.

Maturana, Humberto: Erkennen: Die Organisation und Verkörperung von Wirklichkeit, dt. Fassung von Köck, 2. Aufl., Braunschweig, Wiesbaden 1985.

Maurach, Reinhart/*Zipf*, Heinz: Strafrecht, Allgemeiner Teil, Teilband 1, 8. Aufl., Heidelberg 1992.

Mayer, Hellmuth: Strafrecht Allgemeiner Teil, Stuttgart und Köln 1953.

–Vorbemerkungen zur Lehre vom Handlungsbegriff, in: Festschrift für Hellmuth von Weber, Bonn 1963, S. 137 ff.

– Strafrecht Allgemeiner Teil, Stuttgart, Berlin, Köln Mainz 1967.

Meder, Stephan: Schuld, Zufall, Risiko, Frankfurt 1993.

Merkel, Adolf: Kriminalistische Abhandlungen I, Leipzig 1867.

Mezger, Edmund: Die subjektiven Unrechtselemente GS 89 (1924), S. 207 ff.

– Strafrecht, München, Leipzig 1931.

– Moderne Wege der Strafrechtsdogmatik. Eine ergänzende Betrachtung zum Lehrbuch des Strafrechts in seiner 3. Aufl. (1949), Berlin– München 1950.

Michaelowa, *Klaus: Der Begriff der strafrechtswidrigen Handlung, Berlin 1968.*

Michelet, Carl Ludwig: Das System der philosophischen Moral, Berlin 1828 (Nachdruck Bruxelles 1968).

Mir Puig, Santiago: Die „ex ante" Betrachtung im Strafrecht, in: Festschrift für Hans–Heinrich Jescheck, Bd. 1, Berlin 1985, S. 337 ff

– Über das Objektive und das Subjektive im Unrechtstatbestand, in: Gedächtnisschrift für Armin Kaufmann, Köln, Berlin, Bonn, München 1989, S. 253 ff.

– Die begründende und begrenzende Funktion der positiven Generalprävention, ZStW 102 (1990), S. 914 ff.

– Die Zurechnung im Strafrecht eines entwickelten sozialen und demokratische Rechtsstaates, Jahrbuch für Recht und Ethik, Bd. 2, 1994, S 225 ff.

Mittasch, Helmut: Die Auswirkungen des wertbeziehenden Denkens in der Strafrechtssystematik, Berlin 1939.

Moreno Hernández, Moisés: Über die Verknüpfung von Strafrechtsdogmatik und Kriminalpolitik – (Ontologismus versus Normativismus?), in: Festschrift für Claus Roxin, Berlin, New York 2001, S. 69 ff.

Müller, Friedrich: Juristische Methodik, 7. Aufl., Berlin 1997.

Müller, Max Ludwig: Die Bedeutung des Kausalzusammenhangs im Straf– und Schadensersatzrecht, Tübingen 1912.

Müller–Dietz, Heinz: Integrationsprävention und Strafrecht. Zum positiven Aspekt der Generalprävention, in: Festschrift für Hans–Heinrich Jescheck, Bd. 2, Berlin 1985, S. 813 ff.

Münzberg, Wolfgang: Verhalten und Erfolg als Grundlagen der Rechtswidrigkeit und Haftung, Frankfurt am Main, 1966.

Müssig, Bernd J. A. Schutz abstrakter Rechtsgüter und abstrakter Rechtsgüterschutz, Frankfurt a. Main, Berlin, Bern, New York, Paris, Wien 1994.

– Mord und Totschlag – Vorüberlegungen zu einem Differenzierungsansatz im Bereich des Tötungsunrechts, Manuskript der Habilitationsschrift Bonn 2000.

Mylonopoulos, Christos: Über das Verhältnis von Handlungs– und Erfolgsunwert im Strafrecht, Köln, Berlin, Bonn, München, 1981.

Nagler, Johannes: Der Begriff der Rechtswidrigkeit, in: Festgabe für Reinhard von Frank, Bd. 1, Tübingen 1930, S. 339 ff.

Naucke, Wolfgang: Über das Regreßverbot im Strafrecht, ZStW 76 (1964), S. 408ff.

Neumann, Ulfrid: Zurechnung und „Vorverschulden“, Berlin 1985.

– Normtheorie und strafrechtliche Zurechnung, GA 1985, S. 389 ff.

– Ontologische, funktionale und sozialethische Deutung des strafrechtlichen Schuldprinzips, in: Lüderssen (Hrsg.), Aufgeklärte Kriminalpolitik oder Kampf gegen das Böse, Bd.1: Legitimationen, Baden–Baden 1998, S. 391 ff.

Nipperdey, Hans Carl: Rechtswidrigkeit, Fahrlässigkeit, Schuld im Zivilrecht, NJW 1957, S. 1777

Nomos Kommentar zum Strafgesetzbuch: Gesamtredaktion: Ulfrid Neumann, Wolfgang Schild, Baden– Baden, 1995 ff.

Oehler, Dietrich: Das objektive Zweckmoment in der rechtswidrigen Handlung, Berlin 1959.

– Das erfolgsqualifizierte Delikt als Gefährdungsdelikt, ZStW 69 (1957), S. 503 ff.

– Die erlaubte Gefahrsetzung und die Fahrlässigkeit, in: Festschrift für Eberhard Schmidt, Göttingen 1961, S. 232 ff.

Otter, Klaus: Funktionen des Handlungsbegriffs im Verbrechensaufbau, Bonn 1973.

Otto, Harro: Kausaldiagnose und Erfolgszurechnung im Strafrecht, in: Festschrift für Reinhart Maurach zum 70. Geburtstag, Karlsruhe 1972, S. 91 ff.

– Personales Unrecht, Schuld und Strafe, ZStW 87 (1975), S. 539 ff.

– Pflichtenkollision und Rechtswidrigkeitsurteil, 3. Aufl., Marburg 1978.

– Risikoerhöhungsprinzip statt Kausalitätsgrundsatz als Zurechnungskriterium bei Erfolgsdelikten, NJW 1980, S. 417 ff.

Paeffgen, Hans Ullrich: Fotografieren von Demonstranten durch die Polizei und Rechtfertigungsirrtum, JZ 1978, S. 738 ff.

Parsons, Talcott, The structure of Social Action, New York 1937.

– Aktor, Situation und normative Muster, hrsg. u. übersetzt von Harald Wenzel, Frankfurt am Main 1986.

Pawlik, Michael: Das Recht im Unrechtsstaat, Rechtstheorie 25 (1994), S. 101 ff.

– Die Lehre nach der Grundnorm als eine Theorie der Beobachtung zweiter Ordnung, Rechtstheorie 25 (1994), S. 451 ff.

– Das unerlaubte Verhalten beim Betrug, Köln, Berlin, Bonn, München 1999.

Patterson, Dennis: Recht und Wahrheit, Baden–Baden, 1999.

Philipps, Lothar: Der Handlungsspielraum, Frankfurt am Main, 1974.

Proebsting: Kausalität und Tatbestandsmäßigkeit der Willensbetätigung im Strafrecht, ZStW 42 (1921), S. 740 ff.

Puppe, Ingeborg: Der Erfolg und seine kausale Erklärung im Strafrecht, ZStW 92 (1980), S. 863 ff.

–Die Beziehung zwischen Sorgfaltswidrigkeit und Erfolg bei den Fahrlässigkeitsdelikten, ZStW 99 (1987), S. 595 ff.

– Der Vorstellungsinhalt des dolus eventualis, ZStW 103 (1991), S. 1 ff.

– Strafrecht als Kommunikation. Leistungen und Gefahren eines neuen Paradigmas in der Strafrechtsdogmatik, in: Festschrift für Gerald Grünwald, Baden–Baden 1999, S. 469 ff.

Radbruch, Gustav: Der Handlungsbegriff in seiner Bedeutung für das Strafrechtssystem, Berlin 1904.

– Zur Systematik der Verbrechenslehre, in: Festgabe für Reinhard von Frank, Bd. 1, Tübingen 1930, S. 158 ff.

– Rechtsphilosophie, 6. Aufl. hrsg. von Erik Wolf, Stuttgart 1963.

– Rechtsidee und Rechtsstoff, in: Arthur Kaufmann (Hrsg.), Die ontologische Begründung des Rechts, Darmstadt, 1967, S. 5 ff.

Rengier, Rudolf: Gedanken zur Problematik der objektiven Zurechnung im Besonderen Teil des Strafrechts, in: Festschrift für Claus Roxin, Berlin, New York 2001, S. 811 ff.

Reyes, Yesid: Theoretische Grundlagen der objektiven Zurechnung, ZStW 105 (1993) S. 108 ff.

Rickert, Heinrich: Die Grenzen der naturwissenschaftlichen Begriffsbildung, Tübingen und Leipzig 1902.

– System der Philosophie. Erster Teil, Allgemeine Grundlegung der Philosophie, Tübingen 1921.

– Kulturwissenschaft und Naturwissenschaft, 6./7. Aufl., Tübingen 1926.

– Der Gegenstand der Erkenntnis, Einführung in die Transzendentalphilosophie, 6. Aufl., Tübingen 1928.

Rinck, Klaus: Der zweistufige Deliktsaufbau, Berlin 2000.

Roeder, Hermann: Die Einhaltung des sozialadäquaten Risikos und ihr systematischer Standort im Verbrechensaufbau, Berlin 1969.

Roxin, Claus: Zur Kritik der finalen Handlungslehre, ZStW 74 (1962), S. 515 ff.

– Gedanken der Problematik der Zurechnung im Strafrecht, in: Festschrift für Richard Honig, Göttingen 1970, S. 133 ff.

– Kriminalpolitik und Strafrechtssystem, Berlin, New York 1973.

– Zum Schutzzweck der Norm bei fahrlässigen Delikten, in: Festschrift für Wilhelm Gallas, Berlin u. a. 1973, S. 214 ff.

– Gedanken zum „Dolus Generalis", in: Kultur – Kriminalität – Strafrecht, in: Festschrift für Thomas Würtenberger, Berlin 1977, S. 109 ff.

– Zur jüngsten Diskussion über Schuld, Prävention und Verantwortlichkeit im Strafrecht, in: Festschrift für Paul Bockelmann, München 1979, S. 279 ff.

– Bemerkungen zur sozialen Adäquanz im Strafrecht, in: Festschrift für Ulrich Klug, Köln, 1983, S. 303 ff.

– Finalität und objektive Zurechnung, in: Gedächtnisschrift für Armin Kaufmann, Köln, Berlin, Bonn, München 1989, S. 237 ff.

– Bemerkungen zum Regreßverbot, in: Festschrift für Herbert Tröndle, Berlin, New York 1989, S. 177 ff.

– Strafrecht Allgemeiner Teil, Bd. 1, 3. Aufl., München 1997.

– Täterschaft und Tatherrschaft, Berlin 2000.

Rousseau, Jean Jacques: Du contrat social ou principe du droit politique, 1762, übers. von Kurt Weigend, übers. und hrsg. von Hans Brockard, Stuttgart 1977.

Rudolphi, Hans–Joachim: Die Gleichstellungsproblematik der unechten Unterlassungsdelikte und der Gedanke der Ingerenz, Göttingen 1966.

– Vorhersehbarkeit und Schutzzweck der Norm in der strafrechtlichen Fahrlässigkeitslehre, JuS 1969, S. 549 ff.

– Inhalt und Funktion des Handlungsunwertes im Rahmen der personalen Unrechtslehre, in: Festschrift für Reinhart Maurach, Karlsruhe 1972, S. 51 ff.

– Das virtuelle Unrechtsbewußtsein als Strafbarkeitsvoraussetzung im Widerstreit zwischen Schuld und Prävention, in: Unrechtsbewußtsein, hrsg. von Bönner u. a., 1982, S. 1 ff.

– Der Zweck staatlichen Strafrechts und die strafrechtlichen Zurechnungsformen, in: Schünemann (Hrsg.), Grundfragen des modernen Strafrechtssystems, Berlin, New York 1984, S. 69 ff.

Ryffel, Hans: Rechtssoziologie. Eine systematische Orientierung, Neuwied und Berlin 1974.

Samson, Erich: Kausalitäts– und Zurechnungsprobleme im Umweltstrafrecht, ZStW 99 (1987), S. 617 ff.

Sánchez–Vera, Javier: Pflichtdelikt und Beteiligung, Berlin 1999.

Sauer, Wilhelm: Grundlagen des Strafrechts nebst Umriß einer Rechts– und Sozialphilosophie, Berlin u. Leipzig 1921.

Schaffstein, Friedrich: Rechtswidrigkeit und Schuld im Aufbau des neuen Strafrechtssystems, ZStW 57 (1938), S. 295 ff.

Schieffer, Frank: Strukturen der Erfolgszurechnung im Strafrecht und im zivilen Deliktsrecht, Regensburg 2001.

Schild, Wolfgang: Die „Merkmale" der Straftat und ihres Begriffes, Ebelsbach 1979.

– Der strafrechtsdogmatische Begriff der Zurechnung in der Rechtsphilosophie Hegels, Zeitschrift für Philosophische Forschung Bd. 35 (1981) S. 445 ff.

– Strafrechtsdogmatik als Handlungslehre ohne Handlungsbegriff, GA 1995, S. 101 ff.

– Die Straftat als „actio libera in causa". Bemerkungen zum grundsätzlichen Problem der Zurechnung von Unfreiheit im Strafrecht, in: Festschrift für Otto Triffterer, hrsg. von Kurt Schmoller, Wien, New York 1996, S. 203 ff.

Schiller, Friedrich: Wallensteins II, Wallensteins Tod, Reclam Ausgabe, Stuttgart 1969.

Schimank, Uwe: Theorien gesellschaftlicher Differenzierung, Stuttgart 1996.

Schlüchter, Ellen: Grundfälle der Lehre von der Kausalität, JuS 1976, S. 312 ff.

Schmidhäuser, Eberhard: Strafrecht Allgemeiner Teil, 2. Aufl., Tübingen 1975.

Schmidt, Eberhard: Der Arzt im Strafrecht, Leipzig 1930.

– Soziale Handlungslehre, in: Festschrift für Karl Engisch, Frankfurt am Main 1969 S. 339 ff.

Schmitt, Carl: Über die drei Arten des wissenschaftlichen Denkens, Hamburg1934.

Schnädelbach, Herbert: Philosophie in Deutschland 1831– 1933, Frankfurt am Main 1983.

Schöne, Wolfgang: Unterlassene Erfolgsabwendungen und Strafgesetz, Köln, Berlin, Bonn, München 1974.

Schönke, Adolf/ *Schröder*, Horst, Strafgesetzbuch, Kommentar, bearb. Von Theodor Lenckner, Peter Cramer, Albin Eser, Walter Stree u. a., 26. Aufl. München 2001.

Schünemann, Bernd: Grund und Grenzen der unechten Unterlassungsdelikte, Göttingen 1971.

– Neue Horizonte der Fahrlässigkeitsdogmatik? Zur Stellung der individuellen Sorgfaltswidrigkeit und der Handlungserfolges im Verbrechensaufbau, in: Festschrift für Friedrich Schaffstein, Göttingen 1975, S. 159 ff.

– Moderne Tendenzen in der Dogmatik der Fahrlässigkeits– und Gefährdungsdelikte JA 1975, S. 435 ff, 511 ff

– Einführung in das strafrechtliche Systemdenken, in: (ders.) Grundfragen des modernen Strafrechtssystems, Berlin, New York 1984, S. 1 ff.

– Kritische Anmerkungen zur geistigen Situation der deutschen Strafrechtswissenschaft, GA 1995, S. 101 ff.

– Über die objektive Zurechnung, GA 1999, S. 207 ff.

– Strafrechtsdogmatik als Wissenschaft, in: Festschrift für Claus Roxin, Berlin, New York 2001, S. 1 ff.

Schürer–Mohr, Wiebke: Erlaubte Risiken, Frankfurt am Main 1998.

Schulz, Lorenz: Strukturen von Verantwortung in Recht und Moral, ARSP Beiheft 75, S. 175 ff

Schweikert, Heinrich: Die Wandlungen der Tatbestandslehre seit Beling, Karlsruhe 1957.

Schwinge, Erich: Teleologische Begriffsbildung im Strafrecht, Bonn 1930.

Seelmann, Kurt: Opferinteressen und Handlungsverantwortung in der Garantenpflichtdogmatik, GA 1989, S. 250 ff.

– Zurechnung als Deutung und Zuschreibung_– Hegels „Recht der Objektivität, in: Vittorio Hösle (Hrsg.), Die Rechtsphilosophie des deutschen Idealismus, hrsg. von Vittorio Hösle, Hamburg 1989, S. 105 ff.

– Privatrechtlich begründete Garantenstellungen? In: (Karsten Schmidt) Vielfalt des Rechts und Einheit der Rechtsordnung, Berlin 1994, S. 85 ff.

– Anerkennungsverlust und Selbstsubsumtion, Freiburg, München 1996.

– Rechtsphilosophie, 2. Aufl., München 2001.

Siep, Ludwig: Anerkennung als Prinzip der praktischen Philosophie. Untersuchungen zu Hegels Jenaer Philosophie des Geistes, Freiburg 1979.

– Recht und Anerkennung, in: Helmut Grindt (Hrsg.): Selbstbehauptung und Anerkennung Sankt Augustin 1990, S. 161 ff.

– Praktische Philosophie im Deutschen Idealismus, Frankfurt am Main 1992.

Spendel, Günther: ARSP 38 (1951), S. 622.

Spriestersbach, Horst: Neue Kritik der Lehre vom Tatbestand, Bonn 1960.

Stein, Ulrich: Die strafrechtliche Beteiligungsformenlehre, Berlin 1988.

– Gewißheit und Wahrscheinlichkeit im Strafverfahren: in Wolter (Hrsg.), Zur Theorie und Systematik des Strafprozeßrechts, Neuwied 1995, S. 233 ff.

Sticht, Oliver: Sachlogik als Naturrecht? Zur Rechtsphilosophie Hans Welzels (1904–1977), Paderborn, München, Wien, Zürich 2000.

Stratenwerth, Günter: Das Rechtstheoretische Problem der Natur der Sache, Tübingen 1957.

– Zur Individualisierung des Sorgfaltsmaßstabes beim Fahrlässigkeitsdelikt, in: Festschrift für Hans–Heinrich Jescheck Bd. 1, Berlin 1985, S. 285 ff.

– Strafrecht Allgemeiner Teil, 4. Aufl., Köln, Berlin, Bonn, München, 2000.

Strawson, Peter Frederick: Einzelding und logisches Subjekt, Stuttgart 1972.

Streng, Franz: Schuld, Vergeltung, Generalprävention, ZStW 92 (1980), S. 637 ff

Struensee, Eberhard: Objektive Zurechnung und Fahrlässigkeitsdelikt, GA 1987, S. 97 ff.

Stübel, Christoph Carl: Über den Thatbestand der Verbrechen, den Urheber derselben und die zu einem verdammenden Endurtheile erforderliche Gemäßheit des ersteren, Wittenberg 1805.

Systematischer Kommentar zum Strafgesetzbuch (Loseblatt–Sammlung), bearb. von: Hans–Joachim Rudolphi, Eckard Horn, Hans– Ludwig Günther und Erich Samson, Gesamtredaktion Hans–Joachim Rudolphi, 5. u. 6. Aufl., Neuwied 1995 ff.

Tarnowski, Hans: Die Bedeutung der adaequaten Kausalitätstheorie für den Aufbau des Verbrechensbegriffes, Berlin, Leipzig 1927.

Taylor, Charles: Negative Freiheit? Zur Kritik des neuzeitlichen Individualismus, übers. v. Hermann Kocyba, Frankfurt am Main 1988.

– Hegel, übers. Von Fehn, 2. Aufl., Frankfurt 1993.

– Quellen des Selbst. Die Entstehung der neuzeitlichen Identität, übers. von Joachim Schulte, Frankfurt am Main 1994.

Teubner, Günther: Recht als autopoietisches System, Frankfurt am Main 1989.

Thierfelder, Rudolf: Normativ und Wert in der Strafrechtswissenschaft unserer Tage, Tübingen 1934.

Tiedemann, Klaus: Tatbestandsfunktionen im Nebenstrafrecht, Tübingen 1969.

Timpe, Gerhard: Strafmilderungen des Allgemeinen Teils des StGB und das Doppelverwertungsverbot, Berlin 1983.

– Normatives und psychisches im Begriff der Vermeidbarkeit eines Verbotsirrtums, GA 1984, S. 51 ff.

Toepel, Friedrich: Kausalität und Pflichtwidrigkeitszusammenhang beim fahrlässigen Erfolgsdelikt, Berlin 1992.

Torp, Carl: Die Lehre von der rechtswidrigen Handlung in der nordischen Rechtswissenschaft, ZStW 23 (1903), S. 84 ff.

Traeger, Ludwig: Der Kausalbegriff im Straf– und Zivilrecht, Marburg 1904.

Triffterer, Otto: Die „objektive Voraussehbarkeit" (des Erfolgs und des Kausalverlaufs)– unverzichtbares Element im Begriff der Fahrlässigkeit oder allgemeines Verbrechenselement aller Erfolgsdelikte, in: Festschrift für Paul Bockelmann, München 1979, S. 201 ff.

– Österreichisches Strafrecht Allgemeiner Teil, 2. Aufl., Wien, New York 1994.

Ulsenheimer, Klaus: Das Verhältnis zwischen Pflichtwidrigkeit und Erfolg bei den Fahrlässigkeitsdelikten, 1965.

Vehling, Karl–Heinz: Die Abgrenzung von Vorbereitung und Versuch, Frankfurt am Main u. a. 1991.

Vogel, Joachim: Norm und Pflicht bei den unechten Unterlassungsdelikten, Berlin 1993.

Walther, Susanne: Eigenverantwortlichkeit und strafrechtliche Zurechnung, Freiburg im Breisgau1991.

von Weber, Hellmuth: Grundriß des deutschen Strafrechts, 2. Aufl. Bonn 1948.

Weber, Max: Gesammelte Aufsätze zur Wissenschaftslehre, hrsg. v. J. Winckelmann, 3. Aufl. Tübingen 1968.

Welp, Jürgen: Vorangegangenes Tun als Grundlage einer Handlungsäquivalenz der Unterlassung, Berlin 1968.

Welzel, Hans: Kausalität und Handlung, ZStW 51 (1931), S. 703 ff.

– Naturalismus und Wertphilosophie im Strafrecht, Mannheim, Berlin, Leipzig 1935.

– Studien zur Systematik des Strafrechts, ZStW 58 (1939), S. 491 ff.

– Um die finale Handlungslehre, Recht und Staat Bd. 146, Tübingen 1949.

– Die Regelung von Vorsatz und Irrtum im Strafrecht als legislatorisches Problem, ZStW 67 (1955), S. 196 ff.

– Das deutsche Strafrecht, 8. Aufl., Berlin 1963.

– Das deutsche Strafrecht, 11. Aufl., Berlin 1969.

– Naturrecht und materiale Gerechtigkeit, Göttingen 1990.

Wessels, Johannes: Strafrecht Allgemeiner Teil, 27. Aufl. Heidelberg 1997.

Wieacker, Franz: Rechtswidrigkeit und Fahrlässigkeit im Bürgerlichen Recht, JZ 1957, 535 ff.

– Privatrechtsgeschichte der Neuzeit, 2. Aufl., Göttingen 1967.

Wiener Kommentar *zum Strafgesetzbuch, hrsg. von Frank Höpfel, Eckart Ratz, Bd. 1, 2. Aufl., Wien 1999.*

Wiethölter, Rudolf: Der Rechtfertigungsgrund des verkehrsrichtigen Verhaltens, Karlsruhe 1967.

Wildt, Andreas: Autonomie und Anerkennung. Hegels Moralitätskritik im Lichte seiner Fichte Rezeption, Stuttgart 1982.

Willaschek, Marcus: Praktische Vernunft. Handlungstheorie und Moralbegründung bei Kant, Stuttgart, Weimar 1992.

Windelband, Wilhelm: Geschichte und Naturwissenschaften, in: Präludien, Zweiter Bd., Tübingen 1924.

Wolf, Erik: Strafrechtliche Schuldlehre, Mannheim, Berlin, Leipzig 1928.

– Typen der Tatbestandsmäßigkeit, Breslau 1931.

– Vom Wesen des Täters, Tübingen 1932.

Wolff, Ernst Amadeus: Der Handlungsbegriff in der Lehre vom Verbrechen, Heidelberg 1964.
– Das Problem der Handlung im Strafrecht, in: Gedächtnisschrift für Gustav Radbruch, Göttingen 1968, S. 291 ff.

– Das neuere Verständnis von Generalprävention und seine Tauglichkeit für eine Antwort auf Kriminalität, ZStW 97 (1985), S. 786 ff.

Wolff–Reske, Monika: Berufsbedingtes Verhalten als Problem mittelbarer Erfolgsverursachung. Ein Beitrag zu den Grenzen der Beihilfestrafbarkeit, Baden–Baden 1995.

Wolter, Jürgen: Adäquanz– und Relevanztheorie, Zugleich ein Beitrag zur objektiven Erkennbarkeit beim Fahrlässigkeitsdelikt, GA 1977, S. 257 ff.

– Objektive und personale Zurechnung von Verhalten, Gefahr und Verletzung in einem funktionalen Straftatsystem, Berlin 1981.

– Objektive und personale Zurechnung zum Unrecht. Zugleich ein Beitrag zur aberratio ictus, in: Bernd Schünemann (Hrsg.) Grundfragen des modernen Strafrechtssystems, Berlin, New York 1984, S. 103 ff.

– Tatbestandsmäßiges Verhalten und Zurechnung des Erfolges – Überlegungen zur gleichnamigen Monographie von Wolfgang Frisch, GA 1991, S. 531 ff.

Würtenberger, Thomas: Die geistige Situation der deutschen Strafrechtswissenschaft, 2. Aufl., Karlsruhe 1959.

Zaczyk, Rainer: Das Strafrecht in der Rechtslehre J. G. Fichtes, Berlin 1981.

– Das Unrecht der versuchten Tat, Berlin 1989.

– Der Begriff „Gesellschaftsgefährlichkeit" im deutschen Strafrecht, in: Klaus Lüderssen/Cornelius Nestler Tremel/Ewa Weigend (Hrsg.), Modernes Strafrecht und ultima–ratio–Prinzip, Frankfurt am Main, New York, Paris 1990.

– Die Struktur des Rechtsverhältnisses (§§ 1– 4) im Naturrecht Fichtes, in: Michael Kahlo, Ernst Amadeus Wolff, Rainer Zaczyk (Hrsg.), Fichtes Lehre vom Rechtsverhältnis, Frankfurt am Main, 1992, S. 9 ff.

– Strafrechtliches Unrecht und Selbstverantwortung des Verletzten, Heidelberg 1993.

–Buchbesprechung von Susanne Walter: Eigenverantwortlichkeit und strafrechtliche Zurechnung, GA 1993 S. 240 ff.

Zielinski, Diethart: Handlungs– und Erfolgsunwert im Unrechtsbegriff, Berlin 1973.

Zipf, Heinz: Die Verteidigung der Rechtsordnung, in: Festschrift für Hans–Jürgen Bruns, Köln, Berlin, Bonn, München 1978, S. 205 ff.

Zippelius, Reinhold: Der Aufbau der modernen Unrechtslehre, Regensburg 1953.

Robert Mödl

Macht, Verantwortlichkeit und Zurechnung im Konzern

Eine rechtsvergleichende Untersuchung auf der Grundlage des deutschen, spanischen und US-amerikanischen Rechts

Frankfurt am Main, Berlin, Bern, Bruxelles, New York, Oxford, Wien, 2003.
XLVI, 296 S.
Studien zum vergleichenden und internationalen Recht.
Herausgegeben von Bernd von Hoffmann, Erik Jayme und Heinz-Peter Mansel. Bd. 85
ISBN 3-631-51737-8 · br. € 56.50*

Der Rechtsvergleich geht von zwei Grundproblemen des Konzerns aus. Eines ist der Interessenkonflikt des kontrollierenden Gesellschafters, der seine Interessen innerhalb und außerhalb der kontrollierten Gesellschaft in Einklang bringen muß. Das zweite ist die Verteilung eines Unternehmens auf mehrere Rechtssubjekte. Aus diesem Blickwinkel werden die gesellschaftsrechtlichen Rahmenbedingungen, Haftungstatbestände und Zurechnungsprobleme in Deutschland, Spanien und den USA jeweils in sich geschlossen dargestellt. Das abschließende Kapitel zieht Folgerungen aus dem Vergleich der Rechtsordnungen und Insolvenzstatistiken der drei Länder. Ergebnis ist vor allem die Lösung konzernrechtlicher Probleme mit Hilfe des allgemeinen Gesellschaftsrechts und die Ablehnung der Durchgriffsmethode.

Aus dem Inhalt: Gesellschaftsrechtliche Rahmenbedingungen · Haftung und Zurechnung bei kontrollierten Kapitalgesellschaften in Deutschland, Spanien und den USA · Vergleich und Folgerungen insbesondere für das deutsche Recht

Frankfurt am Main · Berlin · Bern · Bruxelles · New York · Oxford · Wien
Auslieferung: Verlag Peter Lang AG
Moosstr. 1, CH-2542 Pieterlen
Telefax 00 41 (0) 32 / 376 17 27

*inklusive der in Deutschland gültigen Mehrwertsteuer
Preisänderungen vorbehalten

Homepage http://www.peterlang.de

FSC
www.fsc.org
MIX
Papier | Fördert gute Waldnutzung
FSC® C083411

Kolibri 360 GmbH
Ferdinand-Jühlke-Straße 7
99095 Erfurt, Deutschland
produktsicherheit@kolibri360.de

Druck:
CPI Druckdienstleistungen GmbH
im Auftrag der
Kolibri 360 GmbH
Ferdinand-Jühlke-Str. 7
99095 Erfurt